縄紋時代史 I

林 謙作 著

雄山閣

『縄紋時代史 I』目　次

第1章　研究の流れ ……………………………………………3
　　1. モースと坪井 ………………………………………3
　　2. 縄紋土器の編年——経過と反響 …………………6
　　3. 縄紋文化の起源 ……………………………………12
　　4. 縄紋社会論・文化論の流れ ………………………16
　　5. むすび ………………………………………………23

第2章　縄紋人の素性 …………………………………………31
　　1. 人種論の遺産 ………………………………………31
　　2. 縄紋人の言語・縄紋人の形質 ……………………33
　　　言語学にもとづく推論／現生集団の体質に
　　　もとづく推論／古人骨にもとづく推論
　　3. 縄紋人の素性 ………………………………………43

第3章　縄紋文化の形成 ………………………………………49
　第1節　自然史的背景 ……………………………………49
　　1. 半島から列島へ ……………………………………49
　　2. 縄紋海進 ……………………………………………54
　　3. むすび ………………………………………………58

　第2節　草創期から早期へ ………………………………59
　　1. 土器編年をめぐる問題 ……………………………59
　　　「土器群」から「型式」へ／最古の土器・
　　　最古の縄紋土器／草創期土器の編年
　　2. 石器の系譜と変遷 …………………………………64
　　　「渡来石器」の問題／石斧・細石核・有舌
　　　尖頭器／草創期の石器
　　3. 草創期から早期へ …………………………………68

第4章　縄紋土器の型式 …… 77
1. 「型式」の定義 …… 77
2. 「型式」と「様式」 …… 79
   問題の所在／単相組成と多相組成／文様帯系統論／型式区分の基準
3. 縄紋土器のすがた …… 89
4. 縄紋土器の変遷 …… 90
   平底土器の定着／地紋としての押型紋／器形と器種の分化／まとめ
5. 「型式」の尺度 …… 103
6. 製作・使用・廃棄と型式 …… 109
7. 型式の意味 …… 115

第5章　縄紋人の生業 …… 125

第1節　生業とは …… 125
1. 生業と経済 …… 125
2. 生業の背景 …… 126
   後氷期の技術革新？／環境の多様化／縄紋海進以後

第2節　仙台湾の事例 …… 134
1. 仙台湾沿岸の遺跡のトリ・ケモノの組成 …… 134
   おもだった獲物／組成のバラツキ
2. バラツキの原因 …… 139
   調査方法・資料のひずみ／技術・道具の問題／環境の影響
3. トリ・ケモノの組合わせの類型 …… 146
   設定の前提／類型の設定

第3節　季節の推定 …… 149
1. 季節推定の原理と現状 …… 149
2. 季節の推定 …… 154
   浅部の季節推定／土層の観察／魚介類捕獲の時期／体長組成の分析

第4節　資源と生業 …… 162
1. 資源の選択 …… 163

2. 食品の選択（1） ……………………………167
　　3. 食品の選択（2） ……………………………176
　　4. 「縄紋農耕」 …………………………………181
　　5. 縄紋人の生業の性格 …………………………186

第6章　縄紋人の領域 ……………………………………199
　　1. 新田野貝塚の事例 ……………………………199
　　　　新田野貝塚の概要／新田野貝塚の遺跡テリトリー／遺跡テリトリーの構造／遺跡テリトリーの性格／核領域の性格
　　2. 〈核領域〉と「核領域」 ……………………213
　　3. 生業・石器原料と領域 ………………………219
　　4. 領域と分布圏 …………………………………226
　　5. 等質モデル・機能（結節）モデル …………231
　　6. 面・線・点——領域の構成 …………………234
　　7. 遺跡群と領域 …………………………………240
　　8. 遺跡群分析の実例 ……………………………241
　　　　里浜貝塚群——一地域一集団の事例／八ヶ岳西南麓——一地域複集団の場合／核領域の類型

第7章　縄紋人の〈交易〉 ………………………………259
　　1. 〈交易〉・物資・原産地 ……………………259
　　2. 貝鳥・中沢目の非現地性物資 ………………261
　　3. 非現地性物資の顔ぶれ ………………………264
　　4. アスファルトと頁岩 …………………………267
　　　　アスファルト／頁岩
　　5. 石器の原料——種別と分業 …………………271
　　6. 石材の選択と採取・流通の範囲 ……………274
　　　　大形礫石器の石材——生理的分業／磨製石斧の石材と流通——社会的分業
　　7. 境Aの石器製作と流通 ………………………281
　　　　境A遺跡出土の石器／蛇紋岩の石斧・砂岩の石斧
　　8. 太型蛤刃石斧と石庖丁 ………………………289

　　　　北九州・今山の石斧／近畿地方の石庖丁／
　　　　縄紋・弥生の流通
　　9. 物資の流通と領域 ……………………………………293
あとがき（春成秀爾）……………………………………301

縄紋時代史 I

第1章　研究の流れ

　エドワード＝S＝モース（1838〜1925）の大森貝塚の調査報告書の出版（1879）から，すでに120年目をこえた。縄紋時代の研究の歴史は，1世紀をこえたわけである。この歴史をくわしく点検しようとすれば，それだけで一冊の書物を書き上げることになるだろう。本章では，研究の成果そのものよりも，研究の方法の変化をたどってみることにしよう。

1. モースと坪井

　大森貝塚の調査以前にも，新井白石（1657〜1725）や伴信友（1773〜1846）のように，たまたま目に触れた石器時代の遺物を人工品であると考え，その素性を考証した人びともあった[1]。また木内石亭のように「奇石」の一種として，石器を収集した人びと（弄石家）も多かった。しかし遺物の素性を考証しようとした人びとは，積極的に遺物を集めて観察しようとはしなかったし，弄石家たちは，「奇石」の素性を詮索しようとはしなかった。遺跡や遺物を，神々や妖怪変化の残したものでなく，人間が残したもので，人間の歴史を理解する資料となるという考えが普及するためには，「進歩」を前提とするものの見方，古典にとらわれずに遺物そのものを観察することが必要であった。しかし，大森貝塚調査以前の日本の社会には，このような条件はととのっていなかった。遺物が神々や妖怪変化ではなく，人間が作ったものであるという考えが普及するのは，モースの大森貝塚の調査からのちのことである[2]。モースは，新興国アメリカで「進歩」を前提とするものの見方と進化論を身につけて来日し，大森貝塚を調査した。

　大森貝塚の調査の結果，日本にも「石器時代」の住民が住んでいたことが確認された。それからのち，1907年に名古屋市熱田貝塚で弥生土器を作った人びとも石器を用いていたことが確認されるまで[3]，「石器時代」は「縄紋時代」

と同じ意味で用いられる。そしてその当時の言葉でいえば「日本石器時代人」——の素性をめぐる論争が、半世紀ちかくつづく。いわゆる「人種論争」[4]の時代である。「日本石器時代人」はアイヌであるかどうかをめぐって議論の応酬がつづく。いずれにしても、「日本石器時代人」を「先住民」というイメージでとらえていることに変わりはない。

　モースは、「世界各地の貝塚は、共通する多くの特徴をもつ一方では、それぞれ他と違う特徴をそなえて」おり、「その類似性は、そもそも貝塚が、(中略)海辺に住んで、軟体動物や魚など手に入れやすい食物を得ていた野蛮人のごみすて場である、という事実による」ことを指摘し、つづけて、世界各地の貝塚から出土する石器・骨角器・土器に共通性がみられることを指摘したのち、デンマークとニューイングランドの貝塚の出土品、大森貝塚の出土品の特徴を指摘する[5]。モースは世界各地の貝塚の一つとして、いい変えれば普遍的な発展段階としての石器時代の遺跡として大森貝塚をとらえようとしている。これにひきかえ「人種論争」のなかでは、日本の石器時代人の素性だけが問題となる。

　モースは、世界各地の貝塚はそれぞれ固有の特徴をもっているが、それとともに貝塚を残した人びとの同じような暮らしぶりに由来する共通性がある、と考えている。この「それぞれ他と違う特徴」とともに「共通する多くの特徴」がある、というとらえ方は、生物学の二命名法の原理——共通の特徴をもつ仲間の名称（属名）と、そのなかでの固有の特徴をあらわす名称（種名）を与える——とおなじことで、動物学者であるモースにとっては、ごく当り前の手続きを踏んだまでのこと、といえる。しかし、このように一つの秩序や手順にしたがって、観察した事実を整理する方法は、日本の研究者には引き継がれないでしまう。

　モースにとっては、大森貝塚を残した人びとの人種や種族を詮索することよりも、彼らがデンマークやニューイングランドの貝塚を残した人びとと同じく、新石器時代の人びとである、ということの方が大きな意味をもっていた。この考えを発展させれば、日本の石器時代がどのような時代だったのか、という方向に研究が進む可能性があった。しかし『大森貝塚』以後の議論は、べつの方向——いわば「先住民族」の種族や人種の詮索——に流れてしまった。坪井正五郎（1863〜1913）の考えと方法がつよく影響している。

坪井は，人類学は自然科学で，過去の問題をあつかうにしても判断の根拠は現在の資料に求めるべきだと考えていた[6]。コロボックルの風俗を推定する手がかりとして，アイヌの口碑・石器時代の遺物・未開人の習俗をあげ，そのなかでも未開人の習俗は決定的に重要であるという[7]。それにひきかえ，遺物の観察や吟味はあまり重視しない。遺物は「歴史的材料」で，それを扱う「歴史的方法」には解釈や判断は曖昧さがつきまとう。現在の材料をあつかう「人類学的方法」にはそのような曖昧さがないから「人類学的方法」は「歴史的方法」よりも優れているというのが坪井の考えである[8]。

坪井は，遺物をこまかに観察したり比較したりする前に，たまたま目についた表面的な特徴だけを「現存未開民ノ行為」と結びつけて解釈する。坪井は，このやり方を「通例ノ人種調査ニ要スル順序」[9]と呼び，表面にあらわれた特徴のかげに隠れている事実を見逃していることには気づかない。この弱点は「遮光器」や「唇飾」[10]の解釈によくあらわれている。鳥居龍蔵もこの考え方と方法を受けついでアイヌ説を主張する。「人種論争」のなかで，遺物を取り扱う原理と方法はまったく問題とならなかった。坪井の「人種調査ノ順序」がその原因となっている。

坪井はイギリス留学から帰国したその年，1892年12月23日の西ヶ原貝塚の調査を皮切りとして，1893年から1894年にかけて，若林勝邦・八木奘三郎・大野延太郎（雲外）・鳥居龍蔵・下村三四吉・佐藤傳蔵などを動員して集中的に貝塚を調査する。坪井はモースの業績に追いつき，追い越すことを目標としていた。この雰囲気のなかで，「坪井正五郎氏ガ西ヶ原貝塚ヲ発掘セラレテヨリ，本邦石器時代ノ研究ハ大ニ精密ヲ加フルニ至リ，殆従来ノ面目ヲ一新セリ」という評価[11]，あるいはモースや飯島魁・佐々木忠次郎の報告には「貝塚内部ノ積層，遺物トノ関係如何等ハ絶エテコレヲ記スルナシ」[12]という批判がうまれる。

坪井が帝国大学教授に就任した1893年前後は，東京市内の家庭用配電の開始，東海道本線の開通，北里伝染病研究所の創設，下瀬式火薬の開発，国産機関車の製造開始，東北本線全線開通など，明治政府が進めてきた工業化政策の具体的な効果があらわれた時期にあたる。人びとのあいだに，技術的・経済的発展に対する自信がひろがる。坪井は，学生のころから渡辺洪基や菊池大麓な

ど大学首脳部の特別な配慮をうけ，帝国大学教授に任命されるとともに，学問の分野でこのような意識をかきたてねばならぬ立場にたった。「材料蒐集にのみ忙しかった時期は過ぎ」、「或事実の概括をも企てるようにしたい」[13] という発言もこのような事情と無縁ではなかろう[14]。

このような条件のなかで，坪井は「我我日本人ノ祖先ハ如何ナル生活ヲシテ居タカ（中略），他ノ人民トハ如何ナル関係デ有タカ，此日本ノ土地ニハ我我ノ先祖ガ第一ニ住居シタノカ，或ハ其前既ニ何物カ住居シテ居タカ，若シ居タナラバ如何ナル人種デ（中略）今デハドウ成タカ」[15] という問題を取り上げ，「コロボックル説」を主張する。その一方で「欧羅巴ニ三ノ地方ニ三時代変遷ノ跡アルハ，単ニ是等ノ地方ニ於テ偶マ斯カル変遷有リシヲ証スルノミ」で「利器原料ノ如何ハ未ダ以テ之ヲ使用スル者ノ開非ヲ判断スルニ足ラザルナリ」[16] と断言する。

坪井は，日本では石器・青銅器・鉄器という時代区分がそのまま適用できないことに気づいていた[17]。おなじく石器を使っている人びとのあいだにも「開化ノ度」の違いがあることも知っていた[18]。彼は三時期区分のような一般的な原理，石器時代のような普遍的な段階を持ち込んでも，日本の石器時代人という個別の問題を解決することはできないと考えた。その判断が間違いだとはいえないが，「石器時代人民相互ノ関係」をあきらかにする手段として「通例ノ人種調査ニ要スル順序」を選んだ間違いは取り返しがつかない。鳥居龍蔵も，おなじあやまちまで引き継ぐほど，坪井の学問に忠実であった。こうして日本の考古学は，山内清男のいう「五十年の遅れ」[19] をとることになる。

2. 縄紋土器の編年——経過と反響

「人種論争」は「石器時代の遺物を残したのはだれか」という素朴な，しかしある意味では根本的な，謎をめぐる応酬である。そのあいだ，もう一つの，「石器時代はいつごろなのか」という謎はあまり議論にならなかった。

石器時代の年代を割りだそうとする人がまったくいなかったわけではない。19世紀の末には，まったく素朴なものではあるが，数値による年代（いわゆる絶対年代——「計量年代」というべきだろう）も序列による年代（いわゆる相対年代——「序列年代」というべきだろう）も発表されている。ジョン＝ミルン（1850〜

1913)は東京の古地図の海岸線を比較して,大森貝塚の年代を2600年前後と推定し[20],山崎直方は,そのころただ一つの沖積平野のなかの貝塚として問題となっていた東京都中里貝塚の立地と層序を検討して,東京周辺の貝塚の年代を洪積世の最後から沖積世のはじめと推定した[21]。

　土器型式の編年のめばえがまったくなかったわけでもない。モースも大森貝塚の遺物のなかに時期の違うものがふくまれている可能性を認めており,佐々木忠二郎は陸平の土器を大森より新しいと考えていた[22]。1890年代のなかばには,「石器時代土器」(「貝塚土器」)に大森・陸平・諸磯の3種類の違いがあることは確認されていた。しかし年代が違うから土器の顔付きも変わるのだ,と公言したのは八木奘三郎・下村三四吉だけだった[23]。鳥居龍蔵は,新郷貝塚での体験にもとづいて,遺物の時間的な変遷を真っ向から否定する[24]。大部分の人びとは,そのあいだで右顧左眄していたというのが実情だろう[25]。坪井を頂点とする19世紀末の日本の考古／人類学界は,八木・下村の指摘した遺物の時間的な変遷という解釈を避けつづける。

　貝塚から出土する遺物の変遷は,層序の確認,型式の設定,層序と型式の関係の確認,という手続きをふんで確認できる。鳥居の調査した貝塚村(新郷)貝塚を皮切りとして,椎塚・阿玉台・浮島[26]などの報告には,貝層断面の見取図がそえてあり,簡単ながら層序の説明もある。大森・陸平・諸磯の区別は,おおまかではあるがタイポロジカルな区分にはちがいない。原資料にあたってたしかめる必要はあるが,時期差をとらえることができなかった原因は,層序と型式の関係を確認できなかったところにあるのだろう。もっと具体的にいえば,型式差をとらえる手がかりが層序のなかで見当たらなかったか,手がかりとなる特徴に気づかなかったか,どちらかだろう。

　層位[27]を区分し,その序列のなかで型式差をあらわす特徴の変化を確認する作業は,松本彦七郎(1887～1975)の宮城県宝ヶ峯遺跡の調査[28]ではじめて実現する。ここで松本は下層には斜行縄紋がおおく,上層では羽状縄紋が増えていくこと,年代が新しくなるにしたがって,薄手の土器が増えること,を確認した。宝ヶ峯ではおおむね20cmごとに区切りをつけて遺物を取り上げているが,その直後の宮城県里浜貝塚の調査[29]では,堆積物の特徴にもとづいている。アメリカ流の分層発掘から,いま日本で主流となっている方法への転

換である。

　山内清男（1902〜1970）は，八幡一郎（1902〜1987）・甲野勇（1901〜1967）などとともに，縄紋土器の編年に着手し，編年網の完成に生涯をかける。山内は松本編年の枠組[30]を組み替えたばかりでなく，型式の中身も入れ替えた。松本は，器種および器形・紋様帯の特徴・縄紋の施紋手法・厚さ・底部の特徴・土器のサイズ（底径）などの要素を取り上げ，一枚の層のなかでの比率を観察し，「式」を設定する[31]。ここではいくつかの要素の比率が変化した場合に「型式」を設定することになるから，その「型式」は資料の量的な側面に目をむけた型式だ，といえる。山内は，松本の型式を，特定の要素があるかないか——質にもとづく型式——に作り替える。その違いは，山内編年の成立する過程——とりわけ「繊維土器」の分類と編年のいきさつ——から読み取れる。

　山内の作業は，漠然と諸磯式と呼ばれてきた土器が，胎土に繊維を含むものと含まぬものに区分される，という事実の発見から始まる。そして，外見のうえではまったく諸磯式と似ていない東北地方の円筒土器にも繊維が混入されているものといないものを区別することができ，「繊維土器」は繊維を含まぬ土器よりも下層から出土することを確認した[32]。その後，ひきつづいて「繊維土器」を「内面に条痕のある型式」と「内面に条痕のない諸型式」[33]に，尖底・丸底の土器を「内面に条痕をもつ型式」と「縄紋以前・繊維以前」の型式[34]へと「細分」をつづける。

　山内らが作りあげた「編年網」に，当時の学界は反発，あるいは当惑をしめす。喜田貞吉は，縄紋土器は東日本でも西日本でもほぼ同じ時期に終末をむかえている，という山内の発言を真っ向から否定し，山内はこれに反論する[35]。浜田耕作は「その煩にたえず」と切り捨てたという[36]。山内とおなじ世代の人びとも，中谷治宇二郎のように否定的な態度[37]，あるいは宮坂英式のようなふたつの立場の「調和」をはかるような態度[38]をとる。また赤木清（江馬修）のように編年の意義は評価しながらも「型式的事物学よりの脱却が見られ」ぬことを批判する声もあがる[39]。結局のところ，山内らを支持したのは，芹沢長介・鎌木義昌・吉田格・江坂輝彌などの若者たちであった。

　佐原眞は「山内先生の編年ができあがる前に，たとえば坪井先生や鳥居先生の時代に，いまのような勢いで開発が始まっていたら，考古学は目茶苦茶にな

っていた！」という。山内編年が今日の縄紋研究のかけがえのない土台となっていることを端的に指摘している。それだけに，われわれにとって山内・八幡・甲野らの指摘の正当さを確認し，その仕事を評価することはたやすい。むしろ山内らの仕事を認めようとしなかった人びとの論理を正確に分析することのほうがむずかしいし，山内らの仕事を正確に批判することはもっとむずかしい。しかし考古学の研究を進めるには，このふたつの作業はどうしても必要となる。

　山内は喜田との議論は「夫々別なルールで戦っている様なものである」[40]と述べている。この言葉は事態を正確にとらえている。この論争のなかで，山内は喜田の「調査」や「事実」の論理的な欠陥を指摘する[41]が，喜田の信念は動かなかった。喜田の提唱する「常識考古学」[42]は，日本書紀・続日本紀などの記事は歴史的事実である，という信念を土台としている。その「常識」が通用する範囲では，喜田の意見は「合理的」である。したがって，その「常識」を批判しないかぎり，山内が喜田の主張を論破することはできない。1930年代なかばの日本の社会のなかで，そのような批判が許されるわけもなかったし，山内は文献史学の研究者でもなかった。山内は「各地方別に年代的調査を行ひ，その結果を対比し，地方間の連絡を確かめて行かねばならない」という戦略的な見通し[43]と，その方針のもとで確認された事実をあらためて述べ[44]，議論は並行線のままに終わった[45]。ただし，この論争が論理的な性質のもので，主観的な動機がまったく含まれていない，という点は注目してよい。

　鳥居龍蔵の目には，山内らの仕事は「誰も彼もただ土器の破片のセクションや（中略）輪郭についてのみ走り（中略）大切なる部分を忘れている」[46]としかみえなかった。鳥居は松本の編年にも不満であったらしく，いずれあらためて批判するという趣旨の発言をしているが[47]，実現はしていない。この場合も「大切なる部分」の中身には一言も触れない。

　おそらく鳥居は若手の研究者の仕事からは「人間」のすがたが消えている，といいたかったのだろう。彼は1930年代の縄紋研究にとって，編年を確立することが，正当に「人間」のすがたをとらえるただ一つの方法だ，ということが理解できなかった。「人間」の中身を鳥居自身が限定できない以上，あるいはその中身が「土器型式部族説」でしかない以上，鳥居の発言は「人間」を隠

れみのとして，自分の主張したアイヌ説が坪井のコロボックル説とおなじ運命をたどろうとしていることへの不安とあせりのなかで悶えている，としか理解できない。

赤木清も「人間不在」を指摘する。赤木の発言にも鳥居とおなじくあせりが含まれている。ただしこの場合は，「編年」を土台として，新しい「人間」のすがたを描かねばならない——「彼らが生活した経済的社会構成の発展段階を辿らずにいられなくなる」(48)——というあせり，である。赤木の発言に対して，甲野勇は編年に熱中せざるをえない理由を低姿勢で説明し(49)，八幡一郎は高姿勢で編年の意義を主張する(50)。山内清男はおわりまで沈黙を守る。

ここで，もはや「材料蒐集にのみ忙しかった時期は過ぎ」たという坪井正五郎の発言を思いだそう。坪井は，遺物の分布や編年の見通しさえ立っていない時期に，この発言をした。赤木は縄紋土器編年の見通しがようやく立った時期にこの発言をしている。事態はあきらかに変わっている。しかしどちらにしても，その陰にあせりがあることには変わりがない。坪井は国家の政策を実現しようとしてあせり，赤木は国家の政策に抵抗しようとしてあせっている，という違いはある。日本の考古学が，たえず国家の力でつき動かされてきている，という事実，そしてそのなかで，研究者がどのような立場を採るにしても，研究の現状を正確にとらえることができなくなっている，という事実は読み取っておく必要がある。

「いつまで編年を続けるのか」という藤森栄一の発言(51)は，赤木とおなじ現状のとらえ方，研究の進め方の見通しが根を断っていないことを証明している。その発言は「土器型式の細別，その年代地方による編成，それに準拠した土器自身の変遷史，これによって排列されたあらゆる文化細目の年代的及び分布的編成，その吟味……等の順序と方向」によって「縄紋土器の文化の動態」を解明しようとする山内の戦略(52)を批判したことにはならない。

赤木にしても藤森にしても，現在研究がどこまで進んでいるか，ということだけを問題とし，現在はもう編年以外に目を向ける余地があるはずだ，という。とすれば，もっと土器型式の細分が進まなければ，そんな余裕はない，と切り返すこともできる(53)。この種の発言は，見掛けのうえでは編年研究を批判するようにみえても，もっとも素朴に編年に熱中している研究者の熱を冷ますこ

とさえできるはずがない。なぜなら，いわゆる編年批判は，編年作業そのものと，まったくおなじ次元に立っており，ただ現状の判断だけが喰い違っているからだ。

今日から見ると，喜田と山内が編年をめぐる論争の当事者であったことは，不幸なことであった。二人の論争では，日本書紀などの記事を事実と認めるかどうか，という点が事実上の争点となっている。しかし治安維持法（1925年公布）によって拘引され，最悪の場合には死刑を宣告される覚悟がなければ，公然とその問題にふみこむことはできなかった。山内が編年研究の大まかな原理を述べるだけで，その土台となる型式を設定する原理・具体的な方法に触れていないのは，論争の相手が考古学の専門家でなかった，という事情もはたらいているにちがいない。

しかし，1930年代の日本に考古学の専門家がどれだけいただろうか。すくなくとも専門的教育がおこなわれていたのは京都帝国大学考古学教室（1906年創設）だけであったし，専門的知識を必要とするポジションも，東京・京都両帝国大学，国学院大学などの私大，それに帝室博物館鑑査官など，きわめて少数であった。専門家・権威と認められていたひとびとにしても，自己流の学習と体験のつみ重ねのほかには拠りどころを持たぬ人の方が多かった。

このような事情のもとでは，論争の相手が考古学の研究者であっても，事態はさほど変わっていなかった，という見方もできるかもしれない。八幡一郎と大場磐雄は，亀ヶ岡文化が東北地方で成立するのか，東北より南の地域で成立して東北地方に波及するのか，対立する意見を発表する[54]。しかし，ここでも資料の解釈の喰い違いが問題となるだけで，解釈をひきだす前提や論理は噛みあわぬままに放置されてしまう。まして資料を操作する方法などはまったく問題にもならない。

1930年代の編年をめぐる論争は，タイポロジー・クロノロジーの原理・方法・目的をあきらかにするうえで，絶好の機会だった。しかしこの機会を活かすには，思想と言論の統制はきびしすぎたし，考古学の研究者のあいだに，組織だった研究法の必要性はほとんど自覚されていなかった。むしろ山内清男の意識があまりにも前衛的であった，という方が正確かもしれない。こうして編年をめぐる論争は，人種論争のときと同じく，論理的な解決がつけられぬまま，

「時間」と「事実」に解決がゆだねられてしまう。

3. 縄紋文化の起源

八幡一郎は，1930年代なかばに，日本の石器時代初期に，剥片石器（とりわけ部分的に加工したもの）がきわめて多く，これに礫核石器・擦截磨製石斧などがくわわるが，磨製技術が顕著でないことを指摘した。八幡は，このような石器の特徴は，磨製石器を中心とする黄河流域，剥片石器に少数の磨製石器をともなう蒙古・シベリアのうち，とりわけシベリアのものと類似していると主張する[55]。そしてユーラシアに類例を求められる資料として「大形打製石器」・石箆など，さらに長野県曽根の石器のうち，石刃と思われるものに特別の注意をはらう[56]。

このような発言の背景には，縄紋土器の編年がほぼ確定したと考える傾向があらわれていた，日本列島では旧石器文化は確認されておらず，縄紋文化が日本最古の文化と考えられていた，というふたつの事情がはたらいている。また，この時期になって，中国・内蒙古・シベリアの情報がさかんに紹介されるようになり，日本人による調査[57]も行なわれる，という事情とも無関係ではない。これらの資料や情報の収集・発掘調査が，大きな目でみれば，日本の中国侵略の動きと結びついていること，そして和島誠一のような，反体制的な立場をとる研究者もこの動きに巻き込まれていることは見逃すことができない。

縄紋文化が日本最古の文化である，という判断は，その後も縄紋文化の起源の問題を考えるうえで大きな影響をのこす。縄紋文化以前の文化が存在しないかぎり，縄紋文化が大陸のどこの，どの文化の系統をひいているか，それをあきらかにすれば，いつ・どこから縄紋文化が日本列島に入ってきたか説明がつく。もっぱら「いつ・どこから」が問題になり，「なぜ・どのようにして」という問題はまったく無視される。岩宿の発見以後も，このような角度からの議論がつづく。

この時期，八幡と山内の意見はことごとに対立する。八幡は，この時期に縄紋土器の編年はほぼ完成したと判断していたのだろう。山内も，1930年代の末，そのような意味にとれなくもない発言もするが，新発見の可能性があることを警告し慎重な姿勢をとりつづける[58]。八幡は初期の石器とそれ以後の石器の

「著しい技術的,型式的対照」を強調するが,山内は縄紋時代をつうじて利器に大きな変化が起きていないことを指摘する[59]。山内が縄紋文化を新石器文化であると断定すれば,八幡は「中石器文化的様相」を指摘する[60]。

研究の段階のとらえ方と,研究の方針になると,この喰い違いは決定的になる。八幡が石器の系統の比較に手をつけたのは,当時発見されていたうちでもっとも古い土器を,最古の縄紋土器と信じてしまったからだろう。山内は早期の土器の「縄紋式放れ」した特徴は認めながら,「地方差年代差が示す様に相当の分化を生じており,……縄紋式的発達」をしめしていることを指摘する[61]。

この発言の中身を突きつめれば,現在発見されたうちで最も古い土器が,これ以上古い土器があると考える余地がないと判断できるかどうか吟味する必要がある,ということになる。層位的事実を型式そのものの分析で吟味にかける作業,予測をはたらかせる手段としての「大別」の必要性がここから浮び上がってくる。しかし,資料の分布や量などの制約があったことは考慮しなければならないが,1940年代から1960年代まで,つぎつぎに未知の土器が発見され,最古の土器が入れ替わるなかで,この指摘は忘れられがちになる。

このような動きのなかから,江坂輝彌の「縄文文化二元論」のように,目あたらしい材料をありきたりの手段で処理しようとした意見もあらわれる[62]。ここでは,いま最古とされている土器の特徴と分布が系統論と結びつき,起源の問題と系統の問題とが混同される。中谷治宇二郎は「遺物にあらわれた文化圏,文化の伝播」が,考古学の唯一の「実際的な命題」であると主張した[63]。その主張がどのような結果を生むか,江坂の主張はそのひとつの実例である。

ここに紹介した八幡・山内の対立は,1960年代にはいって再現される。岩宿の発見・無土器文化の確認を背景として,芹沢長介は撚糸紋土器・押型紋土器にともなう石器と,無土器文化の石器を比較し,その隙間を埋めるものとして,ふたたび曽根の石器に注目する。芹沢は,曽根の小形石器――とくに「粗雑な石核」やスクレイパーに注目し,「縄文文化とは別の,無土器文化の伝統の中」におかれるべきものだと結論する[64]。八幡,そして芹沢の方針と結論は,石器の比較によって縄紋文化の起源・系統を明らかにしようとする点で,そして曽根の石器が縄紋文化の石器とは異質なものであることを認める点で一致している。

その後芹沢は，細石刃文化を確認し，これがかつて予測していた縄紋文化とのあいだを埋める位置をしめるものと判断する[65]。そして長崎県福井洞穴の調査結果にもとづいて，九州の細石刃文化のなかに隆線紋土器が出現し，本州ではおなじ隆線紋が有舌尖頭器にともなうことを指摘する[66]。芹沢は細石刃の年代を更新世の末から完新世の始めと推定していた[67]。福井洞穴第Ⅱ-Ⅳ層の放射性炭素年代はこの推定と一致し，夏島式の年代とくらべても喰い違いはなかった。こうして，九州の細石刃文化の時期に登場した土器が四国・本州に伝わり，有舌尖頭器と隆線紋土器という組み合わせができあがる，という解釈，初期の土器は，隆起線・爪形・押圧縄紋の順序でうつりかわるという考え[68]が学界で支配的となる。

　一方，山内は佐藤達夫とともに，あたらしい大別単位を設け，草創期と名づける。隆線紋・爪形紋・縄の側面圧痕など「古紋様帯」をもつ土器とともに，押型紋以前の諸型式が草創期に編入される[69]。それとともに，植刃・断面三角形の錐など「古紋様帯」をもつ土器にともなう石器に注目し，「原郷土で用いられた石器の形態をそのまま保有して居たもの」[70]と主張する。

　山内・佐藤は，長者久保・神子柴などの石器群を，土器の欠落した新石器文化（無土器文化）であるととらえ，草創期にみられる局部磨製石斧・石槍・掻器などは，無土器文化から受けつがれた要素と説明する[71]。山内は，局部磨製石斧がバイカル編年のイサコヴォ期以前には見られぬこと，草創期に見られる矢柄研磨器の年代にもとづいて，さらに北ヨーロッパと日本列島の海進・海退の周期の対比を傍証として，草創期のはじまりは紀元前2,500年とする[72]。芹沢の推定する土器出現の年代とのズレは，5,000年をこえる。

　芹沢の意見では，細石刃技法の時期に土器が出現することが，土器の古さを証明する決定的な証拠となる。細石刃技法の終末は，とりもなおさず旧石器の終末を意味するから，これより古い土器を探索することは意味がないことになる。ここで芹沢は土器の古さを石器で証明しようとしているのだが，山内もおなじ立場をとる。草創期の年代の決め手は，土器ではなく，大陸から渡来した石器であった。

　山内は，この事態を「しかし土器は地方的な変化を持ちやすく，石器ほど用途に即した形を保ちえない。土器では，同様な遡源の可能性はあるいはないも

のかも知れない」[73]と説明する。山内は土器そのものの吟味によって，最古の土器を決定するという方針を放棄してしまったようにもみえる。佐藤達夫は新潟県小瀬ヶ沢などの資料にもとづく独自の編年を発表するが，ほとんど注目をひかなかった[74]。1980年代になって大塚達朗は草創期の土器の型式論的な吟味がおこなわれなかった結果，豆粒紋の位置づけに代表される草創期編年の混乱がおきた，と指摘している[75]。

　縄紋文化を新石器文化ととらえようとする山内の立場は，1930年代から晩年まで変わらない。おそらく西アジアで成立した新石器がヨーロッパに波及し，ヨーロッパ各地に定着する過程で変化をうみだした過程がモデルとなっているのだろう[76]。芹沢はヨーロッパ——とくにイギリスの旧石器から中石器への変遷・新石器の受容の過程をモデルとしている[77]。土器の出現という出来事を，山内はアジア大陸での新石器文化の成立と各地への伝播の一例ととらえ，芹沢は更新世末期の細石刃技術を生み出すような変化のなかに，土器を発明しそれを受け入れる条件が準備されていた，と考える。

　J.G.D.クラークは，新石器革命・その波及効果を強調するV.G.チャイルドと，新石器の前段階としての中石器の意義を強調するクラーク自身の立場の喰い違いを指摘している[78]。われわれは，チャイルドとクラークの場合とおなじく，山内・芹沢の論争から，ひとつのできごとの背後に，あたらしく外からおよぶ影響（外在的な要因）とそこにすでにある条件（内在的な要因）を，どのような方法で読み取り，どのように評価するかという問題を学びとるべきだろう。放射性炭素による年代測定が信頼できるかどうか，考古学の年代決定の方法に，計量年代をとるか序列年代をとるかは，本質的な問題ではない。

　近藤義郎は岩宿の発見からのち，もはや「どこから人びとが日本列島に来住してきたかという単純な問題処理の仕方」では縄紋文化の起源の問題を解決できない。「縄文文化とは一体何であるか。……縄文文化が形成されるためには，いかなる条件の下でいかなることが起こったのか」にこたえなければならない，と主張する[79]。稲田孝司の石器製作の技術の変質・背景・効果のなかで，旧石器の終末と縄文の開始をとらえようとする立場は，近藤の指摘の後半に答えるものといえる[80]。「縄文文化とは何であるか」という問題は，縄紋文化・縄紋時代の日本の歴史のなかでどのような意味をもっていると考えるか，その性

格をどうとらえるのか，という問題である。

4. 縄紋社会論・文化論の流れ

　和島誠一は，1948年に「原始聚落の構成」を発表する。和島はこの論文のなかで「こうした重要な課題が……正面から問題とされてこなかったと云う事実に考古学徒の一人として責任を感じる」と発言している[81]。この指摘の裏には「……特殊遺物の年代考定，様式・製作技術・装飾の研究，或は美術的鑑賞……『文化』などにのみ重点を置いて，……社会組織の考察を全くないがしろにしてゐる」[82]考古学界の状態があった。後藤守一は，考古学の研究対象は「風俗・制度・文物・技能等の文化事象であって，直接これのみによって政治史経済史等の研究を試みようとしてはいけない」[83]と発言する（傍線筆者）。この発言はこのような状態を作りだした研究者の姿勢を，無残なまでにさらけ出している。

　1920年代後半の日本の考古学界では，資料からじかに読み取れることから一歩も踏み出そうとしない，いわゆる実証主義的な立場が，主流となっていた。学問の成長にともなって，それまでの資料の扱い方への反省が働きはじめていることは事実である。さきに紹介した坪井正五郎のように，遺物の表面的な観察にもとづく思いつきにかわって，客観的な観察と記述が必要であることが強調されるようになっていた[84]。しかし，それだけでは資料追随主義とも呼ばれる立場が生まれる事情の説明としては十分ではない。

　山内清男は『日本遠古之文化』の執筆にあたって「字句に細心の注意をはらった」という[85]。伊東信雄は日本国家の起源をあつかった卒業論文を，指導教官からことこまかな字句の訂正を受けてようやく提出できたという。なぜこのようなことが起きたのだろうか。天皇だけが無限の権限を持ち，国民の固有の権利を認めようとしない国家制度のもとでは，天皇や民族の由来について，事実にもとづいて考え，それを発表する自由は制限されていた。とりわけ1925年からのちになると，天皇を支配者とする国家の制度（国体）や私有財産制にたいする批判的な言論や行動を処罰する治安維持法が制定される。

　日本の歴史が世界のほかの地域の歴史とおなじ発展の過程をたどっていることを指摘するだけでも，治安維持法違反で捜査・検束・拘禁をうける十分な理

由となった．特別高等警察（特高）は，1926年から1945年までの20年間に50,000人の国民を逮捕し，考古学の分野でも，和島誠一・赤松啓介などがその犠牲となっている．この体制が「終戦」とともに廃止されたわけではない．哲学者三木清のように，刑務所にとらわれたまま，天皇の「御聖断」の41日後に命をおとした場合もある[86]．山内も伊東も，天皇の統治する国家の手で，研究の結果を発表する自由をうばわれていた．「政治史経済史等の研究を試みようとしてはいけない」という後藤の発言も，治安維持法にたいするおびえのあらわれである．

　実証主義的な立場は，国家が国民の思想に露骨な干渉をするなかで，研究者自身が研究の目的や関心を国家が許容する範囲に制限し，それを当然のこと・正当なことと思いこませる役割を果たした．縄紋時代の社会がどのような性格をもつのか，という問題をとり上げるのは，渡部義通の編集した『日本歴史教程』などごく少数の史的唯物論（マルキシズム）の出版物にかぎられる．禰津正志は「原始日本の経済と社会」のなかで，縄紋時代が「生産力の低い，そのゆえに階級分化の，すなはち人による人の収取の現はれなかつた時代」であることを主張した[87]．考古学の立場からこの論文を取りあげ，積極的な意義をみとめたのは，私の知るかぎりでは，和島誠一ただ一人である[88]．さきに引用した和島の発言は，このような背景を背負っている．

　和島が「原始聚落の構成」のなかで述べた意見は，その後の縄紋集落論の土台となる．早期の小規模・不安定な集落が前期になって安定し，中期・後期をつうじて拡大していく．規模の拡大とともに，中央に広場を置きその周囲に住居などの施設を配置する原則が生まれ，縄紋時代を通じてその規制が維持される．このような現象には，縄紋社会における生産力の発展と，氏族共同体の性格が投影されている[89]．

　和島は，縄紋早期には生産用具がすでに相当に発達しており，それからのち質的な変化は見られないことを指摘し，人口の増加が，縄紋時代の生産の発展のおもな要因となると推定する．そこで「労働力の効率的・合理的な使用」の必要性がたかまり，「強暴な自然」の前の「弱小な集団」である「聚落は強固な統一体」として生産の主体となる．その結果「一つ一つの竪穴とその成員が，それぞれ独立したものとして機能を果たすのは主として生活の厚生の面」に限

られることになる。したがって「竪穴の炉によって表徴される一世帯が，仮に一家族を構成していたとしても，それと古代・中世・近世のそれぞれの社会に於ける家族を同一視することは，その機能のもっとも本質的な部分を見失うことになろう」と警告する[90]。

藤間生大も，和島とおなじ立場からの，縄紋時代の社会と文化の評価を発表する。藤間は，自然条件に左右される「みじめな生活環境」のなかで生まれる「社会の停滞性」と「文化及び文化発展の仕方の同一性」を，縄紋社会の特徴として指摘する[91]。しかし晩期になると，この同一性がうしなわれ，東北地方には複雑・華麗な亀ヶ岡式土器が，関東・九州では簡素で画一的な土器がつくられる。このちがいは「文化発展の仕方」が「二つの道」にわかれた結果で，藤間はここに「日本列島の氏族社会の破綻」を読みとる[92]。

藤間は「亀ヶ岡の精巧や華麗は，採集経済から抜け出しえないで，一つのところに停滞している社会の人間が，作りだした精巧であり華麗である」と評価する。これと対照的に，簡素化・画一化の傾向を見せる関東以西の地域の土器は「みた目には貧弱のようでも，それは将来において発展する力を内在している」。東北地方の社会は，恵まれた資源とそのなかで発達した技術をもちながら柔軟性をうしなってしまった。それに対して，西日本の社会では，石器や土器の作りを簡素なものにして，新しく取りいれた「原始農業」に精力を集中し，分業の仕組みをも組替えようとしていた，というのが「文化発展の仕方」の「二つの道」の説明である[93]。

和島や藤間は，日本の原始・古代の歴史のなかのひとつの段階として縄紋時代をとり上げている。縄紋時代のできごとやそのなかで生みだされた事物の叙述が目的ではなかった。その目的は，縄紋時代の生産の仕組みが，社会の構造にどのような作用をおよぼし，どのような特徴を作りだしているか，そこを説明することにあった。そのためには，さまざまな現象や出来事を整理し抽象化し，生産の発展とそれにともなう社会の変化の動きとして叙述しなければならない。さまざまな出来事や事物は，その動きを説明するうえで必要なかぎりとりあげることになる。1950年代から1960年代なかばはこのような立場にたった縄紋社会論の全盛期であった，といえるだろう。

1960年代にはいって，これとはちがった傾向があらわれる。坪井清足の「縄

文文化論」[94]をその例としてとり上げることにしよう。坪井は，台湾のヤミ族が食物の種類，性別や年齢によって食器を使い分け，食器の形や装飾が，その区別をしめし，食物の種類・年齢／性別によるタブーをまもる機能を果たしていることを紹介する。そして，後期からのちの土器に目だってくる，手のこんだ装飾をここに重ねあわせ，タブーが繁縟になっていた結果であろうと説明する。非実用的な石器・現在では用途のわからない骨角器・抜歯などもタブーのあらわれとして説明し，縄紋社会を「呪術の支配した社会」とよぶ[95]。

　近藤義郎は，おなじことを「原始共同的諸関係の高度の発達が必然的に要求した社会儀礼・禁忌などの複雑化に対応した現象」と説明する[96]。坪井の説明は，はるかにわかりやすく，人をひきつける。これと前後して出版された芹沢長介の『石器時代の日本』も，そして1987年に出版された佐原眞の『大系日本の歴史1・日本人の誕生』も同じようなわかりやすさが魅力となっている。

　縄文の終末の問題では，土器の編年・系統・分布に比重がかかっている。まず東西日本の晩期の終末がほぼ同時なのか，山内清男が考えたよりは大きなズレがあるのかどうか，遠賀川式土器の分布・畿内晩期にともなう亀ヶ岡式土器の時期・工字紋の系統などをとり上げる。つづいて，東北地方と西日本，それにはさまれた地域の土器が，それぞれ独自なすがたをたもっていることを紹介し，その伝統が弥生中期まで引き継がれていることを「それぞれの地域が……それぞれの地域の自然環境に適応した独自の生活を営んで居たことを示すものであろう」と解釈する。そして「それぞれの地域の自然環境に適応した独自の生活」の中身を，山内清男のサケ・マス論，岡山県前池のナッツの貯蔵庫をひいて説明する[97]。

　近藤の発言のなかにも，これとかさなる部分がある。近藤は「狩猟採集経済の矛盾」・それを回避する手段としての「禁忌・儀礼・呪術など共同体的規制の強化」・「生産経済に対する強い要請の内在」・狩猟経済の矛盾とその地域性・東西日本の遺跡分布密度の差・土器や呪物に見られる地域差などを指摘し，藤間の「二つの道」とほぼおなじ説明をする[98]。縄紋の終末・弥生の開始というできごとの説明としては，筋道がたっている。しかし考古資料そのものについて，坪井ほどくわしい説明はしていない。したがって，読者は「具体的なイメージは別として」解釈や分析がさきばしっている，という印象をうけ

るのではなかろうか。

　坪井は，民族誌・民俗学のデータを積極的にとりいれている。後・晩期の土器の装飾を説明するのにヤミ族の食器をひき，瀬戸内海の島の上の近世村落の人口がサツマイモ栽培をはじめてから5割ほど増えた例をひいて，前期を境とする環状集落の成立を，原始農耕の導入とむすびつける[99]。社会・文化について幅のひろい議論をしようとすれば，和島や藤間，そして近藤の場合のように抽象的になり，筋道はたっていてもわかりにくい話になりやすい。読み手の立場を考えれば，具体的なイメージを呼びおこす必要がおきる。民族誌にかぎらず，考古学以外の分野のデータや情報をとりいれることは，イメージを呼び起こすうえでは有効な手段である。

　しかしこのような手法に問題がないわけではない。坪井は，晩期の土器の場合のように，考古資料そのものの説明にはかなりの比重をかける。そして考古資料そのものから一歩はなれた説明の手段として，民俗例をもちいる。しかし，ひとつのできごとのもつ意味や，そのできごとが起こるまでの筋道の説明を，考古資料そのものから汲み尽しているかどうか，その点になるとかならずしも充分ではない。土器の装飾のはたらきを，タブーで説明した場合を考えてみよう。考古学にも民族学にも専門的な知識をもたぬ読者がこの説明を読んだ，とする。記述や挿図は，読者に土器の装飾について，あるイメージをあたえるだろう。タブーにしても，常識的なイメージはもっているだろう。とすると，読者が〔土器の装飾がタブーのあらわれだとわかった〕と思ったとしても，厳密な意味で〔理解した〕といえるだろうか。〔土器の装飾〕というイメージと〔タブー〕というイメージが結びついた，ということではないだろうか。〔土器の装飾〕というイメージと〔タブー〕というイメージの置き換えが起こっただけではなかろうか[100]。わかる・理解するということは，ものごとが成り立つ条件，そこに働いている規則をとらえ，意識のなかに定着させることといえるだろう。だからイメージの構成・結合・置換は，理解をたすける手段ではあっても，ものごとを理解することとは別である。だから，イメージの置き換えだけが先走りすれば，何かをわかったような気分のなかに読者をほうり出してしまうことになりかねない。わかりやすさということのなかにも難しい問題がふくまれている，と思う。

D. クラークは，ヨーロッパ中石器時代の生業や「経済的基盤」の説明が，思いこみや型通りの解釈にもとづいて組み立てられており，R. B. リーと I. ド゠ヴォアの主催したシンポジウムの記録 "Man the Hunter" によって根本的に見なおしをせまられることになった，と指摘している[101]。日本ではジャーナリズムが，「本源的豊饒の社会」という謳い文句にひきつけられたのか，いちはやく紹介した。佐原眞は，いちはやく縄紋人の植物性食料の重要性を指摘する[102]。

狩猟採集経済の不安定さ，それに由来する貧しい生活というイメージは，さきに紹介した和島や藤間の縄文社会論の土台となっている。獲得経済と「本源的窮乏」を結びつける型通りの解釈がはたらいている。それを前提として，狩猟採集から食料生産へ，縄文から弥生への転換を，「歴史的必然性」をもったできごととする解釈が成り立つ。獲得経済は不安定で，狩猟採集経済は貧しい生活を送っている，という解釈が，どのようにして日本の考古学に根をおろしたのか，面白い問題だと思うが，まだ調べていない。

クラークは，このような解釈が受け入れられてきた理由のひとつとして，1950年代なかばまでの中石器時代の研究に，動植物遺体，社会・生態条件への目配りがかけていたことを指摘している[103]。日本でも，食料の構成を具体的にとらえるための手がかりはまったくなかった。金子浩昌の千葉県大倉南貝塚の調査（1957年）までは，動物遺体を全部持ち帰ることもなかったから，どれだけの動物をとっていたか推定することもできなかった。植物性食料の利用を否定する意見はなかったが[104]，具体的な推定は何もなかった。このようななかで，渡辺誠は，零細なナッツ類の出土例や植物性食料の処理用具（石皿・磨石など）を集成し，植物性食料の利用の有様を復元しようとした[105]。鈴木公雄は，リーの調査結果から刺激をうけ[106]，食料の獲得と利用の効率を検討し，縄紋人の食料資源のなかで，植物性食料が大きな比重を占めていたことを指摘した[107]。

鈴木の「日本の新石器時代」[108]は，これまで紹介した縄紋社会論・文化論とくらべると，完新世初期から現在にわたる日本列島の環境（とくに植生），縄紋時代の人口動態などについての説明が豊富になっている。これは1960年代からのちのこれらの分野（生態学・第四紀地質学・地形学・形質人類学）の発達と，

考古学との連絡が密になった結果である[109]。これまで述べたことから推察できるように，鈴木は完新世の温暖化という条件のもとで，水産・植物両資源（とくに後者）の高度な利用技術の発達を，縄紋文化をささえた要素として重視し[110]，それが日本の伝統文化とむすびついていることを指摘する。

私の結論を手短にいえば，総論賛成・各論反対ということになるだろう（ただし「新石器時代」というとらえ方など「総論」の土台となる部分に異議がないわけでもない）。解釈の仕方・論旨の展開・結論に違いがでてくるとしても，これから私の書くもので論拠とするところ，とり上げる問題にそれほど大きな違いがでてくるとは思えない。経験に共通する部分があれば，考え方・判断の結果にも共通する部分が生まれ，手垢のしみ付いた言葉を使えばパラダイムが形成されることになるのだろう。

鈴木は「東西の縄文文化の落差を必要以上に強調すべきではない」[111]という。このあたりの鈴木の表現は微妙である。「寸足らずではあるが，一人前である」[112]というのが，鈴木の西日本の縄紋文化の評価なのだろう。いい換えれば，西日本でも東日本でも，縄紋人は同じ環状集落に住み，同じような技術で，同じような道具や呪物を作っていた，人口密度の違いが，遺跡の分布密度・遺物の出土量となって，見掛けのうえの違いを強調しているに過ぎない，ということになる。この鈴木の推論ははたして十分に論証されているのだろうか。かりに日本列島の東西の「文化」の違いを，量の違いとしてとらえることができるとしても，そのかげに質の違いを考慮する必要はないのだろうか。これは，本書の一つのテーマとなる。

縄文文化の一体性の強調は，鈴木の「基層文化としての縄文文化」[113]という主張の前提となっている。〈基層文化〉という言葉の危険さ・曖昧さは梅原猛がこの言葉を乱用していることによって，さらに都出比呂志の批判によって，明らかにされている[114]。鈴木は，縄文・弥生の「二つの文化は，ともに今日の日本文化の基層を形成した重要な文化である」という[115]。それでは旧石器はどうなる，基層でなければ重要でないのか，といいたくもなるが，それはともかくとして，ひとつの社会が，何を受け継いだかと同じ程度，むしろそれ以上に，何を捨て去ったかを確認することも，その社会の本質を理解する上で，大切なことでなかろうか。いまわれわれは，縄文・弥生（私は旧石器も含めるべ

きだと考えているが）以来の伝統文化をすさまじい勢いで捨て去っている。その残骸の向こうに，明日の社会の姿が浮かんでいるのではないか。そこに蓄積や伝統への愛着が残る余地があるだろうか。成功するかどうか自信はないが，本書のなかでは，そのような立場からも縄紋時代・縄紋社会を観察してみたい。

5. むすび

　縄紋研究は，モースの大森貝塚調査とともにはじまる。しかしモースの帰国後，日本人による縄紋研究は，かならずしもモースの遺産をただしく受けつぎ，順調な発展をとげたとはいえない。縄紋研究は，大森貝塚からのち，ほぼ半世紀にわたって，先住民の人種・種族の決定という，まったく不毛な目的に奉仕させられた。縄紋研究は，モースの科学的な考古学の世界から，新井白石の考証学の世界に逆もどりしてしまった。その原因は，坪井正五郎の問題のとらえ方と，彼の「人類学的方法」にある。

　甲野勇・八幡一郎・山内清男らによる縄紋土器の編年とともに，本格的な縄紋研究がはじまる。なかでも山内清男は，松村瞭・松本彦七郎らの業績を徹底的に吸収し，その基礎のうえに独自の型式論を築きあげた。関東地方を中心として，文様帯系統論にもとづく型式の段階区分と型式分布圏の細分が議論されるようになった。のちにあらためて触れるように，いくつかの困難はあるが，山内の予言した「型式細分の究極」にむかう動きとして注目したい。

　縄紋社会論は，編年論・型式論とはべつの背景のもとで登場した。縄紋社会の姿をとらえることが，われわれの目標のひとつであることは確かである。しかし「編年・型式を揚棄して社会を」というのは俗論にすぎない。型式はわれわれの認識の手段であり，編年はそのもっとも明快な表現である。型式と編年によって，縄紋社会の姿をえがくことができるようになったとき，縄紋研究ははじめて新しい時期をむかえるだろう。

註
　（＊印は複数の刊本がある場合，引用した版を示す）
　(1)　新井白石は，佐久間洞巖宛書簡のなかで，佐久間から送られた石鏃を，粛慎の石砮にあたるものと考証しており（「白石先生手簡」『新井白石全集』5：51-62，国書刊行会，1906），伴信友は「比古婆衣」のなかで，石棒を古事記歌謡にみえる

「伊斯都々伊」と考証している（『伴信友全集』4：331-332, 国書刊行会, 1907）。
(2) 大森貝塚調査以前の遺物の考証・収集は，中谷治宇二郎『日本先史学序史』（岩波書店, 1935），清野謙次『日本考古学・人類学史』（岩波書店, 1950・1951），斎藤　忠『日本考古学史』（吉川弘文館, 1974）にくわしい。
(3) 鍵谷徳三郎「尾張熱田高倉貝塚実査」（『東京人類學會雜誌』23：275-283, 1908）
(4) 「人種論争」は，工藤雅樹『研究史・日本人種論』（吉川弘文館, 1979）にくわしい。
(5) モース・近藤／佐原訳『大森貝塚』pp. 23-28（岩波書店, 1983）
(6) 坪井正五郎「人類學の實躰と人類學なる名稱」p. 634, 635（『東洋學藝雜誌』10：633-637, 1893），「事物變遷の研究に對する人類學的方法」p. 33（『太陽』1：31-33, 1895）
(7) 坪井正五郎「コロボックル風俗考」p. 51（『風俗画報』90, 91, 93, 95, 99, 102, 104, 106, 108, 1895，斎藤　忠編『日本考古学選集・坪井正五郎集　上』* pp. 50-100, 築地書館, 1971）
(8) 坪井正五郎「事物變遷の研究に對する人類學的方法」p. 33
(9) 坪井正五郎「コロボックル風俗考」p. 51
(10) 坪井正五郎「貝塚土偶の面貌の奇異なる所以を説明す」（『東洋學藝雜誌』11：125-130, 1894，「コロボックル風俗考」pp. 63-64），「日本石器時代人民の口邊装飾」（『東洋學藝雜誌』13：114-119, 1896，「コロボックル風俗考」p. 54）
(11) 八木奘三郎・下村三四吉「常陸国椎塚介墟発掘報告」p. 341（『東京人類學會雜誌』8：336-389, 1893）
(12) 鳥居龍蔵「武蔵北足立郡貝塚村貝塚内部ノ状態」p. 72（『東京人類學會雜誌』* 9：72-75, 1894，『鳥居龍藏全集』2：514-516, 1975）
(13) 坪井正五郎「本會創立第十一年會にて爲したる演説」p. 4（『東京人類學會雜誌』11：1-6, 1896）
(14) 文部大臣森有礼は1888年（？）に帝国大学の教官に，大学の教育を日本の実情にそったものとする必要があることを指摘している（大久保利謙編「森有礼全集」1：614, 大久保利謙・海後宗臣監修『近代日本教育資料叢書　人物編1』宣文堂, 1972）。渡辺洪基は，「帝国大学令」の公布とともに更迭された加藤弘之にかわって，総長に任命された人物である（三宅雪嶺『同時代史』2：265-266, 岩波書店, 1952）。その渡辺が森の方針を無視するとは考えられない。渡辺が，坪井の任命にあたって，日本の実情に即した人類学の教育・研究の必要を指摘した可能性はきわめて高い（林　謙作「鳥居龍蔵―その『修業』時代」p. 91『北方文化研究』17：77-102, 1985）。
(15) 坪井正五郎「日本考古學講義（東京英和學校ニ於テ）」p. 18（『文』2—8：9, 1889），『日本考古学選集・坪井正五郎集　上』* pp. 15-29）
(16) 坪井正五郎「石器時代總論要領」p. 45（『日本石器時代人民遺蹟遺物發見地名表』1897，『日本考古学選集・坪井正五郎集　上』* pp. 43-48）

(17) 坪井正五郎「太古と雖も日本種族の石器を實用に供したる證跡無し」(『東洋學藝雜誌』16：175-177，1899)
(18) 坪井正五郎「石器時代總論要領」p. 45
(19) 伊東信雄は，山内編年の骨子が完成したのは，1929年の5月から11月のあいだであるという証言を遺している（伊東信雄「山内博士東北縄文土器編年の成立過程」pp. 164-165『考古学研究』24—3・4：164-170，1977)。これから逆算すると『大森介墟古物編』の刊行は，ちょうど50年前のことになる。
(20) 鳥居龍藏は，坪井正五郎はミルンの割りだした年数の端数を切りすてて，石器時代の年代を三千年前としたという（鳥居龍藏「ジョン・ミルンの大森貝塚年代考察に就いて」p. 599『武蔵野』26—1，1939，『鳥居龍藏全集』* 2：597-600，1975)。そのような出来事があったのは事実だろう。ただし，ヴォーソー（1821～1885）も初期の著作のなかではデンマークに石器時代人があらわれたのをおよそ3000年前と考えており，坪井がヴォーソーの考えをも取り入れている可能性がある（Worsae, J. J. A., *Primeval Antiquities of Denmark.* p. 35 ; transl. Thoms., W. J., John Henry Parker, 1849)。
　　Milne, John, Notes on Stone Implements from Otaru and Hakodate, with a few general remarks on the prehistoric remains of Japan. *Transactions of Asiatic Society of Japan.* 9 : 389-423, 1880
(21) 中里貝塚の位置は永峯光一の教示をうけた。山崎直方「貝塚は何れの時代に造られしや」(『東京人類學會雜誌』9：220-225，326-330，1894)
(22) ともに佐原眞の教示による。『大森貝塚』図版10・第5図，同・「解説」p. 206，佐原　眞「日本近代考古学の始まるころ〈モース，シーボルト，佐々木忠二郎資料によせて〉」p. 176 (『共同研究 モースと日本』247-277，小学館，1988）を参照されたい。
(23) 八木奘三郎・下村三四吉「下總國阿玉臺貝塚探究報告」pp. 281-282 (『東京人類學會雜誌』8：254-285，1894)
(24) 林　謙作「鳥居龍藏論—"土器型式部族説"成立をめぐって—」pp. 164-166 (『縄文文化の研究』10：162-170，雄山閣出版，1984)
(25) 坪井正五郎は，西ヶ原貝塚の資料にもとづいて，把手の変遷を推定している。しかし八木と鳥居の対立する意見のどちらに傾いていたのか，明らかではない。坪井自身も右顧左眄組の一人だったのだろう（坪井正五郎「異地方発見の類似土器」pp. 176-179『東洋學藝雜誌』13：173-179，1894)
(26) 佐藤傳藏・若林勝邦「常陸國浮島村貝塚探究報告」(『東京人類學會雜誌』11：106-115，1894)
(27) 土壌学では，土層を構成する物質の違いにもとづく単位を「層理」，ひとつの層理のなかの区分を「層位」と呼ぶ（菅野一郎『土壌調査法』pp. 117-118，古今書院，1970)。ここでは両方をあわせて「層位」と呼んでおく。
(28) 松本彦七郎「陸前国宝ヶ峯遺跡分層的小發掘成績」(『人類學雜誌』34：161-166，

1919)
(29) 松本彦七郎「宮戸嶋里浜介塚の分層的發掘成績」(『人類學雜誌』34：285-315, 331-344, 1919)，「宮戸嶋里浜及気仙郡獺沢介塚の土器　付特に土器紋様論」(『現代之科学』7：562-594, 696-724, 1919)
(30) 松本編年と山内編年のもっとも目につきやすい違いは，時間の刻み・型式の分布範囲が粗いか細かいかという点だ，といえる。この違いは二人の編年の目的の違いによるもので，山内の観察眼が松本より鋭かった，というようなことではない。
　　　　林　謙作「考古学と科学」pp. 124-126 (桜井清彦・坂詰秀一編『論争・学説 日本の考古学』1：101-143, 雄山閣出版, 1987)
(31) 松本彦七郎「宮戸嶋里浜介塚の分層的發掘成績」pp. 340-341,「宮戸嶋里浜及気仙郡獺沢介塚の土器」pp. 716-720
(32) 山内清男「關東北に於ける繊維土器」pp. 50-53 (『史前學雜誌』2：117-146, 1929,『山内清男・先史考古学論文集』* 49-74, 佐藤達夫編『日本考古学選集・山内清男集』26-56, 築地書館, 1974)
(33) 山内清男「關東北に於ける繊維土器」pp. 60-72
(34) 山内清男「繊維土器について―追加―」p. 75 (『史前學雜誌』2：271-272, 1929,『山内清男・先史考古学論文集』* 74-75『日本考古学選集・山内清男集』57-58),「繊維土器について　追加第二」pp. 77-78 (『史前學雜誌』3：73-75, 1930,『山内清男・先史考古学論文集』* 75-78,『日本考古学選集・山内清男集』58-61)
(35) 江上波夫・後藤守一・山内清男・八幡一郎・甲野　勇「日本石器時代文化の源流と下限を語る」pp. 36-38 (『ミネルヴァ』1：34-46, 1936)
　　　　喜田貞吉「日本石器時代の終末期に就いて」(『ミネルヴァ』1：93-101, 1936)
　　　　山内清男「日本考古學の秩序」(『ミネルヴァ』1：137-146, 1936)
　　　　喜田貞吉「『あばた』も『えくぼ』，『えくぼ』も『あばた』―日本石器時代終末問題―」(『ミネルヴァ』1：175-180, 1936)
　　　　山内清男「考古學の正道―喜田博士に呈す―」(『ミネルヴァ』1：249-255, 1936)
(36) 甲野　勇『縄文土器のはなし』p. 71 (世界社, 1953)
(37) 中谷治宇二郎『日本石器時代提要』pp. 355-398 (山岡書店, 1929)
(38) 宮坂英弌「長野縣東筑摩郡中山村古墳發掘調査報告 (二)」p. 134, pp. 136-137 (『史前學雜誌』2：130-140, 1930),「宋錢發掘記」(『ミネルヴァ』1：265-268, 1936)
(39) 赤木　清「江名子ひじ山の石器時代遺蹟 (その十一完)」pp. 32-33 (『ひだびと』5―3：26-33, 1937),「考古學的遺物と用途の問題」(『ひだびと』5―9：1-4, 1937)
(40) 山内清男「考古學の正道―喜田博士に呈す―」p. 249
(41) 山内清男「日本考古學の秩序」pp. 144-146,「考古學の正道―喜田博士に呈す―」pp. 251-255
(42) 山内清男「日本石器時代の終末期に就いて」p. 101

第1章　研究の流れ　　27

(43)　山内清男「日本考古學の秩序」p. 139
(44)　山内清男「日本考古學の秩序」pp. 138-143
(45)　この論争のいきさつは，工藤雅樹「ミネルヴァ論争とその前後」(『考古学研究』20 — 3：14-40, 1974) にくわしい。
(46)　鳥居龍蔵「日本先住民研究に対して私の感想」pp. 51-52 (『ドルメン』4 — 6, 1935, 『鳥居龍藏全集』* 12：51-56, 1976)
(47)　鳥居龍蔵『武蔵野及び其周圍』(『鳥居龍藏全集』2：1-152) に収録されるときにはこの部分は削除されている。
　　　鳥居龍蔵「石器時代に於る關東と東北の關係―殊に土偶に就て―」p. 201 (『人類學雜誌』38：196-201, 1923)
(48)　赤木　清「江名子ひじ山の石器時代遺蹟（その十一完）」p. 32
(49)　甲野　勇「遺物用途問題と編年」(『ひだびと』5 — 11：1-7, 1937)
(50)　八幡一郎「先史遺物用途の問題」(『ひだびと』6 — 1：7-9, 1938)
(51)　藤森栄一「いつまで編年をやるか」(『考古学ジャーナル』35：1, 1969)
(52)　山内清男『日本遠古之文化』p. 3 (先史考古学会，1939,『山内清男・先史考古学論文集』* 1-44,『日本考古学選集・山内清男集』180-224)
(53)　山内は『日本遠古之文化』のなかで，打製石斧・土偶・抜歯などの変遷を簡単に述べ，埋葬法・装身具などにも時期による変化を観察できることを指摘している。「編年学派」が土器の観察ばかり重視する，と発言する人びとは，自分でこれらの変化の意味を考えようとはせずに，もっとくわしい解釈を与えてもらうことを期待したか，あるいはこの記述を読み飛ばしたか，どちらかだろう（『日本遠古之文化』同前）。
(54)　甲野　勇「埼玉県柏崎村真福寺貝塚調査報告」(『史前學會小報』2, 1928)
　　　八幡一郎「奥羽文化南漸資料」・「奥羽文化南漸資料（二）」・「奥羽文化南漸資料（三）」(『考古学』1：18-21, 97-100, 185-187, 1930)
　　　山内清男「所謂亀ヶ岡式土器の分布と縄紋式土器の終末」(『考古学』1：139-157, 1930)
　　　大場磐雄「関東に於ける奥羽薄手式土器（上）」(『史前学雑誌』3：219-224, 1931)・「同（下）」(『同前』4：1-10, 1932)
(55)　八幡一郎「日本石器時代初期の石器」pp. 553-556 (『民族學研究』2：543-557, 1936)
(56)　八幡一郎『日本の石器』pp. 24-41 (彰考書院，1948),「信州諏訪湖底『曽根』の石器時代遺蹟」pp. 65-66 (『ミネルヴァ』1：60-67, 1936)
(57)　水野清一・江上波夫「内蒙古・長城地帯」(『東方考古學叢刊』乙種一，東方考古學會，1935)
(58)　山内清男『日本遠古之文化』p. 10, 39
(59)　山内清男「日本石器時代初期の石器」p. 553,「書評・八幡一郎『北佐久郡の考古學的調査』」p. 303 (『人類學雜誌』50：74-76,『論文集・旧』* 301-303)

(60) 山内清男『日本遠古之文化』p. 5
八幡一郎「日本に於ける中石器文化的様相に就て」(『考古學雑誌』27—6：355-368, 1937)
(61) 山内清男『日本遠古之文化』p. 10
(62) 江坂輝彌「日本始原文化起源の問題」(『古代学』1：85-178, 1952)
(63) 中谷治宇二郎『日本石器時代提要』p. 68（岡書院, 1925）
(64) 芹沢長介「関東及中部地方に於ける無土器文化の終末と縄文文化の開始に関する予察」pp. 41-42（『駿台史学』4：6-47, 1954, 『駿台考古学論集』1：24-65, 明治大学考古学専攻講座創設二十五周年記念会, 1975）
(65) 芹沢長介「無土器文化」pp. 113-122（『考古学ノート』1, 日本評論新社, 1957）, 「日本における無土器文化の起源と終末についての覚書」pp. 9-11（『私たちの考古学』13：4-13, 1957）, 「新潟県荒屋遺跡における細石刃文化と荒屋型彫刻刀について」(『第四紀研究』1：174-181, 1962)
(66) 芹沢長介「旧石器時代の諸問題」pp. 102-107（石母田正編『岩波講座 日本歴史・原始および古代』1：77-107, 岩波書店, 1962）
(67) 芹沢長介「無土器文化」p. 122
(68) 鎌木義昌「縄文文化の概観」pp. 14-17（鎌木義昌編『日本の考古学』2：1-28, 河出書房, 1965）
芹沢長介「日本の石器時代」p. 29, 31（『科学』39—1：28-36, 1969）
(69) 山内清男「縄紋土器文化のはじまる頃」p. 51（『上代文化』30：1-2, 1960, 『論文集・新』* 49-52）, 「文様帯系統論」p. 174（山内清男・江坂輝彌編『日本原始美術』1：157-158, 1964, 『論文集・新』* 174-183）
山内清男・佐藤達夫「縄紋土器の古さ」pp. 52-62（『科学読売』12—13：18-26, 84-88, 1962, 『論文集・新』* 53-91）
(70) 山内清男・佐藤達夫「縄紋土器の古さ」pp. 62-70
山内清男「縄紋式文化」pp. 110-111（『日本原始美術』1：140-147, 『論文集・新』* 110-120）
(71) 山内清男・佐藤達夫「無土器文化」pp. 103-106, p. 109（『日本原始美術』1：137-140, 『論文集・新』* 103-110）
(72) 山内清男「洞穴遺跡の年代」pp. 41-43（日本考古学協会洞穴遺跡調査特別委員会編『日本の洞穴遺跡』374-381, 平凡社, 1967, 『論文集・新』* 40-48）
(73) 山内清男・佐藤達夫「縄紋土器の古さ」p. 70
(74) 佐藤達夫「縄紋式土器の研究課題—とくに草創期前半の編年について」(『日本歴史』277：107-123, 1971)
(75) 大塚達朗「縄文草創期土器研究の回顧と展望」p. 119, 120（『埼玉考古』24：119-124, 1988）
(76) 「……先史ヨーロッパの人びとの, おぼろげでしかも入り組んだ履歴をつらぬく一本の糸がはっきりとみえる。それはオリエントの諸発明の西方への伝播, その土

地での採用と変容である」(*Most Ancient East*, p. 1, 1929) というチャイルドの指摘は，日本でも深い影響をあたえた．山内清男も，1930年代に，*Dawn of European Civilization* を完訳している（『論文集・旧』p. 293）．

(77) 芹沢長介「縄文文化」p. 58（杉原荘介編『日本考古学講座』3：44-77，河出書房，1956）
(78) Clark, J. G. D., *Mesolithic Prelude*. pp. 3-5, p. 7, Edinburgh Univ. Press., 1980
(79) 近藤義郎「戦後日本考古学の反省と課題」p. 324（考古学研究会編『日本考古学の諸問題』311-338，考古学研究会，1964）
(80) 稲田孝司「尖頭器文化の出現と旧石器的石器製作の解体」（『考古学研究』15―3：3-18，1969），「縄文文化の形成」（加藤晋平ほか編『岩波講座 日本考古学』6：65-117，岩波書店，1986）
(81) 和島誠一「原始聚落の構成」p. 482（『日本歴史講座』1：1-32，学生書房，1947，原秀三郎編『歴史科学大系』1：199-231，校倉書房，1972，和島誠一著作集刊行会編『日本考古学の発達と科学的精神』* 481-504，1973）
(82) 禰津正志「原始日本の経済と社会」p. 324（『歴史學研究』* 4：323-336，459-472，1935，『歴史科学大系』1：175-198）
(83) 後藤守一『日本考古學』pp. 1-2（四海書房，1925）
(84) 当時のヨーロッパ（とくにイギリス）の考古学の傾向，さらに解剖学・古生物学など記述に重点をおく自然科学がつよい影響を及ぼしている．
濱田耕作『通論考古學』p. 45, pp. 93-94，102-103，132-133，p. 153（全国書房，1947）
中谷治宇二郎『日本石器時代提要』p. 195（岡書院，1929）
林 謙作「考古学と科学」pp. 119-122（桜井清彦・坂詰秀一編『論争・学説 日本の考古学』1：101-143，雄山閣出版，1987）
(85) 佐原 眞「山内清男論」p. 239（加藤晋平・小林達雄・藤本 強編『縄文文化の研究』10：232-240，雄山閣出版，1984）
(86) 日高六郎『戦後思想を考える』pp. 3-10（岩波書店，1980）
(87) 禰津正志「原始日本の経濟と社會」p. 334
(88) 三沢 章「日本考古學の發達と科學的精神」pp. 133-134（『唯物論研究』* 60：104-115，62：120-135，1937，『日本考古学の発達と科学的精神』17-46，1973）
(89) 和島誠一「原始聚落の構成」pp. 483-488
(90) 和島誠一「原始聚落の構成」pp. 489-490
(91) 藤間生大『日本民族の形成―東亜諸民族との連關において―』p. 5, 17（岩波書店，1951）
(92) 藤間生大『日本民族の形成―東亜諸民族との連關において―』pp. 22-23
(93) 藤間生大『日本民族の形成―東亜諸民族との連關において―』p. 25, 28, 30
(94) 坪井清足「縄文文化論」（『岩波講座 日本歴史』1：109-138）
(95) 坪井清足「縄文文化論」pp. 128-134

(96) 近藤義郎「弥生文化論」p. 149 (『岩波講座 日本歴史』1 : 139-188)
(97) 坪井清足「縄文文化論」pp. 135-138
(98) 近藤義郎「弥生文化論」pp. 148-152
(99) 坪井清足「縄文文化論」p. 127
(100) 民族学・考古学のどちらかの専門知識をもっている読者の場合にも，同じことが起こるはずである。ふたつの分野にわたって，同じ程度の知識を持っていないかぎり，このような事態が起こるものと思わねばならない。いわゆる学際的研究の危険さ・困難さはここにある。
(101) Clarke, David, *Mesolithic Europe : the economic basis*. pp. 207-228, G.Sieveking et al. (eds) *Problems in Economic and Social Archaeology*. 449-481, Duckworth, 1976, N. Hammond (ed.) *Analytical Archaeologist : collected papers of David L. Clarke.** 207-262, Academic Press, 1979
(102) 佐原 眞「海の幸と山の幸」pp. 22-24 (坪井清足編『日本生活文化史・日本的生活の母胎』: 21-43, 河出書房, 1975)
(103) Clarke, David, *Mesolithic Europe*. p. 208
(104) 大山柏は『基礎史前學』のなかで植物性食料の問題にかなりのスペースを割いている。後藤守一も，日本列島は蒸暑いという程度の理由ではあるが，縄紋人の食生活では，植物のほうが大きな比重をしめていたのではないかと想像している(「衣・食・住」pp. 250-252『日本考古学講座』3 : 247-288)。
(105) 渡辺 誠『縄文時代の植物食』雄山閣出版, 1975
(106) Lee, R. B., What hunters do for a living, or, how to make out on scarce resources. Lee, R.B., DeVore, I. (eds) *Man the Hunter*. 30-48, Aldine, 1968
(107) 鈴木公雄「縄文時代論」pp. 188-196 (大塚初重・戸沢充則・佐原 眞編『日本考古学を学ぶ』3 : 78-202, 有斐閣, 1980)
(108) 鈴木公雄「日本の新石器時代」(『講座日本歴史―原始・古代』1 : 75-116, 東京大学出版会, 1984)
(109) 考古学と自然科学の関係がとくに緊密になるのは，1970年代はじめから後のことで，特定研究「古文化財」の果たした役割が大きいし，大規模な遺跡破壊にともなう緊急調査の問題もかかわっている。しかし，ここではくわしく触れる余裕がない。文部省科学研究費特定研究「古文化財」総括班編『自然科学の手法による遺跡・古文化財等の研究―総括報告書』(1980)，『古文化財に関する保存科学と人文・自然科学』(1984) を参照されたい。
(110) 鈴木公雄「日本の新石器時代」pp. 77-79, 83-90
(111) 鈴木公雄「日本の新石器時代」p. 112
(112) 藤間生大『日本民族の形成』p. 18
(113) 鈴木公雄「日本の新石器時代」p. 113
(114) 都出比呂志「歴史学と基層概念」(『歴史評論』466 : 71-88, 1989)
(115) 鈴木公雄「日本の新石器時代」p. 113

第2章　縄紋人の素性

　人種論争のなかでかわされた議論の中身は工藤雅樹が詳細に記述しており[1]，山口敏の人類学の立場からの簡潔な評価[2]がある。学説そのものについては，これらの業績を参照していただくこととして，ここでは，それらの学説が，縄紋研究にどのような影響をおよぼしたか，その問題を中心として考えて見ることにしよう。

1. 人種論の遺産

　人種論争は1920年代のなかばに転換期をむかえる。それ以前，坪井正五郎の死とともに，コロボックル説は短期間におとろえ，アイヌ説が有力となった。しかしこのいきさつは，清野謙次・金関丈夫が指摘するように，「大した科学的根拠も無い」のに，「何時の間にか日本石器時代人はアイヌ其物であるとまで思われる様になつてしまつた」[3]までのことであり，問題のとらえ方や研究の方法のうえで，これといった発展があったわけではなかった。坪井正五郎や小金井良精（1858～1944）ばかりでなく，それ以前の，おもに欧米の研究者による議論を含めて，縄紋人の素性をめぐる議論は，日本の「先住民族」がアイヌであるか，アイヌ以外の民族なのかという，ただその一点をめぐる応酬である，といえる。清野謙次の立場からみれば，人種問題の「直接的且つ積極的証拠では無くして間接的証拠たるに過ぎない」「考古学的土俗学的乃至言語学的方面の事実」をよりどころとしていた[4]。

　1920年代のなかばを境として，縄紋人の素性の問題は，清野謙次（1885～1955）・長谷部言人（1882～1969）・松本彦七郎などの手ですすめられることになる。清野は病理学，長谷部は解剖学，松本は動物学の出身である。これらの分野では，資料を一定の手続きにしたがって観察・記述することが大きな比重をしめ，基礎的な業績として評価される——それゆえこの分野は「記述科学」

ともよばれる。これらの人びとは資料の観察・記述と解釈や評価を混同してはならず、資料そのものの客観的な観察と記述が必要であることを主張し、その主張はある程度までの効果をもたらした（彼らの主張が「理解」されたかどうかは別問題である）。日本の考古学で、まがりなりにも、資料そのものの性質にもとづいた観察と記述がおこなわれるようになったのは、浜田耕作（1881～1938）とともに、彼らの功績である、といえるだろう。

　こうして人種論は、人骨の観察・記述の訓練をつんだ専門研究者が発言すべきものであることになった。「民族論は……正しく人種学者解剖学者の手に返へされた。文化現象としての遺物も正しく考古学者の手に委ねられるべき時が来た」[5]という中谷治宇二郎の発言は、当時の大多数の考古学者の意見を代弁しているだろう。骨は自然科学者に、ものは考古学者に、というわけである。しかし、すでに指摘したように、その当時の考古学研究者で、ものを研究する手段・解釈の原理を確立している人はほとんどいなかった[6]。そして考古学者が苦しまぎれに飛びついた新カント派哲学の「文化」の観念が、そのまま根をおろしてしまったところに現在にいたる縄文研究の混乱のひとつの原因がある。

　松本や清野は、「客観的」な記述・観察の見本を考古学者にしめしてくれた。しかし、説明や解釈の方法までは手がまわらなかった。彼ら自身、これといった解釈の原理や説明の方法の持ち合せがなかったからである。松本の「土器紋様論」の骨子は、層位的に観察された現象の記述である。松本は「土器紋様の上方退却」・「土器紋様の直線化」などの現象を「民族心理」で説明しようとした[7]。「民族心理」は、その当時の流行語で、いまふたたび流行の兆しを見せているが、科学的にはまったく説明のしようのないシロモノである。清野が宮本博人と連名で発表した津雲貝塚の人骨についての論文は、それまでの「推測的な」人種論にとどめをさした[8]。その中身は、人骨の計測結果・その結果としてあたえられる「形質距離」の記述である。「混血」というのは、「人種」の形質は固定していて変化しないものだ、という当時の人類学の通説の範囲からあたえられる、ただ一つの「合理的」な解釈であった。松本にせよ、清野にせよ、根本的なところでは、出来合の解釈や説明に身をまかせている。清野が人骨研究の成果で「記紀神話」を「合理的」に解釈しようとしたのもべつに不思

議ではない。

　山口敏は,「清野の研究法が,きわめて計画的かつ客観的である反面,最終的な段階で数字の大きさだけで判断するという機械的な面をもっていた」ことを指摘している[9]。ここで山口が「客観的」というのは,清野が観察結果を,人骨の計測値や形態距離などの数値でしめしたことをさしている。いい換えれば,清野は観察結果を記述する手段として,数字をもちいたのである。清野の人種論の勝利は,数字による記述の勝利でもあった。それ以来,日本考古学には数字に対する信仰と反発が根をおろし,今日にいたっている。

　つぎのような発言に共感をもつ研究者は今日ではまったくいない,といえるだろうか。「自然科学的な記載を持ち得る対照物は,如何にも整然としてゐて,それ自身に権威があるらしく見える。……然し是等はすべて,……文化価値に乏しいものであると云へるのである。文化現象の価値は,その複雑にして一見容易に捕捉し難いところにある」。ここに引用したのは,中谷治宇二郎の自然科学系の研究者による人種論の考古学へおよぼした影響についての発言である[10]。省略した部分には,「従来の考古学者の関心した遺物のそれは全く気まぐれな記載と選択の下にあつた為,新興科学の明るみの下に投出して見ては,一握の襤褸布の様な惨めな存在と思はれるのである」という発言がある。中谷に代表されるような「文化」のとらえかたが,自然科学系の人種論の圧力のもとで,いわば受身の自己主張としてできあがったことを示している。日本考古学でなお支配的な,主観的な記述や判断へのめり込み・数量的処理に対するやみくもな反発,その裏返しとしての「客観信仰」や「数字信仰」は,ここにはじまっている。

2. 縄紋人の言語・縄紋人の形質

　人種・言語・考古資料,どのような対象にしても,系統論はもっとも基本的ではあるが,もっとも素朴な問題で,思考力をまったく持ち合わせない人でも,資料さえにぎれば,それなりの発言ができる分野である。だから,系統論の流行は,資料追随主義がはびこる危険と裏腹の関係にある。それはそれとして,縄紋人の形質や言語について,現在どのような意見があるのか,ここで一応紹介しておくことにしよう。

(1) 言語学にもとづく推論

ここでは，戦後の研究を中心として紹介することにする。

日本列島の住民の話している言語には，琉球語・いわゆる日本語・北海道先住民の言語（以下「アイヌ語」とよぶ）があり，それぞれいくつかの方言を含んでいる。そのうち，琉球語はいわゆる日本語から分かれたものであることが証明されている[11]。梅原猛はアイヌ語が「原日本語」・「縄文語」であることを精力的に主張したが[12]，言語学の専門家は問題にしていない。ただし，服部四郎，安本美典・本田正久らはアイヌ語の基礎語彙に日本語と共通する要素があることを指摘している[13]。また，山田秀三の本州東北部のアイヌ語地名の調査結果[14]も，アイヌ語と日本語の関係を考えるうえで無視できないだろう。

戦前には，日本語を朝鮮語と関係の深いアルタイ系の言語とみる立場が支配的だった。つまり，朝鮮語も日本語もアルタイ系の祖語から枝わかれしてきた，と考えていたわけである。1970年代にはいって，系統のちがった言語がまざりあった「混成語」だという考えが有力になってきた[15]。混成語とは，「ある人々が，自分の母語社会を離れて別の言語社会に入り，政治的にも社会的にも勢力の強い異質言語で話さねばならないような場合」，あるいは「ある母語集団の中に，政治的，経済的により強力な集団が外部から侵入してきたため，支配者集団と被支配者集団との間で話さねばならないような場合」に生まれる[16]。まず，もとの言語よりも文法も発音も単純になったピジン pidgin が成立し，ピジンそのものを母語とする人々のあいだに，語彙が拡大し，文法もやや複雑なクレオール creole が成立する。

日本語と朝鮮語の構造はよく似ており，朝鮮語・日本語の単語を置き換えるだけで，こみいった文章も正確に翻訳できる。しかし，単語そのものはまったく違っている。J. J. チュウは，この現象は，日本語・朝鮮語が，ともにおなじ系統の言語を話していた集団が，しばらくのあいだ隔離されたのちに，ふたたび接触をたもつようになる過程でできあがった混成語であることを示していると解釈する。チュウは，アルタイ系の言語を話す集団が，まず朝鮮半島全域に侵入し，そののち，やはりアルタイ系の言語を話すべつの集団が，朝鮮半島の西半部・九州・本州西部に侵入し，やがてそれぞれの地域で，クレオールである朝鮮語・日本語の祖型が生まれた，と説明する[17]。

チュウは，おなじアルタイ系の言語の接触を考えているが，べつの意見もある。大野晋は，「日本には縄文式時代に，ポリネシア語族のような音韻組織を持った南方系の言語が行われていた。弥生文化の伝来とともに，アルタイ語的な文法体系と母音調和とを持った朝鮮南部の言語が行われるようになり，……第一次的には近畿地方までその言語区域としたであろう」と述べている[18]。

オーストロネシア（マライ―ポリネシア）系の要素と，アルタイ系の要素が混じりあっているというだけでは，日本語が「混成語」である，とはいえない。二つの言語が接触した結果うまれた，どちらともつかぬ新しい言語が「混成語」である。村山七郎は，朝鮮半島ですでにオーストロネシア系の言語と接触していたアルタイ系の言語を話す集団が日本列島に渡来し，固有の文法のなかに日本列島の西南部の集団のオーストロネシア系言語の要素をとりいれて「原始日本語」が成立すると推測している[19]。村山は，日本語の動詞のなかに，南方系の語幹に北方系の活用語尾がついているものがあることを指摘し，また，ヤスミシシとか，オスなど，支配・統治を意味する言葉がアルタイ系のものであることを指摘している[20]。大野もウヂ・カラなどの社会組織をあらわす言語が朝鮮語・ツングース語・蒙古語などと共通することを指摘している[21]。

ここに紹介した大野や村山の意見にもとづけば，日本語のなかのアルタイ系の要素をもたらした集団は，日本列島に固有の社会組織や政治的制度も持ち込んだことになり，混成語としての日本語の性格は，先住者であるオーストロネシア系の言語を話す集団との力関係に由来する，ということになる。ただし，大野の指摘するウヂ・カラなどの単語と，村山の指摘するヤスミシシやオスなどの単語が同時に渡来した，という証拠はない。いずれにしても，もし日本語のなかに縄紋人の言語の痕跡をさがすならば，現在言語学で確認されているかぎりでは，いわゆる南島系の要素である可能性が高い，ということになる。

(2) 現生集団の体質にもとづく推論

現在生きている人びとの身体つきを観察し，その結果から，いくつかの「人種」を区分し，その関係を推察する。この方法は19世紀からフランス・ドイツなどヨーロッパ大陸諸国で発達し，人種学 Rassenkunde とよばれるひとつの研究領域にまでふくれあがった。おもに，目や髪の色と形，身長・体重や，

頭の幅や長さ・形など,数値としてあらわすことのできる身体の特徴,皮膚隆線系——つまり手足の指紋・掌紋など——が観察の対象としてとりあげられていた。

目のまえで観察できる集団を「人種」にふり分ける場合はともかく,その区分を過去にまでさかのぼらせようとすると,ここに述べた項目のうち,いくつかのものはまったく使えないか,あまり有効ではないことになる。簡単にいえば,ヒトの成長する過程で,あたえられた環境に左右される要素——身長・体重・頭の形など——は過去の「人種」の分布を推察する手がかりとしてあまり有効ではない。遺伝することが確実で,しかも環境の影響を受けにくい要素をとりあげなければ,確実な推論とはいえない。

この条件を満足するものとして,「遺伝的多型」が注目を浴びるようになってきた。親や兄弟を探している中国残留孤児と,肉親と名乗りでた人物の血のつながりを確認するのに活用されたのが,この「遺伝的多型」である。中学校の理科でならった血液型の遺伝のことを思いだしてみよう。われわれは両親から,α または β 凝集素,A または B 凝集原をうけついでいる(ただし,親が凝集原をもっていない場合もある)。凝集素・凝集原の組み合わせによって,われわれの血液型が決まる。それを左右するのは,染色体の決まった場所(遺伝子座)での,たがいに優劣関係にある一組の遺伝子(対立遺伝子)の組み合わせである。「遺伝的多型」とは,このようなかたちで決定される形質をさしている[22]。

人種によって血液型の分布が違っていることは1910年代末から注目されて

表1 血液蛋白8個の遺伝子座位のデータに基づく日本列島内の集団間の遺伝的距離(註22より)

	アイヌ	東北	関東	近畿	関西	九州
アイヌ						
東 北	.1384					
関 東	.1434	.0382				
近 畿	.1510	.0488	.0414			
関 西	.1537	.0441	.0595	.0510		
九 州	.1522	.0464	.0420	.0310	.0582	
沖 縄	.1284	.0777	.0878	.0875	.0736	.0848

図1 血液蛋白8個の遺伝子座位のデータに基づく仮説的系統樹(註22より)

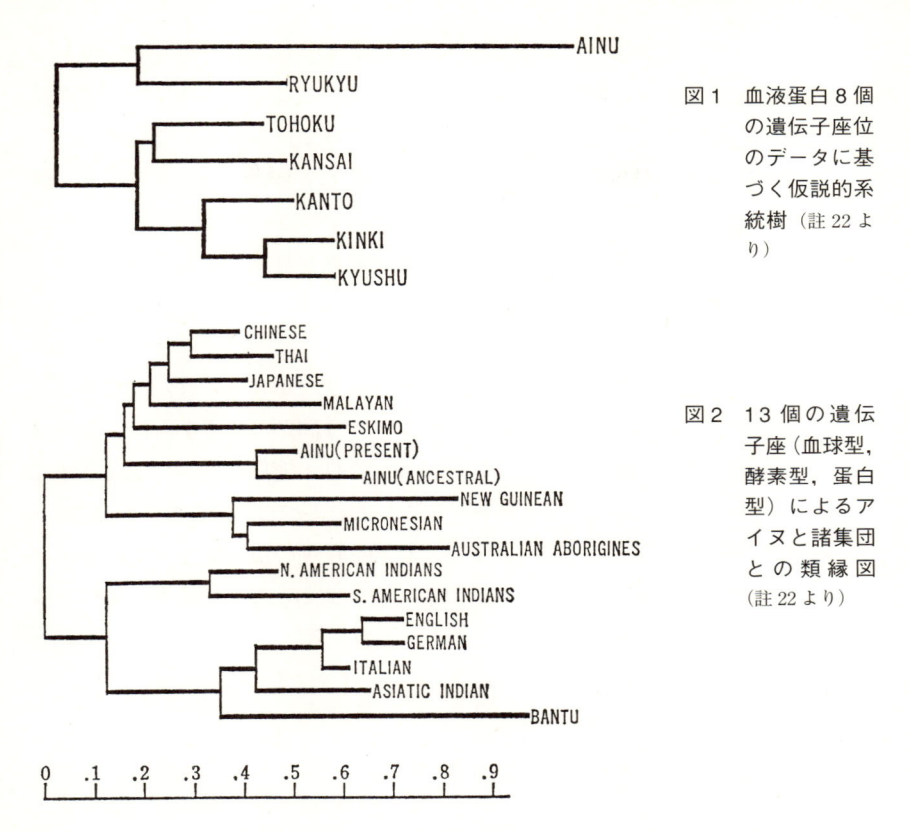

図2 13個の遺伝子座(血球型,酵素型,蛋白型)によるアイヌと諸集団との類縁図(註22より)

おり,日本でも古畑種基が血液型の分布を府・県ごとに調査し,日本人の地域性や起源について発言している[23]。現在では,50種類をこす遺伝的多型が確認されている。そのなかにはABO・MNSs・Rhなどの血液型・耳垢が粘つくかどうか(アメ耳・コナ耳)・色盲・味盲など,われわれが日常生活のなかで見たり聞いたりしているものもある。しかし,これらのもののデータはもはや採りつくされ,目新しい解釈がうまれる余地はないらしい。最近の遺伝的多型の研究では,PGD^CとかDpt^1などの「赤血球酵素」やHp^1とかTf^Cなどの「血清蛋白」などがもっぱら問題となっている。

遺伝的多型の研究から,どのような事実があきらかになっているのだろうか。尾本恵市は,日本列島の住民は,北海道先住民(以下「アイヌ」とよぶ)・沖縄諸島の住民・そのほかの集団(本土人)の三グループに区分することができる,

という（図1）[24]。尾本は，日高地方のアイヌの調査結果にもとづいて，和人との混血の影響を補正した「祖型アイヌ」と，和人をはじめとする世界各地の住民との遺伝的距離を計算している（図2）[25]。この結果によれば，「祖型アイヌ」は，和人・中国人・北米先住民（インディアン）とともに，一つのグループを構成している。いい換えれば，北海道の先住民は，いわゆる「蒙古人種」のなかに含まれ，アイヌは白人である，という古くからの意見はこの結果から否定されることになる。埴原和郎も歯の形態の研究からおなじ結論を引きだしている[26]。

遺伝的多型の研究の資料は，現在観察できる人びとからえられる。したがって，ここで問題にしている「縄紋人の素性」という問題の答えを直接引きだすことは無理な相談である。しかし，アイヌ人が，日本列島のほかの地域の住民や東アジアの諸地域の住民と縁もゆかりもない人びとではない，という結論は，大きな意味がある。そしてその人びとが，渡来系住民の影響を受けていないとすれば，アイヌ人は，日本列島のほかの地域の住民よりも，縄紋人の体質をつよく受け継いでいる，と推測することができるだろう。

(3) 古人骨にもとづく推論

縄紋人が，どのような顔つき・身体つきをしていたのか，古人骨の観察以外には，その疑問に答える手段はない。古人骨の示す特徴は，資料から読み取られた事実である。しかし，縄紋人とにた集団がどこにおり，どのような関係があるのか，という問題の答えは推論になる。縄紋人がどのような特徴をもっていたのか，古人骨の研究者の意見は大筋のところでは一致している。しかし，縄紋人の系統とか，東アジア各地の集団との関係となると，意見が一致しているわけではない。

最近の古人骨にもとづく議論は，長谷部言人＝鈴木尚の意見と，清野謙次＝金関丈夫の意見を二本の軸として展開している，ということができるだろう。長谷部にしても清野にしても，たとえば弥生・古墳時代の人骨が，現代人と縄紋人の中間的な特徴を示していることは認めている[27]。つまり，事実の認識の面では両人のあいだに大きな違いはなく，どのようにして縄紋人が現代人に変化したのか，という推論の面で意見が分かれているのである。

長谷部の意見はつぎの文章に要約されている。「縄文時代の人々は，すでに『結ぶこと』『しばること』を知っていた。そればかりでなく，自分の持っている技術をますます拡大してゆく力を十分に発揮した。このすぐれた素質のもちぬしが，おとろえてゆく文化の所有者として消えてしまったとは思えない。むしろ，その後ますます向上発展の一途をたどって……弥生式土器時代・古墳時代をとおって，現代の日本人になったと考えるのがあたりまえではないだろうか」[28]。アメリカ軍の占領のもとで，敗戦後の復興という課題を抱えていた1950年代の日本人は，この意見に自分たちの立場を重ねあわせることができただろう。

　それに対して，「日本国に初めて人類が渡来して日本石器時代住民を生じた。……そして其後に於ても時代の下がるに従つて大陸から，又南洋から種々なる人種が渡来して混血したが，……日本石器時代人を追い払つて新人種を以つて交替せしめる様な人種の体質的変化は無かつた。唯だ時代の進むにつれて日本石器時代人の体質は混血により，又環境と生活状態の変化とによつて現代日本人になつた」という清野の意見は，植民地を返還させられ，外国との交流も制限されていた日本人の共感はよばなかったろう。まして，「われわれの自然科学の研究に基づいて」古事記・日本書紀の記述を解釈しようとする清野の主張に公然と共感をしめす雰囲気は，終戦直後の日本の社会にはなかった[29]。

　清野の論文では，人骨の計測値と，それを統計的に処理した結果がおおきなスペースを占領している。だから，人骨の専門家でなければ，「日本石器時代人」が，どのような特徴をもっているのか，理解することはできない。これに対して，長谷部は，人骨の観察に重点をおき，縄紋人の特徴を具体的に説明した[30]。長谷部の意見がひろく受け入れられるようになったのは，解釈が合理的であったこととともに，縄紋人の体質を具体的に説明したことも無視できないだろう。このようにして長谷部の意見は，戦後の人骨にもとづく日本人起源論の基調となっていく。長谷部の，どちらかといえば理論的な見通しは，鈴木の調査と観察結果によって肉づけされた，といえるだろう。たとえば，縄紋人がどのような顔つきをしていたのか，はじめてくわしく説明したのは，鈴木である[31]。鈴木は，東北から東海にわたる各地域で縄紋人骨を発掘した。その一方，鎌倉市材木座・東京都増上寺・東京都鍛冶橋などで中・近世の人骨を収

集する機会にめぐまれた。

　鈴木は，材木座の中世人骨の極端に長い頭としゃくれた顔，その延長線上にある近世江戸庶民と，歴代徳川将軍の繊細で都会的・現代的な顔などの変化が，大規模な人口の移動や混血が起こるはずのない日本の中・近世の人骨に観察できることを指摘した。そして，縄紋から弥生・古墳にいたる人骨の特徴（おもに頭と顔）が，漸移的な変化を示しているとしても矛盾がないことを根拠として，中・近世の日本人の骨格に起きた変化，戦後の日本人の体格の変化などを念頭に置けば，縄紋人は現代日本人の祖先と考えられることを主張した[32]。

　鈴木の意見は，おもに東日本の材料を土台としている。したがって，鈴木のあつかった弥生人骨は千葉県安房神社境内・毘沙門洞穴をはじめとする三浦半島の海蝕洞穴など，年代も比較的あたらしく，数も限られていた。これに対して，金関丈夫は山口県土井ヶ浜をはじめとする，西日本の弥生前期の人骨を観察する機会に恵まれていた。金関は，この時期に渡来した面長・高身長の集団の影響を無視できないと主張した[33]。

　それはそれとして，縄紋人はどのような顔つき・身体つきをしていたのだろうか。山口敏は「ひとことでいいますと，縄文人は大頭で，寸づまりの幅広い顔の持ち主である」と表現し，中国南部の柳江人と似た顔つきであることを指摘する（図3）[34]。縄紋人の横顔も，弥生からのちの日本列島の住民とくらべると，かなり個性的なものだった。東日本の縄文後期中ごろの写実的な土偶の顔には，T字形につながる眉と鼻が表現されており，横から見ると鼻が異常なほど高い。図4・図5に示すように，縄紋人は眼窩の上の縁がつよく膨らんでおり，鼻のつけねも現代日本人よりも高かった。われわれは自然に口を閉じると，上顎の歯が，下顎の歯の前にかぶさる。専門家は，これを鋏状咬合とよんでいる。縄紋人は，上顎と下顎の前歯の端がピタリと合わさる鉗子状咬合の持ち主であった。縄紋人は，埴輪ののどかな顔つきと違って，アイヌ人や沖縄県人とにた彫りのふかい顔つきをしていた。

　縄紋人の手足のつくりも，現代日本人とはかなり違っていたらしい。縄紋人の手足の骨が扁平であることは，縄紋人の骨が発見されたばかりのころから指摘されてきた。そればかりでなく，手足の下半分の骨（橈骨・脛骨）が，上半分の骨（前腕骨・大腿骨）にくらべて長かった。このような特徴は，オーストラリ

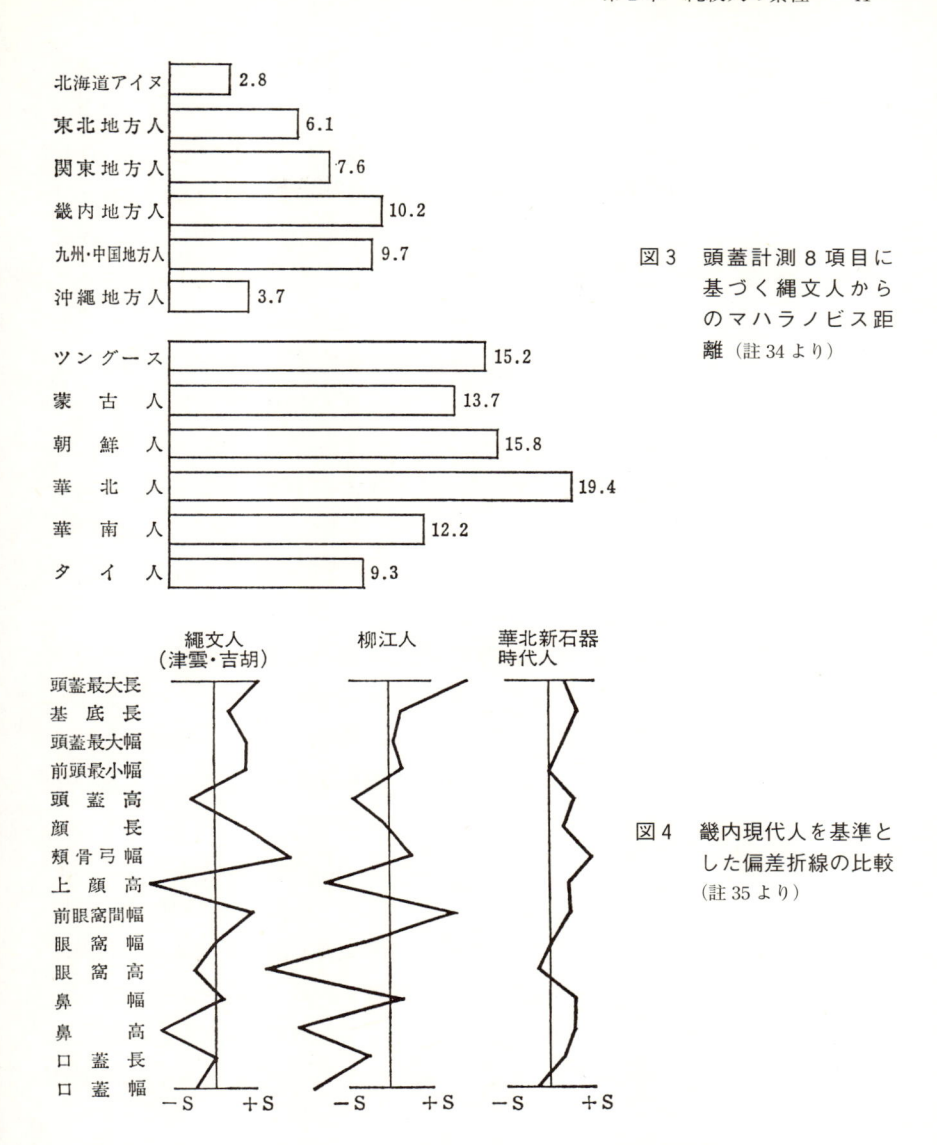

図3 頭蓋計測8項目に基づく縄文人からのマハラノビス距離（註34より）

- 北海道アイヌ 2.8
- 東北地方人 6.1
- 関東地方人 7.6
- 畿内地方人 10.2
- 九州・中国地方人 9.7
- 沖縄地方人 3.7
- ツングース 15.2
- 蒙古人 13.7
- 朝鮮人 15.8
- 華北人 19.4
- 華南人 12.2
- タイ人 9.3

図4 畿内現代人を基準とした偏差折線の比較（註35より）

計測項目：頭蓋最大長、基底長、頭蓋最大幅、前頭最小幅、頭蓋高、顔長、頬骨弓幅、上顔高、前眼窩間幅、眼窩幅、眼窩高、鼻幅、鼻高、口蓋長、口蓋幅

比較群：縄文人（津雲・吉胡）、柳江人、華北新石器時代人

ア先住民・ダヤク人・ヨーロッパ後期旧石器人など採集狩猟民に共通する特徴であるという[35]。山口は，「日本の縄文時代人は華北の新石器時代人のような本格的な農耕文化を持った集団に比べると，多分に続旧石器時代的な性質をあとあとまで持ち続けた集団だったのではないか」[36]と述べている。

縄紋人の顔つき・身体つきが，旧石器時代人と似通っているとすれば，東アジアの旧石器時代人は，どのような特徴をもち，どのような点で縄紋人と似通っているのだろうか。この問題になると，蒙古系の集団を，アメリカ先住民（アメリカインディアン）を代表とする寒冷な環境の影響を受けていないグループと，蒙古人やイヌイト（エスキモー）のような，平べったい顔・短い手足・厚い皮下脂肪など，寒冷な環境のなかで生活するのに都合のよい体質をもつグループにわける，W. ハウエルズの意見が引き合いにだされる[37]。

ハウエルズはアメリカ先住民の特徴は周口店山頂洞人に起源をたどることができるという。蒙古人やイヌイトの体質も，最終氷期のアジア大陸内陸部の寒冷な環境のなかでつくられたものだ，という。とすると，すべての蒙古系の集団は，東北アジアに起源を持つことになり，縄紋人の故郷が東北アジアにあることは，ほとんど疑う余地がないようにみえる。しかし，V. ターナー2世は，南北アメリカ・東北アジア・東南アジア・ポリネシアの住民の歯の特徴を調べ，蒙古系の集団の南方起源説を発表している[38]。

ターナー2世は，さきにあげた地域の住民をスンダ歯系 Sundadonty・中華歯系 Sinodonty に二分する。あわせて8項目の特徴がふたつの系列を区別するめやすとなるが，なかでもくぼみをもった上顎の前歯（シャベル状切歯）は，スンダ歯系の集団では，中華歯系の集団にくらべて，いちじるしく少ないという。この基準によると，ポリネシア諸島や東南アジアの住民・港川人・縄紋人・アイヌ人はスンダ歯系に分類される。イヌイトやアリュートをふくむアメリカ先住民，それに東北アジア（華南以北・バイカル湖以東）の諸地域の住民，さらにアイヌをのぞく日本人は中華歯系に分類される。

オーストラリア先住民が，アジアから移住したのはおよそ3万年前の

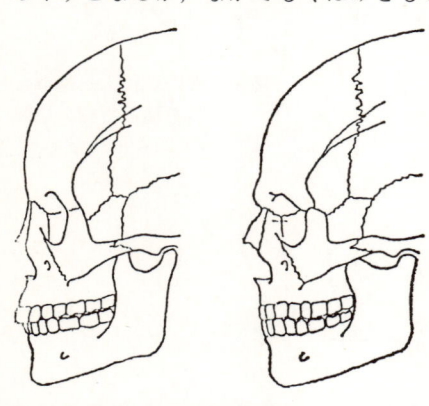

図5　古墳人（左）と縄紋人（右）の頭蓋側面観のちがい
　　　額のふくらみ，眉間の高まり，鼻のつけ根の高さ，歯の咬み合わせのちがいがわかる（註36より）

ことである。オーストラリア先住民の歯は，中華歯系・スンダ歯系とはまたちがった特徴をもっている。その一方，沖縄本島の港川人の歯は，あきらかにスンダ歯系の特徴をそなえている。したがって，スンダ歯系の集団はオーストラリア先住民の移住したあと，港川人が沖縄にあらわれる以前，つまり3.0～1.7万年前のあいだに，東南アジアに姿をあらわし，太平洋沿岸に沿って北上し，日本列島にも移住してきた。したがって，港川人は，縄紋人をあいだにおいて，アイヌと結び付きをもっていることになる。一方，いまからおよそ2万年前に中国の内陸部に移住した集団から，中華歯系の集団が生まれ，その一派がおよそ2千年前に日本列島に移住してきた。これが現在の日本列島各地の住民の祖先である。

ここに紹介したターナー2世の説によれば，縄紋人とアイヌをのぞく現代日本人とは，直接のかかわりを持たないことになる。L. ブレイスも，縄紋人・弥生人・和人・アイヌ人・朝鮮人の歯の大きさの比較にもとづいて縄紋人と現代日本人のつながりを否定する[39]。ブレイスによれば，弥生人の歯がもっとも大きく，江戸時代人をふくむ和人と朝鮮人の歯はほぼおなじ大きさで，アイヌ人はもっとも小さい歯の持ち主である。縄紋人の歯の大きさは和人よりはアイヌ人にちかい。ヒトの進化の過程で歯はたえず小さくなってきているから，縄紋人の小さな歯が，現代日本人の大きな歯に変化することはありえない。縄紋人よりも大きな歯の持ち主である現代日本人は，縄紋人ではなく，弥生人の子孫だろう，というのがブレイスの意見である。

3. 縄紋人の素性

これまで紹介した言語学・人類学にもとづく推論から，われわれは縄紋人の素性について，どのような見取図を描くことができるだろうか。

言語学では問題があるらしいが，東北地方（とくに北半部）に，ナイ・ベツを代表とするアイヌ語と共通する地名が残っていることは無視できない。狩猟をなかば専業としていたマタギが狩猟のときだけ使う「山言葉」のなかにも，アイヌ語と共通する単語が含まれている。東北地方の縄紋時代，あるいはそれ以前の住民の言語が，アイヌ語と共通する要素を含んでいた可能性はかなり高いだろう。それではアイヌ語と共通する要素の正体は何だろうか。

蒙古系の集団が，まず東南アジアに姿をあらわし，北上してきた，というターナー2世の意見は，尾本の遺伝的多型の研究の結果とも一致している[40]。そして，大野や村山の指摘する，日本語のなかの南島系の要素も，スンダ歯系の人びとが日本に移住してきたときに持ち込んだもの，と解釈できるかもしれない。縄紋人の顔つきが，中国南部の柳江人に似ている，という山口の意見もこれと矛盾しない。その一方，ブレイスもターナー2世も，アイヌは和人よりも縄紋人と近い関係にある，という。

　形質人類学の立場から，このような推論が成りたつとすれば，アイヌ語には，南方系の要素が日本語よりもはっきりとあらわれているはずである。村山七郎は，アイヌ語はオーストロネシア系のもっとも古い形をとどめており，ポリネシア語との共通性は，オーストロネシア祖語の特徴が，アイヌ語・ポリネシア語に残っているものと考えられる，という[41]。

　人類学の立場からの推論によれば，縄紋人は，旧石器時代の末期に日本にやって来た人びとの子孫だ，ということになる。言語学者が指摘する日本語のなかの南方系の要素は，この人びとの言語であった可能性が高い，ということになる。この結論は，一方では，縄紋文化はアジア大陸に起源をもつ要素を含んでいるにしても，日本列島のなかで，周囲から隔離された環境のもとでできあがったものだ，という考古学の立場からの推論と矛盾するものではない。その一方，第3章の「縄紋文化の形成」のなかでくわしく述べるように，更新世の末期から完新世の初期にかけて，日本列島と中国南部，あるいはそれよりも南の地域と結びつく要素を指摘できないのも事実である。考古学はもちろんのこと，言語学・人類学の立場からの推論にもまだ不完全な部分がある，と考えなければならない。

　言語学・人類学それぞれの立場から推定されている縄紋人の素性は，どこかに接点はあるにしても，おなじものではない。縄紋人を一つの人種といいきれるほど，人種の概念は確かなものではない。人種とは「人類のなかのさまざまなグループの関係を整理し，進化の過程にかかわる諸学の便宜をはかる必要上設定された生物学上の構成物であり，分類の一手段である」[42]ということをはっきりと意識しておく必要がある。

　縄紋人を，「民族」としてとらえることにも根拠はない。われわれが根強く

もっている「単一民族意識」が批判されるようになってから，さまざまな集団の特徴をとらえて，日本列島にいくつかの民族が共存していたことを主張しようとする傾向があらわれている。かつて鳥居龍蔵は，「固有日本人」や「銅鐸使用民族」の存在を主張した[43]。「多民族社会」をとなえる人びとの議論が，鳥居の主張の焼き直しでなければさいわいである[44]。われわれが，いま「民族」とよんでいる単位が，どのようにしてできあがってきたのか，「縄紋人の素性」という問題は，その答えをだすひとつの手段となる。これから言語学や人類学とは違った，縄紋人はどのような社会を作っていたか，という立場からこの問題と取り組んでみよう。

註
(1) 工藤雅樹『研究史・日本人種論』(吉川弘文館，1979)
(2) 山口　敏『日本人の顔と身体—自然人類学から探る現代人のルーツと成り立ち』pp. 19-43 (PHP 研究所，1986)
(3) 清野謙次・金関丈夫「日本石器時代人種論の変遷」pp. 41-42 (松村　瞭編『日本民族』9-81，岩波書店，1935)
(4) 清野謙次・金関丈夫「日本石器時代人種論の変遷」p. 44
(5) 中谷治宇二郎『日本石器時代提要』p. 199 (岡書院，1929)
(6) 林　謙作「考古学と科学」pp. 118-122 (桜井清彦・坂詰秀一編『論争・学説　日本の考古学』1 総論：101-143，雄山閣出版，1987)
(7) 松本彦七郎「宮戸嶋里浜及び気仙郡獺沢介塚の土器　附特に土器紋様論」pp. 722-723 (『現代之科学』7：562-594，696-724，1919)
(8) 清野謙次・宮本博人「津雲石器時代人はアイヌ人なりや」(『考古學雜誌』16—8：483-505，1925)，「再び津雲貝塚石器時代人のアイヌ人に非らざる理由を論ず」(『考古學雜誌』16—9：568-575，1925)
(9) 山口　敏『日本人の顔と身体』p. 39
(10) 中谷治宇二郎『日本石器時代提要』pp. 194-195
(11) 服部四郎「日本語と琉球語・朝鮮語・アルタイ語との親族関係」pp. 21-35 (『民族学研究』13，1948，『日本語の系統』* 20-63，岩波書店，1959)
(12) 梅原　猛「古代日本とアイヌ語—日本語と神話成立の謎」(江上波夫・梅原猛・上山春平・中根千枝編『日本人とは何か—天城シンポジウム民族の起源を求めて』113-202，小学館，1980)，「ユーカラの世界」(江上波夫・梅原　猛・上山春平編『シンポジウム北方文化を考える—アイヌと古代日本』335-376，小学館，1984)，『アイヌは原日本人か』165-188 など
(13) 服部四郎「アイヌ語の研究について」pp. 103-105 (『心の花』700，1957，『日本

語の系統』* 101-109），安本美典・本田正久「日本語の誕生」pp. 53-57（『数理科学』109：51-79，1972）
(14) 山田秀三「アイヌ語地名分布の研究」（『アイヌ語地名の研究』1：186-334，草風館，1982），「東北地方のアイヌ語地名」（『アイヌ語地名の研究』3：9-127，1983）
(15) 大林太良・村山七郎『日本語の起源』pp. 105-115（弘文堂，1973）
(16) 森口孝一「言葉と社会—社会言語学」p. 142（西田龍雄編『言語学を学ぶ人のために』126-148，世界思想社，1986）
(17) Chew, J. J. Prehistory of Japanese Language in the Light of Evidence from the Structures of Japanese and Korean. pp. 192-199, *Asian Perspectives* 19：190-200, 1976
　　なお，安本美典・本田正久・村山七郎らは Chew にさきだって混成語説の立場をとっている。安本美典・本田正久「日本語の誕生」pp. 53-57, 大林太良・村山七郎『日本語の起源』p. 223, 村山七郎『日本語の起源』vii（弘文堂，1974）
(18) 大野　晋『日本語の起源』pp. 100-101, 191-193, 198-199（岩波書店，1957）
(19) 大林太良・村山七郎『日本語の起源』pp. 196-198, 208-209
(20) 大林太良・村山七郎『日本語の起源』pp. 211-215
(21) 大野　晋『日本語の起源』pp. 135-137
(22) 遺伝的多型の定義はいくつかあるらしい。尾本は「生物種の一つの集団内において，ある遺伝子座に複数の対立遺伝子が存在することにより起こる不連続な型の共存」と定義している。
　　尾本恵市「日本人の遺伝的多型」p. 218（池田次郎編『人類学講座』6, 日本人Ⅱ, 217-263, 雄山閣出版，1978）
(23) 古畑種基「血液型より見たる日本人」（松村　瞭編『日本民族』83-109, 岩波書店，1935）
(24) 尾本恵市「日本人の遺伝的多型」pp. 241-242
(25) 尾本恵市「日本人の遺伝的多型」pp. 249-251
(26) 埴原和郎「日本人の歯」pp. 190-192（『人類学講座』6, 日本人Ⅱ, 175-216）
(27) 清野謙次「日本石器時代人類」p. 12（『岩波講座・生物学』4, 岩波書店，1929），長谷部言人『日本人の祖先』pp. 72-78（岩波書店，1951, 復刻版*・近藤四郎解説，築地書館，1983）
(28) 長谷部言人『日本人の祖先』p. 118
(29) 清野謙次「古墳時代日本人の人類学的研究」p. 2（『人類学・先史学講座』2, 雄山閣，1938）
(30) 長谷部言人『日本人の祖先』pp. 72-74, p. 107
(31) 鈴木　尚「縄文時代人骨」pp. 367-369（杉原荘介編『日本考古学講座』3 縄文文化, 353-375, 河出書房，1956）
(32) Hisashi Suzuki, Microevolutional Changes in the Japanese Population, from the

Prehistoric Age to the Present-day. *Jour. Fac. Sci., Univ. Tokyo, Sec. A (Anthropology)* 3—4：279-309, 1969

　　池田次郎による抄訳が，池田次郎・大野　晋編『論集・日本文化の起源』5 日本人種論・言語学，pp. 242-258（平凡社，1973）に収録されている。

　　鈴木　尚『日本人の骨』（岩波書店，1963）
(33)　金関丈夫「弥生時代の日本人」（日本医学会編『日本の医学の1959年』1：167-174, 1959），「人種論」（大場磐雄編『新版考古学講座』10, 183-200, 雄山閣出版，1971），「人類学から見た古代九州人」（福岡ユネスコ協会編『九州文化論集』1 古代アジアと九州, 179-212, 1973）
(34)　山口　敏『日本人の顔と身体』pp. 177-179, p. 184
(35)　森本岩太郎・永井昌文ほか「骨から見た日本人の起源」pp. 47-48（『季刊人類学』12—1：3-95, 1981）
(36)　山口　敏『日本人の顔と身体』p. 50
(37)　Howells, William, *Mankind in the Making.* 1964
(38)　Turner II, Victor, Late Pleistocene and Holocene History of East Asia based on Dental Variation. *American Journal of Physical Anthropology.* 73：305-321, 1987. Teeth and Prehistory in Asia. *Scientific American.* 1989—2：70-77
(39)　Brace, C. L., Nagai, Masafumi, Japanese Tooth Size：Past and Present. *American Journal of Physical Anthropology.* 59：399-411, 1982
(40)　尾本恵市「東アジアと太平洋の人種形成」pp. 151-157（埴原和郎編『日本人の起源―周辺民族との関係をめぐって』139-160, 小学館, 1986）
(41)　大野　晋『日本語の起源』pp. 37-50
(42)　Shapiro, Harry L., Revised Version of UNESCO Staement on Race. p. 365, *American Journal of Physical Anthropology.* 10：363-368, 1952
(43)　鳥居龍蔵「古代の日本民族」（『有史以前の日本』磯部甲陽堂, 1924,『鳥居龍蔵全集』* 381-390, 朝日新聞社, 1975 など）
(44)　「他民族社会論」にまつわる問題点は，都出比呂志が指摘・批判している。
　　都出比呂志「歴史学と深層概念―日本文化の歴史的分析の手続き」（『歴史評論』466：71-88, 1989）

第3章　縄紋文化の形成

第1節　自然史的背景

　縄紋人は中国南部あるいはそれよりも南の地域から日本に移住してきた人びとである可能性が高い。更新世の末期から完新世の初期の，気候の温暖化にともなうさまざまな出来事が，縄紋文化が成立する大きな要因となっている，という考えは，考古学の研究者のあいだに広く受け入れられている。中国南部以南の地域に生活していた人びとが，生活圏をひろげ，日本列島に移住してきた，ということもまったく考えられぬことではない。このような考えの裏付けとなる考古学的な証拠があるかどうか，その点はあらためて吟味するとして，縄紋人の生活の舞台ができあがるようすを説明しよう。

1．半島から列島へ

　縄紋人の生活の舞台は，日本列島である。縄紋文化の成立する時期は，日本がアジア大陸の東の端に伸びる地峡または半島から，弧状の群島 archipelagoes に変化する時期とかさなっている。いまからおよそ 2.2 ～ 1.8 万年前ごろ，最終氷期のもっとも寒冷な時期からのち，気候はかなり短い期間に温暖になり，南北両極の氷冠や大陸氷河は縮小し，その結果海水準は上昇する。このようにして，日本とアジア大陸をへだてる間宮・宗谷・朝鮮・対馬の海峡が姿をあらわす。北海道と本州は津軽海峡でへだてられるが，本州・四国・九州をへだてる瀬戸内海・関門海峡が開くのはしばらくのちのことである。

　いうまでもなく，地峡から列島へという変化の原因が，地球全体をおおう気候の周期的な変化にある以上，「日本列島」は晩氷期 Lateglacial あるいは後氷期 Postglacial[1] にはじめて姿をあらわしたわけではない。日本の沿岸部の，

成田層・下末吉層・西八木層など中位段丘の土台となっている地層には、下層から上層にむかって、砂礫層→海成粘土層→砂層という層序が認められる。これとおなじ層序は、日本海沿岸の丹後半島や能登半島の同時代の地層にも認められるから、いまから17〜13万年ほどまえの最終間氷期にも、「日本列島」が存在していた[2]。この時期の海面の上昇を「下末吉海進」とよんでいる。縄紋文化は、日本列島という閉ざされた環境のなかで、独自の発展をとげた文化だといわれている。しかし、ここに述べたような事情を考えにいれれば、縄紋文化だけの特徴だ、とはいえないだろう。日本の原始社会にも、アジア大陸から物理的に切り離され地域性がつよくあらわれる時期と、大陸との共通性がつよくなる時期が、入れかわり立ちかわりあらわれている可能性がある。

　しかし、地理的な障壁のあるなしが、そのまま社会や文化のつながりの強弱を左右していると考えることもできない。さきに述べたように、最終氷期のもっとも気温の低下した時期の「日本回廊」の文化——ナイフ形石器をともなう文化は、アジア大陸の文化との共通性が強いだろう、と予想できる。理屈のうえでは、日本のどの地域にも、アジア大陸からつたわった文化が一様に分布していてもよいはずである。朝鮮・中国・シベリアの各地で、ナイフは見つかってはいても、ナイフを中心とする石器群は確認されていない。日本各地のナイフが、はっきりした地域性をしめしていることも確かである。地理的にはアジア大陸ともっとも強く結びついていたはずの時期の日本の文化は、きわめてつよい地域性をしめしている。これを裏がえせば、日本とアジア大陸の地理的なへだたりが大きい、というそれだけの理由で、縄紋文化は孤立した環境のもとで独自な発展をとげた文化だ、と決めつけることはできないことになる。

　さきに、最終氷期のもっとも寒冷な時期の日本のすがたを「半島または回廊」と表現した。この時期の海面が現在よりどれだけ低かったか、専門家のあいだでもまだ意見が一致していない[3]。海面がどれだけ下がったか、その見積りによって、アジアと日本が陸続きとなっていたかどうか、判断が分かれるからである。いずれにしても、その当時の日本海は、現在とはまったく違った状態にあった。

　大場忠道は、日本海から採取したコア・サンプルの分析にもとづいて、日本海の環境に、

1. 海水中の塩分がいちじるしく少ない時期（6〜2.3万年前）[4]
2. 親潮が津軽海峡から流れこみ，対馬海峡から流れだしていた時期（2.3〜1.35万年前）
3. 対馬暖流が一時的に流れこむ時期（1.35〜1万年前）
4. 対馬暖流が本格的に流れこむ時期（1〜0.63万年前）

の四段階の変遷をたどれるという[5]。那須孝悌は対馬暖流の影響のない環境，とくに3〜2万年前のような条件のもとでは，日本海沿岸の降雪量はいちじるしく少なくなり，太平洋沿岸でも乾燥がいっそう強くなる，と指摘する[6]。そのような現在といちじるしく違った環境がしばらく続いたのち，はじめに親潮が，その後しばらくして対馬暖流が日本海に流れこむようになったことは，まず津軽海峡が，しばらくのちに対馬海峡が完全に開き，8,000年前頃には現在に近い「日本列島」が姿をあらわしたことをしめしている。この時期の海面は，もっと寒冷な時期とくらべると，すくなくとも60mは高くなっている。

阪口豊は，花粉分析の結果にもとづいて，1.3万年前からのち，尾瀬ヶ原をとりまく地域の降雪量が増えるという[7]。この現象は，日本海に親潮が流れこみはじめた時期・対馬暖流が一時的に流れこむ時期にあたり，大まかにみれば，日本列島の海洋性気候がこの頃に成立したことをしめしていると解釈することができるだろう。この時期にはマツ・トウヒ・モミを中心とする針葉樹の疎林は姿を消し，カンバ・ブナ・コナラを中心とする落葉広葉樹の森林が拡がっており，気候が大幅に緩和したことを物語っている（図6）。この時期は，気温の上昇が一時停滞した時期にあたっている。と同時に，縄紋草創期の前半期がこの時期にふくまれることも見逃すことはできない。

最終氷期のもっとも寒冷な時期（南関東の立川ローム期にふくまれる，22,000〜18,000y. B. P. 前後）の植生は，縄紋時代よりのちのものとまったく違っていた。のちには関東地方から九州にわたる地域の平地や丘陵を覆うようになる暖温帯常緑広葉樹林（照葉樹林）は，九州南部から四国の太平洋沿岸，そして紀伊半島・伊豆半島・房総半島などの南端のかぎられた地域に押し込められていた。ブナ林に代表される冷温帯落葉広葉樹林が分布する地域には，グイマツを含む亜寒帯針葉樹林がひろがり，北海道の大部分の地域にはハイマツ群落または亜寒帯針葉樹林が分布していた[8]。

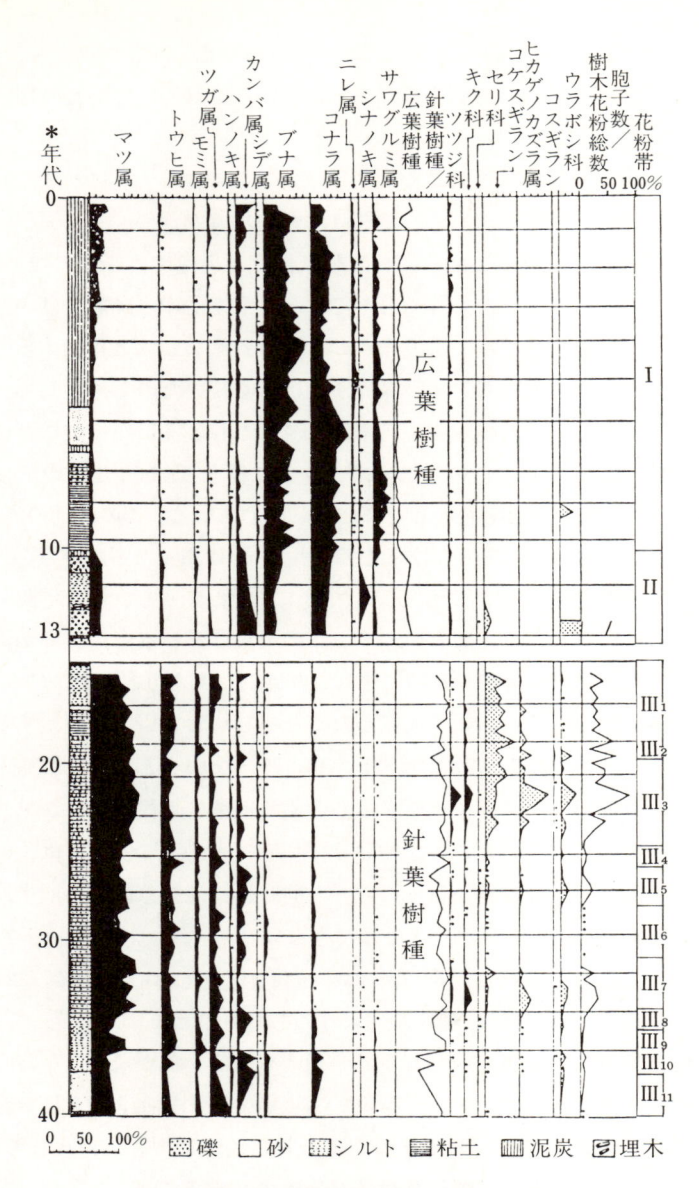

図6　尾瀬ヶ原の植生の変遷（註7阪口を一部改変）

＊単位は ×10^3y. B. P.

第 3 章 縄紋文化の形成 53

　現在の植物分布を南にずらしただけで，このような植生帯ができあがるわけではない。那須孝悌は，ブナの分布する地域でも，降水量が少ないため，現在のような純林は形成されず，コナラ・シラカバ類などの落葉広葉樹，ヒメマツハダ・コメツガなどの針葉樹と入り混じって谷筋に分布するにとどまっていたと指摘している。日本海へ海流（とくに対馬暖流）が流れ込んでいなかったため冬に雪が降らず，寒帯気団の勢力が現在より強かったため，温帯性低気圧の発生する範囲がかぎられ，多くの地域では夏の降水量も少なかった[9]。氷期の日本の気候は，寒冷なだけではなく，現在よりひどく乾燥していた。更新世末期から完新世前半にかけての植生の変化は，つぎの「縄紋海進」のなかで説明する。

　最終氷期の日本の動物相には，ナウマンゾウ・ヤベオオツノシカなどの温帯系の要素と，ヘラジカ・ヒグマなどの寒帯・亜寒帯系の要素がいり混じっている[10]。この時期の寒帯・亜寒帯系の動物群をマンモス動物群とよぶが，ナキウサギ・ユキウサギ・ヘラジカ・トナカイ・モウコノウマ・マンモス・ケサイなどの草食獣，ヒグマ・クズリ・オオヤマネコ・オオカミなどの混食獣・肉食獣を含んでいる[11]。中国の吉林省顧郷屯から出土した動物化石[12]は，マンモス動物群の一例として有名である。朝鮮半島でも典型的な化石群が報告されている[13]。日本では，純粋なマンモス動物群は見つかっていない。トナカイはサハリンどまりで北海道まで南下していない。マンモスは北海道でもかぎられた地域から，わずかな標本が報告されているにすぎない。津軽海峡・朝鮮海峡が開いており，マンモス動物群の移住が妨げられるか，あるいは制限されたせいかもしれない[14]。しかしこの考えかたでは，ヘラジカ・ヒグマなどマンモス動物群の一部のメンバーが本州中部にまで入り込んでいることの説明としては十分でないように思われる。

　マンモス動物群のうちで，もっとも典型的な草原やツンドラの生活者（トナカイ・モウコノウマ・ケサイ・マンモス）が日本に入ってきていないか，分布がかぎられていることは，最終氷期の日本の環境が，ユーラシア・北アメリカなどの大陸地域とはかなり違っていたことを暗示しているのではなかろうか。とくにムレの中で生活するモウコノウマ・トナカイ・マンモスが本州では見あたらないことは注意する必要がある。これは最終氷期の日本の環境が，草原を住み

かとする大形草食獣に適していなかったことを暗示しているのではなかろうか。おなじマンモス動物群のメンバーではあっても，ヘラジカはかなり広い範囲に分布していたらしいが，これは湿地の散在する森林に住む動物である。花泉から報告されている野牛は，草原性のものではなく，森林に適応したものである。現在の日本の動物群は，森林生活者を中心としている[15]。亀井節夫らは，この特徴は現在にかぎられるわけではなく，更新世にまでさかのぼるものと考えている[16]。このような環境のもとで，最終氷期の日本の住民は，狩猟をはじめとする森林のなかの資源を利用する技術の開発を，かなりの程度まで進めていた可能性がある。

ナウマンゾウやオオツノシカに代表される大形草食獣は更新世の末期から完新世の初期（17,000〜7,000y. B. P.）にかけて絶滅したと考えられている[17]。シカ・イノシシを代表とする現在の日本の哺乳動物群は，この頃に姿をあらわすことになる[18]。草創期から早期にかけての動物遺体がまとまって出土している鳥浜貝塚・栃原岩陰・夏島貝塚などの動物遺体の検討がすすめば，このいきさつにも見通しがつくだろう。ここでは，最終氷期の日本の環境が，草原やツンドラを中心とする典型的なものではなく，森林がひろがっていたこと，そのような環境のなかで生活していた人びとは，森林のなかの資源を活用するすべを十分にこころえていた，ということを確認しておこう。

2. 縄紋海進

1.4〜1.5万年前ころから海面の上昇が顕著になる。現在の海面より40〜60mほど低いうちに，ほぼ千年周期で，二回ほど海面の上昇が止まるか，わずかではあるが下がる時期がある[19]。そののち，1万年ほど前から海面は早いペースで高くなっていき，縄紋前期中ごろ（6,000〜5,500y. B. P.）には，現在の海面より高くなる[20]。これがいわゆる縄紋海進である。その後，海面はふたたび低くなりはじめ，縄紋後期から晩期のころの海面は現在よりやや低く，弥生文化のはじまるころに現在の高さに戻るといわれている[21]。

海面の変化は気候の変動と結びついている。縄紋海進の進行にともなって気候は温暖になり，気温が上昇するにしたがって雨量も増え，台地や丘陵，山岳地帯の斜面は不安定になり，土石流や泥流がおきやすくなる。宮城豊彦らは，

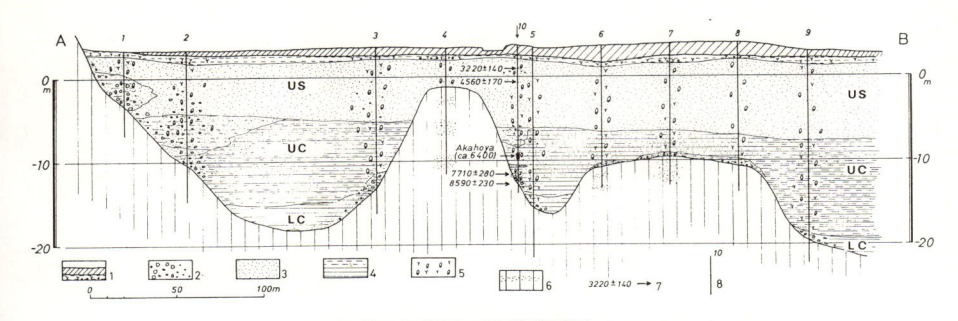

図7　先刈貝塚周辺の地質断面図（註23による）
1 表土　2 円礫・角礫　3 砂　4 シルト・泥　5 貝殻・腐植物　6 基盤　7 ¹⁴C 年代
LC：下部泥層　UC：上部泥層　US：上部砂層

周囲を完全に斜面で囲まれた凹地（閉塞凹地）のなかの堆積物の分析にもとづいて，9,000y. B. P., 6,000〜2,500y. B. P., 1,000y. B. P. 以降のあわせて三つの時期に，斜面が不安定になっていたことを指摘している。縄紋海進の頂点にあたる時期には，とくに斜面の侵蝕が活発になる，という。宮城らは，この時期には，現在の西南日本とおなじように，夏にはあまり雨が降らず，その前後に集中豪雨がきていたと推定している[22]。

愛知県先刈貝塚の調査結果にもとづいて，縄紋海進がどのように進行したのか，具体的に説明してみよう。この貝塚は，名古屋市の南60km，知多半島の南部，知多郡南知多町にあり，名古屋鉄道の新線建設工事の際に発見された[23]。現地は，更新世の河谷が水没した溺れ谷を，完新世の堆積物がうめてできあがった低地（内海谷とよぶ）である。現在の海岸線のあいだにみられる三列の砂堆（谷の奥から第一・第二・第三）は，かつての砂浜のなごりで，貝塚は第一砂堆と第二砂堆のあいだの低湿地の地下にある。

貝塚から出土した土器は，ほとんどすべて高山寺式（図8）で，貝層が短期間に堆積したことをしめしている。貝層にはハイガイがもっとも多く，マガキ・イタボガキ・ヤマトシジミ・アサリなどの二枚貝とスガイ・ウミニナなどの巻貝を含んでいる[24]。魚類はクロダイが多く，そのほかにマイワシとスズキがあるが，いずれも小形で量も多くはない。渡辺誠は，これらの魚類は，貝層のなかで圧倒的に多いハイガイとおなじような環境に住んでいることを指摘している[25]。哺乳類はシカ・イノシシ・イヌが出ている。貝塚にともなう食

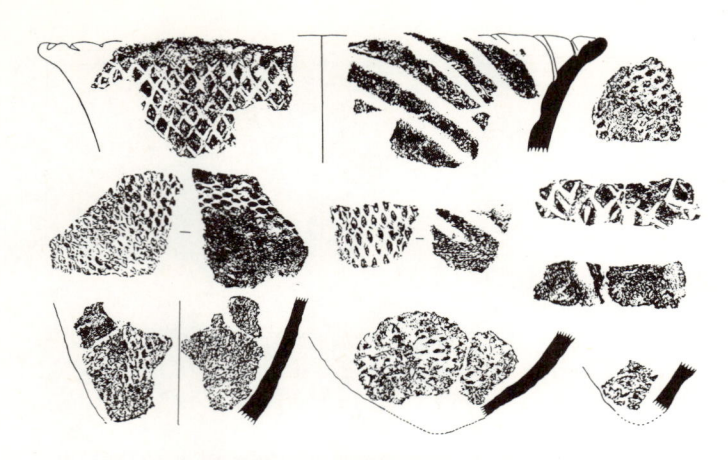

図8　先刈貝塚周辺の高山寺式土器（註23による）
(縮尺約 1/5)

料として利用できる植物としてカヤ・オニグルミ・サルナシ・アカガシ類があるが，渡辺は縄紋早期にアカガシ類を利用することはできなかったと主張している。石器類では，石鏃の未製品と撥ねものが多く，剝片に礫面を残すものが多いことが注目をひく[26]。魚の骨が少なく，小形のものが多いこととともに，この遺跡が一時的なキャンプであることを暗示している。

　内海谷を埋めている地層は，上から順に，上部砂層・上部泥層・下部泥層にわかれる[27]（図7）。上部泥層・上部砂層のなかの貝類・有孔虫の変遷によって，縄紋海進の進行と，その後の海面の低下・谷の埋め立ての過程をたどることができる。松島によれば，上部泥層下部・上部泥層上部・上部砂層に含まれる貝類は，ヒメカニモリ・ハイガイ・ウネナシトマヤガイをふくむA群集，シズクガイ・ヤカドツノガイ・イヨスダレ・ウラカガミなどを含むC群集，イボキサゴ・ハマグリ・シオフキを含むB群集の順にいれかわっていく。この変化は，貝の住んでいた環境が，泥質の内湾の奥の潮の差し引きする部分（潮間帯）から，溺れ谷の泥底のつねに海水にひたっている部分（潮下帯）へ，さらに砂浜の発達する内湾の潮間帯から潮下帯へと変わっていったこと，つまり入江の形成・拡大・消滅の過程を反映している。

　北里洋による有孔虫の分析結果もこれと一致しており，A群集の時期の入江

第3章 縄紋文化の形成　57

はきわめて浅く数mであったこと，塩分が少なかったこと，C群集の時期になって入江が20mほどの深さになり，塩分も増したこと，現在より水温が高かったこと，を指摘している[28]。

A群集の年代は，8,600〜7,000年前と推定されている。先刈貝塚は，この時期——縄紋海進の前半期に，海面下11〜9.5mの深さに埋もれている波蝕面のうえにあったのだろうと判断される。この波蝕面は，C群集があらわれる，海面が急に高くなるときに水没したらしい。貝塚形成当時の海面は，現在の海面下12〜13mのところにあったと推定されているから[29]，およそ1,600年のあいだに，海面は2〜3m高くなったことになる。

C群集の年代は，7,000〜5,500年前，B群集の年代は，5,500〜3,000年前と推定されている。上部泥層の中ごろにアカホヤ火山灰[30]が堆積していること，上部砂層の放射性炭素年代などがその根拠となっているのだろう。C群集の時期は縄紋海進の最盛期にあたる。この時期にできた波蝕面は，現在海面下2mのところに埋もれている。B群集がこの入江に進出してきたのは，縄紋海進が終わったのちのことである。この頃には沿岸流の動きがつよくなり，湾口部には砂堆が，湾の奥には三角州ができはじめ，内海谷の埋め立てが急に進行しはじめる。

前田保夫の花粉分析の結果によれば[31]，海水準の変動と歩調をあわせるように，内海谷の周囲の植生も変化していた。先刈貝塚の残されたころの，つまり上部泥層下半部には，コナラ亜属の花粉が多量に含まれている。前田はこの時期の植生を，「ミズナラ・ブナ林の下部からモミ・ツガ林といわれる中間温帯林への移行林に近いもの」と推定しており，ケヤキ属（?），エノキ属（?）がコナラ亜属とともにめだつ。草本花粉の多いのも，この時期の特徴である。アカガシ亜属の花粉も，少数ながら見られる。海面下11.0〜9.7mからの花粉は，中間温帯林（コナラ亜属はかなり減少するが，広葉樹ではもっとも多い，マツ属・モミ属をはじめ，針葉樹の増加がめだつ），海面下8mからの資料では，アカガシ亜属の増加がめだち，照葉樹林としての特徴をしめす（針葉樹の比率にはほとんど変化がない）。照葉樹林の成立は，貝類のC群集の時期，つまり上部泥層の最上部にあたるらしい。

3. むすび

縄紋海進は，つぎのような理由で，縄紋文化がかたちづくられていく背景として無視できない。
1. 海面が上昇するにともなって，沿岸部に溺れ谷・浅海ができ，多様な水産資源を活用する条件を準備した。
2. 海面上昇の原因となっている気候の温暖化によって，植生帯の拡がりが変化し，植物性資源の利用も発展する条件が準備された。
3. このふたつの条件は，日本列島の住民の生業を多様なものとし，定着性をたかめる効果をもたらした。

これらのことがらは，すでに多くの人が指摘しており，別に目新しいことではない[32]。ただし，さきに指摘したように，日本の更新世の「非典型的」な環境は，縄紋海進を先取りするような条件が，すでに準備されていたことを暗示している。

竪穴住居の建造・活発な漁撈活動・植物性資源の高度な利用・多量の土器の製作と使用など，縄紋文化の特徴とされる要素は，縄紋海進の進行とともに列島全域にひろがり，定着していく。しかし，そのなかのいくつかの要素は，日本列島あるいはこれとおなじような条件のととのっていた地域では，更新世後期，おそくとも更新世末期にはすでに芽ばえていた，と考えるべきだろう。

第2節　草創期から早期へ

草創期[33]は，計量年代によれば，12,000B. P. ごろにはじまり，およそ4,000年ほどつづいた。この前後の資料は，北海道から南九州まで分布している[34]。研究者の意見が対立している問題も一つや二つではない。これらの問題をすべて取りあげ，さまざまな意見をもれなく紹介することはとてもできないことはいうまでもない。問題をしぼって，おもな意見を紹介することにしよう。

1. 土器編年をめぐる問題

(1)「土器群」から「型式」へ

まず，これまで主流となってきた意見の代表として，鈴木保彦による編年[35]を取りあげてみよう。施紋原体と施紋技法の違いが，鈴木編年の指標となっている。施紋原体の違いにもとづいて，隆起線紋系・爪形紋系・縄紋系が区別され，隆起線紋系・縄紋系の土器群は施紋技法によって細分されている。とくに縄紋系土器の細分は，押圧・回転の区別が決め手となっている。鈴木編年は，原体と施紋手法のちがいを，徹底して前後関係におきかえている。1960年代には「縄紋草創期においては，(中略) 大局的には全国的にほぼ同じ様式の土器が広がって」いるという意見[36]が支配的であった。草創期土器の一様さ・押圧から回転へという二つの前提が，1960年代の編年のささえとなっている。

表2　1960年代の草創期土器の編年（註35による）

回転施紋	撚糸紋系土器群	夏島式／井草式土器 ↑ 大丸式土器
	回転縄紋系土器群	平底縄紋土器／表裏施紋縄紋土器 ↑ 羽状縄紋土器
非回転施紋	押圧縄紋系土器群	側面圧痕紋土器／短縄文押圧紋土器／絡条体圧痕紋土器／U字形側面圧痕紋土器／尖端部押圧紋土器 ↑
	爪形紋系土器群	爪形紋土器／「ハ」の字爪形微隆起線紋土器
	隆起線紋系土器群	微隆起線紋土器／細隆起線紋土器／隆起線紋土器

1986年に埼玉考古学会が主催したシンポジウムで金子直行・宮井英一が発表した編年では、施紋手法・施紋原体の違いよりは、装飾・紋様を構成する原理にもとづいて、変遷をたどろうとしている[37]。口縁部形態、それにともなう口縁部紋様帯の変化も、手掛かりのひとつとなっている。宮林遺跡[38]の資料が、金子と宮井の意見の直接の根拠となっている。施紋原体・施紋技法にもとづいて区別した草創期の土器群を、器形の系統、紋様構成や紋様帯の変化にもとづいて型式にまとめなおす作業は、1971年の佐藤達夫論文[39]にはじまる。佐藤は、本ノ木式が「草創期初頭の無縄紋土器群と縄紋ある土器群と密接な関連」をしめすこと、本ノ木式には側面圧痕による全面施紋と、「半転縄紋が同時に存在し、回転縄紋もすでに発生していたと考えられる」ことを指摘した。

　1980年代の縄紋草創期編年の新しい動きは、佐藤論文の再評価と切りはなすことはできない。佐々木洋治の、隆起線紋土器の成形・施紋技法の分析と隆起線紋・多縄紋・爪形紋土器の口縁部形態の具体的な説明は佐藤の意見を確かめる手掛かりを提供している[40]。すでにふれたように、大塚達朗は、佐藤論文を正当に評価できなかったところに現在の草創期編年の混乱の原因がある、と指摘する。私自身はこの指摘を受け入れようと思う。

　施紋原体・施紋技法による区別は、土器そのものの分類の基準としては有効である。山内清男が押圧から回転への変化を示唆し[41]、小林達雄がこれをいちはやく取り入れた理由もここにある[42]。問題は、分類された土器群を編年の単位としての型式に組み換えるときに、草創期土器の一様さ・押圧から回転へというふたつの前提が成り立つのかどうか吟味しなかったところにある。これからの草創期の土器編年の課題は、施紋原体・施紋技法の区分としての土器群を、「型式」として整理しなおすことである、といえるだろう。

　「豆粒紋土器」や、多縄紋土器と爪形紋土器の関係にしても、この立場から議論を進めなければ意味がない。豆粒紋と隆起線紋の層序は、調査にかかわった人びとのあいだでも意見の喰い違いがある[43]。豆粒紋とハの字爪形紋は、ネガとポジの関係にある関東起源の要素で、隆起線紋土器の古い段階におさまる、という大塚達朗の指摘は型式学的に納得できる[44]。大塚の指摘に対して、いまのところ「豆粒紋土器」の存在を認める立場からの有効な反論はない。「豆粒紋」は、隆起線紋土器Ⅰ期古段階の型式のひとつの要素なのだろう。

鈴木保彦は，さきに紹介した編年はいまなお有効であり，いくつかの遺跡の「層位的傾向」が矛盾しないこと，爪形・多縄紋の単純遺跡があることを指摘する[45]。しかし，肝心の「爪形文土器から縄文先端押圧文土器，縄文U字形側面圧痕文土器への移行」[46]には，西鹿田のほかには層序の裏付けがなく[47]，紋様の類似にもとづく推論のいろあいが強い。いまのところ，爪形紋土器と多縄紋土器の関係を判断する手段は，型式学的な分析しかない。大新町・鴨平(2)などの爪形紋土器，あるいは馬場野Ⅱのような多縄紋土器の単純遺跡[48]は，これらの土器がちがった型式であることをしめしているだけで，新旧関係にあるのか，共存しているのか判断する材料にはならない。宮林や西谷のような両方の要素のまじりあった例[49]は，どちらかといえば共存説に有利な材料だろう。

(2) 最古の土器・最古の縄紋土器

上野第一地点第二文化層（上野下層）[50]では，細石刃・細石核，ナイフ形石器などを含む石器群とともに，土器片が24点出土している。富士黒土（FB）層下部の隆起線紋土器をふくむ第一文化層と，ソフトローム（L_1S）層のなかの第二文化層のあいだには，およそ30cmの無遺物層がはさまっている。上層・下層の遺物分布範囲もかさなっておらず，遺物の沈みこみ・浮上がりが起きている可能性はない。相模野149遺跡では，上野下層とおなじ層準から，少なくとも2個体分の口縁部破片が出土している[51]。口縁部に幅2cmほどの粘土紐を貼りつけ，幅のせまい帯状の口縁を作り，帯の上下の縁に箆のような施紋具で刻みを

図9　多摩ニュータウンNo.796遺跡の土器
　　　　（東京都埋蔵文化財センター提供）

つけている（図11—47）。いま1例の口縁部は，外角にむかって尖り気味となる。口縁端も剝げ落ちているが，口縁帯の下縁にあたる部分に，幅6mmほどのくぼみが走っている。底部は丸底と平底がある。

　幅のせまい帯状口縁をもつ土器は，多摩ニュータウン796遺跡（TNT-796，図9），綾瀬市寺尾遺跡などからも出土している[52]。いずれもL_1Sから出ている。大塚達朗は，これらの土器は隆起線紋土器のもっとも古い段階と共通し，それ以後の土器の変遷の流れのなかに組みこめないとし，白岩尾掛・武者ヶ谷などとともに，小瀬ヶ沢の「窩紋土器（かもん）」と結びつくものと考えている[53]。

　窩紋土器とはべつに，無紋という以外に共通の特徴らしいもののない土器がある。この種の土器は，大平山元Ⅰ・後野A地区のほか，東麓郷（ひがしろくごう）・前田耕地・井の頭池A地点の例がある[54]。壬Ⅵ層の壬下層式もこの仲間かも知れない[55]。長者久保・神子柴（みこしば）系石器群にともなう例が多い。これらの土器を一つの型式や系統にまとめることはむずかしい。「窩紋土器」との関係も，石器を手掛かりとして推測するほかに方法はない。

　佐藤達夫は，ザイサノフカ・羅津などの土器の系統をひき，小瀬ヶ沢周辺に分布がかぎられている土器を「縄紋式最古の土器」とした[56]。窩紋・刺突紋・篦紋の3種類の土器のうち，「土着化」と解釈できる変化は「篦紋土器」の一部だけにしか見られない。日本列島内部で，地域差・年代差をしめす「型式」としてとらえられる土器を縄紋式土器とするなら，縄紋土器といえるのは篦紋土器の一部にすぎない。それ以外は大陸・半島系の土器である。おなじく，大塚達朗の「窩紋土器」も彼自身のいう「縦横連鎖構造」[57]の縦筋がようやく見えはじめたところで，横筋が見えてくるまで縄紋土器かどうか判断はひかえるべきだろう。

　この問題は土器が自生か外来かの議論とはかかわりない。かりに西北九州で土器が発明されたとしても，それが広い範囲に伝達され，継承されたことが確認できなければ，日本列島の一角に起き，あえなく挫折した「革命的な出来事」にしかすぎない。広い範囲に分布していても，地域差がまったくとらえられなければ，それも縄紋土器ではない。新発見の土器を，無分別に最古の縄紋土器にとりこんでいけば，縄紋草創期に縄紋土器ではない土器がまぎれこんでしまう危険がある。

（3） 草創期土器の編年

　ここでは，大塚達朗の編年を紹介する（表3）。草創期前半は，先隆起線紋・隆起線紋・続隆起線紋の3時期にわかれる。隆起線紋土器Ⅰ期古段階には，前段階とおなじく，口縁部に集中する「上位紋様帯」がめだつ。これが胴部にむかってさがり，幅も広くなる時期をⅡ期とする。Ⅱ期の資料はまだ少なく，Ⅱ／Ⅲ期の区分には問題がある。もっとも古い多縄紋土器のさまざまな口縁部の形は，隆起線紋土器Ⅳ期には出揃っており，隆起線紋から多縄紋への変化をスムーズに説明できる[58]。爪形紋・多縄紋土器の紋様の構成原理が一致し，歩調をあわせて変化していることを認めるかどうか，そこで意見はわかれる。草創期よりのちの時期には，紋様帯を構成する要素の借用・交換はしばしば観察されている。草創期の土器だけがこの例外となる理由があるとは思えない。

　二本の指で粘土紐や器面をつまむ手法が，関東地方のもっとも古い隆起線紋土器の装飾の特徴である。九州では，粘土帯に指を押しつけ，刻みを入れる手法がもちいられていた。すでに九州と東日本の地域差があらわれている。一方，ハの字爪形紋など，関東系の要素が西北九州に分布している。人口の規模や密

表3　1980年代の草創期土器の編年（註44，53，57，59にもとづき作成）
　＊隆起線紋土器期の細分段階の区切りの中の上下は新旧関係を意味しない
　＊続隆起線紋土器期の上段は多縄紋系，中段は爪形紋系，下段は円孔紋系土器

度など, 早期以後の社会とは違った状況があり, ひろい範囲の交流が必要となったのだろうか。隆起線紋土器Ⅳ期になると, 東北地方では口縁部内面に粘土紐をはりつける。関東地方の土器にはない特徴である[59]。地域ごとの特色は, さらに強くなっている。

続隆起線紋土器Ⅰ期（東日本に爪形紋・多縄紋土器が併存する時期）には, 地域差はひきつづき顕著になっていく。おなじ地域に, 爪形紋系・多縄紋系・円孔紋系など, いくつかの型式群が併存する。これは, この時期にとくに目立つ現象で, 縄紋土器の型式の本質をあきらかにする手掛りとなるだろう。なお, 円孔紋系土器とほかの型式群との関係は, まだ正確にはわからない。

続隆起線紋土器Ⅱ中・新期の多縄紋土器以外のグループの編年は, ようやく大まかな見通しがつきはじめたばかりである。柏原・二日市などの九州・四国の無紋／条痕土器と, 寿能の条痕土器は無関係とは思えないが, これをむすびつける決めてはまだ見つかっていない[60]。南九州の石坂式・吉田式なども, 条痕土器の系統をひくものであろうが, 両者のあいだを埋める資料もまだ見つかっていない。

2. 石器の系譜と変遷

(1) 「渡来石器」の問題

山内清男は植刃・断面三角形の錐・矢柄研磨器などを「一般の縄紋式には出現しない特殊の石器で, これらが渡来の当初一時一般化し, のち何らかの理由によって絶滅した」[61]と考えた。芹沢長介, 鎌木義昌, 加藤晋平, 稲田孝司らは, 異議をとなえたが, かつては岡本東三, 近年では栗島義明が, 山内説を補強しようとしている[62]。考古資料にもとづいて縄紋文化の系統を議論できる条件はまだ整ってはいない。大陸側の資料は, 分布をたどるには密度が低すぎるし, 編年の尺度も違っている。できあがった石器だけをとりあげれば, 他人の空似の危険は土器の場合よりもはるかに大きくなる。

問題は海の向こうだけにあるわけではない。「渡来石器」が, 窩紋土器はいうまでもなく, 古手の隆起線紋土器にともなう, という確実な証拠はなにひとつない。これまで報告された「渡来石器」で, 草創期土器の細分型式と確実に対比できる例はない, といってよい。日向洞穴西地点の新資料は, 層序と土器

型式をとらえることのできるただ一つの例だろう[63]。伴出している土器は，隆線紋土器Ⅲ期である。とすれば，これらの石器は，かりに日本列島の伝統的な石器とは異質のものであるとしても，「土器製作だけが伝来し，その後内地において形態・紋様の細部が発達した」のちに，渡来してきた可能性が高い。このような出来事もありえないわけではないが，山内が渡来石器の吟味にかけた期待とは一致しない。

(2) 石斧・細石核・有舌尖頭器

草創期の局部磨製あるいは打製の石斧や大型の槍先は，長者久保・神子柴系文化の系譜をひいている。山内清男・佐藤達夫，佐藤達夫，森嶋稔，岡本東三，栗島義明らが，この文化について意見を発表している[64]。稲田孝司が指摘しているように[65]，石刃技法の有無にもとづいて，長者久保・神子柴文化とその「残存要素」を区別する必要があるだろう。長者久保・神子柴系の石器群の分布は北海道・本州東北部に集中しており[66]，東北アジアから日本列島に伝わったと考える人が多い。

長者久保・神子柴系文化の時期には，すでに土器の製作・使用がはじまっていた，と考えるべきだろう。ただしモサンル・長者久保・大森勝山など土器の出土していない遺跡が，東麓郷・大平山元Ⅰ・後野など土器の出土している遺跡より古い，とはいいきれない。土器がともなうかどうか，かなり慎重な判断が必要だろう。

隆起線紋土器よりも古

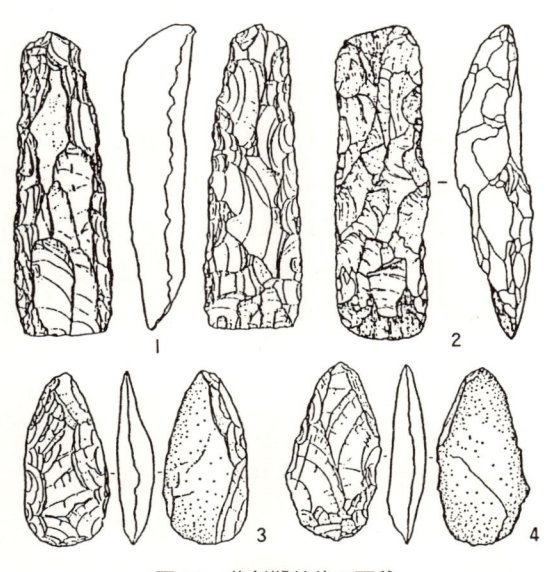

図10 草創期前後の石斧
1：モサンル，2：酒呑ジュリンナ，3・4：上野第1地点

い土器群のうち，大塚が「窩紋土器」と呼ぶグループに伴う石器群には，石刃技法はほぼ完全に姿を消している。花見山・TNT426など隆起線紋土器にともなう石器群にも，石刃を素材とした石器は見当たらない。石刃技法をともなう長者久保・神子柴系文化は，窩紋土器より古いのだろう。

岡本東三も指摘しているように，現在「神子柴系」とよばれている石斧は，形・素材・機能も違う雑多な要素をふくんでいる[67]。モサンル（図10—1）・田沢・酒呑ジュリンナ（図10—2）などで出土している短冊形の横斧は長命型のタイプで，TNT-796で出土している槍先形の薄身のもの，上野第1地点（図10—3・4）の片面に自然面を残す剝片素材のもの（いずれも横斧）のように短命型のタイプもある。きわだった特徴をもつタイプの，年代の確実な資料にもとづいて，各種の石斧の変遷を正確にたどる必要がある。

細石刃文化が縄紋土器の母胎となる，という判断[68]は，1960年代から1970年代にかけて，うたがう余地がないように思われた。内蒙古ジャライノールで土器が出土したという情報も，この判断を補強するように思われた[69]。そのような情勢のなかで，細石刃技法の変遷や系統に関心が集中し，土器の分析はたちおくれた。1970年代には佐藤達夫，1980年代では栗島義明・大塚達朗らが土器の細石刃起源説を批判している[70]。

佐藤は福井洞穴の隆起線紋・爪形紋と，細石核・細石刃（かりに細石器と呼ぶ）を混在と判断したが，福井の層序は泉福寺洞穴であらためて確認された[71]。上野下層の細石器は，本州でも土器と細石器のむすびつきを考慮しなければならないことを示している。上野下層や長堀北の細石核は，ブランクの調整手法や形が地方化しており，楔形細石核の後半期のものであることは間違いない。

泉福寺10層の土器は関東地方の隆起線紋Ⅰ期古段階に平行し，福井洞穴3層にはⅠ期新段階にあたる土器がある[72]。上野下層の細石器は，本州では隆起線紋より古い土器に細石器がともなうことを暗示している。この推測がたしかめられれば，九州では本州より遅くまで細石器が残ることになる。九州に船野型・畦原型など地域性の強い細石核が見られること[73]，石鏃の出現がおくれることはこれとかかわりがあるらしい。

山内清男は，有舌尖頭器は草創期になって発達するとした[74]。この判断があたっているのかどうか，微妙なところである。関東地方では，有舌尖頭器が

まとまって出土している遺跡は，南原・東京国際空港 No.12 など，隆起線紋土器前半の遺跡が多い。花見山では小型で本体の付け根の張りだしがめだつものが多い。関東地方で有舌尖頭器がもっとも発達する時期は，隆起線紋土器の前半期とそれ以前にあるのだろう。

鈴木道之助は黒川東の例を平行側縁型の祖型とし，東京国際空港 No.12・南原などの類例を指摘している[75]。いずれも本体基部がわずかに張りだしている。隆起線紋土器Ⅰ期に見られる特徴的な例だろう。小瀬ヶ沢型・柳又型の特徴[76]をあわせもっている点が注目をひく。栗島は有舌尖頭器の北海道起源の証拠と解釈し[77]，鈴木は前田耕地の尖基式の系譜をひくものと考える。

前田耕地・寺尾の槍先は本ノ木と関係すると見る人が多い。槍先はたしかに似ている。しかし前田耕地の住居址や寺尾の土器は本ノ木式とはまったく違っている。本ノ木の槍先は，別の層から出た本ノ木式にともなうものではない[78]。隆起線紋より古い時期のものだろう。大まかに見れば，本ノ木・前田耕地の石槍は中林に近く，隆起線紋土器以前のものだろう。このように考えれば，多縄紋土器の時期には，槍先は影が薄くなっているはずなのに，いくつかの遺跡に限って石鏃をまったくともなわず多量の槍先がでている，という白石浩之の悩みは消えることになる[79]。また，後野や前田耕地の土器は，隆起線紋土器や窪紋土器よりも古そうだ，と推測できる。

(3) 草創期の石器

日向洞穴の新資料には，石鏃・「半月形石器」・石斧などが多量に含まれている。半製品・破損品がきわめて多い。石器の製作址だろう。数は多くないが，小型・薄身で細長い菱形をした槍先が出ている。細部の特徴は小瀬ヶ沢の例と区別できず，石質もほかの槍先や石鏃とは違い，小瀬ヶ沢とおなじである。小瀬ヶ沢から運ばれてきた可能性が高い。日向で作られた石器も，ほかの地域に運ばれたのだろう。

栗島は，山内清男・佐藤とおなじく[80]，「渡来石器」の出土状態が，デポと推定される場合が多いことを指摘し，石器製造址が多いことと結びつけ，この時期の石器の生産と消費の特徴であることを指摘している[81]。たしかに，いくつかの種類の石器を集中的に製作・保管し，広い範囲で交換するのは，隆起

線紋土器前後の特徴的な現象だろう。有舌尖頭器の生産と配布はどのようであったか，興味をひく。

　草創期前半の狩猟具は，ほかの時期にくらべて種類が多い。花見山には，大型・中型の槍先，中型・小型の茎つきの槍先，それに石鏃がある。手槍・投槍・弓矢が使われていたわけである。隆起線紋Ⅰ期古段階の黒川東には石鏃があり，おなじ時期の南原では，有舌尖頭器だけで，石鏃はない[82]。機能の違う狩猟具を使い分けていたため，遺跡によって石器の組合わせが違うのだろう。

　手槍・投槍は新しい時期になると数は少なくなる。しかし，続隆起線紋土器期でも，上草柳第三地点東・仲町第二号土坑のように[83]，多数の石鏃に少数の有舌尖頭器がともなう例は多い。九州でも泉福寺洞穴や二日市洞穴では手槍・弓矢が共存する。若宮遺跡では，表裏縄文土器に少数の有舌尖頭器がともなうらしいが，おなじ静岡県内でも，仲道Aのように，それよりも早く石鏃に切り替わっている遺跡もある[84]。

3. 草創期から早期へ

　山内清男は，多縄紋土器の消滅・稀縄紋土器の出現を，草創期と早期をわける目安とした[85]。小林達雄は，山内の意見を修正し，「撚糸紋土器」を目安として草創期と早期をわける[86]。山内は，大別の目安は，細別単位の型式とは違って，定義によって変更できるものであるとしていた[87]。したがって，小林達雄が，山内の多縄紋土器の消滅・稀縄紋土器の出現という目安を変更すること自体は不当ではない。しかし，小林の意見にはいくつかの点で問題がある。

　小林は，山内の区分は，押型文土器の系列を途中で断ち切ることになる，と主張する。しかし小林は，それよりも長い歴史をもっている多縄紋土器の系列を断ち切っている。この矛盾は，多縄紋土器の終りごろの型式群を「撚糸紋土器」と呼びかえることで，処理される。「撚糸紋土器」はいまのところ，関東地方を中心とする地域に分布が限られている。大別の目安としては，これよりも広い範囲で分布が確認されている押型文や無紋土器のほうが有効だろう。

　小林は，竪穴住居の普及・貝塚の成立などの現象が撚糸紋土器の出現期と一致することで，彼の草創期／早期の区分の妥当さの証明を締めくくろうとする。この指摘そのものはただしいが，大別区分が妥当かどうかを判断する根拠には

ならない。山内の型式大別は，暦年代の代用品（時間の尺度）である。宮下健司は，これが歴史的に無意味な区分であることを指摘する[88]。しかし，尺度に意味を求めることが，そもそも無理な相談なのだ。小林の提案は，701年には大宝律令が完成するから，日本の古代史を700年刻みで区切るのは有効だ，というようなものだ。草創期と早期だけ，「文化的」に意味をもつ出来事で区切りをつけるのは誤りではないだろうか。

　図11に相模野台地の石器群の変遷をしめした[89]。狩猟具の種類が少なくなり，磨石類の増加がめだつ。形のととのったスクレイパーも少なくなっていく[90]。この時期には，貝塚が残され，夏島や花輪台の骨角製漁具は，水産資源の開発が進んでいたことを物語っている。あたらしい環境のなかであたらしい種類の資源を利用する技術が発達し，そこで生まれたあたらしい労働の仕組みは，人口の集中と定住を必要とし，また可能にした。このようにして加栗山や東京天文台のような集落が出現する[91]。隆起線紋土器からひきつづき強くなる土器型式の地域ごとの特色は，このような集落を拠点とする安定した地域

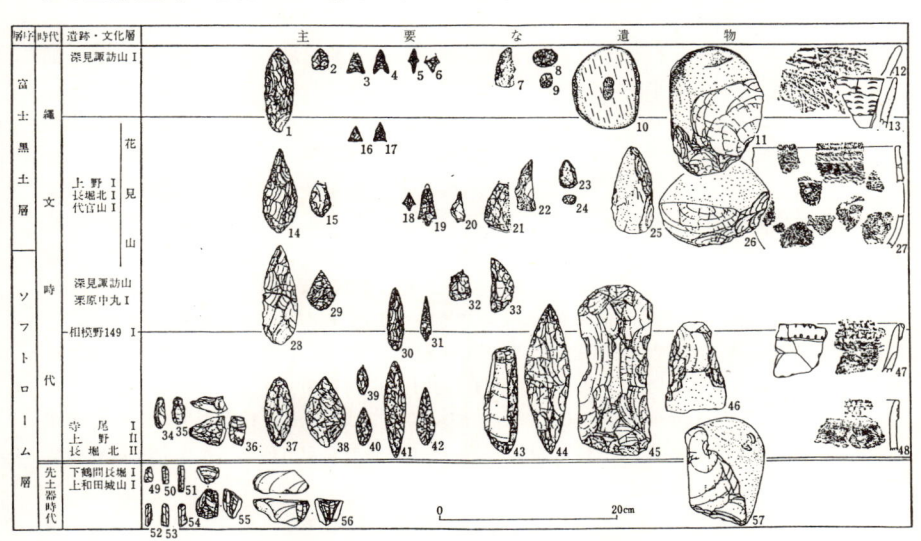

図11　相模野台地における草創期の主要遺物の変遷（註89による）
1～13・29：深見諏訪山，14・16・17・22・23：横浜市花見山，15・18～21・24・25・27：上野上層，26：藤沢市代官山，28・32・33：座間市栗原中丸，30・31・47：相模野第149，34～37・39：上野下層，38・40～46・48：綾瀬市寺尾，49～51・55：上和田城山，52～54・56・57：下鶴間長堀

社会が，日本列島の各地で生まれようとしていたことを暗示している。関東地方の住民が作りはじめる土偶は，定住性の強い集落を拠点とする，地域社会の人びとの結びつきを，か̇た̇ち̇として現わしたものだ，といえる。

　第1節で説明した縄紋海進が，これらの変化のひ̇き̇が̇ね̇となっている。しかしその実際のいきさつは，まだあきらかになっていない。また，これらの変化は，関東地方から中部地方太平洋沿岸を中心として進行し，まもなく北は東北地方中部，南は九州南部まで広がったように見える。撚糸紋土器の分布が関東地方を中心とする地域に限られていることは，この見通しの裏付けとなるかもしれない。いまでは沖積面の下に埋もれている低位段丘の上の遺跡がその鍵を握っている。さきに紹介した縄紋人の素性についての人類学・言語学からの推論が正しいかどうか，それもこれらの遺跡の調査ではじめて確かめることができるだろう。

註
(1) 晩氷期はヨーロッパの更新世末期のいくつかの時間層序の単位 chronostratigraphic units をまとめた名称。ベリンク Böeling 亜間氷期から，新ドリアスⅡ期 Younger Dryas Ⅱまでをさす。後氷期もほぼおなじ時期をさしているが，厳密に定義された用語ではない。型にはまったイメージをうえつけ，日本の更新世後期のすがたを歪めるとして，「氷期」・「間氷期」・「後氷期」などの用語をもちいることに反対する意見もある。堀江正治「第8回国際第四紀研究連絡会議（INQUA）・完新世小委員会」（『第四紀研究』9：22, 1970），井関弘太郎「更新世・完新世の境界について」（『名古屋大学文学部研究論集・史学』29：205-220, 1983），中川久夫「最終氷期における日本の気候と地形」p. 208（『第四紀研究』20：207-208, 1981）

(2) 那須孝悌「先土器時代の環境」pp. 73-76（加藤晋平編『岩波講座 日本考古学』2：51-109, 岩波書店, 1985），関東第四紀研究会「下末吉台地およびその周辺地域の地質学的諸問題」（『地球科学』24：151-166, 1970）

(3) かつては100m前後が有力であったが，最近では130m前後が有力になってきているようである。さまざまな見積りの論拠は，那須論文（前出）に文献を収録してあるので参照されたい。

(4) 原論文では2.3万年前を境として二つの時期にわけているが，この区分は私の論旨にはあまりかかわりがないので，一つにまとめた。また「6,300年前以降から現在まで」という区分も省略した。

(5) 大場忠道・堀部純男・北里 洋「日本海の2本のコアによる最終氷期以降の古環境解析」pp. 40-44（『考古学と自然科学』13：31-49, 1981）

新井房夫・大場忠道・北里　洋・堀部純男・町田　洋「後期第四紀における日本海の古環境―テフロクロノロジー，有孔虫群集解析，酸素同位体法による―」pp. 220-25（『第四紀研究』20：209-230，1981）
(6)　那須孝悌「先土器時代の環境」pp. 88-90
(7)　Sakaguchi, Yutaka, "Climatic Variability during the Holocene Epoch in Japan and its Causes." *Bull. Dept. Geogr., Univ. of Tokyo*. 14, 1982
　　　阪口　豊「尾瀬ヶ原の自然史―景観の秘密をさぐる」pp. 190-200（『中公新書』928，中央公論社，1989）
(8)　亀井節夫・ウルム氷期以降の生物地理総研グループ「最終氷期における日本列島の動・植物相」p. 196, 199, 201, Fig. 5（『第四紀研究』20：190-205，1981）
　　　那須孝悌「先土器時代の環境」p. 90, Fig. 4
(9)　那須孝悌「先土器時代の環境」pp. 84-86
(10)　那須孝悌「先土器時代の環境」pp. 90-91
(11)　亀井節夫「日本に象がいたころ」pp. 182-183（『岩波新書』645，岩波書店，1967）
　　　河村善也・亀井節夫・樽野博幸「日本の中・後期更新世の哺乳動物相」（『第四紀研究』28：317-326，1989）
(12)　徳永重康・直良信夫「満州帝国吉林省顧郷屯第一回発掘物研究報文」（『第一次満蒙学術調査研究団報告』2―1，1934）
(13)　後藤　直「日本周辺の旧石器文化・朝鮮半島―朝鮮旧石器時代研究の現状」pp. 107-109（麻生　優・加藤晋平・藤本　強編『日本の旧石器文化』4：91-180，雄山閣出版，1976）
(14)　那須孝悌「先土器時代の環境」p. 91, pp. 92-93
(15)　堀越増興・青木淳一・石川良輔・大場秀章・樋口広芳「日本の生物」p. 17, pp. 38-39（貝塚爽平・阪口　豊ほか編『日本の自然』6，岩波書店，1985）
(16)　亀井節夫・樽野博幸・河村善也「日本列島の第四紀地史への哺乳動物相のもつ意義」p. 296, 300（『第四紀研究』26：293-303，1988）
(17)　亀井節夫ほか「日本列島の第四紀地史への哺乳動物相のもつ意義」p. 298
(18)　太平洋沿岸の低地部には，比較的はやくから現在とにた動物群が現われていた可能性も指摘されている。
　　　河村善也・松橋義隆「静岡県引佐町谷下採石場第5地点の後期更新世裂罅堆積物とその哺乳動物相」pp. 100-101（『第四紀研究』28：95-102，1989）
(19)　このような出来事が二度あった，という点では研究者の意見は一致しているが，その年代，海進が停止したのか，それとも小規模な海退が起きたのか，となると意見はわかれる。
(20)　海進のもっとも進んだときの海面は，5mを超えないだろう，という点では大方の研究者の意見は一致しているが，海進の進みかたや海面がもっとも高くなった時期となると，根本的な意見の喰い違いもある。
　　　前田保夫『縄紋の海と森・完新世前期の自然史』pp. 112-133，蒼樹書房，1980

木庭元晴・小元久仁夫・高橋達郎「琉球列島,沖永良部島の完新世後期の高位海水準とその^{14}C年代」(『第四紀研究』19 : 317-320, 1980)

太田陽子・米倉伸之「日本における段丘・低地研究の現状と問題点―日本第四紀地図の作成を通して」p. 215 (『第四紀研究』26 : 211-216, 1988)

(21) Fujii, S. and Fuji, N. Postglacial sea level in the Japanese Islands. *Jour. Geosciences. Osaka City Univ.* 10 : 34-51, 1967

(22) 宮城豊彦・日比野紘一郎・川村智子「仙台周辺の丘陵斜面の削剥過程と完新世の環境変化」pp. 150-53 (『第四紀研究』18 : 143-154, 1979)

(23) 井関弘太郎・渡辺 誠ほか「愛知県知多郡南知多町先刈貝塚」(『南知多町文化財調査報告書』4, 1980)

(24) 松島義章「動物遺体・貝類」p. 80, Tab. 10 (井関弘太郎ほか『愛知県知多郡南知多町先刈貝塚』80-81)

(25) 渡辺 誠「動物遺体 4 魚類」pp. 82-83 (井関弘太郎ほか『愛知県知多郡南知多町先刈貝塚』82-83)

(26) 奥川弘成「遺物 2 石器」Fig. 32 (井関弘太郎ほか『愛知県知多郡南知多町先刈貝塚』72-76)

(27) 松島義章「ボーリング資料から明らかになった内海の沖積層」pp. 19-20 (井関弘太郎ほか『愛知県知多郡南知多町先刈貝塚』18-20)

(28) 松島義章「貝類群集から見た内湾の環境変遷」pp. 102-104 (井関弘太郎ほか『愛知県知多郡南知多町先刈貝塚』101-05), 松島義章・北里 洋「内海の環境変遷」(井関弘太郎ほか『愛知県知多郡南知多町先刈貝塚』113-114)

(29) 北里 洋「有孔虫群集から見た内海の環境変遷」p. 111 (井関弘太郎ほか『愛知県知多郡南知多町先刈貝塚』106-112)

(30) 町田 洋・新井房夫「南九州鬼界カルデラから噴出した広域テフラ―アカホヤ火山灰」(『第四紀研究』17 : 143-163, 1978)

(31) 前田保夫「植物遺体 3 花粉分析」(井関弘太郎ほか『愛知県知多郡南知多町先刈貝塚』88-90),「下部泥炭層に見られる森林植生」(井関弘太郎ほか『愛知県知多郡南知多町先刈貝塚』100)

(32) たとえば,近藤義郎「縄文文化成立の諸前提」(『日本考古学研究序説』47-75, 岩波書店, 1985) など。

(33) 筆者は,これまで草創期に否定的な態度をとってきた。ここでは,型式大別という意味に限定する。

(34) 野国・渡具知東原など局部磨製石斧をともなう爪形紋土器はアカホヤ火山灰の上層から出土する。沖縄では草創期の資料はまだ確認されていない。

(35) 鈴木保彦「縄文草創期の土器群とその編年」(『史叢』12・13 : 41-53, 1969)

(36) 鈴木保彦「縄文草創期の土器群とその編年」p. 49

(37) 金子直行「押圧縄文土器と回転縄文土器」(『埼玉考古』24 : 24-33, 1988)
   宮井英一「爪形文土器と押圧縄文土器」(『埼玉考古』24 : 11-23, 1988)

第 3 章　縄紋文化の形成　73

(38)　宮井英一ほか「宮林遺跡」(『埼玉県埋蔵文化財調査事業団報告書』50 : 20-158, 1985)
(39)　佐藤達夫「縄紋式土器研究の課題—特に草創期前半の編年について」pp. 110-113 (『日本歴史』277 : 107-123, 1971)
(40)　佐々木洋治「山形県における縄文草創期文化の研究Ⅰ」pp. 59-61 (『山形県立博物館研究報告』1 : 47-65, 1973),「山形県における縄文草創期文化の研究Ⅱ」pp. 29-39 (『山形県立博物館研究報告』3 : 25-43, 1975)
(41)　山内清男『日本先史土器の縄紋』p. 64
(42)　小林達雄「無土器文化から縄文文化の確立まで」p. 12 (『創立80周年記念若木祭展示目録』6-12, 1962)
(43)　岡本東三「シンポジウム雑感」p. 144 (『埼玉考古』24 : 143-145)
　　　　白石浩之「泉福寺洞穴における豆粒紋土器と隆線紋土器の層位的関係について」p. 165,167 (『埼玉考古』24 : 165-167)
(44)　大塚達朗「隆起線文土器瞥見—関東地方出土当該土器群の型式学的位置」pp. 110-14 (『東京大学文学部考古学研究室紀要』1 : 85-122, 1981),「豆粒紋土器研究序説」pp. 50-53 (『東京大学文学部考古学研究室紀要』7 : 1-59, 1989)
(45)　鈴木保彦「コメント　爪形文土器と押圧縄文土器」p. 125 (『埼玉考古』24 : 125-28)
(46)　鈴木保彦「縄文草創期の土器群とその編年」p. 50
(47)　住居の床面から爪形紋、埋土から多縄紋が出た。
　　　　相沢忠洋・関矢　晃「西鹿田遺跡」(『赤城山麓の旧石器』p. 263, pp. 264-268, Figs. 187-90, 講談社, 1988)
(48)　千田和文『大館町遺跡群・大新町遺跡・昭和60年度調査概報』1986,『大館町遺跡群・大新町遺跡・昭和61年度調査概報』盛岡市教育委員会, 1987
　　　　青森県教育委員会『鴨平(2)遺跡』1982
　　　　工藤利幸『馬場野Ⅱ遺跡』岩手県埋蔵文化財センター, 1987
(49)　栗原文蔵・小林達雄「埼玉県西谷遺跡出土の土器群とその編年的位置」(『考古学雑誌』47—2 : 122-130, 1971)
(50)　相田　薫ほか「月見野遺跡群上野第一地点」(『大和市文化財調査報告書』21, 1986)
(51)　鈴木次郎「相模野第149遺跡」(『大和市文化財調査報告書』34, 1989)
(52)　石井則孝・武笠多恵子「多摩ニュータウンNo.796遺跡」(『東京都遺跡調査報告会資料集』1-2, 1989)
　　　　白石浩之ほか「寺尾遺跡」(『神奈川県埋蔵文化財調査報告』18, 1980)
　　　　栗島義明「隆起線文土器以前—神子柴文化と隆起線文土器文化の間」pp. 74-76 (『考古学研究』35—3 : 69-79, 1988)
(53)　大塚達朗「窩紋土器の意義」pp. 2-5 (『利根川』10 : 1-6, 1989)
(54)　杉浦重信『東麓郷1・2遺跡』(『富良野市文化財調査報告』3, 1987)

　　　　 三鷹市遺跡調査会『井の頭池遺跡群 A 地点調査報告』(三鷹市教育委員会，1980)
(55)　国学院大学考古学研究室「壬遺跡・1980」(『国学院大学考古学研究室実習報告』2，1981)
(56)　佐藤達夫「縄紋式土器研究の課題」pp. 117-119
(57)　大塚達朗「草創期の土器」p. 256 (小林達雄編『縄紋土器大観』1：34-39, 256-261，小学館，1989)
(58)　大塚達朗「縄文草創期，爪形文土器と多縄文土器をめぐる諸問題」pp. 58-60 (『埼玉考古』24：46-113)
(59)　大塚達朗「東北地方に於ける隆起線紋土器の一様相に就いて—白河市高山遺跡出土隆起線紋土器の再考」pp. 5-9 (『福島考古』29：1-12, 1988)
(60)　山崎純男・小畑弘己『柏原遺跡群Ⅰ』pp. 11-64，福岡市教育委員会，1983
　　　 別府大学付属博物館『大分県二日市洞穴』1980
　　　 大塚達朗ほか『寿能泥炭層遺跡調査報告書—人工遺物篇』pp. 17-38, 1984
(61)　山内清男「縄紋草創期の諸問題」p. 16 (『MUSEUM』224：4-22, 1969)
(62)　この問題のいきさつは，岡本と栗島が「渡来石器」をみとめる立場から説明している。
　　　 岡本東三「神子柴・長者久保文化について」pp. 7-9, 24-26 (『奈文研学報』35：1-57, 1979)
　　　 栗島義明「『渡来石器』考—本ノ木論争をめぐる諸問題」(『旧石器考古学』32：11-31, 1986)
(63)　高畠町教育委員会『山形県高畠町日向洞窟遺跡西地区・第一次・第二次調査説明資料』1989
(64)　くわしくはつぎの文献を参照されたい。
　　　 岡本東三「神子柴・長者久保文化について」
　　　 栗島義明「神子柴文化をめぐる諸問題—先土器・縄文の画期をめぐる問題 (一)」(『研究紀要』4：1-92，埼玉県埋蔵文化財調査事業団，1988)
(65)　稲田孝司「縄文文化の形成」(加藤晋平ほか編『岩波講座 日本考古学』6：65-117，岩波書店，1986)
(66)　九州にも「神子柴系石器」は分布しており，岡本東三 (「神子柴・長者久保文化について」p. 22) は多久三年山などに注目している。
　　　 横田義章「いわゆる『神子柴系石斧』の資料」(『九州歴史資料館研究紀要』7：51-58, 1981)
　　　 鈴木重治「宮崎県見立出羽洞穴」(『日本の洞穴遺跡』298-314，平凡社，1967)
(67)　岡本東三「神子柴・長者久保文化について」p. 16
(68)　主要論文は註 (70) 大塚論文に収録されている。
(69)　裴文中「中国の旧石器時代—付中石器時代」p. 346 (『日本の考古学』Ⅰ：324-350，河出書房，1965)
(70)　佐藤達夫「縄紋式土器研究の課題」p. 108

栗島義明「縄文土器北上説に対する覚書」(『埼玉考古』24：160-164)
大塚達朗「"縄文土器の起源"研究に関する原則」(『考古学と民族誌』5-36，六興出版，1989)
(71) 麻生　優編著『泉福寺洞穴の発掘記録』pp. 20-100，築地書館，1985
(72) 大塚達朗「豆粒紋土器研究序説」pp. 50-53 (『東京大学文学部考古学研究室紀要』7：1-59，1989)
(73) 池畑耕一ほか「加治屋園遺跡」(『鹿児島県埋蔵文化財発掘調査報告書』14：7-246，1981)
(74) 山内清男「縄文草創期の諸問題」p. 12
(75) 鈴木道之助「新東京国際空港 No.12 遺跡の有舌尖頭器をめぐって」pp. 14-15 (『千葉県文化財センター研究紀要』10：1-19，1986)
(76) 小林達雄「長野県西筑摩郡開田村柳又遺跡の有舌尖頭器とその範型」(『信濃』19：269-276，1967)
(77) 栗島義明「有舌尖頭器の型式変遷とその伝播」p. 65 (『駿台史学』62：50-82，1984)
(78) 芹沢長介「新潟県中林における有舌尖頭器の研究」(『東北大学日本文化研究所研究報告』2：1-67，1966)
(79) 白石浩之「縄文時代草創期の石鏃について」pp. 124-125 (『考古学研究』28—4：104-129，1982)
(80) 山内清男「縄紋草創期の諸問題」p. 21
(81) 栗島義明「神子柴文化をめぐる諸問題」pp. 26-27
(82) 黒川東遺跡発掘調査団『黒川東遺跡』高津図書館友の会郷土史研究会，1979
大塚達朗・小川静夫・田村　隆「市原市南原遺跡第二次調査抄報」(『伊知波良』4：1-19，1980)
(83) 中村喜代重「草創期の出土遺物」(『一般国道 246 号（大和・厚木バイパス）地域内遺跡発掘調査報告書』2：319-336，1984)
野尻湖人類考古グループ「仲町遺跡」(『野尻湖遺跡群の旧石器文化』1：22-23，37-44，1987)
(84) 馬飼野行雄・渡井一信・伊藤昌光「若宮遺跡」(『富士宮市文化財調査報告書』6，1983)
漆畑　稔ほか「仲道 A 遺跡」(『大仁町埋蔵文化財調査報告』9，1986)
(85) 山内清男「縄紋草創期の諸問題」p. 5
(86) 小林達雄「縄文土器Ⅰ・総論」pp. 10-12 (『縄文文化の研究』3：3-15，1982)，「はじめにイメージありき」p. 12，pp. 18-19 (『国学院大学考古学資料館紀要』3：3-23，1987)
(87) 山内清男「縄紋土器型式の細別と大別」p. 31 (『先史考古学』1—1：29-32, 1937)
(88) 宮下健司「縄紋文化起源論争史をめぐる諸問題 (2)」p. 293 (『信濃』28：283-297，1976)

(89) 村沢正弘「縄文時代」(『大和市史』1986)
(90) 早川正一「縄文時代初頭における切削具の衰退について」(『アカデミア』151 : 165-195, 1982)
(91) 青崎和憲「加栗山遺跡」(『鹿児島県埋蔵文化財調査報告』13 : 7-526, 1981)
   今村啓爾ほか『東京天文台構内遺跡』東京天文台, 1989

第4章　縄紋土器の型式

　草創期の土器がすでにはっきりした地域差をしめしており,「型式」としての体をそなえていること, それは（遅くとも続隆起線紋土器I期には）かなり安定した地域社会ができあがっていた証拠だ, と考えられる。なぜ縄紋土器の型式に, 地域社会の動きが反映している, といえるのだろうか。この問題は, いま縄紋研究のもっとも大きな課題のひとつとなっている, といえるだろう。したがって, ここで簡単に満足な答えをだすことはとてもできない相談である。しかし, 縄紋土器の「型式」というものがどのようなものか, 考えてみることはできるだろう。この問題を吟味せずに,「型式」の背後にある人間の動きを探ることはできない。

　縄紋土器の「型式論」をはじめてまとめあげた山内清男が,「型式」をどのようにとらえていたか, 多くの論評や解説がある。にもかかわらず, 縄紋土器の型式とはなにか, という問題に答えようとすれば, やはり山内の考えを克明にたどってみなければならない。ここでは, 山内の「型式論」がどのようなものか, その点を吟味しよう。

1.　「型式」の定義

　山内は, 縄紋土器は「年代によっても地方によっても截然と分かち得ない一体の土器」で, その無数の変化は「地方および時代による変化の雑然とした集合である」ことを指摘する。この雑然とした「器物の羅列」を秩序づけるのが「地方差, 年代差を示す年代学的の単位」（傍点筆者）としての型式である[1]。さまざまな人々が, この発言を引用し, 注釈をくわえ, 批判の的としてきた。しかし, これよりも簡潔に「型式」を定義することはできない。

　山内の型式は年代の尺度にすぎない, と決めつける人は, 前半の「地方差, 年代差を示す」を無視して, この定義を「年代学的の単位」と解釈している[2]。

しかし，この解釈はあきらかに間違っている。この文章を，『型式とは，「地方差を示す年代学的の単位であり」，しかも「年代差を示す年代学的な単位」でもある』と読みかえても，意味はまったく変わらない。『「地方差と年代差を示す単位であり」，しかも「年代学的な単位である」』と読みかえることもできる。「型式は年代（だけ）を示す単位である」ならば「年代差を示す年代学的の単位」という文章は，まったく意味のない繰りかえしになってしまう。「地方差と年代差を示す単位」と，「年代学的の単位」は，それぞれべつの意味をもっていると考えなければならない。

ひとつは，研究史のなかでの「型式」にたいする山内の評価である。遺物の特徴にもとづいて，遺物をいくつかのグループにわけ，適当な名称をつけ，それぞれのグループを型式あるいは様式とよぶ，この慣習は，すでに1890年代の坪井正五郎の土器・八木奘三郎の石鏃・大野雲外の石斧などの分類にはじまっている。しかしこれらの「型式」や「様式」は，遺物の特徴をあらわすラベルで，坪井正五郎自身が述べているように，記述の手間をはぶく，という以上の意味はなかった。このような「型式」が，遺物の分類——いいかえれば遺物の特徴を筋道だてて表現する手段——として不十分であることは，すでにこの当時から指摘されていた[3]。厚手（阿玉台）式・薄手（大森）式や，諸磯式・亀ヶ岡（出奥）式など，いくつかの土器のラベルもできていた。しかし，なぜこのような変異がうまれるのか，だれも筋道のとおった説明はできなかった。

すでに紹介したように，松本彦七郎は，文様の系統的な変遷をたどり，土器型式の違いは年代の違いを意味していることを確認した。山内は，この業績を「縄紋土器文化研究の科学的方針」を開いたもの，と評価する[4]。松本が型式の違いの意味をただしく説明したというだけでは，「科学的方針」という評価には結びつかない。われわれの現在の立場からみれば，松本は文様は系統的に変化するという仮説と，それを遺跡の層序にもとづいて検証することができる，ということをしめした，といえる。ひとつの手続きにもとづいて吟味され，時間的な変化という意味づけをもった「型式」の設定が，ここで山内が「科学的方針」とよぶものの中身である。「年代学的の」という限定は，このような「科学的方針」の産物である「型式」と，それまでの厚手式・薄手式など，便宜的なラベルとしての「型式」の違いを強調している，と考えるべきだろう。

「山内氏は，これらの『型式』における差の意味を，『住民の系統の差，部族差』に求めることを否定」した，と解釈する人もいる[5]。しかし，山内は「科学的方針」の裏づけのない「考按」を否定しているまでのことで，土器型式とそれを作った人々の系統や社会組織を結びつけて考えることそのものを否定しているわけではない。

またこのフレーズは，型式の位置を決定するときの作業の手順をもしめしている。ひとつの型式の位置を決定しようとする場合，その型式とほかの型式と年代の違いがあるかどうか，その吟味を優先すべきだ，ということである。ひとつの型式とほかの型式に年代差がないことが確かであれば，それらの型式の差は地方差である，と判断できる。ひとつの型式の位置は，時間（＝年代）と空間（＝分布）の関数と考えることができる。型式を設定する土台となった資料そのものは，その型式の空間軸の上の大まかな位置をしめしている。したがって，その型式が時間軸の上で，ほかの型式と重なるかどうか，その点を吟味すれば，その型式をほかの型式と区別する必要条件があるかどうか判断できる。ふたつの変数の値を同時に決定することはできない以上，まず時間の変数を決定すべきだ。「年代学的の単位」というフレーズにはこのような意味も読み取れる。

2. 「型式」と「様式」

(1) 問題の所在

縄紋土器の「地方差，年代差を示す」単位が型式だが，弥生土器ではこれが様式になる。「型式」と「様式」の中身は同じなのだろうか。それともなにか違いがあるのだろうか。鈴木公雄は「縄文研究者の用いる型式と弥生研究者の用いる様式は，その概念においても，実体的内容においてもほぼ等しいもの」だ，という立場をとる[6]。しかし，縄紋研究者のなかには，この意見に納得しない人もある。たとえば戸田哲也は，「山内型式論と小林行雄（様式？）論はやはり似て非なるものと考えざるを得ない」（括弧内筆者）[7]という。鈴木と戸田の意見のあいだには，多少のズレがある。鈴木は「型式」について，戸田は「型式論」について述べている。このズレにどのような意味があるのか，それも考えてみるべき問題だが，さしあたり「型式」と「様式」が同じものといえ

るかどうか，そこに問題を絞ることにしよう。

　鈴木は，おなじ論文のなかで，「型式」と「様式」が実質的にはきわめて近い内容のものだという理由を「当の山内においても，晩年には土器型式を『一定の形態と装飾をもつ一群の土器であって，(以下略)』ものと規定している」(傍点・括弧内筆者) と説明している。「晩年には」という箇所に注目すれば，鈴木は，山内が型式の定義を修正した時期がある，と判断しているようである。それはともかく，山内の型式の定義のまえには小林の様式論，ここに引用した箇所をはさんで，セットの問題へと議論は進んでいる。したがって，山内の型式の定義にせよ，あるいは型式と様式の異同にせよ，器種組成・器形の分化[8]を型式の定義のなかに組みこむかどうか，ということを鈴木が問題にしていることはたしかだろう。また，戸田の意見のなかでも，器種の組合わせを区分の基準とするかどうか，それが型式と様式の違いとなっている。

　この点は，鈴木の「セット論」[9]の中身を検討してみればさらに明らかになる。ひとつの型式の中身は均等・均質なものではない，というのがこの論文の骨子である。型式を構成する要素を，文様要素・単位文様・器形の三種類のカテゴリーにわけてみると，その組合わせはいく通りかのまとまりになる。そのうちで出現頻度の高いものがその型式の特徴となるが，そこでも三種類のカテゴリーのなかの要素の組合わせが均質なものとなるわけではない。この意見は，小林行雄の「様式表徴はすべての土器形式に平等に現はれるといふわけではなく，形式によつて様式表徴の現はれ方に濃淡がある」[10]という発言を縄紋土器の型式に適用したもの，ということができる。

　鈴木の指摘には，ふたつの問題が含まれている。ひとつは，1960年代に「型式」の中身がどのようなものと理解されていたか，という問題である。第三者が山内の「型式論」をどのようなかたちで学び，どのようにとらえていたか，ということもできるだろう。まずこの問題から吟味をはじめることにしよう。

(2) 単相組成と多相組成

　鈴木の「セット論」は，「ややもすれば文様重視におちいりがちであった縄文土器研究に，(中略) 新鮮な衝撃をあたえ」[11]た，と評価されている。「大洞B式土器は入組文を，大洞B-C式土器はいわゆる羊歯状文をそれぞれ表徴とす

第4章 縄紋土器の型式　81

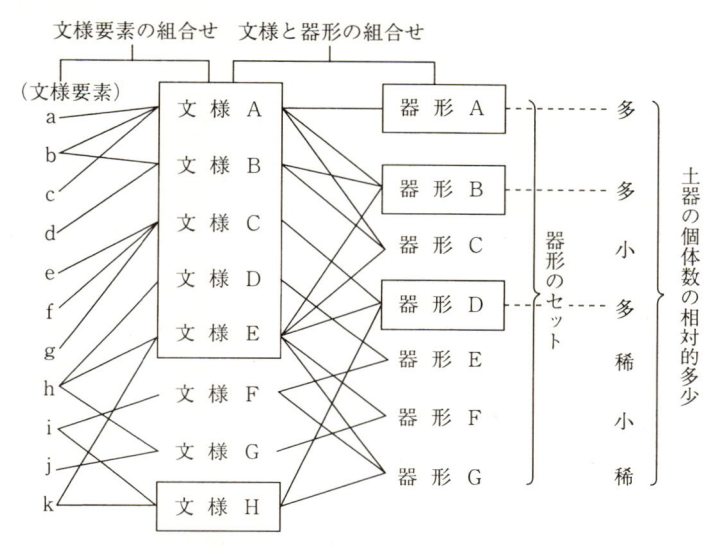

```
        文様要素の組合せ  文様と器形の組合せ
(文様要素)
  a ─┐  ┌─ 文 様 A ─┐  ┌─ 器 形 A ─── 多
  b ─┤  │            │  │
     │  ├─ 文 様 B ─┤  ├─ 器 形 B ─── 多
  c ─┤  │            │  │
  d ─┤  ├─ 文 様 C ─┤  ├─ 器 形 C ─── 小
     │  │            │  │
  e ─┤  ├─ 文 様 D ─┤  ├─ 器 形 D ─── 多
  f ─┤  │            │  │
  g ─┤  ├─ 文 様 E ─┘  ├─ 器 形 E ─── 多
  h ─┤  │               │
  i ─┤  ├─ 文 様 F      ├─ 器 形 F ─── 小
  j ─┤  ├─ 文 様 G      │
  k ─┘  └─ 文 様 H      └─ 器 形 G ─── 稀
```

図12　セット構成の概念図（註9による）
多数を占める器形，少ない器形，稀な器形があり，多数を占める器形でもA・B・Cはそれぞれ別の文様がつく。

る。(中略) 以来，若い研究者は，三叉状文は大洞B式土器の，羊歯状文は大洞B-C式土器の，それぞれ鑑定の目印として考えてきた」[12]のは，その「文様重視」の傾向の一例だろう。この「鑑定の目印」にしたがえば，すべて三叉状入組紋をもつ土器は大洞B式であり，羊歯状文をもつ土器は大洞B-C式であることになり，その逆も成り立たぬかぎり，三叉状入組紋・羊歯状文は「鑑定の目印」として役に立たない。ひとつの型式は，三叉状入組紋・羊歯状文という決定的な指標によって区別できる，均質なものであることになる。

　ひとつの土器型式の中身は，このような均質なものではなく，不均質なものだ，というのが，鈴木の「セット論」の土台となっている。晩期の諸型式の場合，その不均質さが器種組成，器種・器形と文様の組合わせにもっとも顕著にあらわれている。鈴木の「セット論」の中身は，このように理解すべきだろう。鈴木は型式というものが，R. R. ソカル・P. H. A. スニスのいう Polythetic Set（かりに「多相組成」と訳しておく。図13）[13]であって，すべての属性が，かならずしも均等ではなくとも，均質な分布をしめす Monothetic Set（おなじく「単相

組成」と訳しておく）ではないことを指摘したわけである。「文様重視」の傾向のなかでは，一つの型式の中身は「鑑定の目印」となる特徴が，均等ではなくとも均質に分布するもの，つまり単相組成だ，という考え方が支配的だった。さきに引用した大洞Ｂ式・B-C 式の「鑑定の目印」はそれを裏付けている。セット論は，単相組成だと信じていた型式の中身が，多相組成になることを指摘したわけである。

D. クラークは，型式を設定しようとするときには資料を多相配合をしめすものとして扱わぬわけにはいかないが，手許にある資料がどの型式にあたるか判断しようとする場合には，いくつかの限られた「鑑定の目印」の有無に目をむけ，型式を単相配合として扱うことになる，という D. H.トマスの意見を紹介している(14)。トマスの原著にあたっていないので，これ以上立ち入った議論はできないが，型式を「同定」する場合，このような手順は効率がよく，なんの問題もないように思われる。しかし，手許にある資料のなかに「鑑定の目印」の有無だけに目をむけるようになり，型式の区分は，新しい資料をいくつかの鍵穴にさしこんでみて，これにあう鍵穴がなければ新しい型式だと判断するような作業になってしまう。そして資料そのものの特徴がどのような関係にあるか，という点から注意はそれ，「型式」は「鑑定の目印」の羅列になってしまう。このような風潮のなかで，型式を「決定的な指標」の均質な組合わせだという考え方がひろまり，さらに複数の器種の組合わせ・複数の器種と複数の種類の文様の組合わせ，という型式の多相組成としての側面から注意をそらす結果となった。

	a	b	c	d	e	f	g	h	i	j
1	○	○	○							
2		○	○	○						
3			○	○	○					
4		○	○		○					
5	○	○		○						
6	○	○	○			○	○			
7		○	○	○		○	○			
8			○	○	○	○	○			
9		○	○		○	○	○			
10	○	○		○		○	○			
11						○	○	○	○	○
12						○	○	○	○	○
13						○	○	○	○	○
14						○	○	○	○	○
15						○	○	○	○	○

図 13　多相配合と単相配合

個体 1-5 は特長 a-e のうち三個が共通する。しかし五個体すべてに共通する特徴はない。個体 6-10 の a-e は上とおなじ分布をしめすが，f・g はすべての個体に共通する。個体 11-15 は，f-j を共有する。個体 1-5 は完全な多相配合，6-10 は不完全な多相配合，11-15 が単相配合である。

山内は，型式の中身が単相組成になる，

などとは考えていなかった。大洞諸型式には「それぞれ精粗二様の製作があり」、さらに精製土器の「器形は鉢形が多数を占めるが，他に皿，浅鉢，壺，急須，稀に香炉形などがある」[15]。このような変化のない場合，たとえば円筒下層の各型式のなかにも，口頸部文様帯・文様帯と体部をくぎる隆帯の有無による違いがあり，文様帯のある土器でも「文様帯の内容，手法は型式によって異なり，又一型式に於いても若干の種類がある」[16]。山内のとらえていた「型式」が多相配合であったことの裏づけとして十分だろう。

　「型式」が単相組成をしめしている，という誤解が生まれたのは，山内が区分した型式の「鑑定の目印」のなかで，器種・器形の違いが大きな比重を占めていないという点にも原因がある。鈴木はその理由を「縄文土器は基本的に深鉢（中略）一種であって，壺，注口土器・台付土器といった器形や，精製土器と粗製土器といった区分も，縄文時代のある時期以降に成立」すると説明する[17]。戸田哲也は「土器型式認定手段（即ち短時日における変化を最も端的に示す深鉢形土器としての概念）に異なった観点を導入することは望ましいことではない」という[18]。両人は，多少の含みの違いはあるが，器種・器形を型式をとらえる土台にできないのは，縄文土器そのものの性格に由来しており，やむをえないことなのだ，という消極的な姿勢をとっているようにも見える。

　器種・器形の分化が，縄紋土器の歴史のなかで特殊な現象であったとしても，ひとつの型式の位置を確定する，という作業が文字どおり一個の型式だけを問題としているのであれば，いいかえれば直接の関係のある型式だけと比較してすむものならば，型式を判別する基準としても差支えないはずである。しかし，山内は縄紋土器のなかに器種・器形が分化しているものがあると認めていながら，型式の位置を決定する手段とはしていない。器種・器形を型式を判定する基準とすることは意味がない，と考えていたとしか思えない。

(3) 文様帯系統論

　すでに述べたように，東北・関東を中心とする「山内編年」は，1930年前後には大筋が定まっていた。そして1929年に発表した「関東北に於ける繊維土器」では，繊維土器の文様帯（第一次文様帯）は，「（前略）諸型式の年代的系列に沿うて，始め単独に存し，後に他の文様帯を伴いつつ（中略）存し，遂に

（中略）縮小し消滅する一系統」のものである，と述べている[19]。この事実を，晩年の発言とつきあわせてみると，彼が考えていた研究の手順，それにともなう研究の中身の転換があきらかになる。

晩年の山内は，「型式区分」の手順を，「型式内容の決定，年代鑑定，これにつづいて型式間の関係，あるいは変遷，系統等々」[20]の研究が必要となる，と説明している。「関東北に於ける繊維土器」を発表したとき，山内は「型式内容の決定，年代鑑定」などの作業を終え，型式間の関係・変遷・系統など，それにつづく研究に手をつけていた。そのような時期に「文様帯」の問題を指摘しているわけである。ここから山内の「型式論」のなかで「文様帯」がどのような意味をもっているか理解することができるだろう。なお，ここでは文様帯系統論の具体的な内容にはふれず，それが山内の型式論のなかでどのような意味をもっていたか，その点に議論をしぼることにする。私自身，自信をもって説明できるほど，理解がゆきとどいていない。今村啓爾のすぐれた解説[21]があるので，山内自身による説明とあわせて参照していただきたい[22]。

山内は，土器の研究そのものを生物形態学になぞらえ，そのなかで「いわゆる型式学 Typology は最もよく比較解剖学に比較し得るであろう。相似の形態，相同の形態，その他の概念を導入することもできよう」[23]という。この発言とさきに引用した型式区分の手順を重ねあわせると，「型式学」の目的が，「型式間の関係，あるいは変遷，系統等々」を「相似の形態，相同の形態，その他の概念」によって確かめることにあることが理解できるだろう。「（前略）各時代の文様をその器形における位置を考えて『文様帯』を仮設する。この文様帯の重なり具合，各文様帯の縮小，変質，消滅あるいは拡大，多層化等文様帯の歴史を復元する」[24]という発言は，この作業の中身の具体的な説明である。

「関東北に於ける繊維土器」を発表したとき，東北・関東を中心とする諸型式の「型式内容の決定，年代鑑定」の大筋はすでに完了していた。いわば外側からみた諸型式の位置はあきらかになっていたわけである。「文様帯」にかかわるいくつかの指摘は，外からみた型式の位置の決定につづいて，型式を構成するさまざまな要素の関係を内側からとらえ，その結果にもとづいて型式の結びつきをとらえなおす作業の見通しと 1930 年代での成果とみることができるだろう。編年の網の目そのものは，たとえそれが完成したとしても，その背後

にある土器の変遷がどのような意味をもっているのか，なにも説明しない。そこからなにかの意味を読みとる必要があり，「文様帯」がその手段となる，ということを具体的に説明することが，この論文の目的であった。

鈴木徳雄は，山内の「文様帯」の概念ひいては「型式論」が，松本の業績だけを土台としているわけではないこと，とくにこれまでほとんど無視されてきた，松村瞭の業績の影響も無視できないことを指摘している[25]。器面を分割した単位としての文様帯，文様帯が時期によって拡大・縮小すること，文様もまたこの影響をうけること，これは山内が松本の業績から学んだことがらである。ただし松本は，文様そのものの変化は文様帯の動きに従属するものと解釈し，文様帯とべつの動きをしめすとは考えなかった。鈴木は，松村の縄文が「模擬縄文」に転化するという意見[26]は，文様そのものの変化・文様要素の置き換えという立場を導入している点で注目すべき内容であることを指摘し，松村の業績も山内の「型式論」の重要な土台のひとつであると主張している。

松本は，文様帯を指摘し，その広がりが時間の経過のなかで変化することを確かめた。いわば文様帯の運動の法則を発見した，といってもよい。しかし松本の考えのなかでは，文様帯は土器の器面という空間を分割した単位にすぎなかった。文様帯のなかの文様は，文様帯の運動の支配をうけて変形するものであった。松村の「模擬縄文」は，浜田耕作の「原始的縄紋土器」[27]などとおなじく，土器文様の起源が器物の模写にあるという立場をとってはいるものの，文様そのものが変質すること，いわば文様そのものの運動法則が存在することを指摘した，といえるだろう。

松本の発見と松村の着想を結びつけて，山内の文様帯の概念が成立する。つまり，文様帯は土器の表面を分割した単位であり，ひとつの場である。文様はこの場のなかに配置されているが，文様帯の制約を受けるだけではなく，文様の変化が文様帯の縮小・拡大をひきおこす場合もある。このような場を設定することによって，谷井彪の言葉をかりれば[28]，具体的な文様の配置とそれを統合する原理をとらえることが可能になる。

器形の変化が起これば，文様帯の幅もそれにつれて変化するし，新しい文様帯がひろがる空間が生まれることもある。東北地方の後期後葉の土器には，あわせて四段の文様帯をもつ場合がある。このように多段化した文様帯は，壺・

注口の二つの器種——それも外ぶくれの頸部が発達する器形にかぎられている（図14）。多段化した器形があらわれて，はじめて文様帯も多段化したことは疑う余地がない。ところが，ここで奇妙なことが起こる。文様帯をなかだちとして土器の変化を観察していると，器形の変化を意識せずに，文様帯の分裂・生成の過程として，この出来ごとを記述することができる。いいかえれば，器種の分化・器形の変化についてまったく意識しなくとも，土器の変遷をたどることが可能になる[29]。縄紋土器の研究者が「文様重視の傾向」に走ったひとつの原因は，ここにある。一方，山内にとっては，文様帯のこのような性質こそが，目的にかなうものであった。

「関東北に於ける繊維土器」のなかで，山内が「第一次文様帯」が繊維土器だけではなく，その後の型式にまで受け継がれていく，「一・系・統・の・文・様・帯・で・あ・る・」（傍点筆者）と述べていることは見落とせない。晩年の山内は，これを「ある型式の文様帯は前代土器型式の文様帯と連続，継承関係を持っており，次代型式の文様帯の基礎となる」[30]と説明している。縄文土器の諸型式が，ひとつの系統に結びついていることを文様帯の系統的な変遷をたどって証明すること，それが山内の「型式学」の目的であった。それはまた，型式の層序・共伴といういわば外的な証拠（事実にもとづく説明）から組みたてた「型式網」がひとつの意味をもち，内的な証拠（論理的な説明）の裏付けもあることを証明する作業でもあった。

この作業の過程で，器種・器形を型式を識別する基準とすれば，縄紋土器の歴史は，器種分化の有無によって，鈴木が指摘しているように[31]，いくつかの不連続なブロックにわかれてしまう。器種の分化していない型式

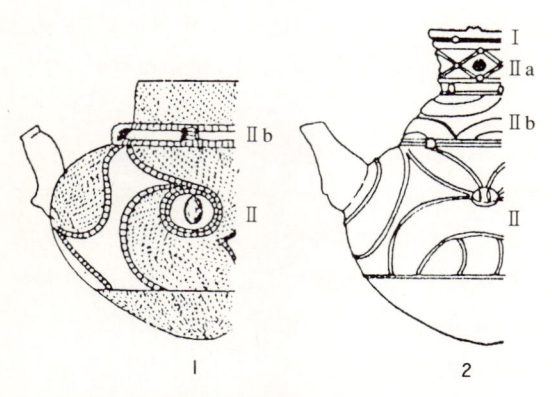

図14　器形と文様帯の変化（註22による）
2では1でははっきりしなかった肩が発達し，それにともなって文様帯Ⅱbもひろがる。それとともに口頸部にも文様帯Ⅰ・Ⅱaがあらわれる。

と分化している型式が前後に続くことがわかったとしても、その内容を比較するためには、あらためてべつの基準を探す必要が生まれる。「器種・器形」にかえて、「文様」を基準としただけでは問題は解決しない。A・B二つの文様は、a・b二つの器種とおなじく区別しなければならない。AはBに変化するというだけでは説明が十分ではない。A・B二種類の文様が、おなじひとつの文様帯のなかの要素であり、おなじ文様帯のなかでAからBへ変化することを確かめて、はじめてふたつの文様が相同の関係にあり、系統的なつながりをもっていることを確認できる。

　すべての型式が、時間・空間による変化をしめしながら、しかもひとつの流れを作りあげている、これが山内の型式のとらえ方であった。その見通しを裏づけるため、文様の相同・相似の関係を整理し、それ自体としてはばらばらな現象である文様を結びつける原理をとらえなければならない。この手段となるのが、文様帯の概念である。山内がその型式論の「筋金」[32]を、文様系統論ではなく、文様帯系統論となづけた理由はここにある。文様帯という概念は、小林行雄が強調しながらついに具体的に説明しなかった、「斉一性の概念」を、べつのかたちではあるが、具体的に記述している、といえるだろう。

　鈴木が型式と様式の「実体的内容」がおなじものだというとき、区別された結果としての型式あるいは様式に目をむけている。型式・様式の記述ということもできる。型式・様式の記述は、とりあげる項目が共通するかぎり、大きな違いがないのは当然のことだろう。しかし、記述された事実、記述の項目が一致していても、その記述をつくりあげる目的や過程、そこではたらく原理まで一致しているとはいえない。ここで小林行雄の様式論を検討する余地はないが、さきに指摘したような型式のとらえ方に、小林の様式のとらえ方と共通する部分があるとは思えない。鈴木は、過程と結果を混同しており、戸田の発言にもそれが指摘できる。戸田が、型式・様式ではなく、型式論と様式論を問題とするとき、型式なり様式を区別する過程と原理を問題にしているはずである。したがって、型式と様式は異質なものと判断すべきだったのである。「似て非なるもの」という判断は、区別された結果としての型式・様式と区別の過程・原理を混同している。

　ここで型式論というのは、なまの資料から型式をひきだす目的や原理、資料

を操作する過程のことである。したがって、ひとつの型式は型式論の結果であり、なまの資料の記述でもある。結果・記述としての型式を記憶することはそれほど難しくはない。しかし「型式論」を記憶しても活用することはできない。それは理解すべきものである。これまでの縄紋研究では、この区別が十分ではなかった。鈴木の「セット論」は、山内型式の記憶に走り、山内型式論を理解しようとしなかったところで生まれた弊害を指摘し、効果をあげた。しかし鈴木は、山内型式論のただしい意味での批判には踏みこもうとしなかった[33]。批判をとおして山内型式論を理解しようとする動きは、近年になってようやく活発になってきた。

(4) 型式区分の基準

ここでどのような基準にもとづいてひとつの型式をほかの型式と区分するのか、説明するのが自然の順序だろう。論理的な整合性をもった基準があるかないか、そこでひとつの研究領域の科学性を判断できる、という立場からすれば、型式の定義のなかに一般的な基準が含まれていないことは、縄紋土器研究、ひいては縄紋研究全体のたち遅れのあらわれとうつるらしい。日本では、中谷治宇二郎が1920年代に遺物の系統的な分類の必要性を強調したのもここに理由がある[34]。これと前後してアメリカでも生物の系統分類になぞらえて土器を分類していた[35]。様式(スタイル)としての系統性・科学性へのあこがれは、ひとつの研究領域の成長期におきる病理症状だ、といえば言い過ぎだろうか。

それはともかく、一般的・普遍的な基準が、だれでも・いつでも・どこででも・どのようにでも利用できる基準（これを〈基準〉とよぶことにしよう）ということなら、〈基準〉をつくる必要もないし、たとえつくっても有効ではない。「主観的な分類」というものは、考古学にかぎらず分類が研究の基礎となる研究領域では、どこでもつきまとう問題だ[36]、といっただけでは不十分かもしれない。

アメリカ考古学の型式学をめぐる議論でも、型式の決定版 "the best" Type というものがありうるのかどうか、型式をつくる基準を統一することができるかどうか、問題になっている。たまたま私の目に触れたところでも、R. ダネル[37]、J. N. ヒル[38]、ヒルとR. K. エヴァンズらは型式の決定版というもの、

型式をつくる基準を統一すること standardization に否定的な立場をとっている。そのなかで，ヒルとエヴァンズが，あるかぎられた資料のかぎられた範囲の属性をとりあげるなどいくつかの条件を満足するかぎりでは，決定的な型式はありうるが，これらの条件をとり払えば，そのようなものが成立する余地はない，と主張しているのは，アメリカの考古学者の発言であるだけに，興味をひく。この主張から予想されるように，彼らは限られた範囲で〈基準〉をつくることは否定しない。しかし，研究者の関心は短期間に変化し細分化するから，一時的なものになるだろう，と判断している[39]。

「草創期の豆粒紋土器，早期の尖底土器，前期の繊維土器，中期の火焔土器，後期の磨消縄紋土器に共通」[40]する特徴を指摘できれば，縄紋土器の型式を区分する〈基準〉をつくることはできるだろう。しかし，それがひとつの地域のかぎられた時期の型式を区分するうえで，どれだけ役に立つか，およその予測はできる。どのようなものを〈基準〉と認めるか，原理の面にとどめるのか，土器の具体的な特徴たとえば胎土・施文の用具・施文の技法などに求めるのか，判断はわかれるだろう。手短にいえば〈基準〉をつくる作業は，実現する見こみはほとんどない。にもかかわらず，この作業を頭においてみると，型式を区分するうえで土台となる考え方に，はっきりしないところや無視できないほど大きな意見の喰い違いがあることに気がつく。たとえば，型式の変化する方向とか速度を，決めることができるのだろうか。それがわからなければ，型式を区分する基準を決めることはできない。

3. 縄紋土器のすがた

「型式」について，とくに「型式」の意味をどのように解釈すべきか考えるまえに，縄紋土器そのものの変遷の過程を観察してみることにしよう。

縄紋土器は，文字どおり千変万化の変化をしめしている。古い時期（たとえば隆起線紋土器）と新しい時期（たとえば突帯紋土器や亀ヶ岡式土器）のもの，あるいはおなじ時期でも日本列島の南北の端では，とても一つの「文化」の産物とは思えないほどの違いがある。多くの縄紋土器は，地紋に縄紋をつけている。しかし日本列島のすべての地域で縄紋を地紋としていた時期はかぎられるし，縄紋土器の成立とともに縄紋の技法ができあがっているわけでもない。「ロク

ロを使わぬ素焼きの土器」という以外には,「縄紋土器」に共通する要素などあげられない,といっても言い過ぎではないだろう。

にもかかわらず,われわれが縄紋土器は,「地方によっても年代によっても截然と分かち得ない一体の土器」である,と感じていることも否定できない。この意識は一面では,これまでの研究の歴史,そこで作りあげられてきた視野の範囲や問題のとらえかたと結びついたイメージの産物であることは否定できない。しかし,この「イメージ」が,われわれの観察の対象そのものとまったく無縁なものでもないことも事実である。

われわれが「縄紋土器」とよんでいる土器は,年代とともにめまぐるしく変化している。そのうえに,変化の方向やテンポもすべての地域で一律ではない。縄紋土器の変化の道筋は,決して一筋道ではなく,曲がりくねった回り道だらけなのだ。しかし,回り道だらけであるにしても,縄紋土器が変化してきた道筋を大まかにとらえることができないわけではない。草創期から前期にかけての土器の底の変遷,押型紋の問題,さらに器種の分化の問題をとりあげ,説明してみよう。

4. 縄紋土器の変遷

(1) 平底土器の定着

尖底土器のあるなしが,早期・前期を区別するきめてになる,という意見はかなりながいあいだ支配的だった。尖底と平底のちがいを,捲上げから輪積みへ成形技法が進歩した結果だ,と説明しようとした人もいた[41]。しかし,このような単純な説明はもはや今日では通用しなくなっている。

草創期前葉の隆起線紋土器の底部には,長崎・泉福寺洞穴の「豆粒紋土器(とうりゅうもん)」や東京・ナスナ原のような丸底,長野・石小屋や青森・表館のような尖底にちかい丸底,神奈川・上野上層のような平底など,さまざまな変化があり,一様ではない。青森・大平山元の資料は,隆起線紋土器以前の長者久保・神子柴(みこしば)文化の時期にも平底土器があったことをしめしている。

草創期の後葉になると,関東地方では平底土器は姿を消し,撚糸紋土器の中ごろには尖底が圧倒的に多くなる。ほかの地域では,関東地方の撚糸紋土器にあたる時期の土器がまだ見つかっていないので,おなじ動きが起こっているの

表4 草創期～前期の土器の底部の変遷

	九州南部	九州北部	山陽山陰	近畿東海北陸	中部高地	関東	東北南部	東北北部	北海道南部	北海道北部
前期	丸底	平底	平底	平底	平底	平底	平底	平底	尖底	尖底
早期	平底	平底	?	?	平底（丸底・尖底）				平底	平底
				尖底			平底	?	?	?
草創期	?	?	?	丸底・平底				?	?	?
	丸底		?	丸底（平底・尖底）				?	?	?

かどうか，まだわからない。草創期中葉には丸底・平底が共存することが多く[42]，関東地方もその例外ではない。関東以外の地域の草創期後葉には，平底ばかりの型式，あるいは平底と丸底をふくむ型式がひろがっているのだろう（表4）。

　早期前葉から中葉にかけて，押型紋土器・沈線（貝殻）紋土器の分布圏がひろがるとともに，九州から本州までの地域では尖底土器の全盛期となる。しかし中葉のうちに，関東地方には丸底があらわれる。そのころ九州・北海道（東北部）には平底の型式がひろがり，後葉の型式にもうけつがれていく。これとはべつに，関東地方でも条痕紋土器の後半に平底があらわれる。

　早期末から前期はじめにかけて，中部高地・関東・東北では，平底・丸底・尖底がいり混じる。しだいに平底が主流を占めるようになるが，関東地方の関山式のように安定したものから，仙台湾沿岸の桂島式の丸底にタガをまわした不安定なものまでさまざまで，一様ではない。九州の押型紋の末期には平底があらわれ，轟式には平底と丸底があるが，それにつづく曽畑式や，山陽地方から北陸に分布する羽島下層2式は，すべて丸底である。羽島下層式につづく北白川下層1式には，平底も丸底もある。東北地方北部から北海道では平底は少なく，丸底・尖底が主流となる。前期中葉になると，九州と本州の土器はすべ

て平底になるが，北海道では尖底あるいは丸底の土器がつづいており，前期の後葉になって，ようやく日本列島全域に平底の型式がひろがる。

平底土器が定着するまで，なぜこのような回り道を通っているのだろうか。おそらく土器の底の形の一つにしても，たとえば成形の技術といった，ただひとつの条件で決まるわけではないからだろう。関東地方の撚糸紋土器の場合を例として，説明してみよう。実験による裏付はまだ十分ではないが，丸底や尖底の土器は，煮炊きにもちいた場合火のまわり（熱効率）が平底よりもよい，という。関東地方の後期後葉の土器でも，煮炊きにもちいる深鉢は，尖底にちかい形になっているし，松島湾の製塩土器も平底から尖底に変化する。煮炊きのときの熱効率のよさが，関東地方の草創期後葉に尖底が普及する一つの理由となっていることはたしかだろう。尖底土器が普及していく時期は，土器の消費が（したがって生産も）きわだってふえる時期でもある。焼き損じが少ない上に，できあがった土器の焼き締まりもよい，という条件も尖底が普及する一つの理由となっている，と考えるべきだろう。煮炊きにもちいる施設のつくりも，土器の形と無縁ではないはずである。草創期後葉の礫群，あるいは木組みの枠のなかに灰を盛った一種の囲炉裏などは，丸底・尖底の土器で煮炊きするにふさわしい施設だといえる[43]。

関東地方の撚糸紋土器の例一つをとってみても，尖底が普及する理由は単純なものではなく，さまざまな条件がかさなっているようである。自然条件や歴史的な伝統のちがったところでは，またべつの理由で土器の形が決まっているだろう。

(2) 地紋としての押型紋

土器の底の形は，土器を作る人々の選択の余地が装飾や紋様にくらべれば限られているはずである。にもかかわらず，草創期から前期までの土器の底部の変遷は，決して単純なものではなかった。土器を作る人々の選択の余地が大きいはずの装飾や紋様の動きもみておく必要がある。草創期から晩期まで，あるいは日本列島の北から南まで比較できる要素として，押型紋をとりあげることにする。

押型紋は，縄紋や撚糸紋とおなじく地紋であって，紋様とは区別しておく必

要がある。脇道にそれるが、地紋と紋様の区別に触れておこう。縄紋土器の地紋には、このほかに条痕[44]がある。いうまでもなく条痕紋は原体を引きずり、縄紋・撚糸紋・押型紋は原体を転がしている。このほか、土器の表面に転がす原体に、植物の穂（北海道・前期）・魚の脊椎（北海道および関東・前期）・巻貝（本州西南部・後期）などをもちいる場合もあるが、分布範囲も時期も限られている。縄紋土器の地紋は、原体を転がしたものが主流となっている。原体を転がして地紋をつける技法は、かならずしも縄紋土器に特有のものではないが、種類の多いことは、ほかに例がない。

　原体をどのように刻むかによって、押型紋の図柄はあらかじめ決まる。縄紋・撚糸紋の場合もおなじことで、地紋の図柄は、原体のつくりによって、施紋する前から決まっているわけである[45]。図柄に変化をつけようとすれば、何種類かの原体を使うか、原体の転がし方・押しつけ方を変えるしか方法がない。原体の作りがそのまま図柄にうつしだされているものを「地紋」、原体の作りに縛られぬものを「紋様」（「手書き紋様」といえば意味がもっとはっきりするだろう）として区別することにしよう。稲田孝司の、「施文具形態文様」と「方位形態文様」の区別も、ほぼこれとおなじ意味である。稲田も指摘しているように[46]、前期中葉の竹管紋の発達を境として、地紋がめだつ段階と、地紋に文様がかさなる段階を区別することができる。

　縄紋土器の模様を、このように区別しようとすれば、草創期前葉の隆起線紋と、中葉の多縄紋・爪形紋のあいだにも一線をひかねばならない。隆起線紋は粘土の紐や粒を貼りつけて意匠を表現するのだから、(少なくとも理屈のうえでは)図柄を自由に表現することができる。しかし多縄紋や爪形紋には、さきに述べたように図柄に変化をつけるうえでの制限がある。草創期中葉の多縄紋土器には、この条件のもとで口縁部では原体を押しつけ胴部では原体を転がし、紋様と地紋を区別しようとする。金子直行は、多縄紋土器・爪形紋土器にかざりの多い土器・少ない土器の区別があることを指摘している[47]。このような例は草創期後葉の多縄紋土器（＝撚糸紋土器）のはじめまで残るが、まもなく原体を転がす方向の違いにおきかわってしまう。古い時期の押型紋の帯状施紋は、このような動きのなかから生まれてくる。正確な意味での紋様をつけない、という押型紋土器の特徴は、撚糸紋土器の模様とおなじもので、草創期後葉の伝統

をひいている。

　脇道にそれるが、地紋というものがどのような意味をもつのか、ここで考えてみよう。縄紋土器にはなぜ縄紋がついているのか、実用的な意味があるのか、かざりなのか、長いあいだ議論がつづいている。近ごろでは、かざりだという考えが有力になってきている。つまり縄紋土器の地紋は、中国の新石器時代の粗製土器（灰陶・印紋陶）や日本の弥生時代後期の甕、古墳時代の須恵器などの叩目とはちがって、土器を叩き締める作業の副産物ではなく、実用的な目的や効果はもっていない、という[48]。おそらくこの考えに間違いはないだろう。その一方、なぜ地紋と紋様を重ねてまで模様を表現するのか、という疑問もわいてくる。九州の曽畑式や市来式には地紋がないし、後期後葉から晩期になると九州や本州西南部の精製土器にも地紋はない。手書き模様や突起があれば、かざりとしては十分だ、これらの型式の土器を作った人々はそう考えていたに違いない。

　成形や器面の仕上げが終わったところで、地紋をつける。手描き模様もある場合には、地紋をつけてから手描き模様を描いている。この流れから、地紋というものの意味を、つぎのように解釈することができるのではなかろうか。土器作りは、なまの状態で自然界のなかにある物資に手をくわえ、人間の社会のなかにとりこむ。器面の仕上げが終ったところで、なまの粘土は土器となり、自然の世界から人間の社会にうつる。縄紋土器の地紋は、この区切りをしめし、人間の使う器物としての生命を吹き込むという意味をもっていたのだろう[49]。このような解釈が成りたつとすれば、地紋のあるなし・つける地紋の種類は、土器を作った人々が新しい器物を社会のなかにとりこむときの意識のちがいを反映している、といえるだろう。

　押型紋土器は関東・東北では早期中葉、本州の中部高地から西の地域でも後葉には終末をむかえる。九州では、本州よりもはるかに長く、平底のヤトコロ式（早期後葉）・胴にくびれのはいる石清水式（前期前葉？）をへて、前期中葉の手向山式まで押型紋の系譜をたどることができる。九州には、ほかの地域で地紋に手描き模様をかさねて模様を表現する手法が定着したのちにも、草創期後葉とおなじ、地紋だけをもちいて模様を表現する手法が残っている。さきに土器の底の変遷で観察したのとおなじく、つよい地域的な特色のあらわれである。

第4章　縄紋土器の型式　95

　さきに述べたような解釈をあてはめれば，九州のなかの押型紋土器と，塞ノ神式・曽畑式などの型式，あるいは九州の外の地域の型式のちがいを，それらの土器を作った人々の意識のちがいとしてとらえることができるだろう。
　北日本にも，奇妙な押型紋がある。北海道では温根湯式とよばれる繊維をふくむ尖底の押型紋，神居式・多寄式などとよばれる繊維をふくまぬ平底の押型紋がある(50)。いずれも確実な年代はわからない。とくに，多寄式には，丸棒ではなく，彫刻した板で叩いたものもある。この手法はほかの型式との系統はまったくたどれない。かといって，大陸にも類例のない奇妙な代物である。本州では，青森・野口貝塚で前期初頭の土器にともなって，口縁部に山形押型紋をつけた土器が出土している(51)。前期後葉の岩手・塩ケ森には，樹枝状の押型紋がある(52)。蒲原平野の北部にも，晩期中葉に山形押型紋を地紋とした土器がある(53)。
　佐原眞は，早期中葉の田戸上層式と後期後葉の安行2式の紋様が似ているのは，昔の土器のかけらに目をつけた人々が，古い紋様を復活させたからだ，と考えている(54)。蒲原平野の押型紋も，このような例だといえるかもしれない。しかしいまのところ，この考えを証明する手段はない。土器のかざりやかたちがどのようにして受け継がれていたのか，具体的に説明できるところまで，研究は進んでいない。

図15　静岡・仲道A遺跡出土の平底鉢
（縮尺約1/7，大仁町教育委員会提供）

(3) 器形と器種の分化

　新潟・室谷洞穴の片口にちかい注口土器は，さまざまな土器の用途のうち，かぎられた目的にふさわしいかたちの作りわけの最古の例の一つである。室谷とほぼおなじ時期の静岡・仲道Aには，尖底あるいは丸底の深鉢のほかに，

平底の鉢（図15）もある[55]。長野・増野川子石の深鉢と鉢（いずれも丸底？）は，後葉の例である。草創期中葉には，用途によるかたちの作りわけ——ひろい意味の器種分化——がはじまっている，といえる。

用途に応じた大小のサイズや細部の特徴の作りわけは，草創期前葉にははじまっている。神奈川・花見山の隆起線紋土器はその一例である。器形の分化は，すでに草創期にはじまっている。しかしいずれもか̇た̇ち̇の作りわけにとどまり，か̇ざ̇り̇を使いわけるまでにはなっていない。か̇た̇ち̇の作りわけにとどまる場合を一次的器形分化，か̇ざ̇り̇も使いわけ，用途のちがいを強調している場合を，二次的器形分化とよぶことにしよう。草創期の一次的器形分化は押型紋土器にうけつがれ，二次的器形分化はⅠ文様帯をそなえた沈線（貝殻）紋土器の出現とともにはじまる。

関東地方の沈線（貝殻）紋土器や条痕紋土器には深鉢のほかに鉢もあらわれ，器種分化のきざしがあらわれるが，数はきわめて少なく，安定した要素とみることはできない。確実な器種分化は，前期前葉の深い器種・浅い器種（深鉢と鉢・浅鉢）の分離にはじまる。この動きは，はじめに関東地方の関山式，ややおくれて近畿地方の羽島下層2式や北白川下層1式にあらわれる。

関山式の浅い器種の比率はあまり高くなく，黒浜式になるとさらに低下する。ただし，口縁の内彎するものや鍔付など，この時期からはじまる浅鉢の新しい器形は諸磯式にひきつがれていく。本州西南部に分布する羽島下層2式には，すでに頸部がつよくくびれる波状口縁の丸底鉢がある[56]。これとはべつに，北白川下層1b式には平底の鉢があらわれ，2a式になって普及する（表5）。

関山・北白川下層いずれの場合も，浅い器種がわかれるのと同時に深鉢の器形も多様になり，波状縁と平縁・口頸部のくびれや胴のふくらみの有無などによって5〜6種類の器形にわかれる。関山式では，片口をつけたものもあらわれ，北白川下層式では有紋・無紋の区別がきわだち，後・晩期になってはっきりする精製・粗製にちかい区別が成立していたことをしめしている。関東の型式では地紋の種類が多く，この区別がはっきりしないが，手描き模様のあるなしで区別をつけることはできる。

諸磯b式（とくに中段階，図16）になると，さらにあたらしい動きがはじまる。鉢類のほかに，きわめてまれではあるが壺も姿をあらわす。黒浜式にはじまり，

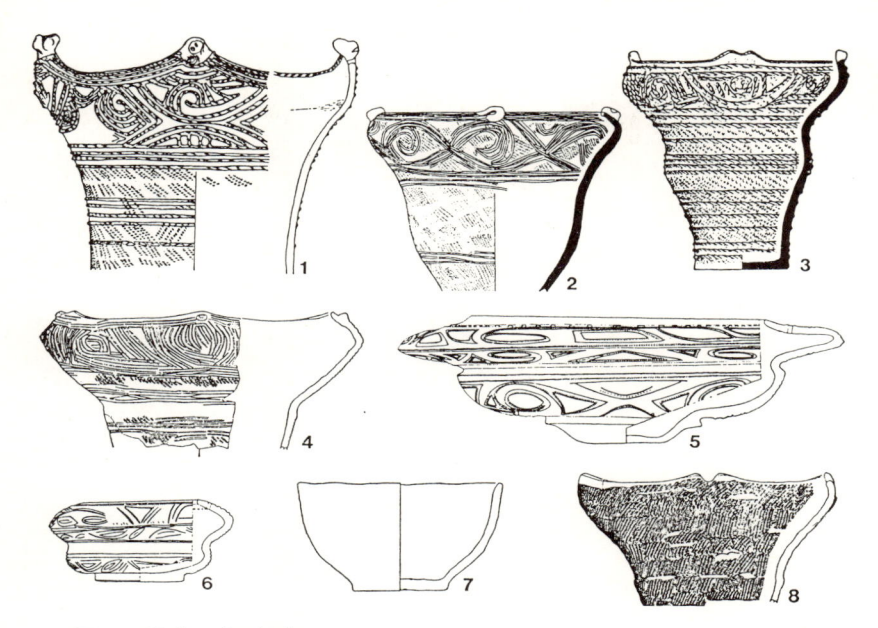

図16　諸磯b式の組成（1：千葉・北前，2：茨城・浮島貝ヶ窪，3：神奈川・折本，4・7・8：埼玉・東光寺裏，5・6：長野・丸山）
（縮尺1/9，註57による）

　諸磯a・bとつづく浅鉢は，上半分が異様なほどつよく張りだし，紋様帯を二段にかさねたもの（図16—5・6）があらわれる[57]。これほど極端なかたちではないが，上半分が強くすぼまる浅鉢もあり，両方とも口端に細い穴をいくつもあけていることが多い。この種の浅鉢は，諸磯式の分布圏に普遍的なひろがりを見せているが，ひとつの遺跡からでる数は決して多くはない。福井・鳥浜貝塚や山形・押出など，諸磯式の分布圏の外にある遺跡までじかに運ばれるか，あるいは周辺の地域でつくったコピーが持ち込まれている。押出のこの種の土器にはすべて漆が塗ってあり，漆で紋様を描いたものもある。紋様だけではなく，かたちのうえでも実用を離れたかざりの要素がつよいことも無視できない。このような器種を，「派生器種」とよぶことにしよう。

　器種・器形の分化にむかう動きは，関東と近畿でとくに活発で，ほかの地域ではあまりめだたない。北海道・東北北部のように，器種分化の動きがまったく起こらない地域もある[58]。北海道の縄紋尖底土器や東北北部の円筒下層式

表5 前期以降の器種・器形組成

	九州	山陰山陽近畿	北陸	蒲原平野	東海	中部高地	関東	東北	北海道
晩期									
後期									
中期									
前期									

有孔浅鉢　　吊手・有孔鍔付・台付鉢　　土瓶形注口　加曽利B2系土器　////すかし付台鉢

1　器形分化の顕著でない深鉢
2　器形分化した深鉢、鉢・浅鉢少量
3　〃　やや多量の鉢・浅鉢
4　器形分化顕著な深鉢（キャリパーなど）、鉢・浅鉢少量、台付鉢出現
5　く字口縁・球形胴の鉢を含む組成
6　深鉢・鉢に壺・注口を伴う
7　深鉢・浅鉢中心、派生器種なし
8　深鉢・鉢中心、派生器種含む
9　早期弥生（壺・高杯・鉢・甕）
10　深鉢・鉢に13の影響を受けた壺の加わる組成
11　台付浅鉢・注口・香炉などの派生器種を含む
12　精製土器に浅鉢が目立つ組成

⇨⇨⇨　搬入品・コピーの移動範囲
それぞれの記号に対応する系統の要素の融合または併存

では，大小の作りわけがある程度で，器形の分化さえめだたない。仙台湾沿岸の大木式の諸型式やそのまわりの共通する要素のめだつ土器（大木系土器）の分布圏でも，鉢・浅鉢は皆無ではないが，器種として定着しているとはいえない。

九州の轟・曽畑などの型式にも鉢と深鉢の区別はあり，曽畑式には壺に近いかたちのものもある。しかし，かざりの多い土器・少ない土器の区別があきらかでなく，一次的器形分化と区別しにくい（表5）。

関東・中部高地でも，五領ケ台式の時期になると，派生器種はいったん途絶え，ふたたびあらわれるのは，中期中葉の関東地方の勝坂式，中部高地の新道式・曽利式の時期である。吊手・有孔鍔付・台付鉢などが，この時期の派生器種である。吊手土器はおそらくマツリの時にもちいるランプだろう。有孔鍔付土器は果実酒を作る道具だという意見もある。具体的な用途はともかく，これらの器種が日常生活のなかの必要とはなれた，特別の用途をもっていることは，

(1) 分布範囲は広いが，出土例は多くない。
(2) したがって日常生活のなかで破損―補充をくりかえすような目的にもちいたものとは考えられない。
(3) 諸磯b式の浅鉢のように，ほかの型式の分布圏まで，本場からの搬入品，あるいは周辺の地域で作ったコピーが運ばれる。

などの根拠から説明できるだろう。小杉康は(3)に注目し，これらの派生器種が「威信財」として交換の対称となっていた，と考えている[59]。

中期の派生器種の一次的な分布は，諸磯b式の特殊な浅鉢のひろがりとほぼかさなる。この地域――西関東の勝坂，中部高地の新道・曽利などの型式は，浮紋・沈紋をたくみに組み合わせた立体的な紋様で飾られている。これに人面など具象的な表現をふくむ把手がくわわって，個性的な作品のようにみえる。しかし，立体的な紋様や把手などの要素をはずしてみると，これらの型式の土器のかたちは意外に変化にとぼしく，型にはまっている。とくにひとつの器種のなかの器形の変化の幅がせまい。この地域の中期中葉の土器――とくに深鉢は，前期後葉から中期初頭の変化に富んだかたちが淘汰をうけており，それなりに完成したものといえるだろう。

土器のかたち（とりわけ深鉢）のバラエティーという点からみれば，むしろ西関東・中部高地をはずれた地域の型式のほうが多様になる，といえるかもしれない。大木8b式（とくに分布圏のはずれに近い地域のもの）のように，土器のかたちの規格がかたまらず，おなじ器形のなかのバラツキが大きい，というだけの場合もある。しかし近畿地方の後期後半の醍醐3式のように，船元式・里木

2式などの系統をひく器形とともに、あたらしくキャリパー形もとりこまれ、深鉢の顔ぶれが一段とにぎやかになっているという例もある。

中期には、さきにあげた派生器種とも日常什器ともちがった用途の土器がある。中部高地より北の地域に分布する窓付の器台とか、東北地方南部に分布する小型のキャリパー形深鉢を本体とした注口などである。器台は中部・関東・東北南部でそれぞれ変化をしめすが、3個の窓がつき、台として使っているときにはみえぬはずの内側に紋様をつける、という特徴は変わらない。注口付キャリパーは、器形・紋様さらに素地の調合まで、判で押したように似ている。しかもその分布は、仙台平野や村山盆地など、典型的な大木8b式の分布圏のそとには及んでいない。

キャリパー形深鉢は本州の中期の土器を代表する要素だといえる。各地のキャリパー形深鉢には、器台とおなじようにそれぞれの地域での変更や修正の跡がのこされている。しかし、基本となるかたちは似通っている。その点でキャリパー形深鉢は器台とおなじ仲間で、中期の土器にみられる地域をこえた共通性をあらわしている。注口付キャリパーには、これと反対にきわめてつよい地域的な個性があらわれている（派生器種は、このふたつとはまた違った分布をしめしている）。この点で中期の土器は、それ以後の時期の土器とおなじような地域性が、はじめて表面にあらわれている、といえるだろう。中期中葉のキャリパー形深鉢とそれにともなう紋様が各地にひろがった結果、きわめて広い地域の諸型式に共通の要素がそなわり、いわば各地域の型式に共通する基盤を準備することになった。後期にはいっておなじ役割をはたすのは、前葉での西日本の縁帯紋土器、中葉での東日本の加曽利B系土器である。縁帯紋土器は九州から本州西南部に分布し、東海・北陸地方までひろがっている。この土器の特徴の一つとなるく字口縁の鉢は、後期中葉になるとほかの器種にももちいられるようになり、この地域の共通の器形の一つとなって、細部の修正をうけながら晩期までつづく。縁帯紋土器の器種・器形は、本州西南部から九州にわたる地域の後・晩期のものの原型となっており、西日本に固有の後・晩期の土器の特徴ができあがる素地はこの時期に準備されていた、といえる。

一方、関東・中部高地から北の地域の中期の鉢・浅鉢は、大型あるいは中型のもので、数も多くはなかった。後期前葉になると、これらの地域でも小型の

鉢・浅鉢の数が多くなる。これも縁帯紋土器の器種組成の影響がおよんだ結果だろう。

広い意味の加曽利B系土器には，
(1) 地域的なかたよりなしに広い範囲に分布する要素
(2) おなじく広い範囲には分布するが，地域的なかたよりの顕著な要素
(3) 本来の分布圏から外には出ない要素

の三種類の要素がある。

安孫子昭二の指摘するように，加曽利B系土器の広域にわたる分布という通説は，この三種類の要素の系統や分布範囲の吟味がたりない面があった[60]。埼玉・寿能の資料（図17）[61]にもとづいて説明してみよう。

図17のうち，1は北陸にも北海道にも分布している。2は蒲原平野から東北地方，さらに北海道まで分布しており，北陸にはいると比較的まれになる。東北地方に分布の中心があるという事情を考えにいれれば，比較的かたよりの少ない部類だろう。3・4は東海・中部高地から北陸まで分布するが，東北・蒲原平野には類例がない。関東から西・南にひろがっており，地域的なかたよりのある部類といえる。5はこれとうりふたつの土器が東京・大森貝塚から出ており，6とともに関東の加曽利B2を代表するタイプである。しかし，これらのタイプは東京湾沿岸や東関東以外の地域にはまったく分布していない。もっとも地域性のつよいタイプである。いわゆる加曽利B系土器の分布圏，そしてそのなかの個々の型式の中身にも，分布の範囲も起源もまちまちな要素が，いくつも畳みこまれている，というのが実情だろう[62]。

この前後の時期には環状土器や双口土器，窓付台鉢，底に近い部分に孔をあけた胴長の壺，あるいは鳥形土器など形のかわった土器があらわれる。これらの「異形土器」は，分布の範囲や中心が一致するわけではないが，関東・蒲原平野以北の地域に多い。なかでも，窓付台鉢は関東地方から北海道まで，画一的な形のものが分布している（図18）[63]。全面にヘラミガキを掛けた注口も，これとおなじような分布をしめしている。注口は別として，窓付台鉢などは，少なくとも東日本の各地で出土している例が（少なくとも考古学の立場から観察したところでは）搬入品ではなく，かといってコピーでもない，という点が前期・中期の派生器種とは違っている。この判断が正しいとすれば，中部高地の事情

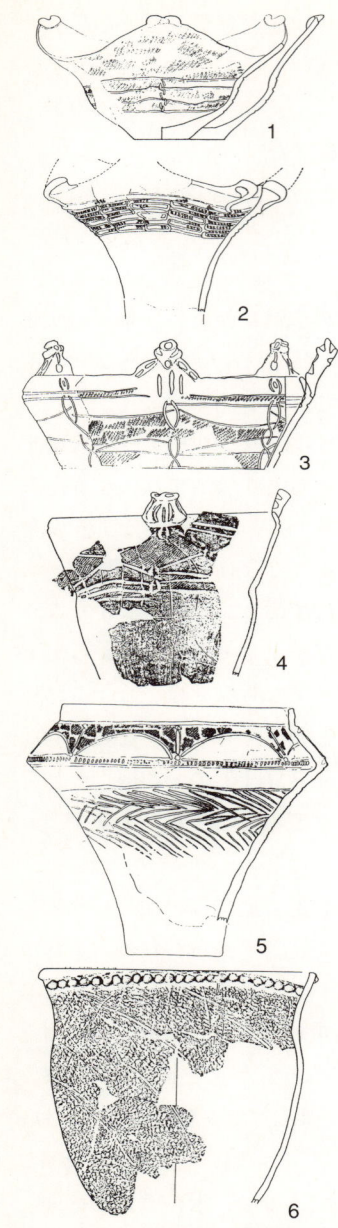

図17 埼玉・寿能の加曽利B2式土器（縮尺1/6, 註61による）

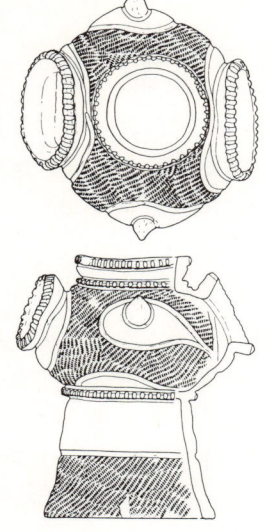

図18 北海道・忍路土場の窓付台鉢（縮尺1/6, 註63による）

はまだはっきりしないが，北海道・東北・蒲原平野・関東の各地域の住民が，共通の約束事にしたがって，これらの用途のかぎられた土器を作っていたことになる。おなじ形の土器にはおなじような用途があったのだろう。とすればこれらの地域の住民は派生器種が登場する機会——マツリも共有していた，と考えることができるだろう。ことあるごとにマツリを開き，それをきっかけとして頻繁な交流をたもっていた地域の住民が，おなじ形の派生器種を作っていたのだろう。

　異形土器は，ほとんどすべて後期のうちに姿を消してしまう。ただ一つの例外は窓付台鉢で，後期末から晩期にかけて香炉形土器に変化する。ただしこの変化が起きるのは，窓付台鉢を作りはじめた関東でなく，二次的な

分布圏のなかの東北である。注口も興味深いコースをたどっている。もともと鉢が特別な形に変化した注口が，後期中葉には壺に近い形になる。ここまでは，本州西南部までほぼ足並みがそろっており，東北地方では後期後葉にも注口は壺とおなじ形になっている。ところが，関東では安行2式の時期になると，先祖返りしたように，鉢を本体にした注口があらわれ，土瓶形・壺形の注口は姿を消してしまう。後期から晩期にかけて，後期中葉にはまとまりを見せていた東日本の各地の土器に，地域ごとの個性がつよくあらわれるようになる。さきに触れたように，東日本全体をひとつのすがたで覆っているようにみえる加曽利B系土器も，異系統・異方向の要素を包みこんでいる。後期後葉から晩期初頭に目だってくる地域性は，異質なもののあらわれではなく，潜伏していたものが顔を出したまでのことだろう。それはともかく，本州西南部から九州の各地では，地域性が強くなる傾向は目につかない。この地域性の強弱・派生器種に代表される器種組成の差は，東日本と西日本の晩期の土器の違いとじかに結びついている。

(4) まとめ

器種・器形に目をむけて，縄紋土器の変遷をたどってみた。山内清男は，縄紋土器の変遷を「口頸部文様帯は早期に遡り……，前期に続き……，単独に加えられるが前期には下方に文様の出現が見られ……中期前半においても単独に……または下方に別の文様帯を伴って……出現する（中略）。また上部下部の文様帯は後期および晩期において分化を続けている」[64]とまとめている。私がいままで述べたことも，この枠の外に出るものではないし，出るはずもない。

ただひとつ，縄紋土器が決して一系統のものではない，ということは強調しておきたい。われわれの目にうつる「一体性」の由来をたどれば，縄紋土器の型式が交流をたもっていた地域社会の産物だという事実，それと型式の「系統」を逐次たどる，という山内の仮説と方法にいきつく。

5. 「型式」の尺度（スケール）

型式がどのような意味を持つのか，その問題を検討して，型式についての説明に区切りをつけることにしよう。ただし，その前に型式の大別・細別をめぐ

るいくつかの問題，土器の製作・使用・廃棄と型式のかかわりについて考えておく必要がある。

型式は，遺物（＝土器）の特徴の部分集合だ，といえよう。われわれが，型式を手段として，何を説明しようとするか，その目的にしたがって集合のなかにとりこむ要素は違ってくる。縄紋土器の研究の歴史のなかでは，土器の変遷をたどる，という目的が主流となってきている。われわれが普段なじんでいる型式は，土器のさまざまな特徴のうち，年代・分布による変化を敏感に反映する要素の集合だ，といえる。型式には，時期・系統・分布という属性がある，という杉原荘介の発言[65]は，縄紋土器の「型式」が，どのような役割をはたしているか，はっきりしめしている。

ところで，型式と時期・分布は，杉原のいうように切り離すことのできないものだろうか。「属性」という以上，時期も分布も型式を構成する要素で，これを取り去れば型式は型式でなくなる。しかし，型式を構成する要素は，われわれが観察したいくつかの特徴とその関係である。これらの要素のまとまりを時間の流れのなかにおけば年代が，空間の拡がりのなかにおけば分布があきらかになる。年代と分布は型式の時間・空間の座標のなかでの位置，型式を時間・空間という次元に投影したすがた，というべきだろう。このように考えなければ，搬入品・伝世品のように通常の分布範囲や存続期間をこえた資料はひとつの独立した型式として扱わねばならぬ，ということになりかねない。型式の内容・年代・分布はたがいに深いかかわりがあるが，それぞれ独立している。

しかし今のところ，型式の内容・年代・分布を区別せず，おなじ名称をもちいている。この慣行は便利ではあるが，不都合な面もある。草創期後葉のある時期を「井草期」とよぶとすれば，「南関東に井草式が拡がっていた時期」という意味に理解することができる。この場合，井草式とはまったく違った型式（たとえば表裏縄紋土器）が分布している地域にこの名称を用いても，不自然かもしれないが，筋がまったくとおらないわけではない。しかし「井草期」という名称は「南関東の井草式のような型式が拡がっていた時期」という意味に理解することもできないわけではない。この場合，表裏縄紋土器の分布圏に「井草」という名称をあてはめるのは，不自然なばかりでなく，無理があるし誤解のもとになるだろう。

このような混乱を完全に避けようとすれば，型式の内容・年代・分布範囲をあらわす名称（とりわけ内容と年代）を分離しなければならない。地史学の分野でも，ひとつの名称がいくとおりもの意味にもちいられ，混乱がおきた。その結果，岩相層序単元 Rock-stratigraphic Unit・生層序単元 Bio-stratigraphic Unit など，いくつかのカテゴリーを区別し，呼びわけるよう提案されている[66]。年代・時期をあらわす名称を，近畿地方の弥生時代のように，序列に置き換え，数字で表現するものがもっとも簡便な方法かもしれない[67]。しかし大別型式の範囲・細別型式の範囲と序列が確定しないうちに無理をすれば，型式名を時期名に流用しているよりもひどい混乱が起きるだろう。

早期から晩期までの区分も，もともとはいくつかの細別型式をまとめた大別型式の名称であったが，「尖底を有する本格的に古い土器群」・「広義の諸磯式とその並行型式」という定義ではとらえ切れぬ型式が増加するとともに，大別型式としての意味はほとんどなくなり，時期区分になってしまった。下総考古学研究会による勝坂式の研究成果[68]を例にひいて，型式の大別と細別・型式設定の条件などを説明しよう。

広い意味の，つまり大別型式としての勝坂式（以下たんに勝坂式という場合，大別型式の意味でもちいる）は，五領ヶ台式の後・中峠(なかびょう)式の前に位置し，五つの細別型式（勝坂Ⅰ〜Ⅴ式）に区分される。勝坂Ⅰ式からⅤ式までの各型式のあいだには，いくつもの違いがあるが，

① 三種類前後の深鉢・二種類前後の浅鉢・有孔鍔付土器の組合わせを基本とする。
② 口頸部紋様帯の発達するもの（横割区画文土器，図19―1・2）が多数を占め，これに口頸部紋様帯の発達の微弱なもの（縦割区画文土器，図19―3）がともなう。
③ 横位・縦位の区画は浮紋で表現され，さらにいくつかの単位に分割されている。横位の区画は多層化する傾向がめだつ。
④ 深鉢の施文範囲は口端から体部にひろがり，浅鉢では口唇部・口頸部にかぎられる。
⑤ 把手・突起が発達し，紋様帯の縦方向の分割線は把手・突起の位置に対応する。五領ヶ台式・阿玉台式に多い四単位の突起や把手を避ける傾向が

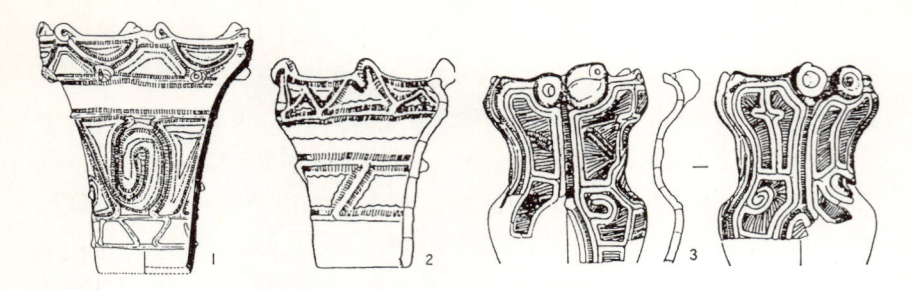

図19 横割区画文土器(1・2)と縦割区画文土器(3)
(1:勝坂Ⅱ式, 2・3:勝坂Ⅲ式, 1〜3:東京・神谷原)(註68による)

めだつ。

⑥ 三叉・渦巻などの図形紋様のほか,蛇身・人面などの具象紋様があり,単位紋様の種類がきわめて豊富である。

⑦ 紋様の輪郭を浮紋で表現し,そこに沈紋の縁どりをくわえる。

⑧ 縄紋の施文範囲はかぎられ,紋様帯の縄紋地紋・磨消縄紋などはきわめてまれである。

などの点が共通し,勝坂式の特徴——勝坂Ⅰから勝坂Ⅴまでの諸型式が一つの系統に属し,連続性をたもちながら変化を重ねてきたことをしめしている[69]。このように,きわだった断絶がなく,系統的な変遷がたどれる複数の型式[70]をまとめたのが大別型式で,細別型式の共通点が大別型式の特徴となる。したがって,大別型式は広い地域・長い期間にわたる土器の変遷を説明するのに有効な手段となる。さきに触れた岡本勇の「型式群」・小林達雄の「様式」は大別型式にほかならない。

ただし,前後のつながりが確認できただけでは,大別であれ細別であれ,型式を設定することはできない。下総考古学研究会は,阿玉台(おたまだい)・新崎(にんざき)／上山田・北屋敷など「隣接型式との共通性(同時代性を示す)と差異(型式の分離を示す)」をとらえたうえで,勝坂Ⅰ〜Ⅴ式が「多少の伸縮は持ちながらも,ほぼ同一の分布圏を示すことを確認」し,前後関係だけではなく,分布の面でも勝坂式が分離できることを確かめている。「並行隣接型式との分離を科学的に保証するのが分布」であることは,型式設定のうえで重要な,しかしともすれば忘れがちな事実の指摘である[71]。

第4章　縄紋土器の型式　107

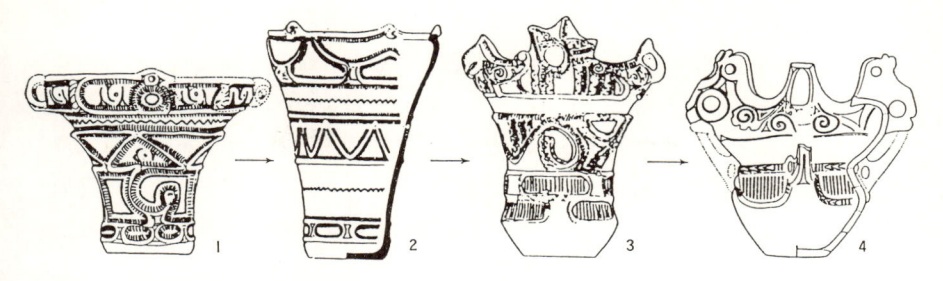

図20　「屈折底」の変遷（1：勝坂Ⅱ式，神奈川・荏田10, 2：勝坂Ⅲ式，東京・日野吹上, 3：勝坂Ⅳ式，東京・井の頭池, 4：勝坂Ⅴ式，東京・西上）（註68による）

　勝坂Ⅰ～Ⅴ式の細分の結果は，型式を構成する要素の動きがかならずしも一様ではない，ということをしめすよい材料ともなる。突発的で不連続な動きをしめす要素と，漸移的でなしくずしの動きをしめす要素がいり混じっている。
　桶形土器とよばれる寸胴の鉢は勝坂Ⅰ式にしかともなわず，吊手土器は勝坂Ⅳ期以前にはない。これらの器種は，不連続な動きをしめす要素といえる。勝坂Ⅲ期には，縦割区画文土器が多くなり，五領ヶ台式以来の「半楕円・三角形区画文」も姿を消す。口頸部紋様帯の縮小がこの変化のひきがねとなっている。しかし，勝坂Ⅳ期にはふたたび口頸部の紋様帯は拡大し，それとともに縦割区画文土器も少なくなり，口頸部には新しい種類の区画紋があらわれる。この変化も，前後の脈絡のない，不連続な現象である。
　その一方，深鉢の「屈折底」（図20）のように，勝坂Ⅱ期にあらわれ，Ⅴ期までひきつづき顕著になっていく要素もある。勝坂式では，浮紋を縁どる沈紋がほかの型式の地紋に似た役割をしている。沈紋の工具と手法は，新旧の要素が併存し，二～三型式のあいだに完全におきかわる。なしくずしの変化という点では屈折底の動きと似ているが，ひとつの要素のすがたが変わるのではなく，べつの要素にいれかわるのだから，区別すべきだろう。沈紋に挾まれ，あるいは沈紋が重なる浮紋も，断面が三角のものからカマボコ形のものに次第におきかわっていく[72]。
　勝坂Ⅲ期の口頸部紋様帯の変化に注目すれば，勝坂式を古・中・新に区分することもできる。沈紋の変化でも三分することができる。吊手土器の有無に目をつければ，勝坂Ⅰ～Ⅲ式・Ⅳ～Ⅴ式をそれぞれひとつにまとめ，二分するこ

ともできよう。先に取り上げたように，派生器種の有無を手掛かりとして，縄紋土器の動きを観察しようとすれば，吊手土器をともなう勝坂式・ともなわぬ勝坂式をおなじものとみることはできない。しかしこの区分は，勝坂Ⅰ～Ⅴ式の変遷のなかでおこったで̇き̇ご̇と̇の意味，つまり勝坂式のなかの系統的な変遷を説明している勝坂Ⅰ～Ⅴ式の区分とはべつのこ̇と̇が̇ら̇を説明することに目的がある。遺物を分類する基準は，その結果からどのような説明をひきだそうとするか，その目的によって際限もなく変化する。そのかぎりでは，一般的な意味での型式が乱立するのも当然であり，目的の違う型式をことさら整理する必要もない。

　ひとつの細別型式の範囲をさだめたとしても，その範囲のなかで，新旧・地域による区別があきらかになったり，区別をつける必要が生まれる。細別の細別である。土器の変遷の過程・あるいは地域的なまとまりをきめ細かにとらえようとすれば，細別を際限なく続けることになる。しかし，「いつまで編年を続けるかと聞かれれば，考古学の続くかぎり，と答えよう」という佐原眞の言葉のように，そこから新しい説明が生まれるかぎり，細別を打ち切る必要はない。

　ただし，大別・細別の区分は，説明の尺度・範囲は変わるとしても，時間・空間のなかの土器の動きを説明する手段であることに変わりはない。だから，大別（親）・細別（子）・細々別（孫）の区別を意識し，扱っている区分がどれにあたるのかはっきり説明する必要がある。孫型式にあたる区分を，一般に「段階」とよんでいる。子型式である「型式」と，孫型式である「段階」の区別をあきらかにしていない場合をまま見受ける。

　現在では，子型式の名称で，土器の特徴の集合・特徴を共有する土器の時間的な位置・空間のなかの分布を同時にしめすことになっている。「段階」という用語を，これとおなじように使うことができるだろうか。「段階」には，土器の特徴の集合・その特徴を共有する土器の空間のなかの拡がりという意味合いはほとんどなく，時間の区分単位の側面だけが浮びあがってくる。子型式を型式，孫型式を段階とよぶのは首尾一貫しない。型式の細分は時間の刻みばかりでなく，分布の範囲をも細分する結果になるはずである。具体的な案を持ちあわせているわけではないが，現在の「型式」にあたる土器の特徴の集合・集

合の時間的な位置・空間のなかでのひ̇ろ̇が̇り̇をしめす用語に適当な区別をつける必要がある。さもなければ，本人以外の人もこの区別を理解できるように，記述のしかたを工夫すべきだろう。

6. 製作・使用・廃棄と型式

　型式を設定する根拠となる特徴は，土器ができあがってくるまでに，文字通り刻みつけられる。型式というのは，製作の型式だ，といえるだろう。われわれは，生産物としての土器のまとまりを仮定し，そこに観察されるはずの共通の特徴を探っていることになる。しかし，その資料となる土器は，それぞれの用途をはたし，廃棄（埋納）の過程をへて，われわれの手許にあつまる。われわれは，廃棄／埋納・使用という2枚のフィルターを通して，土器の製作されたときのすがたをとらえようとしているわけである。

　生産物としてのまとまりと，生産物が分配・流通の過程をとおって，道具・財貨としての機能をはたしているときのまとまりとは，一致するわけではない。街頭や中古車売場には，ある範囲にはおさまるにしても，いくつものメーカー・おなじメーカーでもいくつもの年式の自動車がいり混じっている。メーカーの工場や集荷場には，そのメーカーのもっとも新しい年式の製品しか見当たらないだろう。街頭や中古車売場とメーカーの集荷場の自動車の型式を集計してみれば，ふたつのデータはまったく違ったまとまりをしめすはずである。一方は流通・分配をうけて道具・財貨としての機能をはたしているもののまとまり，他方はそれ以前の生産物としてのまとまりである。事物のう̇つ̇り̇か̇わ̇り̇を説明する手段として，漸移法（セリエイション）グラフを用いることがある。ここからじかに読み取れるのは，道具・財貨のうつりかわりであって，生産物の変遷ではない。この点を見落すと，なしくずしの変化こそが事物の変遷の自然な姿であるような錯覚にとらわれることになる。

　生産・流通・消費の過程がそれぞれ独立した機構として組織されていることが，流通／分配をうけた道具・財貨としての自動車のまとまりと，生産物としての自動車のまとまりを分離する原因となっている。われわれは，縄紋土器の生産物としてのまとまり・流通／分配をうけた道具・財貨としてのまとまりを区別してはいない。「型式」は生産物としてのまとまりをしめす概念ではある

が，あるひとつの年代／地域でもちいられていた土器の特徴はつねにこの範囲におさまるわけではない[73]。搬入土器・異系統土器がべつの「型式」であることを否定する人はいないだろう。いまのところ，搬入土器・異系統土器をふくめた土器のまとまり，つまり流通・分配をうけた什器・財貨としての土器のまとまりをさす概念は確立していない。さしあたり，「土器組成」（セラミック・インヴェントリー），あるいは「組成」とよぶことにする。

われわれが型式と土器組成の区別を意識していないのは，生産・流通・消費の過程が分離していない状態を無意識に仮定しているからにほかならない。たしかに，縄紋土器の生産や消費の過程と流通・分配の過程がわかれていると考えるのは無理だろう。しかし，十分な吟味をくわえた積極的な根拠があるわけではない。

胎土分析などの結果にもとづけば，縄紋土器の作り手と使い手は一致していたようである。だからといって，消費の過程にまでべつの生産単位から供給された製品が入りこんでこないと断定するのは，搬入土器・異系統土器の問題を考えにいれれば，いき過ぎだろう。場合によると土器だけではなく，人が介入している可能性もある。滋賀・滋賀里の異系統土器のうち，北陸系の土器は北陸地方の沿岸部から搬入されたものであり，亀ヶ岡系の土器は現地周辺で製作されたものと判断されている[74]。滋賀里遺跡の住民が，亀ヶ岡式土器を模倣している可能性もあるが，北陸系の土器を持ちこんだ人々，それ以外の人々が渡り職人のような役割をはたしている可能性も否定できない。異系統土器の裏には，財貨としての土器の動きだけでなく，人の動きもからんでいる可能性がある。

亀ヶ岡式土器のように派生器種が定着している場合は，派生器種（精製土器）の器種組成から細別時期を確実に判定できる[75]。器種組成は，土器組成を復元する手掛かりにもなりそうである。関東でも東北でも「ケの器」（うつわ）（粗製土器）と「ハレの器」（精製土器）[76]の比率は7：3から6：4のあいだにあり，本州西南部・九州では粗製土器の比率が1割ほど高くなる[77]。東日本・西日本ともに縄紋終末期には粗製土器の比率が高くなるが，その幅も1割前後におさまる。ところが，少数ではあるが，この傾向からハミだす例がある。青森・ドウマンチャや岩手・曲田Ⅰの住居址埋土からでた土器群では，いずれも精製土器

が粗製土器よりも多い[78]。兵庫・口酒井にも精製土器（浅鉢）の比率が高くなる層準がある[79]。

ドウマンチャは面積約 25m^2，厚さ 15 ～ 20cm 前後の貝層をほぼ完掘している。後期後葉・晩期中―後葉の土器がごくわずか混ざるが，大洞 BC 期の単純遺跡とみてよいし，捨ててある土器は全部回収したと考えてよい。精製土器 365 個体・粗製土器 247 個体，精・粗の比はおよそ 3：2 になる。曲田Ⅰのうち，EⅢ-011 住居のなかに投げ込まれた土器群[80]では，精・粗の比はおよそ 3.5：1。ここでも後期末から晩期初頭の土器片がごくわずか混じっているが，完形土器には後期初頭の壺 1 点をのぞけば，大洞 BC 期後半以外のものはない。

ドウマンチャ・曲田Ⅰの資料は，いずれも長期間に累積したものではなく，短期間に大量の土器をもちい，それをまとめて処分したものと推定される。ドウマンチャの堆積の期間は，長く見積もっても 1 シーズンの漁期（2～3 カ月）を超えないだろう。粗製土器の主流を占める深鉢は，魚を処理するのにもちいた可能性が高い。曲田Ⅰの土器群は，1 回のマツリにもちいた土器をまとめて処分したのだろう。

さきに，東日本でも西日本でも，後・晩期の土器の精製・粗製の比率はほぼ一定している，と述べた。この比率と，ドウマンチャ・曲田Ⅰのような，かたよった組成の関係はどのように理解すればよいのだろうか。藤村東男は，口縁部破片を基礎として割りだした「累積組成比率」は，破損・補充された個体をもふくむから，ひんぱんに破損し補充をうける深鉢の比率が実際より高くなると指摘している。藤村の意見では，「使用時の組成比率」では深鉢の比率は 1/3～1/4 程度にひき下げるべきであるという[81]。煮炊き用の土器は，食器・祭器よりも消耗率が高い，という佐原眞の指摘もおなじ趣旨である[82]。

曲田Ⅰ・ドウマンチャの資料は，いずれも長期間にわたる集積の結果ではないらしい。さきにあげた粗製土器が精製土器をうわまわる組成は，藤村のいう「累積組成比率」にあたり，十を単位として数えるほどの，廃物となった土器のまとまり（投棄単位）をふくんでいる。累積組成比率のなかで，粗製が精製をうわまわっているのは，粗製を主流とする（粗製優占型）投棄単位が，精製が主流となるもの（精製優占型），精粗なかばするもの（平衡型）よりも頻繁に形成されたからだ，といえるだろう。粗製優占型は日常生活のなかから，精製優占

型は非日常的な活動の場から生まれる，といえるだろう。とすれば，精製土器をハレの器・粗製土器をケの器とする見通しにも，ある程度のうらづけができる。

　生産物としての土器のまとまりをとらえることはできるだろうか。1回の生産量をたしかめることは無理だとしても，破損するたびに補給していたのか，ある程度の消耗を見込んでまとめて生産していたのか，推測はできないだろうか。小林達雄は，土器の「廃棄パターン」の吟味をてがかりにして，ひとつの見通しをつけている。小林は，まず土器の廃棄は「縄紋人の意志に基づく行動の一つである」とする。そして「破損して使用に耐えなくなった」土器が「住居跡の凹みやほかの特定の場所から集中して出土」したり（パターンC_1・D），破損した土器を補修して使いつづける一方で，「殆んど無傷の土器が（中略），大量に一括廃棄されていることも少なくない」（吹上パターン・平和台パターン）ことに注目する。廃棄が意図的な行動であるからには，「土器の一括廃棄の裏には，土器を大量に製作する時もまた存在して」おり，完形品の廃棄・土器製作は周期的におこなわれていた，というのが小林の解釈である[83]。

　さきにあげた曲田Ⅰの事例も，小林のいう「一括廃棄」の一例である。小林は，使用に耐える土器を廃棄する理由をアメリカ先住民やアイヌの習俗をひいて推測するが，決定的な解釈は控えている。精製優占型の投棄単位が非日常的な活動のなかから生まれてくるとすれば，マツリにもちいた土器の処分が，一括廃棄の原因の一つであることはたしかだろう。

　土器の廃棄と生産が周期的におこなわれていたとすれば，その周期はどの程度の長さだったのだろうか。小林は「土器の製作，廃棄等が毎年行われていたのかどうかは未だ決し得ない」が，廃棄・生産の季節は「春に先駆けた頃」と推定する。岡村道雄の教示によれば，宮城・里浜では2〜5m^3の「大規模ラミナ」と，1m^3以下の「小規模ラミナ」が観察され，大規模ラミナの体積あたりの遺物の量は，小規模ラミナよりも多いとのことである[84]。小林の推定を裏づけるように，大規模ラミナの貝殻の成長線は春に集中しているという。「縄紋人の春の大掃除」というのが岡村の解釈である。このような機会に新旧の土器を交換した，と推定することもできる。ただし，土器作りの季節はまたべつの問題である。

土器作りは，小林が指摘するように，周期的・計画的な作業だったのだろう。縄紋人が毎年土器作りをしていたとしても，土器を作れぬ季節・困難な季節がある。冬の北海道・東北々部，梅雨期の東北南部以南の地域での土器作りは，正気の沙汰ではなかろう。後藤和民は，汗の滴りは土器作りの大敵だという[85]。中村浩は，気象条件や農村の作業周期にもとづいて，大阪・陶邑（すえむら）の須恵窯では，10月から12月に焼成作業をおこなっていた，と推定している[86]。外国の例を一つあげておくと，K. M. アレン・E. B. W. ズブロウは，北アメリカ東北部では，気象条件と生業サイクルを考慮すると，中型の土器をまとめて作るには6～8月（とくに7月），大型の土器を作るには12月が最適だろうという[87]。土器作りは，凍結の心配がなく，しかも適当な早さで乾燥が進む季節の作業だった。

土器作りが季節を選ぶ周期的な作業だ，ということは，土器の移りかわりの進行のしかたにもかかわってくる。小林は「余談ながら」という控目な注釈をつけて，「縄紋土器がめまぐるしい型式変化をみせているのは，（中略）古い土器を伝世せずに一括廃棄して，新しく製作された土器と取り換え」[88]たからではないか，と推測している。縄紋土器の多様な変化の原因は，小林の考えるように，縄紋人が古い土器の処分・新しい土器の導入をきり離さず，結びつけていたからだろう。

土器を大量に廃棄するかどうかによって，土器の変化の速度は変わるはずである。廃屋となった住居・土坑・捨て場など，まとまった量の土器を処分した場所から出る土器は，いくつかの種類をふくんでいる。それぞれ用途・機能のちがう土器をまとめて処分したのだろう。さきにあげた曲田Ⅰでは，粗製の深鉢・壺・鉢の比率がほぼ4：2：1になり，精製土器も，鉢・深鉢／台付鉢／壺・浅鉢がおなじ比率になる。粗製鉢が6個体・精製浅鉢が12個体出土しているから，6組の調理用具・12組の食器をまとめて処分した，と解釈できよう。

6組の調理用具・12組の食器のセットをまとめて処分してしまえば，一世帯の手持ちの土器はなくなってしまうだろう。いくかつの世帯が土器を持ち寄っていたとしても，事情は変わらない。小林の指摘するように，まとめて補充する必要が生まれる。その時に新しい装飾・形態をとり入れたとしても，それなりに釣合のとれたセットが生まれるわけである。古い装飾・形態のセットのな

かの破損したものを新しい装飾・形態の土器で補充すれば，補充した土器だけがめだち，セットの釣合はやぶれる。セットの一部を補充する場合には，補充する土器の装飾・形態には新しい要素のとり込みを抑え，ほかの土器と釣り合いを保つだろう。ここでセットとよんでいるのは，土器組成の活きた姿にほかならない。土器の廃棄と生産がどのようなかたちでおこなわれているのか，それによって土器組成，ひいては型式の姿も左右される。

　後半期の多縄紋土器以後，土器の生産は一括廃棄＝一括補充を前提としていた。「漸移的な型式論的変遷」は，型式の一部の要素には認められるにしても，型式全体のすがたとはならない。したがって「土器群は，一時にではなく，少しずつ（中略），廃棄され」，「最低限必要とされる個体数を充たさなくなった時点で新たに製作され，従来使われていた土器に加えられて，ともに使われ」るという，大井晴男の主張は，縄紋「土器の型式論的変遷の実態から乖離」[89]している。

　ただし，一括廃棄＝一括補充がおこなわれていれば，どのような場合でも土器の変化が早いテンポで進む，というわけでもなさそうである。藤村東男は，損耗率の高かったはずの深鉢に型式の変化がとぼしく，率が低い壺・注口などのほうが変化の速度が早いことを指摘している[90]。さきに引用したアレンとズブロウの指摘を参考にすれば，大型の煮炊き用の土器と小型の食器・祭器の製作の季節がズレている可能性があり，生産＝補充のサイクルも別だったかもしれない。鳥浜・寿能（じゅのう）・忍路土場（おしょろどば）などの低湿性遺跡の煮炊き用の土器には，口端から体部なかばまで煮零（こぼれ）がこびりついており，紋様をつけたとしても装飾としての効果はまったく期待できない。このような事情も，型式の変化の規模や速度とかかわりがあるだろう。

　さきに「漸移的な型式論的変遷」を主張する大井晴男の意見をひき合いにだした。北海道・香深井（かぶかい）では，平行線の意匠を描いた土器のなかに，それぞれ十和田式・江ノ浦B式の指標とされてきた円形刺突紋・刻紋が混在している，という解釈が大井の主張のひとつの根拠となっている。大井は，その解釈が縄紋土器にあてはまるという。自衛の手段をとらねばならない[91]。

　大井のあげている「紋様要素」は，上に触れたように，管・箆などの工具の刺突や刻みである。さきに紹介した勝坂式を構成するさまざまな要素のうちの

沈紋にあたり，稲田孝司のいう施文具形態紋様，つまりより細かな単位に分解できない性質のものである。これをかりにクォーク要素とよぶことにしよう。勝坂Ⅰ〜Ⅴ式では，いくつかのクォーク要素が併存し，二〜三型式のあいだにつぎつぎに置き換わっていく，ということを指摘した。勝坂式の特徴となる要素の一部は，大井の期待にそった動きをしめしている。しかし勝坂式・勝坂Ⅰ〜Ⅴ式の特徴がこれにつきるわけではない。

施文具形態紋様をクォークにたとえるなら，口頸部紋様帯・器種は，高分子あるいはそれ以上に複雑なものにたとえられよう。かりにこれらを高分子要素と呼ぶことにしよう。高分子要素が，クォーク要素にくらべてはるかに短い期間に，はるかに規模の大きな変化をしめしていることも指摘した。大井は，装飾モティーフ・紋様帯構成などの高分子要素についてはなんの説明もしていないし，香深井の報告書にも，施文具・施文手法の説明や考察は一行もない。縄紋土器も大井のえがく図式にしたがって動いている，という主張には根拠らしいものがまったくない。

セット，つまり活きている土器組成の一部だけを補充する場合，補充する土器の新しい要素は抑えられ，セット全体を更新する場合には新しい要素が前面にでる可能性があることを指摘した。ふたつの場合には，それぞれべつの方向の釣合が必要になる，といえよう。ひとつの土器のなかにとり込まれている要素にも，釣合という立場からの取捨選択が働いているのだろう。そう考えれば，縄紋土器がこれだけめまぐるしい変化を続けながら，甲乙いずれの型式とも判断のつかぬ土器は少数で，大多数の土器の型式を判定できる理由も理解できるだろう。

7. 型式の意味

杉原荘介の『原史学序論』は型式解釈論のなかでいまだに生きのびている。しかし「『原史学序論』を構成する型式論は，(中略) その理念においてのみ意味を持つものであり，現在私たちが当面している問題をとくための武器にはなりえない」という岡本勇の評価は正当である[92]。

つづいて岡本は「一個の土器が存在するうらには，それを製作し，使用した人間のあることはいうまでもない」が，「土器の型式は，(中略) 研究者の経験

的な認識によって設定されたものであり，いわば相対的な認識の産物」であり，しかも「年代上の単位という観点から認識されたものである」から，「直接土器の型式から『人間の集団』をひきだそうとするのは誤りである」が，「型式が『なにか』を反映していることは疑いなく，しかもそれは客観的に実在した『なにか』である」ことを指摘している。岡本の指摘からほぼ半世紀，ふたたび「型式の意味」をめぐる発言が活発になってきており，心理学・情報工学の研究者に「型式」の意味を解説しようという努力までおこなわれている[93]。岡本が問題にした「なにか」を模索する動きはまだつづいている。

　大井晴男は，おなじ趣旨の型式解釈論を，再三にわたって繰り返している[94]。大井の「われわれは，彼らの残したすべての遺跡によって，ある人間・人間集団を確定すること，つまり，筆者のいう『型式』の認定に達しうるに違いない」という発言は，「すべての遺跡」を「土器型式」におきかえれば，杉原荘介の「土器型式＝限定者」とおなじ内容になる。そして「すべての遺跡」を「型式」に組みなおす手段，そこで必要となる各級の概念は，「同一の生活圏のうちにある，同種のほかの遺跡（中略）の調査結果と比較・検討」[95]することのほかには，なにも説明していない。大井の主張が実現すれば，型式解釈論は岡本の指摘以前の水準に逆もどりする。

　堀越正行は，土器型式の「存立基盤」は地縁の原理にもとづいて，「自律意志」を持ちながら結合している単位集団の結合した姿である，と主張している[96]。堀越は「生業経済」・「交換経済」・「精神」・「社会」などの領域での「行動様式」と土器型式の結び付きを検討し，「生業経済」・「交換経済」の領域では土器型式と人間の「行動様式」の結び付きはまったく認められず，「精神」と「社会」の領域，とりわけ「社会的行動様式」は「型式」とつよく結びついていると判断する。

　堀越にかぎらず，土器型式から人間の行動や関係の限られた局面を読み取ろうとするのが，最近の型式解釈論に共通する方向である。われわれの扱う資料にも，われわれ自身の読み取りの能力にも，固有の特性と限界がある。どのような資料からどのようなことを読み取ることができるのか，われわれはまだ模索をつづけている。堀越の意見にはいくつかの点で賛成できないが，まず土器型式からなにを読み取ることができるのか確認しようとする方針は，無条件に

正しい。資料の範囲を「すべての遺跡・遺構・遺物」に拡大しさえすれば，「全的な人間・人間集団」としての「型式」をとらえることができる，という大井の主張は，量の拡大は，必然的に質の充実という結果をもたらす，という幻想にすぎない。

谷口康浩は，婚姻後の居住規制，ひいては親族組織を読み取ろうとする。谷口は，様式の分布圏・型式の地域相・遺跡群など，上下の関係にあるいくつかのカテゴリーの「土器様式の分節体系」が「部族社会における分節体系」とよく似ていることを指摘し，「土器様式の背後に分節的部族社会の存在を想定」する。谷口は，土器の地域性という社会の地縁的な側面のなかで生まれる現象を，小林達雄の「物語性の文様」の仮説によって「血縁集団」のなかにうつし替え，「外婚制と父処居住規則とが型式とその現象を具現した社会背景になっている」という結論をひきだす[97]。

谷口の社会人類学の用語・データの取り扱いに問題がないわけではない。「夫（妻）方居住」のほうが実情をしめしており，「父（母）処居住」はすでに廃語になっていることは，親族組織の教科書にも解説がある[98]。谷口の解説を読むと，すべての「夫方居住制」の部族社会では婿養子をとらず，「妻方居住制」の社会では嫁入りがないような印象をうける。しかし，内婚／外婚の区別・居住規制・系譜の継承システムは，実際にははるかに柔軟に運営されているらしい[99]。

「集団表象としての土器型式」の中身は，ついに説明されぬままにおわる。個々の土器にあらわれる特徴が「型式」としてまとまり，「集団表象」となる理由は，土器作りに必要な知識や技術の再現・伝習に，集団がかかわっていたからだ，といえば，素朴にすぎるだろうか。「第一世代（母）から土器製作の知識と技術を会得した第二世代の女性（娘）は，やがて婚姻とともに（中略）夫方に転居し，そこで土器作りの腕前を披露し，また第三世代（孫娘）にその技術を伝授する」[100]という説明から，集団の存在は読み取れない。谷口の説明にしたがえば，「集団表象としての型式」とは，個人的な知識と技術のバラツキの平均値になってしまう。羊頭（集団）を掲げて狗肉（個人）を売る，それが谷口論文の最大の難点である。とはいうものの，谷口の論理の構成や関連分野の成果の利用などが，これまでの型式解釈論のなかで，出色のできであることは

認めるべきだろう。

　谷口論文には，論文の性格からして当然のことながら，資料の分析手段・記述の方法について，目新しい発言は見当らない。田中良之・松永幸男，羽生淳子，中島庄一，松永幸男らの論文に，この方面で注目すべき内容がある[101]。中島は「伝統的」な紋様分析の手法に「文様類型」・「文様群」などの新しい概念をひきいれて関東・東北地方中部の中期後葉～後期前葉の土器の地域性と交渉を説明している。

　羽生は関東・中部地方の諸磯式，田中と松永は本州西南部・九州の縁帯紋土器・指宿式と，とりあげる対象はまったく違う。しかし，分析の土台を属性分析に置いていること，記述の手段として漸移法を活用することは共通する。ともに従来の縄紋土器研究ではなじみが薄い。これらの方法をもっともよく理解されているのは，三氏のはずである。いずれ，功罪とりまぜて，適切な解説をされることを期待している。

註
(1)　山内清男『日本遠古之文化』p. 2（先史考古学会，1939）
(2)　大井晴男「型式学的方法への試論」p. 173（『考古学雑誌』55―3：163-184, 1970)
(3)　鈴木公雄「型式・様式」p. 161（鈴木公雄・林　謙作編『縄文土器大成』4：159-164, 講談社，1981）
(4)　山内清男「縄文土器型式の細別と大別」p. 29（『先史考古学』1―1，pp. 29-32, 1937)
(5)　大井晴男「型式学的方法への試論」p. 170
(6)　鈴木公雄「型式・様式」p. 162
(7)　戸田哲也「縄文土器の型式学的研究と編年（前編）」p. 160（神奈川考古同人会編『神奈川考古同人会10周年記念論集』159-186, 1986)
(8)　ここでは，「器種」は土器の形の大別をさし，ひとつの器種を細別した単位を「器形」とよぶ。「器種とは土器を作った人々が用途その他の理由から意識して作りわけた種類別を言い，器形とは現在の人が見たときに気がつく形の区別をいう」とする立場もある。佐原眞は，「器形」はふたとおりの意味が重なるので，器種に統一すべきだという立場をとるが，器種を細別した単位にはとくに命名はしていない。
　　　　今村啓爾「文様の割りつけと文様帯」p. 149（加藤晋平・小林達雄・藤本　強編『縄文文化の研究』5：124-150, 雄山閣出版，1983)
　　　　佐原　眞「総論」p. 10（金関　恕・佐原　眞編『弥生文化の研究』3：5-10, 雄

山閣出版，1986）
(9) 鈴木公雄「土器型式の認定方法としてのセットの意義」（『考古学手帖』21：1-3，1964）
(10) 小林行雄「弥生式土器集成図録正編解説」p. 10（森本六爾・小林行雄編『東京考古学会学報』1：1-119，1938）
(11) 安孫子昭二「縄文土器の編年と型式」p. 178（大塚初重・戸沢充則・佐原　眞編『日本考古学を学ぶ』1：170-188，有斐閣，1978）
(12) 芹沢長介『石器時代の日本』p. 205，築地書館，1960
(13) ── group，── system などの用法もあるが，ここでは区別していない。「多要素配列」などと訳している場合もあるが，まったくの誤訳である。
　　Sokal, Robert R., Sneath, Peter H. A., *Principles of Numerical Taxonomy*. pp. 13-15, 1963, W. H. Freeman.
(14) Clarke, David L., *Analytical Archaeology*. p. 41, 1968, Methuen.
(15) 山内清男「所謂亀ケ岡式土器の分布と縄紋式土器の終末」p. 115（『考古学』1─3：139-157，『論文集・旧』* 113-128，『山内清男集』67-85）
(16) 山内清男「関東北に於ける繊維土器」p. 61（『史前学雑誌』1─2，pp. 117-146, 1929，『論文集・旧』* 49-84）
(17) 鈴木公雄「型式・様式」p. 162
(18) 戸田哲也「縄文土器の型式学的研究と編年（前編）」pp. 160-61
(19) 山内清男「関東北に於ける繊維土器」pp. 67-68
(20) 山内清男『日本先史土器の縄紋』p. 3
(21) 今村啓爾「文様の割り付けと文様帯」pp. 124-150
(22) 山内自身による文様帯系統論の概説は，註20，23，24 文献があり，ほかに『日本先史土器図譜』（1939～41，先史考古学会，『論文集・旧』6～10として合冊復刻）や上記文献の図版解説に具体的な説明がある。
(23) 山内清男「縄紋式土器・総論」p. 157
(24) 山内清男「縄紋土器の技法」p. 279（後藤茂樹編『世界陶磁全集』1：278-282，河出書房，1958，『論文集・旧』225-32，『山内清男集』155-159）
(25) 鈴木徳雄「諸磯a式土器研究史（1）──型式論的研究の基本的問題を探る」p. 73，75（『土曜考古』13：57-84，1989）
(26) 松村　瞭「琉球荻堂貝塚」pp. 54-59，61-62，p. 65（『東京帝国大学人類学教室研究報告』3，1920，1983年復刻，第一書房）
(27) 浜田耕作「河内国府石器時代遺跡発掘報告」pp. 39-40（『京都帝国大学文学部考古学研究報告』2：1-48，1918，1976復刻*，臨川書店）
(28) 谷井　彪「縄文土器の単位とその意味（上）」p. 111（『古代文化』31─2：109-121，1979）
(29) 鈴木敏昭は，文様帯系統論にもとづく型式学的な操作の過程では，「文様モチーフとその施文部位さえ判明すれば」，「完形品であっても破片であっても理論的には

等価値」として扱えることを指摘している。また今村啓爾は，すべての文様帯をそなえているものを基本とし，一部の文様帯が欠けているものを変異として扱うことができることを指摘している。ともに文様帯系統論の特質をしめしている。

鈴木敏昭「縄文土器の施文構造に関する一考察—加曽利E式土器を媒介として(序)」pp. 212-13（『信濃』35：205-224，1983）

今村啓爾「文様の割りつけと文様帯」p. 129

(30) 山内清男「縄文式土器・総論」p. 157（『日本原始美術Ⅰ』：148-158，講談社，1964）
(31) 鈴木公雄「土器型式認定の方法としてのセットの意義」p. 3
(32) 佐藤達夫「学史上における山内清男の業績」p. 7（『山内清男集』1-11）
(33) 本文で指摘したように，ここで鈴木が問題にしているのは，1960年代の学問的常識としての型式区分で，山内の論理そのものにはふれていない。
(34) 中谷治宇二郎『日本石器時代提要』pp. 60-64，199-209
なお，この発想は，小林行雄・小林達雄両人の「様式」の構成とも共通する。
(35) Hill, J. N., Evans, R. K., "A Model for Classification and Typology." p. 237, Clarke (ed.), *Models in Archaeology*. 231-273. Methuen. 1972
(36) D. M. ラウプ・S.M.スタンレー著，花井哲郎・小西健二・速見　格・鎮西清隆訳『古生物学の基礎』p. 104，131，どうぶつ社，1985
(37) Dunnell, Robert, "Methodological Issues in American Artifact Classification." pp. 180-82, *Advances in Archaeological Method and Theory*. 9：149-207，1986
(38) Hill, J. N., "The Methodological Debate in contemporary Archaeology : a model." pp. 64-73, Clarke (ed.) *op. cit.*, 61-67
(39) Hill, J. N., Evans, R. K., *op. cit.*, pp. 260-268
ヒルとエヴァンズは，かぎられた範囲の事項（たとえば年代・型式を判定する属性）を基準化する可能性は否定していない。彼らにいわせれば，暫定的土器型式判定基準を作ることはできる，ということになるのかもしれない。
(40) 佐原　眞「総論」p. 6（金関　恕・佐原　眞編『弥生文化の研究』3：5-10，雄山閣出版，1985）
(41) 八幡一郎「原始文化の遺物・縄文式時代」p. 140，146（『新修日本文化史大系』1：136-213，誠文堂新光社，1938）
(42) 多縄紋土器には平底の例が多く，爪形紋土器には丸底（まれに尖底）が多い，といえるがはっきりと区別できるわけではない。
(43) 礫群のなかに据えた尖底土器は，神奈川・夏島貝塚の例が有名である。今村啓爾は，東京天文台遺跡の稲荷台期の竪穴を観察し，囲炉裏のような施設があったものと推定している。

杉原荘介・芹沢長介「神奈川県夏島における縄文文化初頭の貝塚」pp. 29-30（『明治大学考古学研究室研究報告』2，1957）

今村啓爾「総括」pp. 287-288（吉田　格編『東京天文台構内遺跡』281-290,

1983)
(44) 貝をもちいたもの，木片をもちいたもののほか，撚糸文や押型紋の原体を転がさずに引きずったものもある。横山浩一は刷毛目や櫛目の原体も木片であることをつきとめた。

　　横山浩一「刷毛目調整工具に関する基礎的実験」pp. 5-18（『九州文化史研究所紀要』23：1-24，1978）
(45) 条痕紋は，原体の動きをかえて自由な図柄を表現することができる。この点で地紋とも手描き模様ともつかぬ性質がある。
(46) 稲田孝司「縄文式土器文様発達史・素描（上）」pp. 9-10（『考古学研究』18―4：9-25，1972）
(47) 金子直行「押圧縄文土器と回転縄文土器」p. 31, 33（『埼玉考古』24：24-33，1988）
(48) 新井司郎や後藤和民は，土器の表面積が大きくなり，熱効率がよくなる，と指摘している。

　　新井司郎『縄文土器の技法』pp. 146-148（中央公論美術出版，1971）
　　後藤和民『縄文土器を作る』pp. 158-160（中央公論社，1970）
(49) 住居の建て前・船霊の安置などの儀礼は，このような習俗が現代まで残されている例だろう。
(50) 児玉作左衛門・大場利夫「北見国温根湯遺跡の発掘について」（『北方文化研究報告』11：75-145，1956）

　　佐藤忠雄『多寄』（士別市教育委員会，1960）
(51) 岡本　勇ほか「青森県野口貝塚の調査」（『ムゼイオン』11：21-23，1964）
(52) 調査中に資料を見せていただいたが，報告書（『岩手県埋蔵文化財調査報告』31）には記載がない。
(53) 石川日出志ほか「村尻遺跡Ⅰ」pp. 106-111（『新発田市文化財調査報告』3，1981）
(54) 佐原　眞「縄文土器Ⅱ」p. 49（『日本の原始美術』2，講談社，1977）
(55) 漆畑　稔ほか「仲道A遺跡」p. 297（『大仁町埋蔵文化財調査報告』3，1986）
(56) 網谷克彦「北白川下層式土器」p. 202（加藤晋平・藤本　強・小林達雄編『縄文文化の研究』3：201-210，雄山閣出版，1982）
(57) 今村啓爾「諸磯式土器」pp. 215-216（加藤晋平・藤本　強・小林達雄編『縄文文化の研究』3：211-223）
(58) 早期後葉の東釧路3式などに鉢があらわれるが，系統的に発達しない。
(59) 小杉　康「縄文時代の時期区分と縄文文化のダイナミックス」pp. 115-117（『駿台史学』73：99-124，1988）
(60) 野口義麿・安孫子昭二「磨消縄文の世界」pp. 133-134（野口義麿編『縄文土器大成』3，130-135，講談社，1981）
(61) 埼玉県教育委員会編『寿能泥炭層遺跡調査報告・人工遺物総括編』1982
(62) 山内清男ほか「図版解説」p. 178（山内清男編『日本原始美術』1：174-188，

1964，講談社）
(63) 北海道埋蔵文化財センター「忍路土場遺跡」2（『北海道埋蔵文化財センター埋蔵文化財調査報告』1990）
(64) 山内清男ほか「図版解説」p. 178
(65) 杉原荘介『原史学序論』pp.40-42（葦牙書房，1943）
(66) GSUS Commission for Stratigraphic Nomenclature, *Advices on Stratigraphic Nomenclature*, Denver. 1968
(67) 山内清男は，早期の著作のなかで，時期区分を数記号で表記している。須藤隆は東北地方晩期の型式の表示に数記号をとりいれている。大別型式の序列・確定した時期区分を数記号で表記することは可能だが，子型式・孫型式までの適用は無理だろう。
　　山内清男『日本遠古之文化』p. 14, 15
　　須藤　隆「北上川流域における晩期前葉の土器」p. 270, 312 など（『考古学雑誌』69―3：265-315, 1983）
(68) 下総考古学研究会「特集・勝坂式土器の研究」（『下総考古学』8, 1985）
(69) この記述は，上記文献 pp. 51-82, p. 86 によっているが，一部文言を変更しており，原著の意図とははなれる部分があるかもしれない。
(70) 岡本勇は，このような関係にある型式を「漸移型式」，不連続な関係でとらえられる「発展型式」とよぶことを提案している。「五領ヶ台式の細分」（『貝塚』3：1-3, 1968）
(71) 下総考古学研究会「勝坂式土器の研究」pp. 87-88, 89-95, p. 98
(72) 下総考古学研究会「勝坂式土器の研究」p. 87
(73) 古代の都城，中・近世の都市で用いられていた焼物の種類と産地を考えてみればよい。
(74) 清水芳裕「縄文式土器の岩石学的分析―滋賀里遺跡出土の北陸・東北系土器について」（田辺昭三編『湖西線関係遺跡調査報告書』225-232, 1973），「縄文土器の自然科学的研究法」（岡本　勇編『縄文土器大成』1：152-158. 講談社，1981），「先史時代の土器の移動」（芹沢長介先生還暦記念論文集刊行会編『考古学論叢』2：211-224, 1989）
(75) 須藤　隆「土器組成論―東北地方における初期稲作農耕社会成立過程究明のための基礎的研究」pp. 73-84（『考古学研究』19―4：62-89, 124, 1973）
　　林　謙作「亀ヶ岡文化論」pp. 181-182（東北考古学会編『東北考古学の諸問題』169-203, 1977）
(76) 林　謙作「亀ヶ岡文化論」p. 186
　　佐原　眞「縄紋土器　2」pp. 21-28（坪井清足監修『日本の原始美術』2, 講談社，1979）
(77) 坪井清足「熊本県五領貝塚」pp. 51-52（『石器時代』8：42-52, 1967）
(78) 江坂輝彌・渡辺　誠・高山　純「大間町ドウマンチャ貝塚」pp.131-136（九学会

連合下北調査委員会編『下北—自然・文化・社会』129-144, 平凡社, 1967)
嶋　千秋・鈴木隆英「曲田Ⅰ遺跡発掘調査報告書」1-2 (『岩手県埋文センター文化財調査報告書』87, 1985)
(79) 浅岡俊夫「伊丹市口酒井遺跡の凸帯文土器」pp. 148-167 (高井悌三郎先生喜寿記念事業会編『歴史学と考古学』123-184, 1988)
(80) 嶋　千秋・鈴木隆英「曲田Ⅰ遺跡発掘調査報告書」1 : 45-85
(81) 藤村東男「縄文土器組成論」pp.245-246 (加藤晋平・小林達雄・藤本　強編『縄文文化の研究』5 : 237-249, 雄山閣出版, 1983)
(82) 佐原　眞「日本人の誕生」pp.93-96 (『大系日本の歴史』1, 小学館, 1987)
(83) 小林達雄「縄文世界における土器の廃棄について」p. 2, pp. 7-8, p. 12, pp. 10-11, p. 1 (『国史学』93 : 1-14, 1974)
(84) 宮城・中沢目, 東京・伊皿子などでも堆積層の規模に規則的な変化が観察される。国立歴史民俗博物館の調査した千葉・荒海でも大規模・小規模のラミナが観察され, 遺物の組成と量には顕著な違いがある。おなじ傾向は中沢目でも観察される。
須藤　隆編『中沢目貝塚』(東北大学考古学研究会, 1985)
金子浩昌・鈴木公雄編『伊皿子貝塚』(日本電信電話公社・港区伊皿子貝塚遺跡調査会, 1987)
西谷　大「荒海貝塚の調査成果—貝層の堆積」(荒海貝塚調査研究会・口頭発表, 1990)
(85) 後藤和民『縄文土器を作る』p.120 (中央公論社, 1980)
(86) 中村　浩『和泉陶邑窯の研究』pp.80-82, 261-263 (柏書房, 1981)
(87) Allen, Kathreen M., Zubrow, Ezra B., Environmental Factors in Ceramic Production:The Iroquois. (Kolb, Charles C. ed., *Ceramic Ecology. 1988*. BAR International Series 513, 1989)
(88) 小林達雄「縄文世界における土器の廃棄について」p.11
(89) 大井晴男「土器群の型式論的推移について—型式論再考・上」p. 350 (『考古学雑誌』67—3 : 340-364, 1982)
(90) 藤村東男「東北地方における晩期縄文式土器の器形組成」pp.652 (『史学』50 : 645-654, 1980)
(91) 大井晴男「土器群の型式論的推移について—型式論再考・上」pp. 342-351, 「同・下」pp. 482-486 (『考古学雑誌』67—3 : 482-501, 1982)
(92) 岡本　勇「土器型式の現象と本質」p. 1 (『考古学手帖』6 : 1-2, 1959)
なお, 杉原の型式論が実質的な意味をもたぬことは, 林　謙作「考古学と科学」p. 130 に指摘した (桜井清彦・坂詰秀一編『論争・学説　日本の考古学』1 : 101-143, 雄山閣出版, 1987)
(93) 上野佳也『縄文コミュニケーション』(海鳴社, 1989)
(94) 大井晴男「型式学的方法への試論」(『考古学雑誌』55—3 : 163-184, 1970), 註(89)・(91), 「学説史　日本考古学における方法・方法論」pp. 37-40 (『論争・学説

　　　　日本の考古学』1：13-100）
(95)　大井晴男「型式学的方法への試論」p. 180
(96)　堀越正行「土器型式の事象と論理—その相対的側面」p. 22（『史館』1：1-24，1973）
(97)　谷口康浩「縄文時代の親族組織と集団表象としての土器型式」p. 151, 149（『考古学雑誌』72—2：137-157，1985）
(98)　Keesing, Roger M., *Kin Groups and Social Structure*. pp. 150-151. Holt, Reinhart and Winston, 1975
(99)　石川栄吉ほか編『文化人類学事典』pp. 367-369（弘文堂，1987）
(100)　堀越正行「土器型式の事象と論理—その相対的側面」p. 141
(101)　田中良之・松永幸男「広域土器分布圏の諸相—縄文時代後期西日本における類似様式の並立」（『古文化談叢』14：81-117，1984）
　　　　　羽生淳子「諸磯b式土器」（『季刊考古学』21：40-44，1987）
　　　　　中島庄一「土器文様の変化の類型化について」（『貝塚』36：1-14，1985）
　　　　　松永幸男「土器様式変化の一類型—縄文時代後期の東南九州地方を事例として」（横山浩一先生退官記念事業会編『生産と流通の考古学』1：21-42，1989）

第5章 縄紋人の生業

第1節 生業とは

　最近，縄紋人の生業に関心をもつ研究者が増えてきている。それにともなって，生業の説明も，なにを捕獲・採集していたか，だけではなく，なにをどれだけ捕獲・採集していたか，場合によっては，どのようにして，というところまで及ぶようになってきている。このこと自体は大きな進歩には違いない。その一方，生業と経済を混同し，経済的基盤の分析といいながら，生業の復元の枠をでていない論文も目につく。生業と経済，このふたつの言葉の意味の区別から説明をはじめることにしよう。

1. 生業と経済

　『広辞苑』では「生業」という言葉を「生活のためのしごと。なりわい。すぎわい。」と説明している。この言葉は，漢代にはおなじ意味で使われていたようである[1]。しかし，考古学の分野でひろく使われるようになったのは，わりに新しいことで，英語の subsistence にこの言葉をあてたのだろう。Oxford English Dictionary (OED) をひいてみると，「実在している」「自立している」という意味の subsist から派生した言葉で "means of supporting life in persons or animals" のことであると説明している。どちらかといえば『広辞苑』よりは，OED の説明のほうが，生きものとしての人間にとって欠くことのできない手だて，という意味がつよくあらわれている。ここでは，「生業」をこのような意味で用いることにしよう。

　ところで，「生業」と「経済」はどの部分でかさなり，どの部分で喰い違うのだろうか。『広辞苑』ばかりでなく，『大漢和辞典』も「国を治め民を救う」

という意味の「経世済民」が「経済」の本来の意味だと説明している。私人・庶民が活きていく手段が「生業」で，公人・支配者が私人・庶民の生業を保護し，国家の利益を実現するのが「経済」だ，ということになる。一方，OEDは economy を "management of a house, management generally" と説明している。漢語の「経済」のもともとの意味からすれば，経済は「生業」とかかわりはあるとしても，生業を経済を構成する要素の一つと考えることはできない。これにたいして，economy のもともとの意味を考えれば，生業 subsistence を経済 economy のひとつの側面と考えても不自然ではない。ここでは，「人間は自分自身と自然環境のあいだの制度化された相互作用のおかげで生き永らえる。この過程が経済なのである」という定義[2]にしたがい，生業は経済のひとつの分野である，と考えることにしよう。

ここで，J. G. D. クラークの *Prehistoric Europe : the economic basis* (Methuen, 1952) の目次を開いてみよう。この書物では，第二章から第五章の四章にわたって，捕獲・採集活動，農地造成と耕作，穀物と家畜など，生業そのものにかかわる説明がある。つづいて第六章以下では，住居と集落，石器・金属器の生産，そのほかの工芸技術，交易，運輸交通などの説明がつづく。生業は，経済のなかの重要な要素ではあるが，経済的基盤そのものではなく，生活の本拠となる住居や集落の規模や性格・生業を維持するうえで必要な労働用具や日常什器の生産技術，集落や地域社会のあいだの交流とその手段などの要素もくわわって，はじめて経済的基盤の輪郭があきらかになるわけである。とりわけ，経済とはじめにかかわらぬような，人間のさまざまな関係を無視しては，縄紋社会の経済的基盤をとらえることはできない。

2. 生業の背景

(1) 後氷期の技術革新？

鈴木公雄は，「複雑な生物分布を有する小環境の集合体」としての日本列島の自然が，「縄文文化の生業の多様性の基礎」となっていることを指摘し，縄紋前半期（草創期―前期前半）には「(前略)気候の温暖化に伴って生じた列島の自然環境の変化に対応して，新しい文化適応が準備されていたと考えられる」（傍点筆者）という[3]。この意見は，いわゆる縄紋文化，具体的にいえば縄紋社

会の生業が成立する時期・背景の説明の最大公約数といえるだろう。ここでとり上げている生業の問題にひきつけてみれば,「水産資源の恒常的な開発」や植物性食料への依存度の高さなど,縄紋時代の生業の基本となる特徴は,晩氷期から完新世のもっとも温暖な時期 Hypsithermal にむかう環境変化のなかで創りだされたものだ,ということになる[4]。

近藤義郎・小林達雄など,多くの人々はこれとおなじような意見を発表している[5]。たしかに,縄紋時代の生業の基礎となる自然条件のなかには,ヒプシサーマルにむかう環境変化のなかで,はじめて成立する要素もある。たとえば,漁撈に適した海岸地形などはそのひとつだろう。最終氷期の日本列島の海岸線は,屈曲にとぼしいのっぺりしたものになる。海岸線と陸棚のへりの距離は現在よりも近く,海岸を離れると急に水深が深くなっていたという[6]。水産資源の利用にもっとも条件のよい浅海域の面積は現在よりもせまく,屈曲のとぼしい海岸線では沿岸流の流れが強くなるから,生物種の顔ぶれ・漁撈の手段や方法もかぎられることになる。縄紋海進がすすむとともに,列島の沿岸にリアス式海岸があらわれ,浅海域の面積がひろがり,水産資源を利用できる条件がととのってきたことはたしかだろう。釣針・網をもちいた漁撈技術などは,この過程で普及した新しい技術とみるべきだろう。

その一方,周氷河的な環境のみられぬ地域——たとえばアフリカでは,北ユーラシアや北アメリカでは完新世にはいって成立するような生業システムが,すでに更新世後期には成立している。ナイル河流域,アスワン付近のワディ＝クバニアでは,17,000y. B. P. 前後から,ナイルナマズの漁撈が主要な生業活動の一つとなっているという。ワディ＝クバニアより下流のコム＝オムボ平原の遺跡群でも,17,000y. B. P. から 12,000y. B. P. にかけて,魚類をはじめ水産資源（ワニ・カバなどもふくむ）への依存度がひきつづき高くなるという。8,000～9,000y. B. P. 前後には,サハラ地域にも細石器や土器とともに,骨製の銛やヤスをもちいて漁撈をおこなう集団があらわれていることもつけくわえておこう[7]。

すでに指摘したように[8],更新世のもっとも寒冷な時期でも,日本列島の主要な地域には森林がひろがり,草原の分布はきわめてかぎられていた。本州西南部・四国・九州の平野・丘陵にはナラ・カンバなどの落葉広葉樹と針葉樹の

混淆林がひろがっていたし，太平洋沿岸の暖流の影響のつよい地域には，常緑広葉樹林も残っていた。東シナ海の大陸棚となっている地域には，このような環境が拡がっていたに違いない。ここで紹介したアフリカの例などを考えにいれれば，縄紋の生業システムを先取りするような，植物・水産物などを利用する生業活動が，東シナ海沿岸の地域では，更新世末期にめばえている可能性があることは考えにいれておくべきだろう。いまのところ，この推測を裏づける具体的な資料はまったくない。しかし，晩氷期からヒプシサーマルにかけて急激な環境変化がおこったヨーロッパ北西部でのできごとを，縄紋の生業システムの成立過程にそのままあてはめることは無理がある。ナッツ類を中心とする植物性食料・魚介類などの水産物の利用技術を中心とする生業システムは，ヒプシサーマルにむかう環境変化のなかで新規に作り上げられたというよりは，一部の地域で成立していた生業活動が，普及・統合されるなかで完成するのではないだろうか。

(2) 環境の多様化

ほぼ1万年前にはじまる縄紋海進は，前期中葉（6,000～6,700年前）に頂点に達し，それ以後海面は低下しはじめる。神奈川・夏島貝塚にみられる貝類の組成の変遷[9]は，縄紋海進の前半期の水域環境の変化と，それにともなう資源利用の変遷をしめす数少ない資料の一つである。

井草・大丸期から田戸上層期までのあいだの貝層の組成から，表6にしめしたような変化がたどれる。全体として，斧足類（二枚貝）の種類は多くなり，腹足類（巻貝）はこれと反対に種類が少なくなっている。腹足類のすみかとなる露岩・礫層の侵蝕がすすみ，溺れ谷が埋めたてられ，斧足類のすみかとなる浜や入江が拡がってきたことをしめしている。さらにくわしく見ると，夏島貝塚の住民が貝類を採取した場所の環境が，

① 河口あるいは海水の流れ込むラグーン（井草・大丸期）
② 泥深い入江の奥（夏島期）
③ 砂浜がひろがる外洋に面した湾口（田戸下層・上層期）

の順に変化していったことがわかる。①から②への変化は，②から③への変化にくらべ，短期間に起きているようである。のちの時期よりも，海面上昇の速

表6 夏島貝塚の貝類組成の変遷 (註9より作成)

		井草・大丸	夏島	田戸下層	田戸上層
斧足類	マガキ	?	○	△	
	ハイガイ	?	○	△	
	ヤマトシジミ	□	□	△	
	カガミガイ	?	□	□	□
	オキシジミ	?	□		□
	オオノガイ	?	□		□
	ハマグリ	?		□	□
	アサリ	?		□	□
	オニアサリ	?			□
	ミルクイ	?			□
	アカガイ	?		△	
	カリガネエガイ	?			□
	アズマニシキ	?			△
	ウチムラサキ	?			□
	シオフキ	?			△
腹足類	スガイ	?		□	□
	ウミニナ	?		□	□
	ツメタガイ	?		□	□
	レイシ	?		□	□
	アカニシ	?		□	□
	ナミギセル	?		□	
	カニモリガイ	?		□	□
	カワアイ	?	△		□
	ヘナタリ	?	△		

○：多 □：少 △：稀

度が大きかったのだろう。

夏島期の貝層には,さきに紹介した先刈貝塚とおなじく,内湾の奥に棲むハイガイとマガキが多い。しかし,海水と淡水の入り混じる環境に棲むヤマトシジミ,砂底性の環境に棲むオオノガイ・カガミガイなども含んでいる。魚類にも,泥底性の入江に棲むボラ・クロダイ・スズキ・ハモのほかに,砂底性のコチ,岩礁性のメバル・マダイ,外洋性のマグロ・カツオなど,さまざまな種類の環境に棲むものが目につく。このような貝類・魚類の組合せは,この時期の遺跡の周辺の環境がきわめて複雑であったことをしめしている。

関東地方では,神奈川・平坂,千葉・西ノ城,茨城・花輪台など,草創期末葉から早期初頭の貝塚がいくつか知られている[10]。いまのところ,これらと匹敵する古さの貝塚は,関東地方以外には見当たらない。瀬戸内海沿岸の岡山・黄島貝塚,仙台湾沿岸の宮城・吉田浜貝塚は,いずれもこの地域でもっとも古い貝塚であるが[11],早期中葉——つまり夏島をはじめとする関東地方の初期の貝塚より 1,000〜1,500 年ほどのちのものであり,先刈貝塚も大まかにみればこれとおなじ時期のものである。いまわれわれの手許にある資料から判断するかぎり,沿岸部での水産資源の利用は,ほかの地方よりも一足さきに,関東地方で普及した,と考えねばならない。

自然環境の面からみれば,関東地方はほかの地方よりも,水産資源を利用す

るうえで有利な条件に恵まれていた。現在の利根川・荒川・多摩川などにあたる河川の埋積作用によって，溺れ谷の埋め立てが早いテンポで進行し，貝類の採集や漁撈に適した地形が，ほかの地域にさきがけてできあがったのだろう。関東平野の中心部では沈降運動が，周辺部では隆起運動が活発であるという[12]。このような条件も，複雑にいりくんだ海岸線の形成・浅海域の拡大をうながし，多様な生態環境をつくりだす結果となっているのだろう。さきに紹介した夏島貝塚の魚介類の組合せは，この時期の関東地方の住民が，このような環境の提供する多様な資源を十分に利用する手段を身につけていたことをしめしている。

　ここで，縄紋海進の前後の植生の変遷に目をむけることにしよう。気候の温暖化にともなう変化と，地域ごとの植生の差が顕著になること，このふたつの傾向が植生変遷の軸になる。その一例として，福井・鳥浜の植生の変遷をあげてみよう。安田喜憲は，鳥浜の植生を，

Ⅰ　ブナ属・コナラ亜属を中心とし，トチノキ属・クルミ属・シナノキ属などの落葉広葉樹の花粉の出現率が高く，トウヒ属・モミ属・ツガ属などの亜寒帯性の針葉樹花粉も認められる（11,200～10,200y. B. P.）

Ⅱ　ブナ属の花粉が減少し，これにかわってコナラ亜属・クリ属・スギ属などの花粉が増加する（10,200～6,500y. B. P.）

Ⅲ　コナラ亜属の花粉が急に減少し，これといれかわってアカガシ亜属・シイノキ属・モチノキ属などの常緑広葉樹が急増し，エノキ属・ムクノキ属・スギ属なども増加する（6,500～5,800y. B. P.）

Ⅳ　アカガシ亜属・エノキ属・ムクノキ属の花粉が減少し，スギ属・モチノキ属の花粉が増加する（5,800y. B. P.）

の四つの花粉帯に区分している[13]。

　この変遷のなかで，気候の温暖化の影響はⅠとⅢにあらわれている。鳥浜の周辺ではⅠの直前の植生はあきらかでない。しかしⅠにみられる植生は，さきに紹介した尾瀬ヶ原の1.3～1.0万年前の植生と共通する特徴をしめしている[14]。尾瀬ヶ原の場合とおなじく，亜寒帯性の針葉樹林にかわって，落葉広葉樹林が拡がっているといえよう。Ⅲは，これもさきに紹介した先刈貝塚でアカガシ亜属の増加する時期と一致する[15]。東海地方・北陸地方の浜沿いの低地

では，ヒプシサーマル，つまり縄紋海進がピークをむかえる前後に，常緑広葉樹林があらわれている。広葉樹林が，ナッツ類の供給源として，木器（とくに椀・鉢などの刳物）の原料の供給源として，あるいは動物性食料の供給源として人間の生活にかかわりを持っていたことはいうまでもない。気候の温暖化にともなう広葉樹林の拡大は，縄紋人の生業システムが確立するうえで欠くことのできぬ前提となっている。

　年間の平均気温・暖かさの指数にもとづいて植生を復元すれば，ヒプシサーマルの前後には，関東地方にも常緑広葉樹林が拡がっていることになる。しかし辻誠一郎らは，関東地方の常緑広葉樹林は，ヒプシサーマルからはるかに遅れて，縄紋後期頃になって成立することを指摘している[16]。おなじ関東地方でも，房総半島には常緑広葉樹などの暖温帯性の要素をふくむ森林が，その西側の大宮台地の周辺には，コナラ類を中心とし，アカガシなどの常緑広葉樹をほとんど含まない森林が拡がっていた[17]。安田喜憲は，長野県北西部の降雪量の多い地域にはブナ林，少ない地域にはコナラ林が拡がっていたという日比野紘一郎・佐々木昌子の分析結果を紹介している[18]。このようなせまい範囲のこまかな植生の差は，これ以前の時期には見られないようである。

　このような現象が生まれる原因は，まだ十分な説明がついていない。おそらく，年間の降水量，降水量の季節的な分布，季節風の強弱，土壌の成因と特性，あるいは微地形の変遷など，さまざまな要因がからみあっているに違いない。このようなこまかな地域性が生業に影響をおよぼしているのかどうか，その点も確認できない。しかし，さまざまな要素がモザイクのように入り混じった，多様な環境が作りだされたことは間違いない。さきに，夏島貝塚の貝類・魚類の組成に見たとおなじく，複雑にいりくんだ環境・そこで提供される多様な資源を利用する条件が，内陸部でも整っていたといえるだろう。

(3) 縄紋海進以後

　松島義章の南関東の内湾にすむ暖流系貝類の分析結果によれば，前後二回にわかれて姿をあらわす暖流系の貝（12種）は，縄紋海進のピークを境としてつぎつぎに絶滅していき，4,000y. B. P.以後にはハイガイ・ユキガイの2種だけになってしまう。暖流系の貝——われわれになじみの深いのはハイガイである

が——の絶滅は，気温が低下する結果だ，という解釈が通説になっていた。しかし松島によれば，ハイガイは水温がそれほど高くなっていない時期からすでに出現しており，瀬戸内海・有明海など現在でもハイガイがすんでいる地域の水温は，南関東の水温と大きな違いがない，という。松島は，海水準の低下にともなう微地形の変化，その結果としての「生息地の消滅こそ絶滅の決定的要因であって，海水温の低下はむしろ二次的といえる」という[19]。

阪口豊は，尾瀬ヶ原のハイマツ花粉の増減にもとづいて，およそ 8,000 年前以降の気候の変動を復元し（図21），現在の気温を標準として冷涼な時期・温暖な時期を区分している（図22）[20]。この結果によれば，縄紋時代の気候は全体として温暖であるが，BC. 2,500 年前後（JC_1）・BC. 800 年前後（JC_2）に気温の低下する時期がある。JC_1 は中期の中ごろ，JC_2 は晩期の後半にあたる。また JC_1 の前後のように，気温の変動が少なく気候が安定した時期がある一方で，JC_2 あるいは JW_2 のようにみじかい周期の変動をくりかえす不安定な時期もあることが目をひく（図21）。

このような気候の変動は，どのようにして・どの程度，人間の生活に影響を

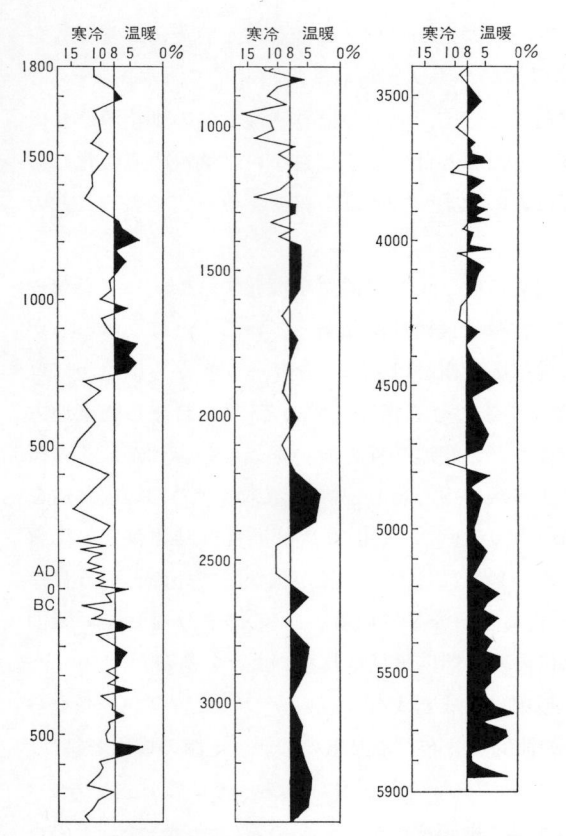

図21 ハイマツ花粉の比率にもとづく古気温の変化曲線
（註20による）

およぼしたのだろうか。阪口は、千葉県の後期の貝塚が急増する現象を、JW$_3$ の温暖な気候のもとで海面が高くなった結果であると解釈している[21]。安田喜憲は、中部高地の中期後葉の遺跡が急減する理由を「四一〇〇年前頃の顕著な冷涼・湿潤化」にもとめている[22]。今村啓爾は、茅山上層の直後・十三菩提・称名寺などいくつかの時期に、関東地方の遺跡の数が極端に少なくなることを指摘し[23]、藤本強は、称名寺期とほぼおなじ頃、北海道東部が無人化してしまうことを指摘し、その原因を気候変動にもとめている[24]。

北海道東部が無人化してしまった時期がある、という解釈には異論もある。しかし、間違いなく人間が根絶やしになってしまうような大災害も起こっている。縄紋海進のピークに起こった鬼界カルデラの爆発がその一例で、われわれにもなじみの深い鬼界アカホヤ火山灰（アカホヤ・Ah）はこのときの産物である。アカホヤが降った地域では、きわめて広い範囲にわたって植生が破壊された。町田洋は、被害のもっともひどい地域では、植生が一応回復するまでに100年以上、完全に回復するにはその十倍ほどの時間が必要だった、と推測している[25]。話が前後してしまったが、この爆発でもっとも大きな被害を受けたのは薩摩・大隅両半島を中心とする南九州である。薩摩・大隅半島の大部分は、火山灰や軽石をまきこんだ高温ガスの噴射（幸屋火砕流）の直撃をうけ[26]、爆発後しばらくのあいだ、南

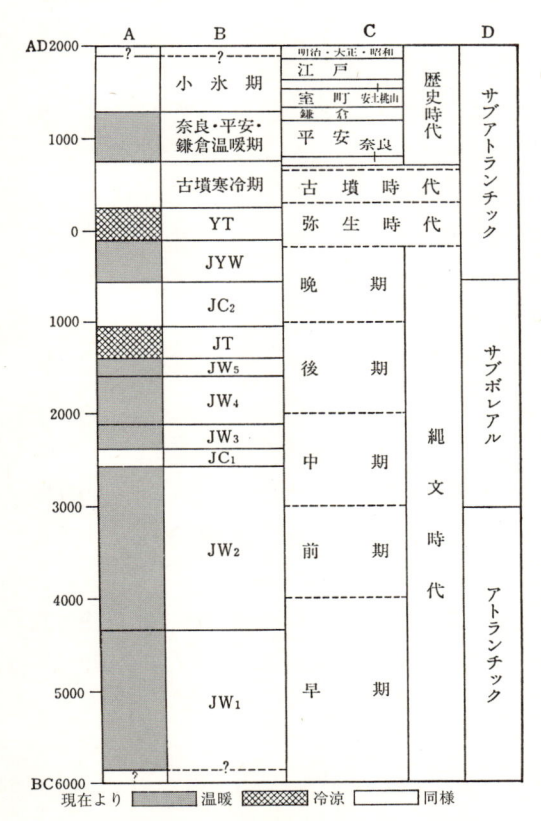

図22　8,000年前以降の気候区分（註20を一部改変）

九州はとうてい人間の住めるような世界ではなくなった。この地域では，アカホヤを境として，塞ノ神式など南九州固有の貝殻紋平底土器の伝統がとだえ，北九州・中九州から轟式・曽畑式が拡がってくる。環境が回復するとともに，新しい住民が移住してきたことをしめすのだろう。今村が指摘しているような，極端な遺跡数の落ちこみは，災害（火山活動・洪水・飢饉・疫病など）とむすびついている場合も多いのだろう。

鬼界カルデラの爆発のような，数万年に一度の規模の災害でも，あたらしい生業活動・生業システムを創りだすきっかけとなった，という証拠はいまのところ見当らない。気候の変動，あるいはそれを引金とする災害が起こったとしても，その打撃はかなりせまい範囲にとどまっており，日本列島全体がまきこまれる，といった事態は起こっていない。縄紋海進の過程で，多様で地域性のつよい自然環境ができあがっていたことは，災害の打撃を多少ともやわらげる力となっていただろう。それとともに，きわめて安定した，多少の規模の環境変化の影響を吸収してしまうほどの柔軟さをそなえた生業システムができあがっていたことをしめしているのだろう。生業活動や生業システムそのものばかりでなく，災害のときの救援や相互扶助のならわしが広い意味の制度として，できあがっていたのだろう。このような制度，それははじめに述べた「制度化された相互作用」，つまり「経済」のひとつの局面にほかならない。

第2節　仙台湾の事例

捕獲・採集を抜きにして，縄紋人の生業を考えることはできない。ここでは，まず縄紋人の捕獲・採集の一例として，仙台湾沿岸の後・晩期を中心とする貝塚のトリ・ケモノの組成を紹介しよう。

ここで，仙台湾沿岸とよぶ地域は，①牡鹿半島周辺を中心とする南三陸の沿岸部，②宮城県南部・岩手県南端部の湖沼地帯（県北湖沼地帯），③松島湾沿岸，④阿武隈川河口部，⑤脊梁山脈につづく丘陵地帯，をふくむ。

1. 仙台湾沿岸の遺跡のトリ・ケモノの組成

仙台湾沿岸のトリ・ケモノが50個体以上出土している遺跡から，宮城・二

月田(がつで)，同・沼津，同・浅部(あさべ)，岩手・貝鳥をえらび[27]，出土しているトリ・ケモノの種類と比率を調べてみる。沼津は南三陸，貝鳥・浅部は県北湖沼地帯，二月田は松島湾にある。阿武隈川流域には適当な例がなく，省略したが，これら4遺跡のトリ・ケモノの種類と比率をみれば，仙台湾沿岸のトリ・ケモノを対象とする捕獲活動のおおまかな輪郭は理解できる。

(1) おもだった獲物

浅部をはじめとする4遺跡から出土しているトリ・ケモノの比率と個体数を表7にしめした。各種のトリ・ケモノの比率はかならずしも一様ではなく，特定の種類に集中している。その傾向をまとめてみると，

I　3か所以上の遺跡で出土しており，
　a　3か所とも比率が5％以上になるもの：カモ，シカ，イノシシ
　b　3か所のうち1か所では比率が5％以上になるもの：ハクチョウ，ヒシクイ，ウ，キジ，イヌ，タヌキ
　c　3か所とも比率が5％に達しないもの：マガン，カイツブリ，アホウドリ，ワシ，タカ，キツネ，ウサギ，ムササビ，カワウソ，クジラ

II　2か所以上の遺跡で出土しているが，比率は5％に達しないもの：アビ，カモメ，オオハム，ミズナギドリ，カラス，テン，アナグマ，オオカミ，カモシカ，ツキノワグマ，イルカ，アシカ，オットセイ

III　1か所に限られるもの：ツル，サギ，オオバン，ウミスズメ，トウゾクカモメ，イタチ，ウマ，オオヤマネコ，サル，サカマタ

にわけることができる。かりにIを普通種，II・IIIを稀少種とよぼう。Iaつまりカモ・シカ・イノシシは，普通種のなかでももっともありふれた――仙台湾沿岸で貝塚の残されるような地域であれば，どこでも狩猟の獲物となっていた種類だ，といえるだろう。

ところで，キンクロハジロやクロガモなど内湾に棲むものは別として，多くのカモ類はハクチョウ属・ガン属が越冬している期間は，これといい交じっているのが普通である。表7をみても，浅部・沼津・貝鳥では，カモ類とともにハクチョウ属・ガン属も出土している。おなじ場所で越冬していた状態を思い浮かべることができる。カモ類・ハクチョウ属・ガン属を「ガン・カモ科」と

表7　二月田・貝鳥・沼津・浅部のトリ・ケモノの編成

種名／遺跡名		二 月 田	貝　　鳥	沼　　津	浅　　部
鳥類	Ⅰ ハクチョウ		1.0 (5)	0.4 (3)	5.0 (10)
	ヒシクイ		9.5 (48)	0.8 (6)	4.0 (8)
	マ ガ ン		3.8 (19)	1.0 (7)	2.0 (4)
	カ モ	45.2 (33)	7.6 (38)	16.5 (120)	4.0 (8)
	Ⅱ ツ ル		0.6 (3)		
	サ ギ		0.4 (2)		
	オオバン		0.6 (3)		
	カイツブリ	4.1 (3)	0.4 (2)	1.2 (9)	
	ウ		4.0 (20)	5.5 (40)	1.5 (3)
	ア ビ	4.1 (3)		1.5 (11)	
	Ⅲ カ モ メ			0.1 (1)	0.5 (1)
	ウミスズメ			0.7 (5)	
	オオハム	2.7 (2)		0.7 (5)	
	アホウドリ	1.4 (1)	0.4 (2)	0.7 (5)	
	ミズナギドリ	4.1 (3)		0.4 (3)	
	トウゾクカモメ			0.1 (1)	
	Ⅳ カ ラ ス		0.6 (3)	1.4 (10)	
	キ ジ	1.4 (1)	7.6 (38)	1.5 (11)	0.5 (1)
	ワシ・タカ	1.4 (1)	1.6 (8)	1.2 (9)	
	鳥 類 合 計	64.4 (47)	38.1 (191)	33.7 (246)	17.5 (35)
哺乳類	Ⅰ シ カ	11.0 (8)	22.3 (112)	23.5 (171)	44.0 (88)
	イノシシ	9.6 (7)	23.3 (117)	22.1 (161)	27.0 (54)
	Ⅱ イ ヌ	1.4 (1)	5.4 (27)	2.5 (18)	4.0 (8)
	タ ヌ キ	1.4 (1)	2.4 (12)	2.2 (17)	5.0 (10)
	キ ツ ネ	1.4 (1)	1.0 (5)	1.7 (12)	
	イ タ チ		0.4 (2)		
	ウ サ ギ	1.4 (1)	3.2 (16)	2.8 (20)	
	Ⅲ テ ン		0.4 (2)	0.7 (5)	
	アナグマ			0.6 (4)	0.5 (1)
	ムササビ	1.4 (1)	0.4 (2)	1.5 (11)	
	ウ マ			0.1 (1)	
	オオカミ		1.0 (5)		1.0 (2)
	オオヤマネコ				0.5 (1)
	サ ル			0.4 (3)	
	カモシカ		0.6 (3)	0.1 (1)	
	ツキノワグマ		1.0 (5)	0.1 (1)	
	Ⅳ カワウソ	2.7 (2)	0.6 (3)	0.6 (4)	
	イ ル カ	1.4 (1)		6.5 (47)	
	サカマタ		0.2 (1)		
	ク ジ ラ	1.4 (1)		0.4 (3)	0.5 (1)
	アシカ	1.4 (1)		0.3 (2)	
	オットセイ	1.4 (1)		0.1 (1)	
	哺乳類合計	35.9 (26)	62.2 (312)	66.2 (482)	82.5 (165)
	総　　計	100.3 (73)	100.3 (503)	99.9 (728)	100.0 (200)

してまとめよう。ガン・カモ科，シカ，イノシシの比率は，ほかの種類のトリ・ケモノよりはるかにたかい（表7）。ガン・カモ科以外のトリ，シカ・イノシシ以外のケモノをすべて合わせても30％弱。浅部のように15％を切る場合もある。ガン・カモ科，シカ・イノシシを「おもだった獲物」とよんでも差支えないだろう。

　さきに，出土しているトリ・ケモノを普通種と稀少種に分けた。いうまでもなく，おもだった獲物となるのは，普通種である。しかし，沼津のイルカ類のように，稀少種が捕獲の対象として大きな意味をもっていた，と思われる場合がある。イルカ類は，沼津ばかりでなく，二月田からも出土している。しかし，二月田の場合は1個体にすぎず，ことさら捕獲の対象としていた，というよりは，たまたま捕獲する機会があった，というまでのことだろう。ところが沼津で出土したイルカ類は，47個体にのぼり，イルカ漁は後期後葉にはじまり，晩期後葉までつづいている。

　のちにあらためて説明するが，沼津・貝鳥のウ属，貝鳥のキジ属のように，限られた種類の普通種が，特定の時期にかぎって，飛びぬけた出土量をしめすことがある。ウ属が出土しているのは，沼津・貝鳥・浅部の3か所であるが，沼津では全体5.5％（40個体），貝鳥では4％（20個体）で浅部の3個体とは大きなへだたりがある。キジ属は貝鳥をはじめすべての遺跡で出土しているが，貝鳥以外では比率はきわめてひくく，2％以下である。ところが貝鳥だけは，7.6％（38個体）に達している（表7）。

　仙台湾沿岸の貝塚から出土するトリ・ケモノには，おもだった獲物のように，すべての地域に共通する普遍的な要素とともに，限られた地域・限られた時期だけにあらわれる特殊な要素をも含んでいる。この地域の住民の食料資源の中心となったのは，いうまでもなくおもだった獲物である。その反面，かならずしも長期間持続するわけでもない要素をも，たくみにとりこんで活用しているところに，縄紋社会の生業システムの柔軟さがあらわれているのではなかろうか。

(2) 組成のバラツキ

　ところで，おもだった獲物の比率や，ガン・カモ科の中身をくらべてみると，

表7にしめした4遺跡のなかでもバラツキがあり,遺跡ごとに固有の特徴があることがわかる。表7のトリ・ケモノの比率を,ガン・カモ科,その他鳥類,シカ,イノシシ,その他獣類の5項目に分けなおし,比率をくらべてみよう(図23)。二月田・貝鳥・沼津・浅部の順にケモノの比率がたかくなる。もっともケモノの比率がひくい二月田では36%,もっともたかい浅部では83%弱で,2倍以上のひらきがある(表7,図23)。おもだった獲物のなかでは,イノシシの比率は増減がめだたず,シカとガン・カモ科の増減が補いあってトリ・ケモノの比率を決定している。

おもだった獲物の比率を観察してみると,
①シカ・イノシシに比重がかかり,両者をあわせると70%強になる場合(浅部)
②ガン・カモ科に比重がかかり,45%前後になる場合(二月田)
③ガン・カモ科,シカ・イノシシの比率がほぼひとしく,それぞれ20%強になる場合(貝鳥,沼津)

を区別することができるだろう。

これらの遺跡のガン・カモ科の中身にも大きな違いがある。貝鳥・浅部では,ハクチョウ属・ガン属をあわせた比率は,カモ類の2倍を超える。一方,二月田ではハクチョウ属・ガン属はまったく出土しておらず,沼津でも2%強にすぎない(表7)。ハクチョウ属・ガン属の比率のたかい貝鳥・浅部と,カモ類の比率のたかい二月田・沼津を区別することができる。

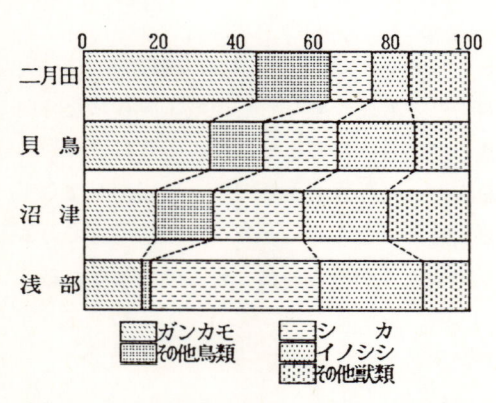

図23 二月田・貝鳥・沼津・浅部のおもだった獲物の比率

カモ類のなかには,いくつかの属が混じっているはずだが,骨の形では区別できず,骨の大きさで中型(マガモ級)と小型(カルガモ級)に分けている。沼津で出ているカモ類は,マガモ級が圧倒的に多い。一方,二月田のカモ類は,ほとんどすべてカルガモ級である。おなじくカ

モ類の比率がたかいとはいっても，二月田と沼津では中身の違いがある。

2. バラツキの原因

浅部・貝鳥・沼津・二月田のトリ・ケモノの組成にはバラツキがあり，それぞれ固有の特徴をしめしている。このバラツキの原因はどこにあるのだろうか。おもな原因として，

① 調査方法の欠陥や制約にもとづく資料の偏り・その結果としてのデータのひずみ

② 時間の経過にともなう変化
　a．捕獲技術の発達・道具の改良の影響
　b．環境の変化にともなう資源分布の変化

③ 遺跡をとりまく，異なった環境のなかの資源構成の差

などをあげることができよう。そして，これらの原因が，おもだった獲物の種類と比率の違いの説明になるかどうか，順をおって検討してみよう。なお，②bと③を「環境の影響」としてまとめて検討する。

(1) 調査方法・資料のひずみ

ここで紹介した調査では，堆積物をすべて回収し，篩別けをするいわゆる「悉皆サンプリング」の方法はとられていない[28]。その点で，すでに紹介したデータ，これから紹介するデータには，すべて欠陥があり，「悉皆サンプリング」にもとづくデータと同格の扱いをするわけにはいかない。単位堆積あたりの動物遺体の出土量を測り，全体（＝母集団）の規模を推定するための，たとえばブロック・サンプリングなどの措置も，二月田を除けばとっていない。ここに紹介しているデータが，ことごとく過去の調査水準の制約を受けた，欠陥の多いものであることは否定できない。その反面，これらの調査では，それまでほとんど無視され，考古資料としての扱いさえうけてこなかった動物遺体を，資料として活用しようとする努力がはらわれていることも事実である。これらのデータの死んだ部分・活きた部分を確実におさえ，活きた部分から読みとれることは読みとっておくのは無益なことではなかろう。

これらの調査の欠陥は，微小遺物の回収・母集団の規模を推測するための配

慮を欠いていたことにある。したがって，これらの事項はここで扱っているデータの死んだ部分である。これらのデータを基礎として，たとえば遺跡の住民の消費した動物性食料の量を推測したり，人口規模・居住期間などを割り出そうとしたりするのは，（いまとなってみれば）正気の沙汰ではない。しかし，ここで扱っているトリ・ケモノの遺体の場合には，サカナの背骨のような微小遺物にくらべれば，見落としの率はかなりひくい，といえよう。しかもすべての調査がほぼおなじ方法をとっているから，回収されている資料は，すべておなじ程度・おなじ方向に偏っているだろう。とすれば，見落としの比較的少ない大型遺体をとりあげ，資料の量そのものではなく比率を問題にすることは，比較的安全だ，といえるだろう。したがって，おもだった獲物のように，ある程度まとまった量の資料，とりわけその比率は，これらのデータの活きた部分である。これから述べる意見は，かろうじて生き残っている部分にもとづく仮説であり，今後の調査によって吟味されねばならない。

　遺跡のなかの分布の偏りも，資料のひずみ（サンプリング・バイアス）の原因となる。シカ・イノシシが，浅部では並はずれて多く，二月田では並はずれて少ない。浅部の場合にかぎって，シカがイノシシの2倍ちかい量になっている。浅部のシカ・イノシシ（とりわけシカ）の出土量にはサンプリング・バイアスが働いているのではないか，というのは当然な疑問である。われわれは，遺物がひとつの区域に集中している現場にたえずぶつかっている。動物遺体も例外ではない。関東地方の晩期の「骨塚」や東北・北海道の貝塚の「魚骨層」はこの一例である。浅部・二月田は，いずれも調査面積が小さい。浅部の場合には，調査区のなかにたまたまシカ・イノシシ（あるいはシカ）の骨の集積があり，二月田の場合にはたまたま集積からはずれていた，ということも十分に考えられる。

　浅部の場合には，出土量の層位的な変化・平面分布の偏りにもとづいて，ひとまずの反証はできる。1層あたりのシカ（成獣・亜成獣）の出土個体数は，1〜2個体（のべ6層）・4〜6個体（のべ10層）に集中し，3個体・9個体を出土した層が1層ずつある。出土個体数が1〜2個体の層は，上位・下位の層準にわかれるから，層別の出土個体数を上・中・下の層準に投影してみると，1層あたり4〜6個体を含む中位の層準にピークをおく正規分布になる。上位の層準の3個体・中位の層準の9個体が飛びはなれている。確実に集積と判断で

きるのは中位の層準の9個体だけである。つまり，浅部のシカの骨のなかに，特別な集積に由来するものがあるとしても，延べ21層のなかの2層（実質的には1層）にとどまり，たかだか5個体前後のズレにとどまる。イノシシの層位的な分布もおなじ傾向をしめし，シカよりもさらに安定している[29]。浅部のシカ・イノシシの出土量は，実情を反映している，とみるべきだろう。

(2) 技術・道具の問題

　技術の発達・道具の改良がきっかけとなって，おもだった獲物の比率や量が変化する場合もありうる。沼津では後期後葉になるとイルカ漁が目立つようになる（表7）。この時期に，銛の形が変化することは，多くの人々が指摘している。銛の性能が改良された結果，イルカ漁が活発になったのかもしれない。この種の銛は，内陸部には普及していない。新しく開発された漁具をとり入れた地域，とり入れぬ地域で，獲物となるトリ・ケモノの種類や比率に違いが生まれる，ということも考えられぬことではない。しかし，後期後葉の沼津のトリ・ケモノの組成からイルカ類を除いてみても，貝鳥と共通する特徴は顕著になるが，かといって二月田・浅部との違いは依然として残る。銛の改良は，トリ・ケモノの組成全体を組みかえるほどの効果を発揮しているわけではない。

　長根（前期末〜中期初頭）からはシカ31個体・イノシシ24個体が出土しており，これは貝殻塚（前期前葉）のシカ14個体・イノシシ11個体の2倍を超す。この前後に技術の発達・道具の改良がおこっているのかもしれない。しかし，この時期に弓矢の性能が飛躍的に高くなったとか，弓矢の生産量が急に増える，といった証拠があるわけではない。少なくともいまのところ，技術の発達や道具の改良をトリ・ケモノの組成の違いを説明する要素としてあつかうことはできそうにもない。

(3) 環境の影響

　ここでは，われわれが漠然と「環境の違い」とよんでいるものを環境変遷と環境変異に区別しよう。時間を固定し（あるいはまったく限定せずに）空間にそって観察の目を移動させれば，環境変異が浮びあがってくる。1本の経度線にそって，海岸から脊梁山脈までの景観を観察したり，1本の水系をたどって水

源から河口までの景観を観察する場合を考えてみればよい。この区別を意識しながら,トリ・ケモノの種類と比率を観察してみることにしよう。

まず,この地域の環境変遷の大筋を説明しておこう。松本秀明は,仙台湾沿岸各地のボーリング資料にもとづいて,海岸線がもっとも内陸に入りこんだのは7,900～7,500y. B. P.の頃で5,000y. B. P.頃には海面はもっとも高くなるが,その時の海面の高さは現在と変わらない,という。7,900～7,500y. B. P.を境として海面の上昇する速度は遅くなり,海面の停滞期に入り,4,000y. B. P.前後には海面は一時低下するという[30]。ただし,これに先立って海岸線は後退をはじめており,6,500y. B. P.前後には海進のはじまった頃(8,800～8,500y. B. P.)の位置まで後退しているという。松本の説明にしたがえば,ここで扱っているデータは,海面の停滞期・低下期・再上昇期?の3段階にまたがるが,多くは低下期に対応する[31]。

松本は,海進のピークには,いまより20～35km内陸よりの位置に海岸線があった,と推定している。この位置は,ハマグリやカキを主体とする早期後葉～前期初頭の貝塚の分布限界にあたっており,海進の年代とともに,考古資料と矛盾しない。迫川・江合川の流域では,前期中葉を境として,浜や入江に棲むハマグリやアサリの貝層は,海水の流れこむ川口や潟湖(ラグーン)に棲むヤマトシジ

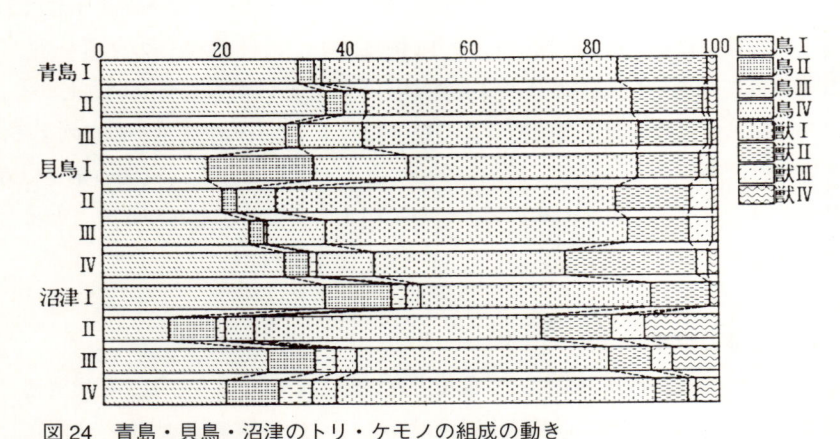

図24 青島・貝鳥・沼津のトリ・ケモノの組成の動き
（青島Ⅰ：中期中葉，Ⅱ：中期後葉，Ⅲ：後期前葉，貝鳥Ⅰ：後期前葉，Ⅱ：後期中葉，Ⅲ：後期後葉，Ⅳ：晩期前葉，沼津Ⅰ：後期前葉，Ⅱ：後期後葉，Ⅲ：晩期前葉，Ⅳ：晩期後葉）

ミの貝層にいれかわる[32]。後期前葉からのちになると，この地域には川や沼に棲むイシガイ・ヌマガイ・カラスガイ・タニシ類の貝層があらわれ，晩期後葉までつづく。この地域の基盤はきわめて平坦で，海進のときの内湾を埋めたてた沖積平地を流れる河川の流路は不安定で，いたるところに自然堤防・後背湿地が残され，やがて大小の沼になる。後・晩期の淡水性貝塚は，このような経過をたどって出現する。晩期後葉になると，二月田・沼津など，いまの海岸線に近いところにヤマトシジミの貝層があらわれる。浜堤で入江が締めきられたことをしめしている。このような環境変遷を頭において，トリ・ケモノの組成と比率の変化を観察してみよう。青島（中期中葉～後期前葉）[33]・貝鳥（後期前葉～晩期前葉）・沼津（後期前葉～晩期後葉，ただし後期・晩期中葉欠）のデータをとりあげる（図24）。

　ここでは，おなじような環境に棲むトリ・ケモノをつぎのようにまとめた（表7参照）。

　　鳥類Ⅰ　ガン・カモ科。カモ類のなかには渡りをしないものもあるが，日本列島で越冬し，繁殖地に戻るものが多い。
　　　　Ⅱ　ガン・カモ科以外の，おもに淡水域に棲むもの。「水鳥」とよぶ。
　　　　Ⅲ　海岸・洋上に棲むもの。「海鳥」とよぶ。
　　　　Ⅳ　陸上に棲むもの。ワシ・タカ科のなかには水辺に棲むものもあるが，識別はできない。「陸鳥」とよぶ。
　　獣類Ⅰ　シカ・イノシシ。生活環境はかならずしもおなじではないが，ともに主要な狩猟獣であるのでまとめた。
　　　　Ⅱ　イヌをはじめ，人里に棲むか，人里に近い環境にも適応しやすいもの。「里獣」とよぶ。
　　　　Ⅲ　Ⅱよりは深い森林・山間地を好むもの。「森獣」とよぶ。
　　　　Ⅳ　海獣。カワウソは内湾・湖沼・河川などに棲むが，便宜的にここにいれた。

　沼津では，後期後葉（Ⅱ期）にトリの比率が急に落ちこんでおり，貝鳥でも後期前葉（Ⅰ期）と中葉（Ⅱ期）のあいだに，おなじような変化が起きている。青島ではこのような変動は観察できず，組成は安定している。沼津と貝鳥の変動は，

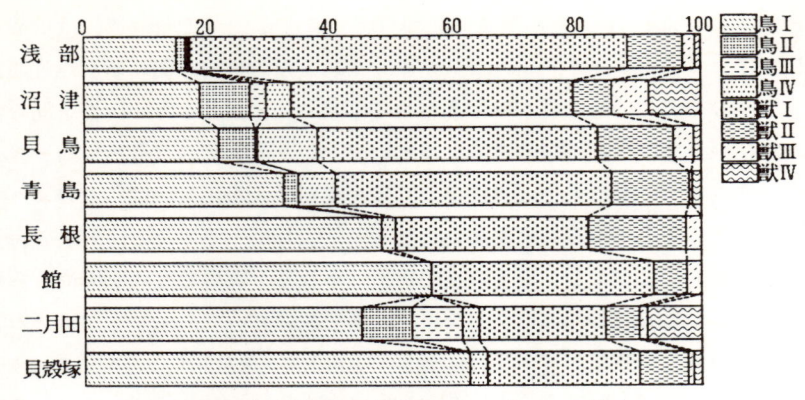

図 25　仙台湾沿岸諸遺跡のトリ・ケモノの組成

表 8　仙台湾沿岸諸遺跡のトリ・ケモノの比率

		鳥類				哺乳類			
		I	II	III	IV	I	II	III	IV
浅部	内陸沿岸	15.0	1.5	0.5	0.5	71.0	9.0	2.0	0.5
貝鳥		21.9	6.0	0.4	9.8	45.6	12.4	3.4	0.8
青島		32.5	2.5		6.1	45.1	12.7	0.6	1.0
長根		49.4			2.3	32.0	16.3	2.4	
館		56.4				36.2	5.5	2.2	
貝殻塚		63.0			3.0	25.0	8.0	1.0	1.0
二月田		45.1	8.2	8.2	2.8	20.6	5.6	1.4	8.3
沼津		18.7	8.2	2.7	4.1	45.6	6.4	6.1	7.8

　①トリの比率は50％前後から30％前後まで落ちこむが，
　②トリの出土量が減っているのではなく，量は増えているが，ケモノの増加率がこれをしのいでいる。

ことが共通する。しかし，

　①沼津ではガン・カモ科がもっとも大幅な落ちこみをしめし，
　②貝鳥では，ウ属・キジ属の比率は低下するが，
　③ガン・カモ科の比率は，わずかながら上昇している。

という相違もある。貝鳥では，ガン・カモ科の比率はⅠ期からⅣ期までひきつづき上昇し，Ⅳ期にはⅠ期のおよそ1.5倍ほどになる。キジ属の比率はⅢ期に回復したのち，横這いになる。ウ属を中心とする水鳥の比率も，Ⅳ期にはⅡ期

の2倍近くまで回復する。ガン・カモ科・ウ属・キジ属の比率の動きは無関係ではなく，海岸線の後退にともなう淡水域の拡大という環境変遷を反映しているように思われる。しかし沼津では，ガン・カモ科の比率は多少の起伏を示しながら低下している（図24）。

　かりに，トリ・ケモノの組成・おもだった獲物の中身や比率が，環境変遷の影響をうけているとすれば，おなじく後期前葉の青島III期・貝鳥I期・沼津I期の組成には，共通する特徴を指摘できるに違いない。トリ・ケモノの比率には大きな違いはなく，貝鳥と沼津の比率はほとんど一致している。各種のケモノの比率にも大きな違いはないが，各種のトリの中身と比率はまちまちである。ガン・カモ科の比率は，青島と沼津のあいだでは4％強にすぎず，沼津と貝鳥の差がめだつ（表8）。しかし，青島・貝鳥ではハクチョウ属・ガン属をあわせた比率はカモ類と大差がないのに，沼津ではカモ類の1/3に過ぎない。ウ属を中心とする水鳥の比率は，出土量の多い貝鳥・沼津の比率はかなり近く，青島との間には大差がある。青島・貝鳥ではキジ属がまとまって出土しているが，沼津での出土量は微々たるものである（表8）。時期がおなじでも所在がへだたっていると，トリ・ケモノの比率には無視できぬ違いがあらわれている。青島I期・II期（図24）と浅部（表7），貝鳥IV期・沼津III期（図24）と二月田（表7）もこの例外ではない。

　ここで，これまで観察してきた遺跡に，貝殻塚・長根・館（後期末〜晩期初頭）[34]のデータをくわえて，おもだった獲物の組成をくらべてみよう（表8，図25）。時期とはかかわりなく，ケモノの比率のたかい順に配列した。おもだった獲物の比率のいずれも違っている。そのなかで，沼津・貝鳥と青島，長根と館，二月田と貝殻塚はトリ・ケモノの比率は比較的近い。とくに，地理的に近い位置にある長根・館，貝殻塚・二月田の2組の組成が，前期末〜中期初頭と後期末〜晩期初頭，前期前葉と晩期前葉という年代のへだたりにもかかわらず，トリ・ケモノの比率が近い，という点は注目をひく。これは，さきに青島・貝鳥・沼津の時期のおなじ組成をくらべた結果と表裏一体の現象と判断すべきだろう。つまりトリ・ケモノの組成は，年代が重なっていても地理的なへだたりがあれば喰い違い，年代のへだたりがあっても地理的な位置が近ければ一致——とはいえぬまでも類似する。

さきに，松本の推定する海進のピークの年代・海岸線の位置を紹介したが，年代にも位置にもかなりの幅があった。この幅は，おもに地域のあいだの年代・規模のズレをしめしている。松本は海岸の前進・後退が，河川の運搬する土砂の量・埋めたてる海底の容積などの局地的な条件によって左右されることを指摘している[35]。上に指摘したトリ・ケモノの組成や比率のあり方も，まさにそのような局地的要因によって左右されている，と考えるべきだろう。かりに仙台湾沿岸に一様な影響をおよぼすような環境変遷がトリ・ケモノの比率を左右しているとすれば，このような現象が起こるはずはない。トリ・ケモノの組成から読みとれるのは環境変異で，環境変遷ではない。

3. トリ・ケモノの組合わせの類型

(1) 設定の前提

まわりくどく，しかも不十分な説明になったが，仙台湾沿岸の諸遺跡のトリ・ケモノの組合わせを左右しているのが，遺跡をとりまく環境であることを指摘した。これは一方からみればきわめて常識的な判断で，あらためて説明するまでのことではないかもしれない。しかしまた別の立場からみれば，この判断は裏づけの不十分な仮説にすぎない，ともいえる。たとえば，貝鳥II期からIV期にわたるガン・カモ科の比率の上昇・それにともなうキジ属の比率の変化は，遺跡のまわりの湿地や湖沼が拡大した結果と解釈できぬこともない。おなじように，青島I期からIII期にかけてのキジ属の増加は，疎林や草地が拡大した結果とみることもできるだろう。しかし，貝鳥や青島付近の微地形や植生の変遷はまだ確認されていない。将来，微地形や植生の歴史があきらかになれば，この推測があたっているかどうか，確かめることができるだろう。

また，これまでの説明では，ことさら環境の変遷・変異という立場にしぼってデータを観察してきた。しかし，たとえば貝鳥II期・沼津II期のケモノの比率の上昇は，環境の変化というだけにとどまるのだろうか。沼津でも貝鳥でも，シカ・イノシシの出土量は倍増しており，沼津II期にはI期にはまったく出土していないイルカ類が36個体出土している。たとえケモノが増加した直接の原因が自然環境の変化にあったにしても，獲物が増えた，というできごとが社会的な意味をもたぬはずがない。獲物の増加の原因を，技術の発達や道具の改

良に求めるには，いまわれわれの手許にあるデータはきわめて不十分であり，さらに慎重な態度をとらねばならない。むしろ，集落の性格や狩猟・漁撈そのものの社会的な意味や機能の変化という立場から分析をすすめる方が，仮説の中身・吟味の手段はゆたかになるだろう。

　本節2.の(1)で，データのひずみの問題を指摘した。浅部のシカの出土量は，ほかの遺跡とくらべて異常なほど多い。しかし，すでに説明したように，層ごとの出土量は安定しており，ここにしめしたデータはそのまま実情を反映していると考えてよい。むしろ，青島Ⅲ期・貝鳥Ⅰ期のキジ属，貝鳥Ⅰ期のウ属のように，実数20個体前後で飛びぬけた比率をしめしている場合の方が，たまたま集積にあたっている可能性がたかい。データそのものにかたよりがあるとすれば，すべての解釈・仮説はくずれてしまう。いまのところ，出土層位・平面分布のほかに，この点を吟味する有効な手段はない。出土資料を母集団を代表するサンプルとしてあつかうことのできるような調査方法を確立する必要がある。

(2) 類型の設定

　ここで指摘したような問題があることを承知したうえで，これまで紹介したデータを，いくつかの類型にまとめてみよう。はじめにこれらすべて，あるいは大部分のデータに共通する特徴を指摘しておく。

　①かならずガン・カモ科，シカ・イノシシを含み，これらをあわせた比率は70〜80％に達し，90％を超える場合もある。

　②シカの比率はつねにイノシシの比率を上回るが，その差は5％前後にとどまる。

　③イヌを除いた里獣の比率は，多くの場合5〜7％前後で，多くとも10％強である。

　④森獣の比率はきわめて低く，高くとも4％以下，多くの場合1〜2％である。

　貝殻塚・沼津・二月田の組成を沿岸性とする。沿岸性の組成は，カモ類がガン・カモ科のなかで圧倒的な比率を占め，海鳥・海獣の比率がほかの組成よりもたかい，という点が共通する（表8）。しかし沼津のようにマガモ級のカモ類

が主流となる場合と二月田のようにコガモ級のカモ類が主流となる場合がある。さらに貝殻塚の組成には，海鳥・海獣が欠けている。三角州・潟湖をひかえた湾口あるいは河口（沼津）・三角州・干潟の発達しない内湾の湾口（二月田），さらにその内湾の湾奥（貝殻塚）という立地条件を考えにいれれば，これらの違いを説明することができる。

貝殻塚・二月田のシカ・イノシシの比率はきわめてひくい（図25）。二月田の対岸にあたる位置にある里浜西畑でも，シカ・イノシシの出土量は多くはない[36]。松島湾沿岸の遺跡に共通する特徴と見るべきだろう。沼津ではシカ・イノシシの比率は貝鳥とおなじく45％前後になる（表8）。これも北上山地の南縁にあたる沼津と，島嶼と痩せ尾根に囲まれた松島湾という環境の違いとして説明できよう。沼津を河口／丘陵型とし，二月田・貝殻塚を内湾型とする。両者の違いにもとづいて，内湾型を湾口・湾奥の亜型に細別する。

長根・浅部・青島・貝鳥・館の組成を内陸性とする。内陸性の組成には，ガン・カモ科のうちハクチョウ属・ガン属の比率がたかく，海鳥・海獣の比率は1％以下にとどまることが共通する。

貝鳥の組成では，シカ・イノシシの比率が45％前後，ガン・カモ科の比率は20％強で，ハクチョウ属・ガン属がガン・カモ科の過半数を占めている。キジ属の比率も5％を超えるし，ガン・カモ科のほかの水鳥の種類も多い（表8）。シカ・イノシシ，キジ属の棲む森林・草地と，ガン・カモ科の棲む湖沼・湿地の釣合のとれた環境を推定することができる。貝鳥を内陸性の組成の典型とし，森林／湖沼型とよぶことにしよう。

浅部のトリ・ケモノの比率は，典型的な森林／湖沼型（貝鳥・青島）とは大きな違いがあるが，トリ・ケモノの顔ぶれそのものは，長根・館よりは貝鳥などに近い。長根・館の組成は，ハクチョウ属・ガン属の比率がたかい点は貝鳥と共通する。しかし水鳥が欠けており，陸鳥の比率もきわめてひくい。シカ・イノシシの比率は，浅部よりは40％前後，貝鳥よりも15％近くひくい。

浅部は北上川本流に面しており，遺跡の周辺にはガン・カモ科の餌場となる湖沼・湿地があまり発達していなかった可能性がある。ガン・カモ科の捕獲に多くを期待できない，という条件のもとで，シカ・イノシシの捕獲に比重がかかる結果となったのだろう。長根・館で水鳥が欠けている理由はいまのところ

説明が難しい。しかしシカ・イノシシばかりでなく，キジ属の比率もひくいことは，湖沼・湿地の面積にくらべて，森林・草地の面積がかぎられていたことをしめしているのではなかろうか。浅部を湖沼／森林型の森林よりの亜型，長根・館を湖沼よりの亜型，と考えよう[37]。

ここに指摘した類型・亜型は，水辺・水中の資源の利用を前提として成立している。この前提条件が欠ける地域，たとえば宮城県北部の湖沼地帯を取り囲む丘陵地では，浅部のガン・カモ科を陸鳥に置き換え，さらにケモノに比重をおいた組成が拡がっていると推定できる。そして，さらに山間部に入れば，カモシカ・ツキノワグマなどの山間部特有の要素が加わるのだろう。おそらく，これら内陸・山間部の類型・亜型には，地域性が稀薄であろう。

第3節　季節の推定

第2節において縄紋人の狩猟活動の一例として，仙台湾沿岸のいくつかの貝塚のトリ・ケモノの組成を紹介し，内湾型・河口／丘陵型・森林／湖沼型などにわけた。それほど広くもない地域のなかに，いくつもの類型を設定できることは，この地域の景観が変化にとんでいる結果にほかならない。縄紋人は，この条件をたくみに利用し，生活の基盤をきづいていた。彼らは，統合をもとめて広い範囲の交流をたもつ一方，固有の領域のなかで割拠・自立する。さまざまな活動のうち，生業には，どちらかといえば割拠の傾向があらわれる。捕獲・採集活動にたよって生活しようとすれば，身のまわりの自然を知りつくさねばならない。生業にみられる割拠の傾向は，その当然の結果である。ただし，割拠の傾向だけを読みとるのは，不充分・資料の浅読み，といわねばならぬ。

この問題は，縄紋人の領域・生活圏・地域社会の交流，などの問題と深くかかわっている。ここではこれ以上の深入りはさけ，第2節で紹介したデータを軸として，縄紋人の生業を復元するうえでのいくつかの問題について考えることにしよう。

1.　季節推定の原理と現状

さきにあげたような，仙台湾沿岸のいくつかの狩猟活動の類型は，ガン・カ

モ科，シカ・イノシシなど，おもだった獲物の比率の違いといっても差支えない。狩猟を中心とする労働の割振りかたの違い，といってもよいだろう。それでは，狩猟シーズンをはずれた季節には，おなじ生業のうちでも，どのような活動をしていたのだろうか。いいかえれば，さまざまな生業活動は，四季を通して，どのように配分されていたのだろうか。さまざまな生業がいつおこなわれているのか，それをどのようにして割りだすのか，その問題を考えてみることにしよう。なお，季節推定という作業の範囲を，すこしゆるやかに解釈し，生業のおこなわれた季節ばかりでなく，層の堆積・施設の構築などの季節にもふれることにする。

季節を推定する方法には，
① 層（マトリックス）の母材や堆積物の特徴による推測（エスティメイション）
②動・植物の生態にもとづく推測
③遺体そのものの検査にもとづく査定（デターミネイション）

の三種類の方法がある。ヨーロッパでは，①は季節の判定をもふくめた，環境復元の手段として定着している。しかしわが日本国では，このごろになってようやく地形・地理などの研究者が，この方面に注意するようになったばかりである。②は③にくらべると，推定の幅が大きい。そのかわり，動・植物の生態について，ある程度正確な知識があれば，専門家でなくとも大まかな推測はできる，という利点はある。しかし花粉や種子・果実となると，専門家でなければ歯が立たない。動物にしても，動物分類学・生態学の専門家の助言がなければ，おもわぬ大ケガをすることになりかねない。ただし，われわれが必要とする知識をもちあわせている専門家は，両手で数えるまでになるかどうか，というのがこの国の現状である。この国の動・植物の科学が，博物誌（ナチュラル＝ヒストリー）の伝統に根をおろしていないところに，その原因がある。

いつ渡り鳥がやってきて，いつ植物が実をむすぶのか，誰でも知っている。樹木の年輪でも，温度の高い季節にできた部分と，温度の低い季節にできた部分は，区別がつく。季節推定の手掛かりになるもろもろの現象，それを「季節指標」（シーズナル＝インディケイター）とよんでいる。

動・植物の遺体を，季節指標として活用した歴史は，19世紀なかば，ヴォーソー，ステンストルプ，フォルヒハマーらの委員会が，世界にさきがけて貝塚

の調査を実施したときにさかのぼる[38]。1930年代には，トナカイやアカシカの落角と生角・乳歯と永久歯の比率にもとづいて，緻密な議論がかわされるようになっている[39]。1954年に刊行されたスター・カーの報告書は，世界各地の研究者にふかい影響をあたえた[40]。1970年代後半から1980年代はじめには，のちに紹介する「成長線分析」が考古資料にも応用されるようになり[41]，推定の精度は一段とたかくなった。この手法は，ただちにこの国にもつたわり，1980年代になって，季節推定をとりいれることが，ようやく貝塚の調査報告の定石の一つになった。ヴォーソーらの業績におくれること一世紀と四分の一。

いまのところ，植物の季節指標は，木の実・草の種が中心となっている。ドングリ・トチ・クリ・クルミなどの収穫期が，秋だったことは間違いない。しかしこれらの堅果類（ナッツ）は，普通は貯蔵してしまう。コクワなどの果実（フルーツ）・木苺（きいちご）類などの液果（ベリー）のように，貯蔵せずに食べてしまうもの，利用したかどうかもわからぬ雑草の種子（シード）などのほうが，季節指標としては有効だ。

動物では，渡りをするトリ・季節的に回遊するサカナや海獣などが，有効な季節指標になる。サカナの骨の大きさから体長を割り出し，そのバラつき（体長組成）を調べると，捕獲した季節の見当がつく。これらについては，のちに説明する。人骨についていたニクバエの蛹（さなぎ）のぬけ殻から，埋葬の時期を推定できた例もある[42]。

生物の遺体の検査にもとづく季節の判定は，ケモノの歯・サカナの鱗・貝殻・樹木などを対象としている。いずれも，生物の成長のペースが，温度や栄養の供給量などの変化のせいで，きまった周期で変化をくり返すことを基礎としている[43]。これまであげた例からわかるように，この方面の研究では，植物はあまり勢いがよくない。しかしまったく皆無というわけでもないし，将来有望な方法もある。

那須孝悌の教示によれば，長野・仲町の草創期の土壌の埋土から，トチの花粉が大量にでたという。初夏，萌黄色（もえぎ）の花をつけていたトチの枝を，死者の上に盛りあげ，野辺の送りをしたのだ，というのが那須の推定である。これから，季節を推定するうえでも，花粉分析が威力を発揮する場合もふえてくるに違いない。樹木の年輪の読みとりは，奈良文化財研究所などが研究をすすめている。当然のことながら，年輪年代の確立に精力を集中している。この方面のメドが

つき，余力がでてくれば，季節推定の有力な武器になることは間違いない。作りかけ（まれにはでき上り）の木器には，皮付きのままのものがある。年輪を読みとれば，原木を切りだした季節は確実にわかり，木器を作る季節も推定できるだろう[44]。

温帯・寒帯では，樹木の成長は，気温と雨量によって左右される。気温の低くなる季節には樹木の育ちは遅くなり，木目の詰まった部分（冬材・冬輪）ができる。気温が高くなるとともに成長は早くなり，木目の粗い部分（春材・春輪）ができる。伐採した樹木の切口を観察して，一番外側に春材ができあがっていれば，その樹木を切り倒したのは低温期にはいってからで，冬材ができあがっていれば，高温期にはいってからのことだ，と判断がつく。冬材・春材の数をかぞえれば，その樹木が切り倒されたときの樹齢もわかる。これが年輪の読みとりの原理である。

樹木は，外界からの影響をさえぎり，生命を維持するうえで必要な活動（「成長」はその結果である）をできるだけ安定した状態にたもつ仕組み（homoeosatasis ホメオスタシス）として，樹皮しかもちあわせていない。だから，寒帯・温帯の樹木の成長は，一年ごとの山―谷の繰り返しになる。体温を気温より高くたもち，活発な生理作用を維持する，というのは，かぎられた種類の動物だけが獲得した仕組みなのだ。貝やサカナなど変温動物のホメオスタシスは，ここまで発達していない。栄養の取りこみ・老廃物の掃きだしは，気温の高い季節には活発になり，気温が低くなると不活発になる。貝やサカナでも，緩―急の成長のペースは，はげしくしかも規則的に変化する。トリやケモノのように，体温の変化をおさえる仕組みをもちあわせている動物でも，歯や骨はそのシステムとのつながりは弱いから，貝やサカナとおなじように，成長の山と谷がめだつことになる[45]。

こうしたわけで，歯・鱗・貝殻なども，樹木の冬材・春材にあたるパターンを読みとることができる。歯・鱗・貝殻を切って，切口をうすく剥ぎとって薄片標本（プレパラート）にする。プレパラートを顕微鏡で観察すると，樹木の年輪のような縞模様が見える。この縞が「成長線」である。幅のせまい色の濃い縞が成長の谷の部分（図26―1～3），色が薄く幅の広い縞が成長の山の部分にあたる。濃淡一対の縞が，成長の一周期をしめすわけである。歯・鱗では樹木とおなじく寒

第5章　縄紋人の生業　153

暖，貝殻では満潮・干潮による周期だから，おなじ一周期とはいっても，時間の長さでは360倍以上の違いがある。

樹木の年輪にも「偽年輪」ができ，一対の春輪と冬輪が一年がかりでできるとはかぎらない。なみはずれの気温や降水量，その結果ひきおこされる樹木の異常な生理作用が原因である。歯・鱗・貝殻にも異常な成長線ができる場合がある。図26のイノシシの歯でも，象牙質とセメント質の境（→）のあたりに異常な成長線がみえる。何本もの成長線のうち，どれが正常でどれが異常か，正確にみわけるには，かなりの経験が必要だ。

もっとも外側にある成長線が春輪か冬輪か，それによって人間が捕獲した季節，さらにそのときの年齢もわかる。ただし，出土資料の場合，肝心な表面が腐蝕をうけ，判定にかなりの幅を見込まねばならぬ場合がおおい（図27）。また，ケモノの歯は，乳歯と永久歯の生えかわる時期に個体差があるし，環境にも左右さ

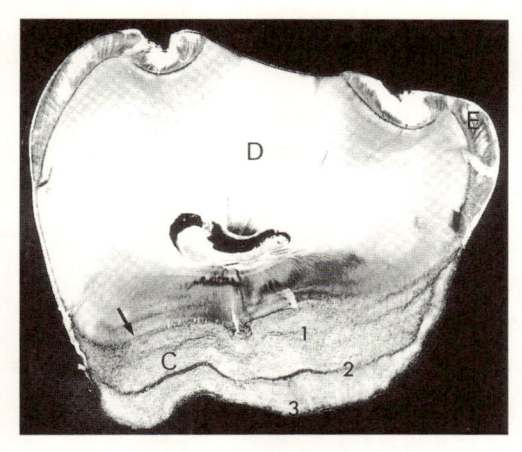

図26　イノシシの臼歯の成長線（丹波篠山産）
エナメル質（E）の内側の象牙質（D）にも成長線はみえるが，その下側のセメント質（C）ほど鮮明でない。形成の完了した春輪が3本・冬輪が2本。この個体は，3本目の冬輪（3）の形成中に捕獲され，推定年齢2.5歳。註47による。

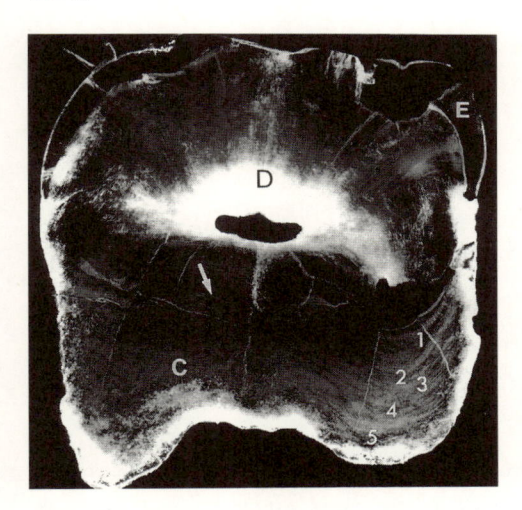

図27　イノシシの臼歯の成長線（伊川津出土）
冬輪が5本まではみえ（白抜数字1～5），それより外の成長線は歯の表面が腐蝕を受けたためみえない。推定年齢6～7歳。註47による。縮尺は図26も約8.5倍。黒白反転像。

れる。判定の結果にも、半年から一年前後の誤差が生まれる。

　成長線を観察し、捕獲の季節や年齢を査定するのが「成長線分析」である。ケモノの成長線分析は、大泰司紀之が現生のシカで先鞭をつけ、大泰司や小池裕子が縄紋時代のシカに応用し[46]、近ごろイノシシの観察結果もまとまった[47]。貝の成長線分析の軸となっているのは、小池裕子のハマグリの研究である[48]。ハマグリのほか、最近数年のうちに、ハイガイ・アサリなどをとりあげた成果が発表され、ヤマトシジミの成長線の観察もすすんでいる[49]。農林水産省や漁業会社の資源調査では、年齢の判定にサカナの耳石(じせき)の成長線をもちいている[50]。年齢ばかりでなく、いつ捕ったのか季節もわかる。資源調査の場合、それはわかりきっているから、問題にしないまでのことだ。外国では、耳石を観察して生業・居住の季節を推定した業績がある[51]。この国では、考古資料にこの方法を応用した、という話はまだ聞いたことがない。動物遺体を手がけている数少ない研究者に、なにもかも要求するのが無理なのかもしれない。しかしタイ類・カツオ・マグロなど中型以上のサカナの背骨の春輪・冬輪は肉眼でも数えることができる。これもアメリカでは考古資料に応用されているが[52]、縄紋の貝塚でサカナの年輪を数えた、という話は耳にしていない。「常識」と日常の経験を活用する余地は、まだまだおおきい。

2. 季節の推定

　生態にもとづいて推測をするか、さもなければ、列島の内外にかろうじて残っている習俗にもとづいて類推をする。少なくともいまのところ、このほかに植物性の資源（とくに堅果・地下茎・球根など）の収穫期を推定する方法はない。こと季節推定にかかわるかぎり、植物遺体そのものがあってもなくてもおなじことだ――ともいいたくなるほど、植物による季節推定の方法の開発には、立ち遅れがめだつ。

　動物の場合には、考古資料そのものにもとづいて推測・判定をすることができる。すべての縄紋人が、植物性食料なしですごせたわけはないのだから、動物性食料の供給のとぎれる季節・備蓄(ストック)が底をついてしまう季節をわりだし、その穴を埋める手段として、植物性資源を採集する季節・備蓄の規模や手段を推測するのが確実な方法なのだ。

(1) 浅部の季節推定

　私自身の古い仕事だが，宮城・浅部のトリ・ケモノにもとづく季節推定[53]をマナイタにのせる。この貝塚の位置や時期は，第2節でふれているので説明ははぶく。貝層の拡がりは，南北10m・東西6mのなかにおさまるだろう。大まかにみれば，層の傾斜・厚さは，大木8b以前・大木9前半・大木9後半で，緩─急─緩・薄─厚─厚と変化する（図28）。

　秋口から冬の前半には，トリ・ケモノは，彼らにとっては迷惑な話だが，食料としても，羽毛を利用するにしても，もっとも利用価値の高い状態になる。だから，縄紋時代にもトリ・ケモノの狩猟のピークは，この国の法律のうえの狩猟シーズンにあたる[54]，この時期だったに違いない──というのは，いまの常識での推論。縄紋人は，狩猟を生活の手段の一つとしていた。この常識が通用するとはかぎらない。常識にたよらずに，狩猟シーズンを推定する方法はないだろうか。おもだった獲物──シカ・イノシシとガン・カモ科のトリが問題になる。

　浅部では，ガン・カモ科のトリが，もっとも確実な季節指標となる。浅部では，南北にのびる斜面の西面に設定した2m幅のトレンチのうち，北よりのJ─Mの四区からは，ガン・カモ科の骨はほとんど出ていない。G─Iの三区では，ガン・カモ科の骨が出ている層・出ていない層がある（表9）。どのような解釈ができるだろうか。浅部の東6kmほどのところにある伊豆沼では，11月中旬になるとガン・カモ科のトリの渡りがはじまる。寒さが厳しくなるにつれて，渡ってくるトリの数も種類もおおくなり，2月には列島のなかでも一，二を争うほどの数が越冬する。3月にはいると伊豆沼をはなれる群れがあらわれ，月末にはほとんどすべて姿を消してしまう（表10）。ガン・カモ科の狩猟シー

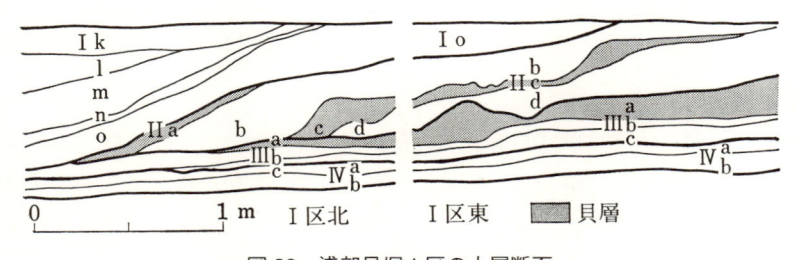

図28　浅部貝塚Ⅰ区の土層断面

表9 浅部貝塚のシカ・イノシシ・ガンカモ科の層位別分布

層序	時期(大木式)	シカ	イノシシ	オオハクチョウ	マガン	ヒシクイ	カモ中	カモ小		備考
I l	9新	4	1		1	1			7	砂質
m	〃	6	2					1	9	粘土質シルト
n	〃	7	4	2					13	砂質(焼土粒を含む)
o	〃	11	4	1		2			18	粘土質シルト
II a	9古	5	5	3	1	1	1	1	17	貝(ヤマトシジミ**・ヌマガイ)
b	〃	6	4	1		1	3	1	16	粘土質シルト
c	〃	7	5	1	1	1			15	貝(ヤマトシジミ**・マルタニシ)
d	プレ9	6	1	1					8	ローム*(木炭片を含む)
III a	8b	7	1						8	貝(ヌマガイ**・カラスガイ?)
b	〃	5							5	ローム*
c	〃	1							1	破砕貝(ヤマトシジミ**・タニシ)
IV a	〃	3							3	粘土
b	8a, 8b	3	4						7	砂
		71	31	9	3	6	4	3	127	

＊砂・シルト・粘土を同率に含む「土壌」　＊＊主流となる種
(註48 表I・IIを改変)

ズンのピークは，この前後，暦のうえの大寒の頃，と考えても不自然ではない。
　ガン・カモ科の出ている層は12月から翌年3月のあいだ，出ていない層は4月から10月までのあいだに堆積したに違いない。シカ・イノシシは，ガン・カモ科の出ていない層(たとえばIIIaより下の各層)でも出ている。しかしその個体数は，ガン・カモ科の出ている層では，出ていない層よりもおおい。したがって，シカ・イノシシの狩猟も，春・夏にもおこなわれてはいたが，最盛期はガン・カモ科の狩猟と前後する時期だったに違いない，1970年にはそう考えた。この判断は間違いではない。しかし，推測に穴があったり，説明が舌たらずだったことは確かだ。

(2) 土層の観察

　一枚の「層」の堆積がはじまってからそれが終るまで，どのくらいの時間がかかっているか。それがここで問題となる。一枚の層が，数日から1～2週間くらいのあいだにできあがってしまえば，問題はない。しかし，数カ月かかるとすれば，ガン・カモ科の骨が出ていたとしても，その層の堆積は冬のあいだ

もつづいていた，ということしかいえない。浅部の場合，ガン・カモ科の骨が出ているからその層は冬に堆積した，などと判断しているわけではない。層の母材・規模・断面の形状の観察が判断の土台になっている。

　上部（Ⅰl～Ⅰo）では，砂質の層・粘土まじりシルトの層がたがい違いのかさなり（互層^{オーターネイション}）になっている。粒の粗いもの・細かいものが，かわるがわる堆積しているわけである。傾斜や供給される物質の性質や量がかわらないとすれば，流れる水の量がおおく，勢いがつよいほど，後に残る物質の量は多く，粒は粗くなる。砂質・粘土まじりのシルトの互層は，降水量のおおい季節・すくない季節の堆積のくりかえしの結果，と解釈できる。また，層が露出している時間に比例して，平面の拡がりは大きく，厚さは薄くなり，断面の形は，デコボコがなくなり，レンズ形・紡錘形にちかくなるはずだ。浅部の層は，きわめて不規則な形である（図28）。層が露出していた期間は，短ければ数日，長くても数週間をこえないだろう。

　土層の観察は，考古学を専門とするものの固有の武器の一つだ。季節性の推定という仕事をすすめるうえでも，この武器は手放せない。浅部の層序について，かなりたちいった説明をしたのは，それをいいたかったからだ。ところで，浅部の層序の観察は，決してじゅうぶんではない。一枚の「層」が，岡村道雄らが強調している堆積の最小単位(55)といえるのかどうか，そこの確認はできていない。だから，冬に堆積した，と判断している層が，冬にも堆積していたのではないか，といわれれば反論のしようはない。ただし，トリ・ケモノの骨と生態を手掛かりとして，季節推定をしようとすれば，ひとつの「体積の最小単位」のなかの資料では何もいえない，という結果になる。これがこの方法の弱点で，資料のまとめかた・選びかたに工夫をこらす必要がある。

　浅部では，ガン・カモ科の骨が出ていない層から，ウ属の骨が出ている。ウ属は四季を通しておなじ場所に棲む場合がおおいから，それだけでは判断のたしにはならない。しかし，Ⅱk層からでている一本の上腕骨は，骨の表面に小さな孔が無数にあり，スポンジのようにみえる。成長したトリ・ケモノの骨は硬く，表面は滑らかで，光沢がある。成長とともに，膠原繊維^{コラーゲン}の立体的な網の目に，燐酸カルシウムの結晶がしみこみ，骨化した結果である。アカンボやヒナの場合，ようやく骨のかたちがたもてる程度だから，コラーゲンが抜けて

しまった骨は，スポンジのようになる。Ⅱk層のウの骨は，骨化はすすんでいないが，大きさは成鳥とあまり違わない。まもなく巣立つくらいのワカドリで，夏の終りころ捕獲されたのだろう。野生の動物が繁殖する季節は，ほぼきまっているから，どこまで成長しているか，骨から読みとれれば，季節推定の手掛かりになる。

　トリ・ケモノが死ぬまで，骨化はつづく。ところがシカの角は，一年ごとに骨化を繰返し，春〜夏は骨化しない袋角（ふくろづの），秋〜冬は骨化して枯角（かれづの）になる。枯角が脱け落ちるのは4月中旬〜5月。6月にはすべて袋角になる。有機質の抜けた袋角は，アカンボの骨とおなじように，スポンジのようになる。浅部では，袋角はまったく出ておらず，ほとんどすべて角座骨（かくざこつ）で頭蓋骨につながった生角（せいかく）。自然に脱け落ちた枯角（落角（らっかく））は，角のつけ根（角座）がザラザラしたクッキーのようになっているので，生角と間違うことはないのだが，これもすくない。枯角がシカの頭にのっているのは，秋口から春の中ごろまで。シカの骨がまとまって出て，しかも同じ層にガン・カモ科の骨もある。となると，シカ猟の最盛期は冬だ，と考えるのは無理な推測ではないだろう。

　金華山のシカを観察した経験では，1月にはいると，前年の春に生まれたアカンボの死体が目につくようになり，オトナもめだって肉が落ちる。11月・12月がシカ猟の最盛期だろう。西本豊弘が，丹波篠山で観察したところでは，獣肉店（ももんじゃ）に痩せたイノシシが目立つようになるのも1月以後だという。イノシシ猟もシカ猟とおなじ頃，最盛期にはいるのだろう。

　浅部では，トリ・ケモノのほかに，ヤマトシジミ・タニシ・ヌマガイ？などの貝，フナ・ギバチなどのサカナも出ている。貝類ではイシガイ・カラスガイ，サカナではウナギ・ドジョウをくわえれば，この付近の淡水性貝塚からでているおもだった魚介類は，ほぼ出揃う。ほとんどが川の淀みや沼を棲みかにするものである。岩手・貝鳥や宮城・中沢目ではイシガイが，中沢目や館ではニゴイ，宮城・山王ではウグイが出ている。これらは河川の中流から下流の瀬と淀みのあいだを棲みかにしている。岩手・岩屋洞穴のような山あいの遺跡では，カワシンジュの貝殻・陸封型のサケ科の背骨[56]が，いずれも水温の低い急流を棲みかにしている。大まかにみれば，本州東北部では，一本の水系のなかの地理的な位置や微地形によって，魚介類の顔ぶれはこのような変化（＝遷移）

をしめすはずである。

(3) 魚介類捕獲の時期

　これらの魚介類を捕獲したのはいつだろうか。川口や海でとれるサカナの場合は，漁期をかなり確実に推測できる，という見通しはついている。ヤマトシジミも，このなかに入れてよいだろう。ハマグリ・ハイガイ・アサリの季節推定は，すでに実用の段階に入っている。しかし仙台湾沿岸の淡水性貝塚で主流となっている貝やサカナとなると，まったく手つかずの状態なのだ。いまのところ，本州東北部の縄紋人が，アユやサクラマスを獲っていたのかどうか，それさえもわからない。中流域より上手の河川・湖や沼――内水面での縄紋人の漁撈の中身には，まだまだわからないことが多い。動物の生態・伝統的な生業にもとづく推測を利用する余地は，まだまだ残っている。

　ヌマガイやタニシは，夏の産卵期（7～8月）には捕獲をさけ，獲りやすくなる秋～冬の渇水期を狙うのかもしれない。その程度の見当しかつかない。フナ，それにドジョウは，産卵期・渇水期には群れになるから，大量にとることができる。フナやドジョウは，渇水期になると水際の湿地にあつまり，泥のなかで越冬する。アナ場にあたれば，笊ひとつでも，1カ所で50匹前後はとれる。ドジョウの越冬している場所には，小さな空気穴がかたまっており，ドジョウとりの目印になる。東京あたりでは，この穴を目印にして泥にもぐっているドジョウをとるのを，「目掘り」とよんでいた。棒の先に木綿針をくくりつければ，目掘りの道具ができあがる。いわゆる骨針（じつは角針がおおい）のうち，短くて細身のものは，目掘りの棒の先としても使える。

　フナやドジョウをまとめて獲ろうとすれば，越冬から産卵までのあいだが狙い目になる。仙台湾沿岸の湖沼地帯の貝塚では，フナの骨がきわめておおいが，コイはほとんど出てこない。コイ科のサカナは，顎の内側に生えている歯の大きさと形がそれぞれ違う。その形から見ても，この地域ででているコイ科のサカナのなかで，フナの比率がとびぬけて高いことは間違いない。コイは，深みで越冬し，群れも作らない。この地域の貝塚でフナばかり目につくのは，フナ獲りの最盛期が冬で，この時期にはコイ捕りの効率が落ちる，ということも原因になっているのかもしれない。

これまでの説明から，浅部貝塚の住民の生業が，季節ごとにどのような動きをしめすのか，まとめてみよう（表10）。ここにあげた，貝・サカナ・トリ・ケモノの採集・捕獲は，これまでの説明でもわかるように，晩秋から晩冬に最盛期をむかえる。食料のなかで，これらの動物とおなじか，それ以上に大きな比重を占めていた堅果類の収穫期は，仲秋だろう。晩春から初秋まで，浅部貝塚の住民の食料となる動物の捕獲は，どちらかといえば低調だったようである。

　狩猟・採集を生活の手段としている人々（採集民・食料収集民〔フード＝コレクター〕）はその日の獲物や収穫でかろうじて飢えをしのぎ，その日の生活におわれていた，という考えが広まっていた。この意見にしたがえば，浅部貝塚の住民は晩春から初秋までのあいだ，食糧不足に見舞われていたことになる。1968年に，シカゴで狩猟採集民についてのシンポジウムが開かれてから，このような解釈をそのまま信じる人は減ってきた。しかし，晩秋から仲冬にくらべれば，彼らの手（＝口）にはいる動物性の食料がきわだって少なくなることは，表10から読みとれるだろう。浅部貝塚の住民にかぎらず，ガン・カモ科やシカ・イノシシをおもだった獲物としていたすべての人々にとって，春場・夏場（冬場ではない！）をどのように乗りきるか，それが重要な問題であったに違いない。彼らは，

(1) 植物性食料（カタクリ・ワラビ・ゼンマイなどの地下茎・ユリなどの鱗茎）の採集
(2) ほかの地域からの食料の供給
(3) 春・夏の食糧不足をみこした備蓄

などの手段をとることができるだろう。

　彼らが食糧の備蓄をしていたということは，狩猟採集民というイメージからかけはなれているかもしれない。しかしそれが実情なのだ，ということはのちにあらためて説明する。地下茎・球根などの植物性食料を，いつ・どのくらい収穫しているのか，具体的な説明はまったくできない。いずれにせよ，仙台湾沿岸にかぎらず，南西諸島・南九州の一部をのぞく日本列島の内陸部では，秋から冬に食糧がゆたかになり，春・夏に不足気味になる，という事情には大差がなかっただろう。したがって，日本列島のほぼすべての地域の住民は，上にあげた三種類の手段をもちいて，しのぎをつけていたに違いない。

　ところで，ほかの地域から食料の供給をうけるといっても，おなじ内陸部で

表10 浅部貝塚での捕獲活動の季節による変動

	秋			冬			春			夏		
	初	仲	晩	初	仲	晩	初	仲	晩	初	仲	晩
ヤマトシジミ	-----	-----	-----	-----▮▮▮*	* * *	*▮▮---	-----	-----	----?	-----		
タ ニ シ	-----	-----	-----	----▮▮▮▮*	* * *	*▮▮---	-----	-----	----?	-----		
フ ナ	-----	-----	-----	------▮▮*	* *▮▮▮	▮-----	----▮	*▮▮--	-----	-----		
オオハクチョウ				------▮▮▮	*▮▮---							
マ ガ ン				------▮▮▮	*▮▮---							
ヒ シ ク イ				------▮▮▮	*▮▮---							
カ モ 中			?	----▮▮▮▮*	* * * *▮	▮----?						
カ モ 小			?	--▮▮▮* *	* * * *▮	▮-----	----?	-----				
シ カ				-----▮▮▮*	* *▮---							
イ ノ シ シ				-----▮▮▮*	* *▮---							

＊最盛期　------▮▮▮漸増　▮▮▮------漸減　------不活発

は，春場・夏場の食料事情に違いがあるとしても，たまたまある地域ではストックにゆとりがあった，という程度にすぎないだろう．内陸部の地域社会のあいだでは，緊急の場合はともかく，安定した供給を期待することはできそうにもない．ここで，仙台湾沿岸のなかにも，シカ・イノシシの比率が極端に低い遺跡があった，ということを思い出していただきたい[57]．この地域では，貝とサカナでトリ・ケモノの不足を補っていたに違いない．もし，春場・夏場が貝の採集・サカナの捕獲の最盛期だ，ということになれば，内陸部の住民が沿岸部の住民からの補給を，端境期の食料のタシにする，ということも否定できぬことになる．里浜貝塚は，二月田の対岸にあり，トリ・ケモノの顔ぶれもよくにている．里浜貝塚の季節推定の結果を紹介しよう．アサリの成長線・サカナの体長組成，これが里浜の貝・サカナの季節推定の軸になっている．アサリの成長線を観察した結果，アサリの採集の盛りは春（3月〜5月）．夏・秋にもつづくが，しだいに下火になり，冬（12月）に入るときわめてまれになる，ということがわかった[58]．

(4) 体長組成の分析

サカナの体長組成を分析して，捕獲した時期や方法を推定する，という方法を縄紋の資料にもとづいて確立したのは，赤沢威である[59]．サカナのなかには，成長の段階によって，棲みかをかえるものがある．赤沢は，この点に目を

つけ，福島・綱取(つなとり)，千葉・大倉南(おおくらみなみ)など，5カ所の遺跡から出たマダイ・クロダイ・スズキの顎の骨のサイズを測ってみた。その結果，三種類のサカナは，いずれも体長40〜60cmのものが多数をしめ，それを超えるサイズのものはほとんどない，ということがわかった。これら三種類のサカナの生活史(ライフ=ヒストリー)から推測すれば，春〜夏がこれらのサカナの漁の最盛期だろう，というのが赤沢の結論である。里浜でも，これとおなじ方法をもちいて，マイワシ・サバ属・スズキなどの漁期は春〜夏で，フサカサゴ・アイナメなどは，年中——どちらかといえば秋〜冬に——捕っていた，という結論がでている[60]。

　里浜の貝とサカナの季節推定の結果によれば，生業活動のピークには，春〜夏型の沿岸部・秋〜冬型の内陸部，というズレがあることになる。内陸部の住民が，食料が不足ぎみになるころに，沿岸部からの到来品をアテにする，ということも根も葉もない想像ではなさそうだ。ただし，これは仙台湾沿岸でのデータにもとづいて組立てた仮説にすぎない。日本列島の隅から隅まで，判で押したような関係が成り立っていた，などとはとても考えられない。縄紋の社会は，大衆社会などでは，決してない。

　しかし，内陸部・沿岸部の食料事情に，このようなズレがあり，それが局地的なものでないとすれば，内陸と沿岸の交流を保証する制度や組織が，各地に生まれても不思議ではない。その制度や組織には，それぞれの地域の固有の事情がにじみでているだろう。季節推定という作業は，このような立場から，さらに推進せねばならない。

第4節　資源と生業

　第3節で宮城・浅部と同・里浜を例として，食料供給のピークが，内陸部では秋・冬に，沿岸部では春・夏にあり，内陸部と沿岸部のあいだで，たがいに食料を供給していた可能性を指摘した。これに対して，内陸部の集落のあいだで食料の供給がおこなわれた可能性はすくないだろう，と述べた。しかし，このようにいい切ってしまうのは言い過ぎかもしれない。

　南北に長い日本列島のこと，おなじ資源であっても，利用可能になる時期にはズレが生じる。たとえばカツオのうち黒潮本流に乗って回遊する群れ（＝黒

潮回遊群）は，3〜4月には薩南諸島沖に姿をあらわすが，房総半島付近にやってくるのは5〜6月，金華山沖にたどり着くのはさらに1カ月ほどのちになる[61]。堅果類の結実の時期にどの程度のズレがあるのか，正確なデータは手許にないが，気候条件一般から考えれば，東北北部と関東南部では1カ月前後のズレを見込むことができるだろう。このようなズレがあるとすれば，南北の地域のあいだで，食料の供給がおこなわれていた可能性は，かならずしも否定できない。

さきに，生業を「生物としての人間が生きのびるために欠かすことのできない手だて」と定義した[62]。生業とは，食物を手に入れる手段だ，といっても差支えないわけである。したがって，食料資源の輪郭・食品の組合わせをとらえることができれば，おのずから生業の輪郭もあきらかになってくるだろう。第4節では，縄紋人が，どのような食料をどれだけ食べていたのか，その問題を説明しよう。それらの食料を，どこで・どのようにして手に入れていたのか，という問題もとりあげねばならないが，それぞれ生活領域・生活技術の説明のなかで触れることにする。

1．資源の選択

小林達雄は，縄紋人の食料が多種多様であることを指摘し，「メジャーフッドの実際は，相当多くの種類の組合せからなるものであり，少数種に限定されない点に縄文経済の本質があった」[63]と述べている。この発言を額面どおりうけとれば，縄紋人は季節ごとに手に入るさまざまな食料資源をたくみに利用し，食いつないでいた，という印象をうけるかもしれない。縄紋人が，各種の食料資源をたくみに組合せて利用していたこと，それは間違いない。しかしその組合せは，動物性食料と植物性食料，もうすこしこまかに見ても，堅果類とそのほかの食用植物，貝・魚・鳥・獣などのあいだでのことで，一種類の食料資源の中身は，それほど多様なわけではない。

仙台湾沿岸の貝塚から出ているトリ・ケモノは40種以上にのぼる。しかしすでに説明したように，どの遺跡でも出土していて，20％前後の比率になるのは，ケモノでは（貝殻塚・二月田のような例外はあるが）シカ・イノシシ，トリではガン・カモ科だけである。5％近い比率になるトリ・ケモノとなると，遺跡

ごとに顔触れが違っており，一定しない[64]。とくにシカ・イノシシのほかは，小形の肉食性のものが多く，食料として利用したかどうかわからない。かりに利用したとしても，その比重は問題にならない。

　里浜で出ている貝は，食用にならぬ微小巻貝をのぞいても，54種。サカナは40種類。しかし，まとまった量が出ているものとなると，貝はアサリを筆頭として，スガイ・オオノガイ・マガキ（ただし幼貝が多い）の3種，サカナはマイワシ・マアナゴ・サバ属・マアジ・スズキ・マフグ科・フサカサゴ科・アイナメ類に限られてしまう[65]。宮城・田柄や愛知・伊川津でも，出ているサカナと貝は，やはり少数の種に集中する[66]。

　これらの動物の顔触れをみると，とくにサカナ・トリ・ケモノの場合，
　a．ムレのなかでくらすか，季節的にムレをつくるもの（シカ・ガンカモ科・
　　鳥類・サバ・イワシなど）と，
　b．大形の個体で，利用効率の高いもの（イノシシ・オオハクチョウ・ヒシクイ
　　など）
に集中している，といえる。いずれにしても，ウサギ・タヌキ・ニホンカモシカのように縄張りのなかに分散して暮している動物を追いまわすよりは，はるかに効率がよい。縄紋人は，効率を意識したうえで，獲物を選択していたのだろう。

　植物性食料についても，おなじことがいえるのだろうか。残念ながら，いまのところ直接の証拠はない。間接的な証拠として，辻秀子が調査した北海道・十勝地方のアイヌ系住民の伝統食に登場する野性植物のリスト[67]を引用しよう。その結果によれば，彼らの利用している食用植物は，91種にのぼる。しかしそのうちで，多量に採集し消費するものとなると，12種にとどまる。そのうちギョウジャニンニク・ウバユリ・ニリンソウ・ヤブマメ・ヒシ・フキなどの利用頻度がもっとも高く，クサソテツ・ワラビ・ノビル・エゾネギ・エゾエンゴサク・オニグルミ・ツルニンジンなどがこれについでいる（表11）。

　利用頻度の高い植物のうち，澱粉を利用するものは，ウバユリ・ヒシの2種にすぎない。ヒシの実は，かてものの位置に転落しており，主食，つまり澱粉の主要な供給源としての役割をたもっているのは，ウバユリだけである。縄紋人も利用していたはずの，カシワ・ミズナラなどの堅果類は，サケのあら・

表11 北海道・十勝地方在住のアイヌの伝統食に登場する野生食用植物（註67を改変）

用途／シーズン	春	夏	秋	冬
I．主食　デンプン利用	カタクリ,ウバユリ**	ウバユリ**	ワラビ*,カタクリ	ヤドリギ
II．副食　生食・汁の実　湯掻き・煮物	クサソテツ,ワラビ*,ゼンマイ,スギナ,ネマガリダケ,ザゼンソウ,ノビル,エゾネギ*,ギョウジャニンニク**,クロユリ,キバナノアマナ,エゾカンゾウ,キボウシ,ユキザサ,サイハイラン,オニノヤガラ,クワ,カラハナソウ,オオイタドリ,スイバ,ノダイオウ,アカザ,スベリヒユ,ハコベ,ニリンソウ**,エゾリュウキンカ,エゾエンゴサク*,ウド,タラノキ,ハナウド,アマニュウ,エゾニュウ,コジャク,ミツバ,イワツツジ,ヒロハヒルガオ,ツリガネニンジン,ツルニンジン*,ヨブスマソウ,アザミ,コウゾリナ,フキ**,ハンゴンソウ,エゾギシギシ	クロユリ,クワ,スイバ,ノダイオウ,アカザ,スベリヒユ,オカヒジキ,ハコベ,ウド,イワツツジ	ネマガリダケ,ギョウジャニンニク**,ユキザサ,サイハイラン,オニノヤガラ,アオミズ,ハコベ,エゾリュウキンカ,キハダ,イワツツジ,ツリガネニンジン,シイタケ,ヒラタケ,マイタケ	ハコベ,イワツツジ
III．かてもの　飯・粥・団子などに混ぜる	ネマガリダケ(種子),ギョウジャニンニク**,キボウシ,ユキザサ(根茎),アオミズ(根),アカザ(種子),ヤマゴボウ,コウホネ,エゾエンゴサク*(根茎),ヤブマメ**,ハマエンドウ,ツリガネニンジン*(根),エゾヨモギ	ヤマゴボウ,ネマガリダケ(種子),コウホネ,ハマエンドウ	ネマガリダケ(種子),ギョウジャニンニク**,クルマユリ,ユキザサ(根茎),ヒシ**,ツリガネニンジン	
IV．間食（スナック）	キバナノアマナ(鱗茎),カラハナソウ(根),イケマ(塊根)	イケマ	イチイ,トドマツ,ハイマツ,エゾテンナンショウ,オニグルミ,カシワ,ミズナラ,カラハナソウ(根),イケマ	
V．嗜好品	オオバタネツケバナ,アイヌワサビ,エゾヤマザクラ,イソツツジ	クワ(果実),アイヌワサビ,トカチスグリ,サンザシ,エゾイチゴ,ノウゴイチゴ,オオタカネバラ,ガンコウラン,イソツツジ,オオバスノキ,クロマメノキ,コケモモ,クロミノウグイスカズラ	カラハナソウ(種子),アイヌワサビ,トカチスグリ,エゾイチゴ,ノウゴイチゴ,オオタカネバラ,ガンコウラン,ヤマブドウ,サルナシ,マタタビ,イソツツジ,ツルコケモモ,イワツツジ,オオバスノキ,クロマメノキ,コケモモ,クロミノウグイスカズラ	シラカンバ(樹液),イタヤ(樹液),イソツツジ

**利用頻度のきわめて高いもの　*利用頻度の高いもの（原則として部位による使い分けがある場合だけ，その利用する部位をしめした）

豆・キハダの実・ヤドリギと，炊きあわせて凍らせ，冬季の間食として利用している[68]。アイヌ社会に穀物が登場した結果，野生の食用植物の利用法・役割が変化した結果にほかならない。それでもなお，このような利用法が残っているのだから，穀物がない段階には，これらの植物が主食としての役割を十分にはたすことができた，といえるだろう。

この顔触れのなかには，大規模な群落をつくる種ばかりがそろっている，といって差支えない。フキやニリンソウの群落が，ひとつの沢筋を埋めつくしている光景は，いまでも目にできる。辻の調査によれば，ウバユリの密生する場

所では，50m²あたり40株ほどの密度になり，一世帯あたり一シーズン（2カ月）のうちに，少なくとも300kg，多ければ800kgの根（鱗茎）を集めることができる，という⁽⁶⁹⁾。これらの植物は，ムレのなかで暮すか，季節的にムレをつくる動物とおなじことで，短期間に多量に集めることのできる資源だ，といえる。オニグルミは，大規模な群落をつくるわけではないが，成長が早く，5～6年のうちに，30ℓ前後は実をつけるようになる。動物のなかの，イノシシ・オオハクチョウなどとおなじ性質の資源だ，といえるだろう。

アイヌの伝統食のなかの，利用頻度の高い植物性食料は，採集の，そしてのちに説明するように，利用の効率を意識して，選択されている。それは，自然の資源のうえに生活を築いている人々としての，しごくあたりまえの判断である。縄紋人も，おなじ立場にたって，日本列島の植物性資源のなかから食料を選択したに違いない。動物にせよ植物にせよ，その地域でできるだけ効率よく，多量に採集・捕獲できる資源，それが縄紋人の資源利用の原則だった。獲得できる量が，安定しているかどうか，つまり当たり外れがあるかどうか，ということも利用する資源を選択する基準となっていた，と考えてよかろう。

山内清男は，カリフォルニア＝インディアンとの類比にもとづいて，「縄紋式文化圏の西南半は木の実を主食とし，東北半は木の実とサケの二本建になっていたと考え」，「旧幕時代にサケの漁場であった付近に大遺跡の残っている所があり，サケの上らない川すじより，上る川すじに遺跡が多いこと等」に注意をむけている⁽⁷⁰⁾。縄紋人が，どの程度サケ・マス資源を利用していたのか，それはいまなおはっきりわからない。縄紋人がサケ・マスをとっていたかどうか，という次元ではなく，大量に獲得できる安定した資源はなにか，という立場からもとらえていくのが，この問題を解決する正しい筋道だろう。

山内のサケ・木の実の二要素・二区分に対し，西田正規は，シカ・サケ・ナッツの三要素・三地域区分を提唱する。西田の意見によれば，北海道・本州東北部（東日本）・本州西南部以西（西日本）は，それぞれシカ—サケ型・サケ—ナッツ型・ナッツ型の三つの類型にわかれるという⁽⁷¹⁾。短期間に大量に獲得でき，しかも供給量の安定している資源に目をむければ，このような区分はたしかに説得力がある。

ただし，この区分が日本列島全体の資源分布の傾向を大まかにとらえたもの

であることは注意しておく必要がある。たびたびひき合いにだしている仙台湾沿岸は，西田の区分によれば，サケ―ナッツ帯にはいる。しかしすでに説明したとおり，この地域の動物性食料の組合わせは，いくつかの類型にわかれる。とくに沿岸部と内陸部のあいだの違いは，無視できない[72]。西田の指摘するような大枠のなかには，それぞれの地域の固有の条件にもとづいて，いくつもの小さなまとまりにわかれる，というのが実情だろう。のちに紹介する炭素・窒素安定同位体の分析結果からみても，縄紋人の食品の選択は，西田が指摘しているよりもはるかに込みいったものだ，と考えねばならない。

2. 食品の選択（1）

山内や西田の発言は，縄紋人の常食の中身がどのようなものであったのか，という問題にほかならない。1950年代なかばに，金子浩昌は，はじめて動物遺体の記載に出土量・推定個体数をとりいれる[73]。動物遺体を，考古資料として取りあげ，具体的なデータにもとづいて，縄紋人の常食の中身を復元する途がひらけたわけである。この方向は'60年代から'70年代にかけて定着していく。

これと前後して，渡辺誠は堅果類の食料としての重要性を強調し，データを集成するとともに，民俗例にもとづいて，堅果類の利用には渋抜きが必要であること，常緑広葉樹の堅果は水サラシだけで渋抜きができるが，落葉広葉樹の場合には灰汁のなかで煮る加熱処理が必要であることを指摘した[74]。渡辺の指摘によって，植物性食料の利用のしかたは，一段と具体的になった。

動物遺体のデータにもとづけば，遺跡の住民が消費した食料の最小限の量の見通しをつけることはできる。この国では，いわゆる最小個体数の推定（Minimum Individual Estimation, MIE）が常道になっている。動物の骨を分類群ごとに分け，ひとつの種類の動物の骨を，部位ごとに分ける。さらに左右・上下（近位端・遠位端）にわけて数をかぞえ，そのなかでもっとも多い数だけは，その動物を捕獲した，と推定するわけである。

実際に経験してみると，この作業にもいくつか厄介な問題が顔をだしてくる。のちにかかわりも出てくるので，脇道にそれるが，多少たちいった説明をしておく。性別・年齢を区別することができれば，MIEが大きくなることはいうまでもない。山武姥山の骨塚のあるグリッドからは，シカの左下顎骨が19点・

右下顎骨が11点出ている。ここでは，下顎骨の数がもっとも多い（顎骨から離れた歯はのぞいている）。左側の数をとって，MIEを19個体とするのが普通である。しかし，乳歯の生えているもの，永久歯に生え換わったばかりのもの，永久歯がスリ減っているものなど，年齢の違う個体がいり混じっていることはすぐにわかる。そこで，歯の乳歯・永久歯の生え換わりの状態・永久歯のスリ減りかたを一々つき合わせてみることにした。その結果，驚くことには，左右のパターンが一致するものは1例もなかった。一頭のシカの左右の歯の減りかたに，大きな違いがないとすれば，左右の下顎骨を合わせた30個体が，正しい個体数だ，ということになる。

歯の残っている顎の骨などは，年齢・性別が（ある意味では必要以上に）はっきりわかる。しかし手足の骨でも，関節の部分の骨化の進みかたで，大まかな区別はできる。骨の大きさを測ってみれば，さらにこまかな区別ができるようになる。宮城・沼津のある層から多量に出たマガモ級のカモの上腕骨を測ってみたところ，MIEが35％ほど増加したことがある。山武姥山のシカの距骨でも，おなじような結果が出ている。平口哲夫は，石川・真脇のイルカの上腕骨の左右の計測値は，一致する場合はほとんどない，という[75]。菅原弘樹も指摘しているように，MIEによる数字は，実際よりかなり控目になっている可能性がある[76]。

これに対し，佐原眞も指摘するように[77]，縄紋人が消費した植物性食料の量を推定することはほとんど絶望に近い。このようなわけで，動物遺体・植物遺体の分析は，いわば2本の平行線のように，ほとんどかかわりを持たぬままに，進んできた。縄紋人の常食が，動物性食料・植物性食料のどちらに比重がかかっていたのか，その点もまったく見当がつかぬままになっていた。しかし1970年代末に，鈴木公雄は「植物性食料の持つ有効性」[78]を指摘した。この鈴木の指摘はひろく受けいれられるようになり，近ごろでは，縄紋人といえば，狩猟民・漁民というより，植物採集民というイメージがつよくなることになった。たとえば，佐原は，「縄紋人が植物性食料にもっとも大きく依存していたとする解釈は，縄紋時代の食料を学ぶすべての研究者に共通する考えである」といい，佐々木高明は，縄紋人の狩猟といっても「冬の猟期を中心に，年間に一家族あたりイノシシやシカの中形獣を，せいぜい六〜七頭ほど捕獲していた

と見るのが妥当なように思える」と述べている[79]。

　それはさておき、鈴木は、縄紋人が利用したと思われる食物57種類について、それぞれ100gあたりの熱量、水分・蛋白質・脂質・炭水化物・灰分の比率（表12）をしらべた。さらに、これらの食品を根菜・種実・貝・魚・鳥獣の5種類にわけ、1種類あたり4品目を1kgずつ「生のまま集落に持ちかえったと仮定」する。「生のまま」の堅果類や貝には殻がついており、サカナ・トリ・ケモノには骨・鱗・羽毛・毛皮がついている。これら食用にならぬ部分の比率（廃棄率）から、食品として利用できた重量を割りだせば単位重量あたりの数値にもとづいて、実際に利用できた熱量・栄養価もわりだせる（表13）。

　いうまでもなく、1種類あたり4品目という選択は、まったく架空の想定で、現実に縄紋人が選択した食品の顔ぶれとは、一致しない。表13にしめしたように、ハマグリ・アサリ・カキ・シジミ、あるいはカツオ・サケ・スズキ・マダイを均等に捕獲できる環境など、現実に存在するはずがない。しかし、ここでは縄紋人の食卓のメニューを復元することを目的としているわけではない。動物・植物のどちらが食品として有効なのか、その比較が問題なのだから、ここでは目をつぶることにしよう。

　また、サカナ・トリ・ケモノのどの部分を食品として利用し、どの部分を捨てるか、それは地域の自然環境・社会的な条件・歴史的な伝統によって左右される。いま、平均的な日本の家庭で、サケを1本手に入れたとしよう。三枚におろし、外側の肉を食べ、内臓や頭は捨てるのが普通だろう。皮も捨ててしまう人が多いかもしれない。鰓（カマ）や背骨のあたり（中落ち）についた肉を塩焼にするのは、よほどのサカナ好きか食通だろう。ところが、東北中部以北の地域では、サケは冬季の貴重な蛋白源であった。塩漬け・日干しにしたサケの皮を食べることはもちろん、骨も炒ってくだき、振り掛けにして食べてしまう。軟骨の多い頭は切り刻み、酢と香辛料をくわえて氷頭鱠（ひづなます）にする。和人の伝統食では、サケの内臓はあまり利用していない。しかし、アイヌの伝統食では、内臓も積極的に利用し、ほとんど捨てる部分はない。商品経済が発達し、流通機構が複雑になるにつれて食品の廃棄率は高くなる。鈴木自身も認めているように、表13の魚・鳥獣の食品としての歩留りはもっと高く、七～八割とみるべきだろう[80]。

表12 縄文時代主要食糧の熱量と成分比 (註78を改変)

種 別	品 目	熱 量 cal/kg	成分含有率 (%)				
			水分	蛋白	脂質	炭水化物	灰分
根菜類	ヤマノイモ	1,210	68.0	3.5	.1	27.5	.9
	ユリ（根）	1,280	66.0	4.8	.6	27.2	1.4
	カタクリ	3,500	12.3	3.9	.3	81.5	2.0
	ク ズ	3,380	11.7	.8	.6	85.9	1.0
	ワラビ（根）	2,830	14.9	3.3	.8	78.3	2.7
種実類	ク リ	2,080	48.5	4.0	1.2	45.2	1.1
	シ イ	2,800	30.4	4.5	.4	63.5	1.2
	ト チ	3,740	14.3	3.1	6.1	75.4	1.1
	ナラ（粉）	3,410	15.0	3.7	1.6	77.8	1.9
	マ ツ	6,340	3.4	14.6	60.8	18.4	1.3
	カ ヤ	6,120	6.7	12.2	58.3	20.0	2.8
	ブ ナ	5,240	12.5	25.2	39.1	19.2	4.1
	ハシバミ	6,470	6.7	18.2	58.8	14.5	3.0
	オニグルミ	6,720	7.0	23.8	59.3	7.3	2.7
	ヒ シ	3,440	13.5	13.8	.6	70.3	1.8
貝 類	ハマグリ	640	84.8	10.0	1.2	2.5	1.5
	アサリ	630	85.4	10.6	1.3	1.5	1.2
	カ キ	960	79.6	10.0	3.6	5.1	1.7
	シジミ	1,030	76.0	15.0	1.8	5.6	1.6
	アカガイ	850	79.8	15.5	.5	3.5	.7
魚 類	アジ	1,180	75.0	20.0	3.5	.3	1.2
	マイワシ	1,300	75.0	17.5	6.0	.3	1.2
	ウナギ	2,490	60.7	20.0	18.0	.3	1.0
	カツオ	1,370	70.0	25.4	3.0	.3	1.3
	サ ケ	1,410	72.2	20.0	6.0	.3	1.5
	サ バ	1,140	76.0	18.0	4.0	.3	1.7
	スズキ	1,150	74.5	21.0	2.7	.3	1.5
	マダイ	1,010	77.8	18.0	2.5	.3	1.4
	クロダイ	910	78.9	18.0	1.4	.3	1.4
	コ イ	1,780	67.0	22.4	9.0	.3	1.3
	フ ナ	1,030	78.0	17.0	3.0	.7	1.3
	マ ス	1,430	71.0	22.0	5.3	.3	1.4
鳥獣類	マガモ	1,260	72.4	23.7	2.7		1.2
	キ ジ	1,320	70.4	25.3	2.7		1.6
	ノウサギ	1,430	74.3	16.9	7.8		1.0
	イノシシ	1,470	74.1	16.8	8.3		.8
	シ カ	1,120	c.78	c.20	c.3		—
その他	ハチ（蛹）	2,310	42.6	20.3	7.9	19.7	9.5
	アカガエル	3,010	13.2	62.9	3.6		19.0
	スッポン	690	83.0	14.9	.2	.9	1.0

表13 各種食品の供給する熱量・蛋白量 (註78を改変)

		仮想熱量	利用率	利用熱量	タンパク質含有率	タンパク質供給量
根菜類	ヤマノイモ	1,210	.85	1,027	3.5	29.8g
	ユリ（根）	1,280	.85	1,088	4.8	40.8g
	カタクリ	3,500	.05	175	3.9	2.0g
	クズ	3,380	.20	676	.8	1.6g
小計				2,966		74.2g
種実類	クリ	2,080	.70	1,456	4.0	28.0g
	トチ	3,740	.65	2,431	3.1	20.2g
	カヤ	6,120	.70	4,264	12.2	85.4g
	オニグルミ	6,720	.25	1,680	23.8	59.5g
小計				9,831		193.1g
植物合計				12,797		267.3g
貝類	ハマグリ	640	.25	160	10.0	25.0g
	アサリ	630	.15	95	10.6	15.9g
	カキ	960	.25	240	10.0	25.0g
	シジミ	1,030	.13	134	15.0	2.0g
小計				629		67.9g
魚類	カツオ	1,370	.65	1,125	25.4	165.1g
	サケ	1,410	.60	846	20.0	120.0g
	スズキ	1,150	.55	633	21.0	115.5g
	マダイ	1,010	.45	455	18.0	81.0g
小計				3,059		481.6g
鳥獣類	マガモ	1,260	.65	819	23.7	154.1g
	キジ	1,320	.50	660	25.3	126.5g
	イノシシ	1,470	.53	779	16.8	89.0g
	シカ	1,120	.57	638	c.20	114 g
小計				2,896		483.6g
動物合計				6,584		1033.1g

　それはともかく，表12にしめした数値にもとづけば，植物8品目・動物14品目のべ22kgの生の食料から，ほぼ19,000Calほどの熱量が供給されることになる。このうちほぼ2/3（13,000Cal弱）は植物性食品，のこり1/3が動物性食品に由来する，ということになる（表13）。さきに指摘した魚類・鳥獣類の歩留まりが実際より低くなっている，という点を考えにいれても，植物性食品が，熱量の供給源としては，動物性食品より効率がよい，という結果は動かな

い。縄紋人が、今日のわれわれとおなじように、炭水化物をおもだった熱量の供給源とする、という食習慣をたもっていたとすれば、彼らの主食も澱粉質のものだった、と考えてもよいのかもしれない。

ただし、動物性食品の蛋白質の含有率は、植物性食品より高いことはいうまでもない。植物性食品から期待できる蛋白質の量は270gたらず（表13）。動物性食品の供給する蛋白質は、1,000gをこえる。動物性食品の蛋白質の供給量は、植物性食品のほぼ4倍になる。また、マツ・カヤ・ハシバミ・クルミなど、堅果類の一部をのぞけば、脂肪の含有率も植物性食品よりたかい（表12）。表12の食品の脂肪含有率を平均してみよう。根菜類0.48、低脂肪の種実類1.98、高脂肪の種実類69.75、貝類1.68、魚類5.37、鳥獣類6.13となる。高脂肪の種実類のほか、魚類・鳥獣類が脂肪の供給源としても大きな役割をはたしていることがわかる。

現代日本人の場合、消化効率や必要栄養のバランスを考えると、必要熱量の70〜80％を炭水化物から、残りを脂肪からとるのが望ましいとされている。この比率は住む環境によって左右される。北極圏の樹木らしい樹木のないツンドラに住んでいるイヌイット（エスキモー）の場合、利用しようにも炭水化物の供給源はない。商品経済のなかに組みこまれるまで、彼らは必要な熱量はほとんど動物性脂肪でまかなっていた。消化吸収に時間のかかる脂肪の方が、炭水化物よりもモチがよく、寒冷な気候のもとでは都合がよい。

アイヌの伝統食でも、和人の伝統食より、脂肪の消費量ははるかに多い。表11で副食のなかに分類した植物も、脂をつけて食べることが多い。現在ではサラダ油などをもちいることが多くなっているが、以前にはクマ・シカの脂や魚油をもちいていた、という（古原弘の教示）。寒冷な気候のなかでできあがった食習慣に違いない。オットセイ・トド・アザラシなどの海獣を利用した地域もあったはずだが、まだ確認していない。

北海道・東北・中部高地の縄紋人も、南西諸島はいうまでもなく、南関東・本州西南部・四国・九州の縄紋人にくらべれば、脂肪の消費量が多かったに違いない。動物の個体数の推定のしかたのところで指摘したように、現在の報告書のなかの動物の個体数は、実際よりもかなり控えめな見積もりになっている。個体数が多ければ多いほど、推定個体数と実際の個体数とのギャップは大きく

なっているはずである。すくなくとも，日本列島の北部の諸地域では，いまの通説よりは，動物性食料の役割は大きかったのではなかろうか。鈴木は，それまで見落されがちだった植物性食料のカロリー源としての役割の大きさを具体的にしめし，皆目見当もついていなかった縄紋人の食品の組合せにひとつの見通しをつけた。しかし，各地のデータを見直して見ると，縄紋人の食品の組合せ，したがって各種の生業活動の組合せは，さきに引用した西田や佐原の考えのように単純なものではなさそうである。

　ところで，これまで述べてきたことは，すべて食品の栄養価や，民俗誌にもとづく推測である。ところが1970年代末から1980年代はじめにかけて，骨のなかの化学成分から，食品の組合せを復元しようとする試みがアメリカで盛んになり，ヨーロッパ・日本にもひろがっている。この方法によれば，過去の人々が実際に食べた食品の種別を査定することができるわけである。

　分析の対象は，無機質・有機質の成分である。無機分析では，微量元素（ストロンチウム90・銅など）を対象とし，有機分析では，コラーゲンのなかの炭素・窒素の同位体比をとりあげる。日本では，古人骨の微量元素の分析は，実例がない。Chisholm・小池・中井らが炭素同位体比[81]，南川・赤沢らが炭素・窒素の同位体比の分析をおこなっている。この方法によって，スカンディナヴィアの中石器人は，おもに海産の哺乳類・魚類を食料としている場合が多いが，淡水産の魚類をさかんに利用しているグループもあること，農耕の開始とともに，海産資源をあまり利用しなくなることが指摘されている[82]。

　ここでは南川雅男の論文によって，炭素・窒素同位体分析の結果を紹介しよう[83]。南川と赤沢は，はじめ北海道・東北・関東・中部高地の縄紋人骨の炭素・窒素同位体の比率を分析し，海獣・魚類を頻繁に利用していたグループと，植物・草食獣に依存していたグループにわかれることを確認した。図29は，南川らが同位体比の分析結果にもとづいて，各地域の縄紋人・近世アイヌの各種の食物の比率をシミュレイションによって推定した結果である。この結果によれば，植物性食品の比率が，

(1) 80％をこえる場合（長野・北村）
(2) 20〜40％におさまる場合（福島・三貫地，茨城・陸平，千葉・古作，岡山・津雲，熊本・轟）

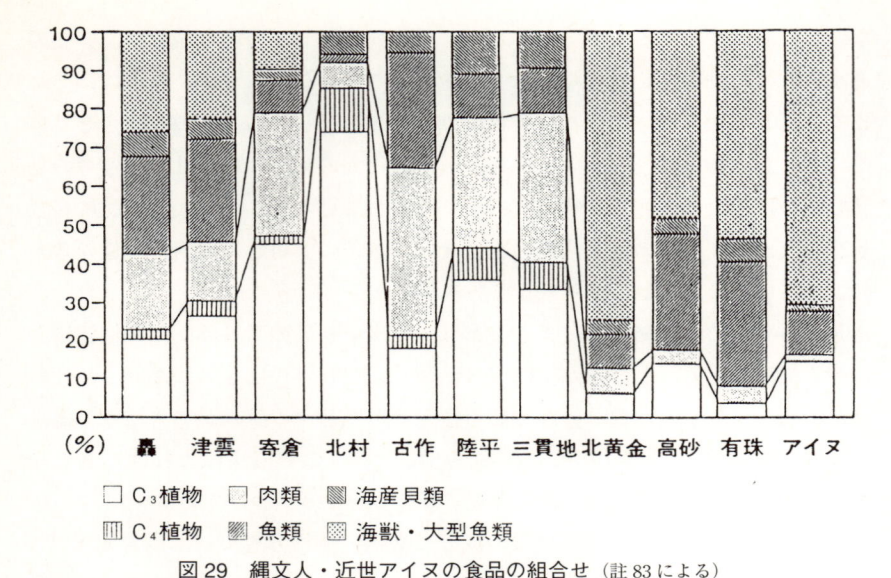

図29 縄文人・近世アイヌの食品の組合せ (註83による)

凡例: □ C_3植物　□ 肉類　▨ 海産貝類
　　　▥ C_4植物　▨ 魚類　▨ 海獣・大型魚類

(3) 20％に達しない場合（北海道・北黄金，同・高砂，同・有珠，近世アイヌ）に大別できる。

有珠湾沿岸の住民は前期から晩期，さらに続縄紋期まで，ひきつづき海獣類をさかんに利用し，植物性食料への依存度は低い。地域に固有の食習慣・食文化の反映だろう。当然この地域の生業諸活動のなかでは，海獣狩猟・大形魚の漁撈に大きな比重がかかっていたのだろう。

これと対照的なのは北村で，植物性食品の比率が70％をこえ，動物性食品を合わせても20％に達しない。寄倉でも植物性食品の比率は40％をこえている。内陸部では沿岸部にくらべて，植物性食品に依存する度合いが高かったのだろう。ただしおなじ内陸部でも，寄倉では動物性食品の比率は50％をこえ，むしろ三貫地，陸平などに近い。植物性食品の比率が20～40％におさまる場合でも，三貫地・陸平・古作では草食獣の比率は轟・津雲の1.5～2倍になる。

内陸と沿岸の住民の食品の組合せはかなり違っており，またおなじ内陸部・沿岸部でもかなり顕著な地域差がある。また，有珠湾沿岸の諸例をはじめ，動物性食品の比率が極端にたかい場合があることも見落せぬ事実である。これらの事実は，動物遺体の比率などにもとづいて説明してきたことがらと矛盾しな

い。この方法によるデータがさらに増えれば、縄紋人の食性の地域差もさらにあきらかになり、それにもとづいて各種の生業活動へのウェイトのかかり方、季節的な配分などの地域性もあきらかになるだろう。

　この方法の原理はつぎのようなものである。空気中には、元素量 12 の炭素 ^{12}C のほかに、元素量 13 の同位体 ^{13}C があり、その比率は 0.112372 である。植物は空気中の炭酸ガスを同化し、糖分を合成しているわけだが、そのなかにも ^{12}C・^{13}C はおなじ比率でふくまれている。ところが、植物のなかには、ほかの植物よりも ^{12}C を同化する速度の早いものがある。当然、この種の植物の体内の ^{12}C の濃度は高くなり、^{13}C の濃度は反対に低くなる。これが図29にでている C_3 植物で、冷温帯の樹木やイネ・コムギ・ソバはこのメンバーである。^{12}C の同化速度のおそいのが、トウモロコシ・コウリャン・アワ・キビ・ヒエなど、C_4 植物である。ある生物の体内の ^{13}C の濃度（$δ^{13}C$ 濃度）はその生物の体内の ^{13}C・^{12}C の比率を、さきにあげた $^{13}C/^{12}C$ の比率の標準値で割って1をひき、千倍した値で表示することになっている。したがって、$δ^{13}C$ 濃度はマイナス値になり、数字の小さいほうが濃度が高く、大きなほうが低いことになる。C_3 植物の $δ^{13}C$ 濃度は、−26.5‰前後、C_4 植物は−12.5‰前後である。海水のなかの植物プランクトンは、光合成の仕組そのものは C_3 植物とおなじで、^{12}C をとりこむ速度も変わらない。しかし、海水の ^{13}C の濃度は大気よりも高いので、その $δ^{13}C$ 濃度は C_3 植物よりも高くなり、−19.5‰前後になる。植物は草食動物の餌となり、草食動物は肉食動物の餌になる。この食物連鎖のなかで、^{13}C は濃縮されるが、その幅は1‰前後におさまることがわかっている。したがって、おなじ草食動物でも、海産の魚と陸産の哺乳類の $δ^{13}C$ 濃度を区別できる[84]。なお、図29の縦軸の $δ^{15}N$ 濃度は、蛋白質のなかの窒素同位体の濃度である。炭素同位体の $^{13}C/^{12}C$ のかわりに、窒素の同位体 $^{15}N/^{14}N$ の比率を計算する、と考えておけばよい。

　炭素・窒素同位体比の分析結果も、日本列島各地の縄紋人が、それぞれの地域に分布している食料資源のうちで、もっとも効率のよい品目を集中的に利用していたことをしめしている。ここから浮かんでくるのは、「経済人」（ホモ=エコノミクス）としての縄紋人の姿である。しかし、彼らの食料資源の利用のしかたには、食品としての効率の面だけでは、説明しつくせない側面もある。

3. 食品の選択 (2)

　第2節で日本列島各地の縄紋人が，それぞれの領域のなかで，もっとも効率のよいものを主要な食料資源として利用していたことを指摘した。と同時に，縄紋人が選択した食品のなかには，食品としての利用の効率という立場だけからは理解できないものもあることも指摘した。

　貝類は，そのひとつの例となる。カロリー源としては，貝類はきわめて貧弱な食品である。先にしめした貝類1kgあたりの平均熱量は822Cal，魚類の平均値のほぼ2/3，低脂肪堅果類の1/4，高脂肪堅果類の1/8にすぎない[85]。蛋白・動物性脂肪の供給源としても，貝類はサカナ・トリ・ケモノにひけをとる。廃棄率もきわめて高く，食品としての歩留まりも悪い。それでは縄紋人が，理想的な食品とはいえない貝類を，草創期から晩期にいたるまで，ひきつづき食べつづけていたのはなぜだろうか。

　鈴木公雄は，だれでもたやすく採集でき，いつでも新鮮なものを利用できるのが，貝類の食品としての特徴だ，という[86]。縄紋人は，手に入れるのに手間のかからぬ食品として，貝類を利用しつづけたのだろう。つまり，どれだけの手間をかけて，どれだけの食品を手に入れることができるのかということも，縄紋人が食品を選択する基準となっていたのだろう。堅果類のうち，脂肪分が多くそのまま食用となるカヤ・クルミ・ハシバミなどや，水浸しにしておく（水晒し）だけで渋抜きのできるカシ類などが主要な食品となった理由もこれとおなじだろう。

　おなじ堅果類でも，トチ・ミズナラなど落葉広葉樹の実は，渋抜きに大変な手間がかかる[87]。大量にあつめた実を処理するには，それなりの施設も必要となる。埼玉・赤山で，トチの実を処理した施設と推定される遺溝（図30）が出ている[88]。長さ4.5m前後・太さ45cmをこえる丸太を，2.0～2.4mの間隔で，10mにわたってならべ，そのあいだを太さ30～40cmの丸太で仕切っている。丸太を支えている杭のなかには，2mちかく打ちこんだものもある。この施設にそって，木道が走り，その外側には「トチ塚」が2カ所残っている。「トチ塚」から出ているトチの実は，すべて殻がむけ，砕けている。石川・米泉でも，トチ塚・クリ塚が出ているし[89]，クリ・トチの殻が大量に集積して

第5章 縄紋人の生業　177

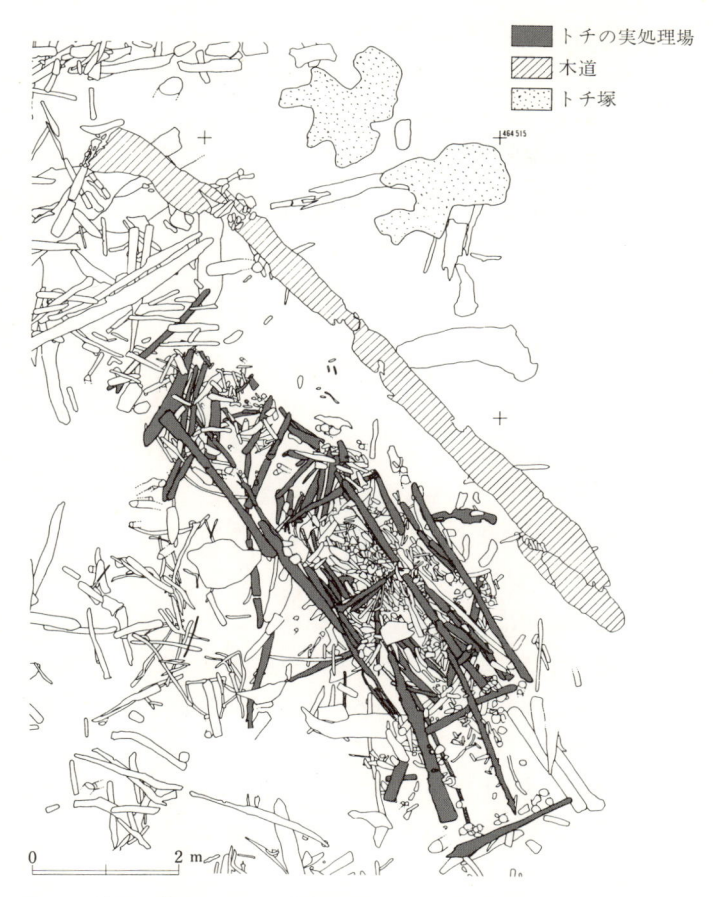

凡例:
- ■ トチの実処理場
- ▨ 木道
- ⋯ トチ塚

図30　埼玉・赤山のトチの実処理場・トチ塚・木道（註88による）

いる例は，青森・是川をはじめ，各地にある。
　トチの実は，脂肪こそ少ないが，澱粉・蛋白を多く含んでおり，栄養価が高い。トチの実が常食としての役割をはたし，特別な扱いをうけたとしても不思議ではない。多大の労力をつぎこんで，このような施設を作る理由は，ここにあるのだろう。さらに，この遺溝から，縄紋時代の生業のなかの，分業・協業のありさまを読みとることもできる。
　トチの実の処理そのものは，女性の仕事だったろう。しかし，太さ40cm・長さ3mをこえる丸太の切りだしや加工・太さ20〜30cmの杭の打ちこみな

どの作業は、男性が分担したのだろう。女性の仕事場を男性が建設している。この作業場は、生理的な協業の産物で、男性の労働を前提として、女性の労働が成り立っているわけである。植物性食料の処理にかぎらず、ひとつの生業活動のなかに、生理的な協業がおりこまれていることは、見落すことができない。生理的な協業は、安定した集落が成立し、長期間利用する施設を建設する機会が多くなるとともに発達したのだろう。いまのところ、旧石器時代の日本列島では、このような施設は知られていない。繰りかえし利用する生業活動のための施設の建設、それにともなう生理的分業・協業の発達、これは旧石器時代の生業活動にはみられない特色だろう。日本列島全域で、このような動きが活発になるのは、前期中葉からのちのことというのが常識的な判断だろう。ただし、南九州・中部高地・南関東・北海道などには、早期初頭から中葉にかけて、安定性の高い集落が成立している。これにともなって、生理的な協業も活発になった、とみることもできよう。ただし、このような動きがそのまま引き続き発展するわけではない。

　赤山の作業場の面積は $20m^2$ を超える。ひとつの世帯で消費するトチの実を処理する施設としては、規模が大きすぎる。作業場の傍にトチ塚があり、多量のトチの実が放置されている。赤山の集落の女性全員が、トチの実の採集・処理をおこない、選り残しをここに捨てた光景を想像することができる。いくつかの世帯の女性が、共同してトチの実の処理をしていたわけだから、世帯のあいだで協業がおこなわれていたことになる。ほかの集落の女性も参加していたとすれば、複数の集落のあいだの協業もなりたつことになる。協業が縄紋時代の生業の基盤になっていた、と推測する根拠はほかにもある。

　千葉・貝ノ花から出たシカ・イノシシの四肢骨は、前後・左右の数があわない（表14）[90]。たとえば堀之内1期のシカの前肢の骨を数えてみると、計15個体分になる。ところが後肢の骨は、計10個体分しかない。加曽利B（曽谷）期のイノシシも、前肢32個体分に対し、後肢は21個体分だけ。シカの場合には、左右の不均衡もめだち、堀之内1期の大腿骨は左側だけ、加曽利B（曽谷）期の橈骨は右側だけである。イノシシは、シカよりは左右の釣合いはとれているが、それでも堀之内1期のSサイズの脛骨は左8・右1、加曽利B（曽谷）期のMサイズの右肩甲骨は左側の半数にすぎない。前後・左右の不均衡は、千

第 5 章 縄紋人の生業　179

表14　千葉・貝ノ花のシカ・イノシシ主要部位の出土数
（LL・L・S・SS　サイズ区分）（註90による）

			前　肢						後　肢				
			肩甲骨		上腕骨		橈骨		寛骨		大腿骨		脛骨	
			左	右	左	右	左	右	左	右	左	右	左	右
シカ	堀之内1	LL			1									
		L	5		2	1			1	2	1			2
		M	6	2	5	2	2			3	4	1	2	2
		S	2	1	3	3			1		3		1	1
		SS									1			1
	加曽利B	LL		1										
		L	1	1	3				2	1	3		1	
		M	3	2	1	5			2	1	3	2		3
		S		3	1	5			2	1				
		SS			1	5								
イノシシ	堀之内1	LL												
		L	1	3	3	3	3	4			5	5		2
		M	3	3	4	5	3	5	3	4	6	3	4	5
		S	4	6	4	5	3	7			4	2	8	1
		SS												
	加曽利B	LL												
		L	2		4	1	5	2	1	1	5	4	2	5
		M	8	4	7	10	7	3	11	10	2	6	5	4
		S	17	15	12	3	4	7	1		4	4	5	5
		SS	1	3	3		1	1		1			1	

葉・山武姥山のシカ・イノシシの遺体でも観察できる[91]。

　男たちが獲物の四肢をくくり，そこに棒を通して担ぎ，まるごと集落に持ちかえっている光景，これは博物館の縄紋時代の集落の復元図のパネルなどでおなじみだろう。しかし，縄紋人が獲物を丸ごと集落に持ちかえり，そこで解体・消費したとすれば，前後・左右のこのような不均衡になる理由は，説明がつかない。いうまでもなく，当時の住民の捨てた骨のなかには，腐朽・分解して姿を消してしまったものもあるだろう。人間の食べ残しが，イヌの胃袋に納まることもあるだろうし，野生の鳥獣が持ち去ることもあるだろう。しかしこれらのできごとは，骨の部分によって出土量が違う原因の説明にはなっても，おなじ部分の左右の数が合わぬことの説明にはならない[92]。縄紋人は，かならずしも獲物を丸ごと集落に持ちかえったわけではない。そう解釈すれば，貝

ノ花や山武姥山のシカ・イノシシの骨の前後・左右の数があわぬことも説明がつく。

貝ノ花のシカ・イノシシの骨には，いまひとつ説明のつかぬことがある。時期別の住居の数と，シカ・イノシシの出土量は比例しない。加曽利E_2期の住居は8棟，加曽利E_3期の住居は13棟で，堀之内1期からのちになると，住居の数は急に落ちこむ。出土しているシカ・イノシシが，集落の住民が日常消費したものだけならば，中期のシカ・イノシシの出土量はもっともおおくなるはずである。しかし，中期のシカ・イノシシの出土量はひどくすくない。シカ・イノシシの出土量のピークは，住居の数が中期とは比較にならぬほどすくなくなる堀之内1期・加曽利B（曽谷）期にある。貝ノ花から出ているシカ・イノシシの骨を，この集落の住民が，自分たちだけで捕獲し消費したものと考えると，この現象は説明がつかない。

加曽利B（曽谷）期のように，住居がほとんどない時期に，シカ・イノシシの骨が多量に出ているのだから，集落ではない場所で獲物を解体し，消費もしているのだ。なぜ集落ではない場所で，獲物を解体し，消費しているのだろうか。ほかの集落のメンバーが参加した共同狩猟の獲物，貝ノ花から出ているシカ・イノシシの骨のなかには，それも含まれている。このように考えれば，左右の骨の数の釣合がとれぬことも，住居址の数とシカ・イノシシの出土量が比例しないことも説明がつくし，先に紹介した山武姥山のシカの下顎骨や真脇のイルカの上腕骨のように，左右おなじ個体のものがひとつもないという現象も，

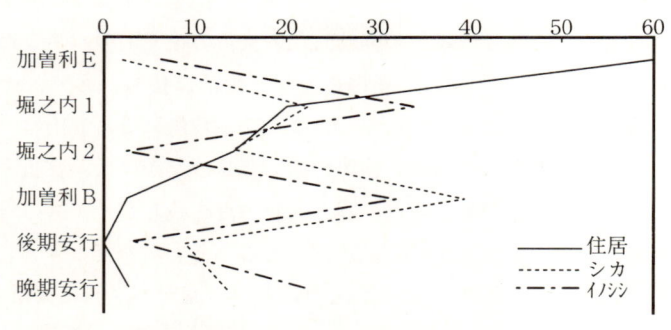

図31　千葉・貝ノ花の住居・シカ・イノシシ遺体の時期ごとの比率（註90による）

たやすく理解できる。しばしば貝塚などに残されている大量のケモノ・トリ・サカナの遺体の集積は，複数の世帯・複数の集落のメンバーの参加した集団労働，つまり協業の産物だった，と考えるべきだろう。いいかえれば，いくつかの集団の結合を土台とする協業が，縄紋時代の生業の基盤となっていたのだろう。

このような集団労働は，ただ生業の効率をあげる，というにはとどまらぬ意味を持っていたことを見おとすべきでない。加曽利B（曽谷）期の貝ノ花のシカ・イノシシの骨は，狩猟に参加したメンバーがマツリを主催し，獲物のかなりの部分がそこで消費されたことをしめしている。狩猟にせよ漁撈にせよ，複数の人間が，獲物を追いつめ・しとめる過程で，緊張と経験を共有する。その興奮はマツリの場で開放される，このようにして，共同労働とそれをしめくくるマツリは，そこに参加するメンバーの社会的な結合を確認し，再生産する機会ともなっていた。集団労働が縄紋人の生業の基盤となっていた理由は，それが彼らの社会的な結びつきを再生産する機会ともなった，という点からも評価すべきだろう。

4.「縄紋農耕」

これまで，縄紋人を狩猟採集民——自然のなかにある資源を利用している人々として説明してきた。しかし，縄紋人が植物を栽培し，動物を飼育していた，という意見もないわけではない。かりにこのような意見が正しいとすれば，縄紋人を狩猟採集民として扱うことは妥当ではない，ということになる。

縄紋人がなんらかの農耕をおこなっていた，という考えは，いまに始まるものではなく，すでに1920年代末にあらわれている。縄紋農耕を認めようとする意見は，

(1) 縄紋時代の全体，または一部の時期・地域の文化が繁栄した理由を，農耕にもとめようとする立場
(2) 稲作の受容・急速な伝播の前提条件として原初的な農耕の存在を認めようとする立場

に大別できる。縄紋農耕論の論点や経過は，戸沢充則・能登健・玉田芳英などがまとめている[93]。1979年代前半までの縄紋農耕論についての論評は，それ

らにゆずり，1970年代後半からのちの資料と意見に目をむけることにしよう。

1970年代なかばを境として，縄紋農耕論はあたらしい局面をむかえる。福井・鳥浜でヒョウタン・リョクトウが出土してから[94]，縄紋時代の日本列島に栽培植物が渡来してきていたことは，否定できなくなっている。その後の発見例もくわえると，ヒョウタンは滋賀・粟津湖底など6カ所，リョクトウは岐阜・ツルネなど8カ所で出土している。もっとも例が多いのはエゴマ（シソ？）で，長野・荒神山など10カ所で出土している。そのほか鳥浜では，縄のなかにアサを用いたものがあり，鳥取・目久美など3カ所では，アブラナ類も出土している[95]。縄紋時代の遺跡総数にくらべれば微々たるものだが，すべての発掘調査で植物種子の有無を確認しているわけではない，という事情を考えに入れねばならない。

穀物の出土例がまったくないわけではない。そのなかで，九州の後・晩期とされている例は，弥生の農耕のさきぶれと考えるべきだろう。青森・亀ヶ岡のコメ[96]，あるいは北海道・ママチや青森・石亀のソバなど[97]も，晩期中葉以後のものである。本州西南部の突帯紋土器の文化圏に到達した早期弥生の影響が，いちはやく北日本にまで波及したのだろう。後・晩期以前の穀物の出土例は，北海道・ハマナス野のソバ，埼玉・上野と岐阜・ツルネのオオムギなど[98]で，いずれも中期といわれている。これらの例が間違いないとすれば，後・晩期以前にも，穀物栽培が日本列島に伝わっていたことになる。しかし，その技術が後・晩期まで継承されていた，と考える根拠はいまのところない。

第2節で紹介した，縄紋人の食品の種別はシミュレイションの結果では，縄紋人はムギ・ヒエ・アワなどのC_4植物も摂取していたようにもみえる。シミュレイションをおこなうとき，縄紋人が安定同位体比のちがう各種の食品をランダムに利用した，と仮定しているから，C_4植物の比率もゼロにはならない。南川雅男の教示によれば，平均値は10％前後でも，C_4植物の利用率がゼロにちかい場合が多く，実際には利用していないとみるべきだ，とのことである。南川は，新大陸各地の住民と縄紋人の炭素・窒素安定同位体比の測定値を比較している[99]。このなかで，テワカン，ハビブなど，農耕の存在が確認されている中米・北米の遺跡の住民（図32 – 11・12）の$\delta^{13}C$濃度は高くなっている。トウモロコシ栽培の波及以前（図32 – 9）・以後（図32 – 10）で$\delta^{13}C$濃度が変

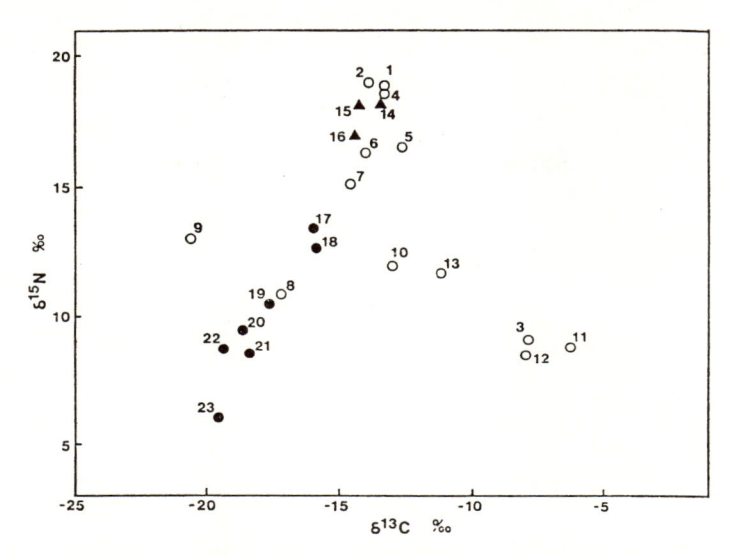

図32 新大陸各地の住民と縄紋人の炭素・窒素安定同位体比測定値の比較 (註99による)
1.イヌイット, 2 ハイダ, 3 ペコス・プエブロ, 4 ブリティッシュ・コロンビア, 5 モシェール島, 6 チュマシュ, 7 沿岸チュマシュ, 8 内陸チュマシュ, 9 オンタリオ, 10 同, 11 テワカン, 12 ハビブ, 13 ビルー, 14 有珠, 15 北黄金, 16 高砂, 17 轟, 18 津雲, 19 古作, 20 陸平, 21 三貫地, 22 寄倉, 23 北村

化している場合もある。縄紋人の測定値は、きわめて広い範囲にまたがっている。しかし、C_4植物を常食としている人々の測定値とは重ならない。C_3植物であるソバ・イネならばともかく、縄紋人がC_4植物を主食としていた、と考える余地はなさそうだ。

縄紋人は、たしかに植物を栽培していた。しかし、その作物のなかには常食となるものは含まれてはいなかった。「縄紋農耕」をめぐる議論は、このようなかたちで決着がつくようにみえた。しかし最近、あたらしい問題がもちあがってきた。新潟・大沢では、集落のなかの包含層から、ヒガンバナ(またはユリ)科とヤマノイモ科の花粉(図33)が検出され、少量だがソバ属の花粉も含まれている[100]。樹木では、ヒノキ科がやや多い程度で、草本類の花粉も少なく、ともに10％前後である。ところがヒガンバナ(ユリ)科の花粉は前期後葉—中期前葉(古)には50％前後、ヤマノイモ科の花粉は中期前葉(新)には70％前後になる。中期前葉(中)には、ゼンマイ属の胞子が30％前後になる。

ヒガンバナ（ユリ）科，ゼンマイ属，ヤマノイモ科の花粉・胞子だけが高い比率で出現し，しかもつぎつぎにいれかわるのは尋常ではない。調査を担当した前山精明が指摘しているように，なんらかの人為的な要因を考えねばならない。

「縄紋農耕」に批判的な立場をとる人々も，縄紋人が堀田満のいうイモ型有用植物（イモ類）を利用していた可能性は認めている。神奈川・上ノ入でキツネノカミソリと推定されるもの[102]，鳥浜でユリ科（図35）とされるものが出土している。稲作以前にイモ栽培があったという意見は，民俗（族）学の分野に根強い。たとえば坪井洋文は，稲作文化の基層としてのイモ作文化の意義を強調している[103]。

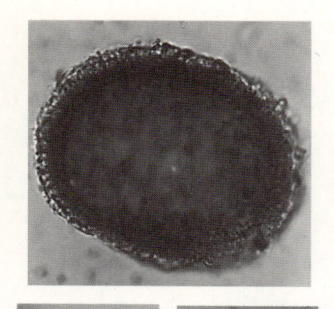

図33　新潟・大沢のヒガンバナ（ユリ）科（上）とヤマノイモ科（下）の花粉（巻町教育委員会提供）

中尾佐助は，縄紋時代に「三倍体植物を主とする半栽培農耕文化が伝播・成立していた」可能性がある，という[104]。ここで中尾が考えているのは，サトイモの一部・オニユリ・ヒガンバナ・ヤブカンゾウ・ミョウガなど。クワイ・ヤマノイモなども，その「候補として考え得る」という。大沢で花粉が出ている植物は，すべてこのなかに含まれている。

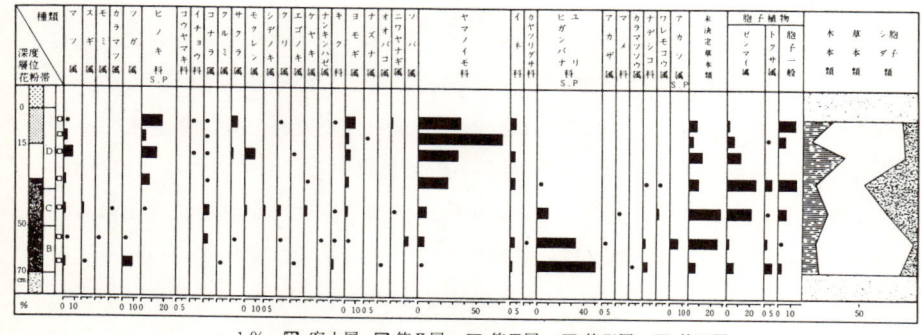

図34　新潟・大沢の花粉ダイアグラム（註100による）

第5章　縄紋人の生業　185

ヒガンバナ・ユリ・ヤマノイモは、いずれも C_3 植物だから（南川雅男の教示）、安定同位体比の分析結果とも矛盾しない。

　ユリ／ヒガンバナ科やヤマノイモ科の花粉が、これほど高い比率を占めている例はほかにない。これまでの花粉分析では、集落から離れた湿地からサンプルを採取しており、遺物含有量——つまりゴミ捨て場など、集

図35　福井・鳥浜の土器に付着した球根
（福井県立若狭歴史民俗資料館提供）

落のなかの堆積物を分析した例はほとんどない。これらの植物は、台地の上や斜面の林床を構成しており、株のまわりをはなれると、花粉の量は少なくなる。だから、斜面から離れた湿地のなかの堆積物では、これらの植物の花粉の比率が低いのは当然のことである。集落の外の湿地ばかりでなく、集落のなかの堆積物の分析にも力をいれる必要があるだろう。

　それはともかく、大沢のゴミ捨て場の土に、花粉が含まれていたのは、このあたりにヤマノイモ・ユリ科やヒガンバナ科の植物が生えていたからだろう。ヤマノイモ科の場合は、葉の変形した栄養体（ムカゴ）を貯蔵していたか、まとめて処分したのかもしれない。集落のなか・住居のまわりに、「採園（キチン＝ガーデン）」または「野地畑（のぢばた）」[105]があり、大沢の住民は、デンプンの供給源となる植物を、ここに植えていたのだろう。

　イモ類の半栽培の技術はいつ・どのような経路で、日本列島に伝わったのだろうか。曽畑式の時期に、韓半島を経由して伝わった、というのもひとつの考えである。半栽培のイモ類がリョクトウ・ヒョウタンなどとセットになっているとすれば、その時期は押型紋土器かそれ以前にさかのぼるだろう。東アジアの植物栽培の起源が完新世初期、あるいは更新世末期までさかのぼり、縄紋人の植物栽培にその片鱗をあらわしている、という可能性もまったくないとはいいきれない。

5. 縄紋人の生業の性格

　大沢の花粉分析の結果は，縄紋前期・中期の植物栽培が「集落近傍に営まれた小さな畑地や庭畑でごく小規模」[106]におこなわれていたという佐々木高明の推測と一致している。佐々木は，縄紋時代に焼畑農耕が存在したことを精力的に主張している[107]。この意見にしたがえば，大沢の住民は農耕民だ，ということになるだろう。

　佐々木は，先史時代の作物栽培といっても，その中身は「無限定に一括できるほど単純・同質では」なく，「採集（半栽培），狩猟，漁撈活動のごく一部を補う程度の」「原初的農耕」と，「主食料の生産の大半を（中略）農耕でまかなってはいるが」安定性がひくく，「農耕とそのほかの生業活動の比重が逆転することもあるような」「初期的農耕」の区別があることを指摘する[108]。この意見は，1960年代までの「縄紋農耕論」にくらべて，はるかに論理的にととのっており，目配りがきいている。

　にもかかわらず，植物栽培が「採集，狩猟，漁撈活動のごく一部を補う程度」の役割しかはたしていない社会を，なぜことさら「農耕社会」と呼ぶのだろうか。佐々木自身は，その立場を，「非常に小規模なものでも農耕があれば，『ある』ということを大事にしていこうと思う」のだと説明する[109]。佐々木は，縄紋社会を「成熟せる採集社会」[110]とも定義する。「成熟せる採集社会」のなかには，「原初的農耕社会」の側面もある，というのがその真意だろう。日本の農耕文化の起源がどこにあるか，日本の農耕はどこまでさかのぼるか，佐々木の関心はそこに集中している。

　一方，考古学で「農耕社会」といえば，「農耕が主要な生業となっている社会」という意味である。「農耕の生みだす余剰を土台として，ほかの生産活動も成り立っている社会」といってもよい。つまり，ひとつの社会が農耕社会とよべるかどうか，その決め手となるのは，社会の生産システムのなかでの，農耕のしめる比重・はたす役割なのだ。この定義にしたがえば，「初期的農耕」の段階が，ようやく「農耕社会」の入口にたどり着いた，というところで，「原初的農耕」の段階にある社会は，とても農耕社会とはいえない，ということになる。

第5章 縄紋人の生業　187

　後・晩期，あるいはそれ以前の縄紋社会に，植物栽培あるいは農耕があったかどうかということ，そしてそれが日本列島に水稲耕作がひろがる過程で，どのような役割をはたしたのかということは，縄紋社会を特徴づける生業は何かという問題とは切り離して考えるべきだろう。縄紋社会の生業の性格をとらえようとすれば，植物性の食料資源ばかりでなく，動物性の食料資源をもふくめ，縄紋人の生業システム全体の特徴をとらえる必要がある。

　完新世の環境のもとでの狩猟・採集は，更新世からの生き残り(レリック)ではなく，農耕・牧畜と狩猟・採集は，後氷期の環境変化にともなって平行して発展した，という意見もある[111]。一方，E. S. ヒグスとM. R. ジャーマンは，人間と動・植物の交渉が，更新世からひきつづき緊密になり，その経験が累積して，農耕・牧畜が成立すると考える[112]。「定住した人間が作りだした環境のなかに生ずる植物を，手近に採集して食料化」する段階を「先農耕段階」とよぼう，という中尾佐助の意見も，これにちかい[113]。

　ヒグスとジャーマンは，この過程を Husbandry と Domestication にわける。動・植物資源を，多少なりとも意識的に，保護・管理している場合が Husbandry，人間にとって都合のよい品種を計画的に作りだしている場合が Domestication である[114]。かりに前者を「誘導/管理」，後者を「淘汰/馴育」としておく。狩猟採集民といえば，身のまわりの与えられた資源を受身の立場で利用している人々だ，と考えがちである。しかし最近，狩猟採集民もさまざまな手立てによって，資源を維持・管理している，ということが注目されるようになってきた。そのひとつの具体的な例が，狩猟採集民のおこなう火入れである。小林達雄は北米北西部海岸のサリッシュ族が火入れをおこなうことを紹介している[115]。火入れは，北米北西部の狩猟採集民のあいだで，ひろくおこなわれている。たとえば，カナダのアルバータ州北部では，クリー・クロウ・チペワイアンなどの諸部族が，森林のあいだの草地に火入れをしている[116]。オーストラリア各地の狩猟採集民も火入れをおこなっており，カリフォルニア・オレゴンの諸部族のように，低木林や針葉樹林に火入れをして草地（伐開地）を造成する場合もある。イギリスでは，中石器時代に火入れがはじまっている，という意見もある[117]。火入れをした場所は，草の発芽が早くなり，草丈も伸びる。草食獣はここに集まり，それを追って肉食獣も入りこんできて，

格好の猟場となる。漿果類など林床のなかの有用植物の成長も活発になる。火入れをしなければ樹木がはびこり、草地は消滅してしまう(118)。

さきに紹介したアルバータ北部の場合、伐開地の維持・管理の第一の目的は、猟場の確保にあるが、それだけではなく、伐開地はさまざまな機能・目的をはたしている。伐開地に有用植物を栽培すれば、焼畑農耕が成立する。北アメリカ北西部で焼畑が成立しなかった理由は、この地域に栽培に適した有用植物が分布しておらず、栽培植物も波及しなかった、というまでのことで、イロクォア族・アルゴンキン族など、農耕の波及した北アメリカ北東部の森林地帯の諸部族のあいだでは、焼畑農耕が成立している(119)。

焼畑農耕は、狩猟採集民の資源の維持・管理の技術の枠のなかでも成立しうる。とすれば、狩猟採集民が有用植物の栽培技術を開発し、焼畑農耕をはじめることもあるだろうし、狩猟採集民が農耕民と接触し、栽培植物の一部を伝統的な技術のなかにとりこんで、焼畑農耕をはじめることもあるだろう。だから、水田農耕民が焼畑に転向することは考えられない(120)、というような一般論では問題は解決しない。縄紋時代の社会で、実際にどのような出来ごとが起きていたのか、具体的な資料にもとづいて、判断しなければならない。

ところで、アルバータ北部の狩猟採集民の維持・管理している草地は、そこにおもだった獲物となるシカ類をひきつけることになる。いいかえれば、草地を維持・管理することによって、利用価値のある資源を、自分たちの手許に誘導している、といえるだろう。中尾のいう「先農耕段階」の半栽培も、人間が環境に干渉し、利用価値のある植物を誘導したことになる。自分たちが利用しやすい場所に、有用な資源が増殖しやすい環境をつくりだし、誘導する。このような生業システムの原理を想定することができよう。縄紋人の生業も、このなかにふくめることができよう。

ただし、縄紋人が動・植物資源を管理していたという確実な証拠は、いまのところあまり多くはない。千野裕道の炭化材の分析結果は、縄紋人のクリの管理と利用のプロセスを具体的に示唆している点で注目をひく(121)。東京・伊皿子のハイガイの殻長の最小値は、最大値より変異幅がせまい。鈴木公雄は、貝塚を残した人々が、ある限度よりも小さな貝は採取しないように配慮した結果だ、と解釈している(122)。いわゆる棒つきカキも、縄紋人の資源管理の痕跡か

もしれない。集落の周期的な移動も，資源管理の一手段だろう（後述）。縄紋人の動・植物資源の管理——それは今後実証していかねばならぬ課題である。

註
(1) 『大漢和辞典』がひく『史記・匈奴伝』には「(匈奴は)　禽を射ち獣を猟することを生業としている」とある。
(2) カール・ポランニー著，玉野井芳郎・栗本慎一郎訳「人間の経済」上・p. 59（岩波現代選書 49，岩波書店，1980）
(3) 鈴木公雄「日本の新石器時代」pp. 77-78, p. 81（『講座日本歴史』1，東京大学出版会，1984）
(4) ここでは，中井信之らの海進最盛期の推定年代 6,000～6,700y. B. P. にしたがうことにする。
　　中井信之・太田友子・藤沢　寛・吉田正夫「堆積物コアの炭素同位体比，C/N 比および FeS_2 含有量からみた名古屋港周辺の古気候，古海水準変動」pp. 173-176（『第四紀研究』21：169-177, 1982）
(5) 近藤義郎「縄文文化成立の諸前提」（『日本考古学研究序説』47-75, 岩波書店，1985）
　　小林達雄「総論・縄文経済」p. 5（『縄文文化の研究』2：1-16, 1983）
(6) 貝塚爽平「山と平野と海底と—平野と海岸序説」p. 17（貝塚爽平ほか編『日本の自然』4：1-22, 岩波書店，1985）
(7) Stewart, K. M. Fishing Sites of North and East Africa in the Late Pleistocene and Holocene : *Environmental Change and Human Adaptation.* pp. 34-36. *BAR I. S. 521,* 1989
(8) 本書第 3 章第 1 節「1. 半島から列島へ」参照
(9) 杉原荘介・芹沢長介「神奈川県夏島における縄文文化初頭の貝塚」pp. 32-35（『明治大学文学部研究報告・考古学』2, 明治大学，1957）
　　岡本　勇「先土器・縄文時代の食料生産」pp. 45-46（甘粕　健ほか編『岩波講座 日本考古学』3：33-56, 岩波書店，1986）
(10) 西ノ城・花輪台ではヤマトシジミが主体となり，平坂ではマガキを主としてハイガイが混ざる。
　　西村正衛・金子浩昌・芹沢長介・江坂輝彌「千葉県西ノ城貝塚—関東縄文式早期文化の研究」（『石器時代』2：1-20, 1955）
　　岡本　勇「相模・平坂貝塚」（『駿台史学』3：58-76, 1953）
　　吉田　格「縄文早期花輪台式文化—茨城県花輪台貝塚」（斎藤忠博士頌寿記念論文集編纂委員会編『考古学叢考』下・455-479, 吉川弘文館，1988）
(11) 黄島貝塚では貝層の下半部はヤマトシジミ，上半部にはハイガイにまじって小型のマガキが見られるという。夏島・先刈・黄島の貝類の組成がよくにている。吉田

浜貝塚では，茅山下層式並行の土器をふくむマガキの貝層の下に，貝殻沈線紋土器後葉の混貝土層があるが，種名はわからない。

江坂輝彌「生活の舞台」pp. 402-404（鎌木義昌編『日本の考古学』Ⅱ：399-415，河出書房，1965）

芹沢長介『石器時代の日本』p. 122

後藤勝彦「宮城県七ヶ浜町吉田浜貝塚」（宮城教育大学歴史研究会編『仙台湾周辺の考古学的研究』1-20，宝文堂，1968）

(12) 貝塚爽平・鳴瀬　洋・太田陽子「平野と海岸の生い立ち」（貝塚爽平ほか編『日本の自然』4：23-183）

(13) 安田喜憲「鳥浜貝塚80R区の花粉分析」pp. 1-4（鳥浜貝塚研究グループ編『鳥浜貝塚』5：1-13, 福井県教育委員会・福井県立若狭歴史民俗資料館，1985），『環境考古学事始—日本列島二万年』pp. 143-146（NHKブックス365, 日本放送出版協会，1980）

(14) 本書第3章第1節「1.半島から列島へ」参照

(15) 本書第3章第1節「2.縄紋海進」参照

(16) 辻誠一郎・南木睦彦・小池裕子「縄文時代以降の植生変化と農耕—村田川流域を例として」pp. 261-263（『第四紀研究』22：251-266, 1983）

(17) 辻誠一郎・南木睦彦・小池裕子「縄文時代以降の植生変化と農耕—村田川流域を例として」pp. 257-260

徳永重元・パリノサーヴェイKK「自然遺物・花粉」p. 149（早川智明監修『寿能泥炭層遺跡発掘調査報告書・自然遺物篇』137-151, 埼玉県教育委員会，1982）

辻誠一郎「開析谷の遺跡とそれをとりまく古環境復元：関東平野中央部の川口市赤山陣屋跡遺跡における完新世の古環境」pp. 349-351（『第四紀研究』27：331-356, 1989）

(18) 安田喜憲『世界史のなかの縄文文化』p. 130（考古学選書26, 雄山閣出版，1987）

(19) 松島義章「南関東における縄文海進に伴う貝類群集の変遷」pp. 257-259（『第四紀研究』17：243-265, 1979）

(20) 阪口　豊『尾瀬ヶ原の自然史』pp. 168-178（中央公論社，1989）

(21) 阪口　豊『尾瀬ヶ原の自然史』pp. 180-183

(22) 安田喜憲『世界史のなかの縄文文化』pp. 260-261

(23) 今村啓爾「称名寺式土器の研究・下」pp. 130-133（『考古学雑誌』63—2：110-148, 1977）

(24) 藤本　強「墓制成立の背景」pp. 19-20, p. 30（『縄文文化の研究』9：12-31, 1983）

(25) 町田　洋「火山の大噴火」pp. 44-47（『日本の自然』8：33-59, 1986）

(26) 町田　洋・新井房夫「南九州鬼界カルデラから噴出した広域テフラ—アカホヤ火山灰」p. 151（『第四紀研究』17：143-163, 1978）

(27) 林　謙作「宮城県浅部貝塚出土のシカ・イノシシ遺体」（『物質文化』15：1-11, 1970）

林　謙作「宮城県浅部貝塚出土の動物遺体」(『物質文化』17, 7-21, 1971)

塩釜女子高等学校社会部『二月田貝塚』(塩釜女子高等学校, 1971)

林　謙作「宮城県下の貝塚群」pp. 113-16, 133-140 (渡辺信夫編『宮城の研究』1：109-172, 清文堂, 1984)

金子浩昌・草間俊一編『貝鳥貝塚―第四次調査報告』(岩手県文化財愛護協会・花泉町教育委員会, 1971)

(28) 上ゲ土をすべて持ちかえり, 微小遺物を検出する方針は, 仙台湾沿岸では宮城県教育委員会による田柄, 東北歴史資料館による里浜西畑 (1979年) にはじまる。サンプリングは母集団の性質を推測するために, 一部の資料を抜きだすことであるから,「悉皆――」は「センサス」・「――回収」とよぶべきだろう。

(29) 林　謙作「宮城県浅部貝塚出土の動物遺体」Tab.2

(30) 松本秀明「沖積平野の形成過程から見た過去一万年間の海岸線変化」pp. 20-21, 25-26, 34-36, 41-43, 49-50 (『宮城の研究』1：7-52)

(31) 松本は, 海面がふたたび上昇にむかう時期はあきらかにしていない。

(32) 興野義一「迫川流域の石器時代文化」pp. 27-29 (『仙台郷土研究』18―3：20-30, 1958)

(33) 加藤　孝・後藤勝彦編「宮城県登米郡南方町青島貝塚発掘調査報告―内陸淡水産貝塚の研究」(『南方町史・資料編』1：11-274, 1975)

後藤勝彦「仙台湾縄文前期貝塚出土の動物遺体から見た漁撈活動について―特に左道貝塚・貝殻塚貝塚・桂島貝塚を中心として」(『宮城県多賀城遺跡調査研究所研究紀要』6：1-27, 1980)

(34) 伊東信雄編「埋蔵文化財緊急発掘調査概報―長根貝塚」(『宮城県文化財調査報告書』19, 1969),「宮城県下の貝塚群」pp. 126-127, 130-132

(35) 松本秀明「沖積平野の形成過程から見た過去一万年間の海岸線変化」p. 25

(36) 岡村道雄・小井川和夫編『里浜貝塚Ⅴ―宮城県鳴瀬町宮戸島里浜貝塚西畑地点の調査・研究Ⅴ』pp. 97-99, 104-105 (『東北歴史資料館資料集』15, 東北歴史資料館, 1986),『里浜貝塚Ⅵ』p. 46 (『東北歴史資料館資料集』19, 1987)

(37) 林　謙作「宮城県下の貝塚群」pp. 141-150

林　謙作編「縄文時代」pp. 106-108 (『図説 発掘が語る日本史』1：69-112, 新人物往来社, 1986)

林　謙作「亀ヶ岡と遠賀川」pp. 96-98 (戸沢充則ほか編『岩波講座 日本考古学』5：93-124, 1986)

(38) ハクチョウの骨が出ていることから, 貝塚の形成が冬にもかかっていた, と推測しているらしい。

Lubbock, John, *Pre-Historic Times*, pp. 214-15 (Williams and Norgate, 1913), Morlot, A., General Viewson Archaeology. pp. 312-313 (*Annual Report of Smithsonian Institution for 1860*. 284-343, 1861)

(39) Clark, J. G. D., *Prehistoric Europe : the economic basis*. pp. 25-26, p. 38

(40) Clark, J. G. D. (ed), *Excavations at Star Carr : an early mesolithic site at Seamer, near Scarborough, England.* Cambridge University Press, 1954

(41) Casteel, R. W., Some Archaeological Uses of Fish Remains. *American Antiquity.* 37 : 404-419

(42) Gilbert, B. M., Bass, W. M., Seasonal Dating of Burials from the Presence of Fly Pupae. *American Antiquity.* 32 : 534-535

(43) したがって，物理学・工学などの分野のスペクトル解析とおなじ原理である。この手法をとりいれれば，さらにこまかな分析ができるようになるだろう。

(44) すでに，東大寺の仁王像の原木を切りだした季節の推定がおこなわれている。
　　田中　琢編「年輪に歴史を読む――日本における古年輪学の成立」p. 122（『奈良国立文化財研究所学報』48, 1990）

(45) というのはひと昔前の話で，いまでは成長のサイクルが遺伝子のなかに組みこまれているのではないか，という意見もあるらしい（大泰司紀之の教示）。

(46) Ohtaishi, N. Ecological and Physiological Longivity in Mammals : from the age structure of Japanese Deer. *Journal of Mammalian Society Japan.* 7 : 130-134
　　大泰司紀之「遺跡出土ニホンジカの下顎骨による性別・年齢・死亡時期の推定法」（『考古学と自然科学』13 : 51-74, 1980）
　　大泰司紀之・小池裕子「遺跡出土ニホンシカの齢構成から見た狩猟圧の時代変化」p. 515（古文化財編集委員会編『古文化財の自然科学的研究』508-517, 同朋舎, 1984）

(47) 新美倫子「愛知県伊川津遺跡出土ニホンイノシシの年齢及び死亡時期査定について」（『国立歴史民俗博物館研究報告』29 : 123-141, 1991）

(48) Koike, H., Seasonal Dating by Growth-line Counting of the Clam, *Meretrix Iusioria* : toward a reconstruction of prehistoric shell collecting activities in Japan. *The University Museum Bulletin, University of Tokyo.* 18, 1980）
　　小池裕子「貝殻成長線解析」（特定研究「古文化財」総括班編『古文化財に関する保存科学と人文・自然科学　昭和55年度年次報告書』93-95, 1985）

(49) 小池裕子「伊皿子貝塚における貝類採取の季節性」（金子浩昌・鈴木公雄編『伊皿子貝塚遺跡』607-615, 1981，東京都港区教育委員会・日本電信電話公社）
　　小池裕子「宮城県田柄貝塚CL―40区出土のアサリ・ハマグリの貝殻成長線解析について」（小井川和夫・大田幸夫編『田柄貝塚』3 : 533-539, 1988, 宮城県教育委員会）

(50) 耳石というのは，内聴道のなかの器官の一部で，平衡感覚をたもつ働きをしている。サカナにかぎらず，すべての脊椎動物にあるが，サカナの耳石はとくに成長線を観察しやすい。

(51) Mellars, P., Excavations and Economic Analysis of Mesolithic Shell Middens on the Island of Oronsay (Inner Hebrides). Mellars ed. *The Early Postglacial Settlement of Northern Europe.* 371-396, Duckworth, London, 1978

第 5 章　縄紋人の生業　193

(52)　Casteel, R.W., Some Archaeological Uses of Fish Remains.
(53)　林　謙作「宮城県浅部貝塚出土のシカ・イノシシ遺体」
(54)　10月15日から4月15日まで（「鳥獣保護及狩猟ニ関スル法律」第八条ノ三）
(55)　岡村道雄「発掘調査の目的」p. 28（岡村道雄編『里浜貝塚Ⅰ・宮城県鳴瀬町宮戸島里浜貝塚西畑地点の調査・研究』26-40,『東北歴史資料館資料集』11, 1981）
(56)　サケ科のメンバーは, 稚魚のとき海に降り, 成熟してから産卵にもどってくる降海型がおおい。イワナ・ヤマメ・ニジマス・イトウなど, 生まれたところで一生をすごすものが陸封型。
(57)　本書第5章第2節「1. 仙台湾沿岸の遺跡のトリ・ケモノの組成」
(58)　小池裕子「アサリの成長線分析・貝殻成長線に基づくアサリの採取季節の推定について」(『里浜貝塚Ⅴ』：48-53『東北歴史資料館資料集』15, 1986）
(59)　赤沢　威「縄文貝塚産魚類の体長組成並びにその先史漁撈学的意味─縄文貝塚民の漁撈活動の復原に関する一試論」(『人類学雑誌』77：154-178, 1969）
(60)　笠原信男「各層出土の動植物遺体・魚類」pp. 59-71 (『里浜貝塚Ⅴ』：56-83),「里浜貝塚西畑地点の生業活動と季節性」pp. 28-31（岡村道雄・笠原信男編『里浜貝塚』Ⅵ：8-35, 1987）
(61)　松原喜代松・落合　明『魚類学・下』p. 786（恒星社厚生閣, 1973）
(62)　本書第5章第1節「1. 生業と経済」参照
(63)　小林達雄「縄文経済」p. 6（加藤晋平・小林達雄・藤本　強編『縄文文化の研究』2：1-16, 雄山閣出版, 1983）
(64)　本書第5章第2節「1. 仙台湾沿岸の遺跡のトリ・ケモノの組成」参照
(65)　笠原信男・岡村道雄編『里浜貝塚Ⅴ』pp. 31-35, p. 73 (『東北歴史資料館資料集』15, 1986）
(66)　田柄では貝類が45種でているが, アサリが圧倒的に多く78％強, ついでハマグリが14％弱で, 合わせれば90％をこえる。伊川津でも, のべ38種の貝のうち, スガイとアサリが圧倒的な比率を占める。サカナは38種類のうち, タイ科（クロダイ）・スズキ・ニシン・ニシン科などの比率が高い。
　　　小井川和夫・大田昭夫「田柄貝塚3」p. 203, 339 (『宮城県文化財調査報告書』111, 宮城県教育委員会・建設省東北地方建設局, 1986）
　　　小野田勝一・春成秀爾・西本豊弘編『伊川津遺跡（本文編）』pp. 309-310, p. 314 (『渥美町埋蔵文化財調査報告書』4, 渥美町教育委員会, 1988）
(67)　辻　秀子「可食植物の概観」(『縄文文化の研究』2：18-41）
(68)　辻　秀子「可食植物の概観」pp. 28-29
(69)　辻　秀子「可食植物の概観」p. 25
(70)　この意見が, いわゆる「サケ・マス論」である。「サケ・マス論」の評価は, 註(78) 鈴木論文（pp. 182-188）を参照のこと。
　　　山内清男「日本先史時代概説」pp. 141-142（山内清男・江坂輝彌編『日本原始美術』1：135-147, 講談社, 1964）

(71) 西田正規「縄文時代の食料資源と生業活動—鳥浜貝塚の自然遺物を中心として」pp. 35-37（『季刊人類学』11—3： 1-41，1980）
(72) 本書第5章第3節「2. 季節の推定」参照
(73) 西村正衛・金子浩昌「千葉県香取郡大倉南貝塚」（『古代』21・22： 1-47，1956）
(74) 渡辺 誠「縄文時代の植物質食料採集活動について（予察）」（『古代学』15—4： 266-276，1969），「縄文時代における植物質食料採集活動の研究」（『古代文化』24—5・6： 139-170），『縄文時代の植物食』（考古学選書13，雄山閣出版，1975）
(75) 平口哲夫「動物遺体個体別分析の諸問題—真脇遺跡出土イルカ上腕骨のペアリングを中心に」pp. 67-72（『国立歴史民俗博物館研究報告』29： 61-88，1991）
(76) 岡村道雄・菅原弘樹「動物遺体分析にあたって」pp. 22-23（『里浜貝塚Ⅴ』： 1-23，1987）
(77) 佐原 眞『日本人の誕生』p. 111（『大系日本の歴史』1，小学館，1987）
(78) 鈴木公雄「縄文時代論」pp. 188-195（大塚初重・戸沢充則・佐原 眞編『日本考古学を学ぶ』3： 178-202，有斐閣，1979）
(79) 佐原 眞『日本人の誕生』p. 112
佐々木高明『日本史誕生』p. 128（『日本の歴史』1，集英社，1991）
(80) 林 良博は，食品としてのイノシシの歩留まりを75％前後と推定している。この推定には，骨髄はふくまれていないようなので，縄紋人がイノシシを利用する場合の歩留まりは，さらに高くなるだろう。
　　林 良博「イノシシ」p. 143（『縄文文化の研究』2： 136-147，1982）
(81) Chisholm, B. ・小池裕子・中井信之「炭素安定同位体比による古代食性の研究」（『考古学と自然科学』20： 7-16，1988）
(82) Price, T. G. The Reconstruction of Mesolithic Diets. pp. 54-56（Bonsall. C. ed. *The Mesolithic in Europe*. 48-59, John Donald, 1986）
(83) 南川雅男「安定同位体比による食生態研究」（『モンゴロイド』1： 14-16，1989），「アイソトープ食性解析からみる先史モンゴロイドの食生態」（『モンゴロイド』6： 24-29，1990）
(84) ここに説明した事項は，註（81）のほか，杉山達雄「C_3植物，C_4植物とは？」（『モンゴロイド』2： 13-15，1989）に解説がある。
(85) 本書第5章第4節「2.食品の選択（1）」表13参照
(86) 鈴木公雄『貝塚の考古学』pp. 64-68（『UP 考古学選書』5，東京大学出版会，1989）
(87) 渡辺 誠『縄文時代の植物食』pp. 98-135（考古学選書13，雄山閣出版，1975）
(88) 金箱文夫編『赤山——一般国道298号（東京外かく環状道路）新設工事に伴う埋蔵文化財発掘調査報告書・本文編第一分冊』p. 405, 410, pp. 411-430（川口市遺跡調査会報告12，1989）
(89) 西野秀和『金沢市米泉遺跡』pp. 13-14，282-284（石川県埋蔵文化財センター，1989）

(90) 林　謙作「貝ノ花貝塚のシカ・イノシシ遺体」(『北方文化研究』13：75-134, 1980)
(91) 林　謙作・西本豊弘「縄文晩期〜弥生前期の狩猟と儀礼」pp. 38-41 (大井晴男編『環太平洋北部地域における狩猟獣の捕獲・配分・儀礼』26-42, 1986)
(92) K. C. ブレインの観察では, 人間の食べ残しのヤギの骨をイヌがあさった後, 下顎骨は 90 ％以上, 上腕骨・脛骨 (いずれも下端) や橈骨・尺骨は 50 〜 60 ％が残っているが, 足端骨・頸椎骨・腸骨などはいずれも 10 ％以下で, とくに脊椎骨・上腕骨 (上端) はまったく残っていなかったという。
　　 Brain, K. C. Some Interpretation of Bone Accumulations Associated with Man. pp. 105-112 (Isaac, G. L1., McCown, E. R., (eds.) *Human Origins : Louis Leakey and the East African Evidence*. 97-116, 1976. Benjamin/Cummings).
(93) 戸沢充則「縄文農耕論」(大塚初重・戸沢充則・佐原　眞編『日本考古学を学ぶ』2：173-191, 有斐閣, 1979)
　　 能登　健「縄文農耕論」(桜井清彦・坂詰秀一編『論争・学説　日本の考古学』3：1-29, 雄山閣出版, 1987)
　　 玉田芳英「縄文時代に農耕はあったか」(鈴木公雄編『争点・日本の歴史』1：141-153, 新人物往来社, 1991)
(94) 西田正規「植物遺体」(岡本　勇監修『鳥浜貝塚―縄文前期を主とする低湿地遺跡の調査』1：158-161, 1979)
　　 松本　豪「緑豆」(岡本　勇監修『鳥浜貝塚』162-163)
(95) これらの植物種子の出土地は註 (93) 玉田論文参照。
(96) 那須孝悌・山内　文「縄文後・晩期低湿性遺跡における古植生の復元」p. 163 (文部省科学研究費特定研究「古文化財」総括班『自然科学の手法による遺跡・古文化財等の研究』158-171, 丸善, 1980)
(97) 山田悟郎「ママチ遺跡出土の花粉化石」p. 314 (北海道埋蔵文化財センター『ママチ遺跡』311-318, 1982)
　　 那須孝悌・飯田祥子「青森県石亀遺跡 (縄文晩期) の花粉分析」(渡辺　誠編『青森県田子町石亀遺跡第二・三次発掘調査概報』13-17, 1975)
(98) Crawford, G. W., Paleoethnobotany of the Kameda Peninsula, Jomon p. 90, pp. 148-149, *Anthropological Papers. Museum of Anthropology, University of Michigan*. 73, 1983
(99) 南川雅男「アイソトープ食性解析から見る先史モンゴロイドの食生態」(『モンゴロイド』6：24-29, 1990)
(100) 前山精明『大沢遺跡―縄文時代中期前葉を主とする集落跡の調査概要』(巻町教育委員会, 1990)
(101) 堀田　満「イモ型有用植物の起源と系統―東アジアを中心に」pp. 19-21 (佐々木高明編『日本文化の原像を求めて・日本農耕文化の源流』17-57, 日本放送出版協会, 1983)

(102) 小島弘義・浜口哲一「上ノ入遺跡炭化球根」(『どるめん』13 : 90-95, 1977) 註 (94) 西田報文 p. 160
(103) 坪井洋文『イモと日本人』(未来社, 1979)
(104) 中尾佐助「東アジアの農耕とムギ」pp. 135-137 (『日本農耕文化の源流』121-161)
(105) 福井勝義ほか「縄文の畑作農耕とその検証の可能性をめぐって」pp. 335-356 (佐々木高明・松山利夫編『畑作文化の誕生—縄文農耕論へのアプローチ』347-384, 日本放送出版協会, 1988)
(106) 佐々木高明「日本における畑作農耕の成立をめぐって」p. 17 (『畑作文化の誕生』1-22)
(107) 佐々木高明『稲作以前』(NHK ブックス 147, 日本放送出版協会, 1971),『照葉樹林文化の道—ブータン・雲南から日本へ』(NHK ブックス 422, 1982),「日本農耕文化源流論の視点」(『日本農耕文化の源流』1-15),『縄文文化と日本人—日本基層文化の形成と継承』(小学館, 1986),「日本史誕生」(『日本の歴史』1, 集英社, 1991)
(108) 佐々木高明「日本における畑作農耕の成立をめぐって」pp. 15-18
(109) 佐々木高明・松山利夫編『畑作文化の誕生—縄文農耕へのアプローチ』p. 351
(110) 佐々木高明『縄文文化と日本人』p. 106
(111) Foley, R. Hominids. humans and hunter-gatherers : an evolutionary perspective. pp. 219-221. Ingold, T., Riches, D., Woodburn J. (eds.) *Hunters and Gatherers I : History, evolution and social change.* 1988, Berg.
(112) Higgs, E. S., Jarman, M. R. The Origins of Animal and Plant Husbandry. pp. 12-13, Higgs (ed.) *Papers in Economic Prehistory.* 3-13, 1972, Cambridge, University Press.
(113) 中尾佐助「先農耕段階とその類型—農耕起源論と関連して」p. 330 (『畑作文化の誕生』325-344)
(114) Higgs, E. S., Jarman, M. R. The Origins of Animal and Plant Husbandry. p. 8
(115) 小林達雄「総論—縄文経済」p. 11 (加藤晋平・小林達雄・藤本 強編『縄文文化の研究』2 : 1-16, 雄山閣出版, 1983)
(116) Lewis, H. T., Fire Technology and Resource Management in Aboriginal North America and Australia pp. 51-53 Williams N. M., Hunn E. S. (eds.) *Resource Managers : North American and Australian Hunter-Gatherers.* 45-67, 1980, Australian Institute of Aboriginal Studies.
(117) Simmons, I, G., Evidence for vegetation changes associated with mesolithic man in Britain. Ucko, p. J., Dimbleby, G. W. (eds.) *The Domestication and Exploitation of Plants and Amimals.* 111-119, Duckworth, 1976
(118) Mellars, p. , Fire Ecology, Animal Populations and Man : a Study of some Ecological Relationships in Prehistory. pp. 16-39, *Proceedings of the Prehistoric Society.* 42 : 15-45, 1976

(119) Trigger, B. G. (ed) *Handbook of North American Indians : Northeast.* p. 163, 199, pp. 216-217, p. 258, 297, 379, 795, 1978, Smithonian Institution.
(120) 佐々木高明『縄文文化と日本人』p. 139
(121) 千野裕道「縄文時代のクリと集落周辺植生」(『東京都埋蔵文化財センター研究論集』2 : 25-42, 1983)
(122) 鈴木公雄『貝塚の考古学』pp. 76-77

第6章　縄紋人の領域

　縄紋人の生業，その舞台となる空間は「領域」という言葉でとらえることができる。ひとつの土器型式の分布する範囲も，それがなにを意味するのかはべつとしても，ひとつの領域とみることもできる。さらに，系統的なつながりを確認できるいくつかの型式，つまり岡本勇の型式群・小林達雄の様式，の分布圏をひとつの領域と解釈する場合もある。

　要するに，領域という言葉は，少なくともいまのところ，かなりさまざまな意味合いでもちいられており，その中身もはっきりと定義できないのが現状だろう。ここでは，いくつかの具体例を緒口として，縄紋人の社会のなかの「領域」の姿をとらえてみることにしよう。

1. 新田野貝塚の事例

(1) 新田野貝塚の概要

　千葉・新田野貝塚[1]は，房総半島を横断して流れる夷隅川の下流域の低位段丘の裾にある。花積下層・五領ヶ台の両時期の貝層が検出されており，遺物もこの時期に集中している。立教大学考古学研究会による分布調査の結果によれば，遺跡を中心としたおよそ16km四方の範囲には，花積下層期の遺跡が2ヵ所（ただし1ヵ所は不確実），五領ヶ台期のものが5ヵ所分布している（図36）。

　貝層はいずれもともに南北8m，東西2m前後の範囲におさまる。前期の貝層は，中心となるJ貝層（6.0×2.0〜1.5×0.3m）のほか，小規模なブロックが5枚（E・G・K・M・N）あり，中期の貝層もD貝層（4.4×2.0×0.3m）のほか，ブロック状の貝層7枚（A・B・C・H・I・Q・O）を含む。

　貝層を構成する貝は，前期の層で25種，中期の層で18種，あわせて30種になる。赤沢威は，これらの貝類を，棲息する区域によって，つぎのように整理している[2]。

(1) 河川—河口域に棲むもの（ヤマトシジミ）
(2) 内湾に棲むもの（キサゴ，カワアイ，ウミニナ，ツメタガイ，アカニシ，ハイガイ，マガキ，アサリ，オキシジミ，ハマグリ，オオノガイ）
(3) 内湾—外洋に棲むもの（イシダタミ，イボニシ，バイ）
(4) 外洋に棲むもの（サザエ）

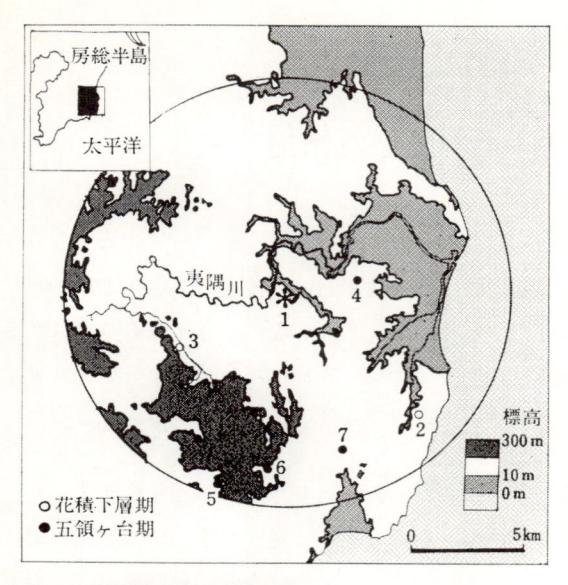

図36 新田野貝塚の遺跡テリトリー（註2に加筆）
1新田野，2大原，3堀之内，4鴨根，5芳賀，6花里，7新宿

　新田野貝塚から出ている貝は，内湾に棲むものがもっとも種類が多い。そればかりでなく，二枚貝にくらべ巻貝が少ないこともめだつ（表15）。貝層が堆積していた頃の周囲の環境が，浅い入江・あるいは川口で，巻貝の棲息にはあまり適してはいなかったと推測できよう。

　前期の貝層では，オキシジミ・ヤマトシジミが40～45％前後の比率を占め，これにマガキがくわわる。なお，オキシジミがヤマトシジミよりも多い場合（J・K）・ヤマトシジミがオキシジミよりも多い場合（E・N）があり（表15），前者は後者よりも古い時期に堆積したもので，貝層は南から北にむかって堆積していった，と推測されている[3]。中期には，ヤマトシジミが圧倒的に多くなり，99％前後の比率を占めるようになる。前期のJ貝層ではマガキが7.4％の比率を占めていたのに，中期のD貝層ではわずか0.02％になってしまう。オキシジミの棲息する内湾が縮小し，ヤマトシジミの棲息する河口やラグーンが拡大した結果だ，と推定されている[3]。新田野貝塚のヤマトシジミの殻長の平均は25～26mmで，現在の利根川流域の淡水域でとれる個体に近いという[4]。この点からみても，淡水域が拡大し，貝層の組成が変化した，という推測は妥当

表15　新田野貝塚の貝層の組成（註1による）

棲息地	種名	前期		中期	
		J貝層	E貝層	D貝層	A貝層
外　　　洋	サザエ	13		20	
内湾－外洋	イボニシ	5	1		
	バイ			71	2
内　　　湾	キサゴ	4	1	43	11
	カワアイ	4		52	
	ウミニナ	5		25	
	ツメタガイ	7			
	アカニシ	6			
	ハイガイ	106	2	3	
	マガキ	813	5	24	3
	アサリ	135	6	1	
	オキシジミ	5261	136	376	22
	ハマグリ	90	29	100	12
	オオノガイ	209	1	1	
河口・ラグーン	ヤマトシジミ	4327	542	109416	4929
		10985	723	110132	4979

　なものだろう。
　魚類は，前期でも中期でも，スズキとボラが多く，あわせると60％をこし，のこりをクロダイ・コチが埋めるという傾向に変化がない。ただし前期にくらべると，中期の魚類の出土量はすくなくなる。鰓蓋骨から割りだした個体数は，スズキは中期28・前期188，ボラは中期43・前期164。中期にはスズキは前期のほぼ1/6，ボラも1/4ほどになる。包含量の体積も考えにいれねばならぬから，この比率をそのまま鵜呑みにすることはできないが，中期になると魚の出土量が減ることは間違いないだろう。魚類の場合には，貝類のように優占種が変化するのではなく，環境が変化した結果，捕獲量が減っているのだろう。
　新田野貝塚には，貝類ではサザエ，魚類ではマダイ・コショウダイのような岩礁性の外海に棲むものも皆無ではない。鳥類のなかのアホウドリ，哺乳類のなかのマイルカ・バンドウイルカなども，外洋性の要素である。しかし，これらの種はいずれもきわめて少数である。アホウドリやイルカ類は内湾・河口に迷いこんでくることもある。新田野貝塚の住民が利用した水産資源は，前期には内湾・中期には河口／ラグーンを棲みかとするものであった。

(2) 新田野貝塚の遺跡テリトリー

　赤沢は，この結果にもとづいて，新田野貝塚の住民の「遺跡テリトリー」の復元をこころみている。「遺跡テリトリー」とは，「その遺跡に居住していた集団が日常的に食料など各種資源を調達していた領域であり，それは明確に閉じた・系・を意味している」という（傍点筆者）[5]。赤沢は，遺跡テリトリーの目安として，半径10kmの範囲を想定する。これは，ヨーロッパ・中近東・アフリカなどで狩猟採集民の生業活動の行動半径としてもちいられている数字である[6]。

　すでに述べたように，新田野貝塚の水産資源には，いまでは新田野貝塚の周辺にはみあたらぬ内湾性の要素がめだつ。赤沢は，貝層の堆積がはじまる前期初頭が，縄紋海進のピークにあたることを考えにいれて古地形を復元し，いまの夷隅川の流域に入江（古夷隅湾）が存在していたことを指摘する（図36）。古夷隅湾をはじめとする入江は，半径10kmの遺跡テリトリーの15％弱の面積をしめており，新田野貝塚の前期の貝層の内湾性の魚介類はここで捕獲されたもので，「古夷隅湾が新田野貝塚民によって恒常的に（中略）食料調達に利用されていたテリトリーであったことは否定できない」という[7]。

　その一方，半径10kmの範囲には，古夷隅湾の外にひろがる外洋も含まれ，その面積は，全体の10％弱と推定される。しかし，これもすでに説明したように，新田野貝塚から出土している魚介類はいうまでもなく，鳥類・哺乳類にも，外洋性の要素は皆無ではないにしても，ほとんどめだたない。赤沢は，これらの外洋性の要素は，新田野貝塚の住民がたまには外洋まで足をのばしたのか，あるいは古夷隅湾の一部にこれらの魚介類が棲息できる区域があってたまたま捕獲されたのか，いずれにしても「テリトリーの外枠を半径10kmに求めることは，少なくとも海産物の調達に関するかぎり広すぎることがわかる」[8]という。

(3) 遺跡テリトリーの構造

　ここに紹介した赤沢の意見は，遺跡テリトリーの復元の手法を，縄紋時代の遺跡にはじめて適用した例である。上に引用した赤沢の意見は，妥当なものであるし，ひとつの遺跡の住民が利用していたテリトリーを具体的に裏付けた，という点で大きな意味がある。ただし，この遺跡テリトリーが，赤沢がいうよ

表16 新田野貝塚VII層（前期）のシカ・イノシシの四肢骨

	肩甲 左右	上腕 左右	橈骨 左右	尺骨 左右	中手 左右	寛骨 左右	大腿 左右	脛骨 左右	距骨 左右	踵骨 左右	中足 左右
シカ	42	16	42	24	23	35	21	43	65	57	2
イノシシ	31	15	57	95	--	24		72	62	111	--

うに，完全に閉じた系であるかどうかとなると，問題がある。このテリトリーが「閉じた系」であるとすれば，新田野貝塚に住んでいた人々は，すべての「各種資源を日常的に調達」することができたことになる。

たしかに，魚介類を観察したところでは，古夷隅湾を中心とするテリトリーは，新田野貝塚の住民に十分な食料を供給していたように思われる。ザル・カゴの類があれば，貝類の採集はおこなえる。鹿角製の釣針・骨製のヤス・石錘などの漁具も，少数ではあるが出ている。これらの道具の原料は，網の原料となる樹皮類とおなじく，古夷隅湾の沿岸で手に入れることができただろう。魚介類の捕獲・採集に必要な道具の原料も，このテリトリーのなかで調達できた，と推測できよう。

ところが，新田野貝塚からは，滑石の玦状耳飾や，黒曜石の石鏃など，この地域には分布しない原料をもちいた遺物が出土している[9]。日用品とはいえない玦状耳飾はともかく，80点前後の石鏃のうち，黒曜石がもっとも多いという。その産地がどこであるにしても，常総台地の外から持ち込まれていることはたしかだろう。新田野貝塚の住民は，狩猟具の原料はほかの地域から供給をうけていたのであり，その点では古夷隅湾沿岸のテリトリーは「閉じた系」にはなっていない。

さきに，千葉・貝ノ花，同・山武姥山などのシカ・イノシシの骨に部位・左右の不均衡が観察されることを指摘し，集団狩猟の獲物の分配がその原因ではないか，と述べた[10]。これとおなじ現象は，新田野貝塚でも観察できる（表16）。もちろん，獲物の分配という要素だけでは，左右の釣合が取れなくなる原因を説明できない。たとえば，シカの橈骨の数は左4個・右2個で左側が多く，尺骨は左2個・右4個で，橈骨とは反対に右側が多い。橈骨と尺骨は靱帯に含まれていて，解体したときには一本の骨のようになっている。だから，解体が終ったばかりの時に，左右の橈骨・尺骨の数がそろわなくなるはずはない。この

ようなことになるのは，解体・配分が終ったのち，道具の原料にする骨を選んだり，肉片のついた骨をイヌの餌にしたりする時のことだろう。

しかし，距骨・踵骨などは，道具の原料としておよそ利用価値はないし，たとえイヌの餌にしたとしても，頑丈な骨なのでかみ砕かれてしまう可能性は低い。ところが，表16にしめしたように，これらの骨は，シカでもイノシシでも，左右の不釣合がもっともめだっている。解体した獲物を集落に持ちかえったのちに，釣合がとれなくなった，とは考えにくい。肢肉(えだにく)のうち左右どちらかだけが，持ち込まれることが多かったのではないか。集落の外で消費されたもの・ほかの集落に運ばれてしまったものもあるのではないか。ここで出ているシカ・イノシシのなかにも，新田野貝塚の住民以外の人々も参加した集団狩猟の獲物もふくまれている，と考えるべきだろう。

本題からそれた説明が長くなってしまったが，新田野貝塚の住民が，ほかの集落の住民と共同して狩猟をしていたとすれば，古夷隅湾沿岸のテリトリーを，閉鎖システムと考えることは無理だ，ということになる。ほかの地域から運んできた黒曜石を原料にした石鏃が多いというのも，こと狩猟具であるだけに，共同狩猟とかかわりがない，とはいい切れない。新田野貝塚の住民は，共同狩猟のような機会に黒曜石を入手した（あるいはその逆）かもしれないが，これは憶測にすぎない。

新田野貝塚の住民が，四季を通してここに住みついていたのかどうか，確実にはわからない。ただし，小池裕子はヤマトシジミの成長線分析にもとづいて，春に取れた貝が中心となり，晩秋（場合によっては初冬）まで堆積がつづく場合（一般型）と，かぎられた季節（夏・秋）に集中する場合（変異型）があることをあきらかにしている[11]。一般型の貝層は規模が大きく，変異型の貝層は小規模なブロックである。一般型の貝層は，住民が四季を通して住みついていた場合にできたと解釈してもよかろう。変異型の貝層ができるのは，

（1）一時的に貝殻を捨てる場所を変えたとき

（2）新田野から移住した人々が，一時もとの集落に戻ってきたとき

のどちらかだろう。

さきに触れたように，新田野では前期のオキシジミ・ヤマトシジミの貝層が，中期にはほとんどヤマトシジミばかりに変化している。しかし，前期・中期の

魚類の組成には，これほどきわだった変化は起きていない。赤沢は，この理由をつぎのように説明する。前期前葉からのちになると，海岸線はいまの位置に近づく。前期には新田野貝塚の間近かにあった古夷隅湾は，中期には古夷隅川になる。中期の新田野の住民は，前期とおなじように入江を棲みかとする魚介類を捕ろうとすれば，前期よりも遠出をしなければならなくなる。女・子供は「海岸まで出かけることをやめ，古夷隅川ぞいでもっぱらヤマトシジミを調達していた」。しかし男たちは，中期にも入江のあるところまで出向いてスズキやボラを捕獲した[12]。

　前期初頭と中期初頭の新田野貝塚の住民の生業活動の変化，それは赤沢の指摘の通りに違いない。ただし，女・子供が「海岸まで出かけることをやめ」た，というところは誤解をまねくかもしれない。つぎのように説明すればよいだろう。子供づれの女性が動ける範囲は，男性だけが動く範囲よりもせまい。花積下層期には古夷隅湾が新田野のすぐ近くにあり，オキシジミを採集できる場所も子供づれの女性の行動範囲のなかに収まっていた。しかし五領ヶ台期には，海岸線が後退したため，子供づれの女性の行動範囲には，オキシジミを採集できる場所はなくなり，ヤマトシジミしか採集できなくなったのだ。

　このように考えると，赤沢の指摘している「遺跡テリトリー」のいまひとつの側面が浮びあがってくる。新田野の遺跡テリトリーの外枠は，半径10kmをこえぬ範囲と推定される。この範囲をひとつの「系（システム）」とすれば，そのなかにはいく種類もの「亜系（サブ・システム）」がふくまれている。半径10kmをこえぬ範囲は，遺跡テリトリーの拡がりと一致する。そのなかには，さきに触れたような子供づれの女性の行動圏などの亜系もふくまれている。そしてこの空間そのものも，理屈のうえでは「遺跡テリトリー」という系のなかの，男性の日帰り行動圏というひとつの亜系である。

　ひとつの集団が，ただひとつの遺跡テリトリーだけを利用しつづけたとすれば，資源は枯渇してしまう。先に説明したように，縄紋人も資源の保護・管理の工夫をしていたに違いない。移住・転居も，有効な手段のひとつである。縄紋人は，計画的に移住・転居をつづけていたに違いない。新田野貝塚が，花積下層式・五領ヶ台式の全期間にわたって続いていた，とは考えにくい。新田野貝塚の付近には，花積下層期の遺跡はきわめてすくないが，新田野貝塚の東南

8km弱には大原（図36－2），西南15kmほどのところには長者ヶ台の二つの遺跡がある。西南6kmにある堀之内（図36－3）にも，この時期に人が住んでいた可能性がある。五領ヶ台期には，東南東4km弱に鴨根（図36－4），南南西―東南8～9kmの位置に芳賀（図36－5）・花里（図36－6）・新宿（図36－7）などの遺跡がある。遺跡のあいだの距離から判断しても，これらの遺跡を残したのが，別々の集団の人々だった，とは考えにくい。ひとつの集団のメンバーが，ときには分裂し，ときには合体しながら，いくつかの拠点のあいだを移動していた，というのが実情ではなかろうか。いまひとつの例として，比叡山西南麓の遺跡群の動きを検討してみることにしよう。

泉拓良によれば，近畿地方の縄紋遺跡は，扇状地・自然堤防など低地部に立地するものがきわめて多い。この地域の集落もその例外ではなく，

(1) 集落の立地する地形面の規模が小さい
(2) 花崗岩の風化した砂礫を基盤とするこれらの地形面は，きわめて不安定である
(3) その結果，一定数以上の人口を支えること・長期間の居住は困難である

ことを指摘している(13)。

この地域には，南北6km・東西5kmほどの範囲に，修学

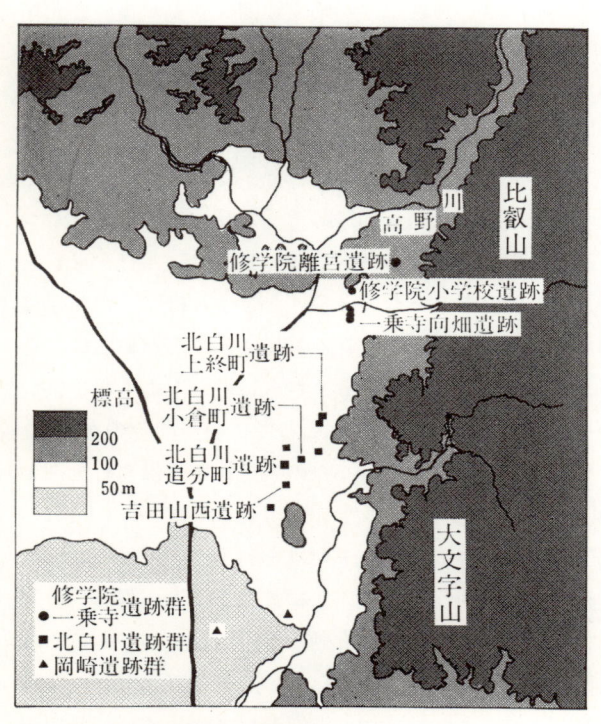

図37　比叡山西南麓遺跡群（縮尺10万分の1）
（国土地理院「京都西北部」より）

表17 比叡山西南麓の遺跡の動き (註13による)

時期	遺跡番号と遺跡名	1修学院離宮	2修学院小学校	3一乗寺向畑北	4一乗寺向畑中央	5一乗寺向畑南	6北白川上終町1	7北白川上終町2	8北白川別当町	9北白川小倉町	10北白川追分町1	11北白川追分町2	12吉田山西麓1	13吉田山西麓2	14旧岡崎村	15岡崎
早期	押型文	‖			―		―									
	条痕文				‖											
前期	羽島下層Ⅱ式								‖	‖	┊					
	北白川下層Ⅰa式								‖	‖	┊					
	北白川下層Ⅰb式								‖	‖						
	北白川下層Ⅱa式								‖	‖						
	北白川下層Ⅱb式											―				
	北白川下層Ⅱc式											―				
	北白川下層Ⅲ式											―				
	大歳山式											―				
中期	鷹島式															
	船元Ⅰ式											―				
	船元Ⅱ式															
	船元Ⅲ式										‖					
	船元Ⅳ式															
	里木Ⅱ式											―				
	醍醐Ⅲ式											┊				
	北白川C式															―
後期	中津式											‖				
	福田KⅡ式											‖				
	北白川上層式1			―					―		‖	―				
	北白川上層式2								―		―					
	北白川上層式3															
	一乗寺K式			‖												
	元住吉山Ⅰ式				‖									―		
	元住吉山Ⅱ式				―											
	宮滝式															
晩期	滋賀里Ⅰ式															
	滋賀里Ⅱ式													―		
	滋賀里Ⅲa式													―	‖	
	滋賀里Ⅲb式													‖	‖	
	滋賀里Ⅳ式															
	船橋式				‖			‖						―		
	長原式													‖	―	

遺物量 ┈┈稀 ―少ない ══やや多い ≡≡多い

院／一乗寺・北白川・岡崎の三遺跡群が2km弱の間隔をおいて分布している（図37）。ただし、岡崎遺跡群は遺跡の数も少なく、存続期間もみじかい。前期から中期にかけて、遺跡は北白川扇状地に集中し、修学院／一乗寺地区には確認されていない。この状態が、後期前葉の福田K-2期までつづく。北白川上層1期になって、はじめて修学院／一乗寺地区に遺跡が成立する。後期中葉の一乗寺K期からのちになると、北白川扇状地の遺跡は姿を消してしまう（表17）。この地域の人口は、あるときは北白川地区、あるときは修学院／一乗寺地区に集中しており、このふたつの地区のあいだで移住・転居がおこなわれていた、と解釈できそうである。

　泉は、この地域の遺跡は、北白川上終町・同追分町のように、住居址・墳墓など、あきらかに拠点となる集落にともなう遺構の検出されている遺跡でも、数型式のあいだに頻繁な移動があり、人口が増加した場合には、分村がおこなわれた、と考えている[13]。たしかに、北白川C期や、北白川上層2期のように、規模のにかよった複数の遺跡が、かなり近い距離のなかに分布している。おそらく、ひとつの集団が、おなじ時期のうちにいくつかの拠点をつぎつぎに移住していたのだろう。移住・転居を支障なくつづけるには、さしあたり利用しているテリトリーだけでなく、いずれテリトリーとして利用することになる、いわば潜在的なテリトリーを確保しておく必要がある。われわれが実際に確認できる遺跡テリトリーは、いくつかの潜在的なテリトリーをあわせた系のなかのひとつの亜系でもある。

(4) 遺跡テリトリーの性格

　新田野貝塚の住民は、水産資源の利用という面では、ほぼ自給自足の生活を送っていた、と考えて差支えない。魚介類の捕獲・採集に必要な道具の原料は、古夷隅湾（川）の沿岸で調達できただろう。小池が一般型とよぶ貝層があることや、スズキの猟期が春—秋と推定できることからも[14]、住民が一年に必要とする食料はこのなかで調達できた、と考えてよかろう。赤沢が、遺跡テリトリーという系の閉鎖性を強調するのも無理はない。

　言葉をかえれば、新田野貝塚の住民は、古夷隅湾（川）沿岸の外の世界とはまったくかかわりなしに、日々を過ごすこともできたかもしれない。新田野貝

塚だけが，とくに条件に恵まれていたと判断する特別な理由はない。日本列島各地の主要な縄紋の遺跡は，おなじような条件のもとにあった，と考えてよい。これが，遺跡テリトリーの，もっとも大きな特質なのだ。日常の食料の確保を中心とした，必要最低限の資源を確保できる範囲が遺跡テリトリーだ，ともいえる。この点を強調する意味で，これからのち遺跡テリトリーを，領域系のなかの「核領域」(ニュークリア=テリトリー)[15]とよぶことにしよう。核領域は，縄紋時代に特有のものではない。縄紋時代の前にせよ後にせよ，あらゆる物質の生産と流通が商品の生産と流通に変質しないかぎり，核領域は消滅しない。時代・地域によって，固有の顔つきをしているまでのことだ。

(5) 核領域の性格

さきに，住民が遺跡テリトリー（核領域）を利用する，という漠然としたいいかたで，新田野貝塚の住民と核領域の関係を表現した。この点をさらに具体的に説明することはできないだろうか。いいかえれば，新田野貝塚の住民と核領域，さらに範囲を広げて縄紋人と土地の関係はどのようなものだろうか。ここではその問題を考えてみることにしよう。

縄紋人が資源の保護をはかっていたにしても，関心の的は資源そのもので，土地は人間が資源を利用するうえでの必要条件にすぎない。この点が，土地そのものが労働の対象となり，資源利用の必要かつ十分な条件となる農耕社会との大きな違いである。旧石器・縄紋の社会には，必要な資源を手にいれるために土地を利用する権利（用益権）はあったにしても，土地そのものを処分する権利（所有権）は成立していなかった。その点では，草創期以前，旧石器時代から縄紋晩期まで，人間と土地の関係には何の変化も起きていない。

第5章で，赤山のトチの実の処理施設を紹介し，耐久性のたかい，多量の労働力をつぎこんだ施設は，縄紋時代になってはじめて登場することを指摘した[16]。草創期後葉——撚糸紋土器群の時期に，関東・中部地方に複数の竪穴住居でなりたつ集落が普及する。南九州ではさらに古く，隆線紋土器群の時期にさかのぼる。このような集落は，いわば耐久性のたかい施設の複合体である。繰りかえし利用することを前提とした，耐久性の高い施設・施設群が普及することは，特定の土地と特定の集団の結びつきが，これまでになく強くなっ

た，ということにほかならない。当然の結果として，ほかの集団がその土地を利用する機会は少なくなる。縄紋時代の核領域のなかでは，そこを拠点とする集団だけが，用益権を確保していた可能性が高い。

　この問題をべつの面から検討してみよう。小池裕子は生態学の territory・home range の概念を考古学にも適用すべきだ，という[17]。ある種（個体群・個体）が占拠している空間に，ほかの種（個体群・個体）が入り込んでくる。先住者が新顔を排除しようとするならば，その空間は種（個体群・個体）の territory，排除しようとしないならば home range である[18]。この区別にしたがって，核領域の性格を考えることにしよう。ここでは territory を縄張り（制），home range を入会（制）とし[19]，そのほかの形態も含めた人間と土地の結びつき全体を「領域（テリトリアリティー）」とよぶ。

　ある集団は資源を独占的に利用する。これが縄張り制である。分かち合い，互恵・平等の原則のもとに資源を利用する集団もある。これが入会制である。なぜ，このような違いがうまれるのだろうか。R. A. グールドは，人間が資源を利用するうえでの障害となるさまざまな条件 risk の大小によって，そこで有効となる方策に違いが生じる，と考えた[20]。R. ダイソン＝ハドソンとE. A. スミスは，「領域」の諸形態を決定する要素をさらに具体的に分析し，「領域」の形態を左右するのは，

　（1）利用できる資源の分布の規則性
　（2）資源の規模と密度

の二組の要因で，この高低にしたがって，

　A　（1）・（2）がともに低い場合：特定の土地への人口集中はおきない
　B　（1）が高く，（2）は低い場合：資源が豊富な地域／時期だけに，縄張り制が成立する
　C　（1）が低く，（2）が高い場合：入会制が成立
　D　（1）・（2）がともに高い場合：縄張り制が成立

の四種類のモデルが成立する，と考える。R. ビンフォードの forager・collecter[21] の「領域」を考えてみれば，forager は A，collecter は D の「領域」のなかで生活することになるだろう。それはともかく，ダイソン＝ハドソンらは，北米グレイト＝ベイズンの隣接する地域に住んでいる西ショショニ・ペユ

ート・北ショショニなどの「領域」は、このモデルにしたがって説明できる、という[22]。

ただし、A. リチャードソンらは、北米北西海岸の諸部族の「領域」は、この意見とは反対に、資源量の小さいところの住民ほど、厳格な縄張り制をとる傾向があり、亜北極圏のように資源量のとぼしい地域にはいると、ふたたびゆるやかな縄張り制、そして入会制がおこなわれており、ダイソン＝ハドソンらの設定したモデルとは合致しないことを指摘している[23]。「領域」には、自然的な条件ばかりでなく、歴史的・社会的な条件の制約もくわわっている[24]。ダイソン＝ハドソンらの設定したモデルによって、あらゆる「領域」の形態を説明することができるわけではない。現実に存在する「領域」にくわわっている歴史的・社会的な制約を理解するための出発点として、ダイソン＝ハドソンらが設定したモデルは有効だろう。

ここで、新田野貝塚の資源分布の規則性、資源の規模・密度について考えてみよう。新田野貝塚の住民の魚介類の捕獲・採集には、季節による周期を読みとることができる。おそらくシカ・イノシシの狩猟も例外ではないだろう。彼らは、確保できる資源の量も予測していたに違いない。新田野貝塚の住民が一年ちかい期間をここで過ごす場合もあったことも間違いない。古夷隅湾（川）沿岸は、資源分布の規則性の面でも、資源の規模・密度の面でも、縄張り制が成立する条件をそなえている。新田野貝塚の住民は、この地域を縄張りとして、魚介類を中心とする食料資源を独占的に利用していた、といえるだろう。古夷隅湾（川）沿岸は、縄紋時代の核領域として、とくにすぐれた条件をそなえた地域ではない。とすれば、縄紋時代の核領域は、そのなかの拠点となる集落の住民の縄張りであったことになる。

資源の種類によって、「領域」の形態は変化する。ある集団が核領域に縄張り制をとっていたとしても、あらゆる種類の資源を利用する権利を独占していた、と考える根拠はない。ダイソン＝ハドソンらは、東アフリカのカリモジョン族が、シコクビエの畑地には縄張り制をとり、牛の放牧地には入会制をとっている例を指摘している[25]。新田野貝塚の住民の場合、魚介類とシカの場合がこれにあたるように思われる。すくなくとも魚介類の捕獲の最盛期には、新田野貝塚の住民は、ほかの集団が魚介類を捕獲することは認めなかったに違い

ない。しかし，シカ猟の場合，事情が違っており，入会制をとっていると考える余地がある。

シカの食料のなかでは，ススキなどイネ科の植物が大きな比重を占めており[26]，疎林のなかの草地がシカの餌場となる。ところで，荒地に二次林が成立するまでには，途中でススキ・ネザサ・チガヤの群落が成立し，ネザサの刈り取りをつづけると，二次林への遷移はおさえられ，ススキ・チガヤ群落が維持される[27]。さきに，ひとつの集団は，一定の間隔をおいて移住・移転をしているのではないか，と考えた。ここでは，荒地から二次林への遷移がはじまることになる。その結果，シカの餌場をつぎつぎに作っていくことになり，核領域からほど遠くないところに，シカの猟場を確保することになる。かつて集落として利用していた場所は，さしあたり利用している核領域の周辺，あるいはその外にあるのが普通だろうから，この地域の資源の利用に入会制をとったとしても，日常の資源利用には支障はおこらない。

核領域のなかの資源の利用にも，さまざまな変化があるに違いない。たとえば，比叡山西南麓の遺跡群の場合，食料として利用する堅果類の分布が，東日本のような単相林を形成していなかったという[28]。とすれば，この地域の住民のあいだでは，資源利用を独占する傾向はよわく，縄張り制は顕著でなかったかもしれない。また，宮城・浅部のように，動物性食料のなかで，シカ・イノシシの比重がいちじるしく高い場合もある[29]。内陸部の集団には，これとおなじ事情をかかえたものがすくなくなかっただろう。これらの人々が，新田野の住民とおなじく潜在的核領域でのシカ・イノシシ猟に入会制をとっていたのかどうか，それはべつに検討してみなければならない。核領域・潜在的核領域のなかで，どのような資源をどのように利用していたのか，具体的な分析は今後の問題である。

それはともかく，さしあたり次の点を強調しておきたい。縄紋人の「領域」というものが，等質の空間のひろがりではなく，利用する資源の種類や目的・活動の形態などによる変化があり，入れこのような構造になっていた。縄紋人の「領域」のなかで基本となるのは，核領域——食料・燃料・日常什器の原料となる資源の供給源である。そこでの資源利用には，強弱の差はあるにしても，縄張り制がとられていたのだろう。ひとつの核領域は，おもに生理的な分業に

もとづく，いくつかの亜系をふくんでいる。ひとつの集団が生存するには，いくつかの核領域を確保する必要がある。さしあたり利用している核領域のほかに，いくつかの潜在的な核領域をあわせたもの，それが縄紋人の「生活圏」だった。潜在的な核領域での資源利用は，かならずしも排他的ではなく，入会制がとられていたのだろう。

2. 〈核領域〉と「核領域」

　縄紋人の領域は，一枚板のようなものではなく，幾重にもいりくんだ構造になっている[30]。しかし，具体的な説明は，赤沢威のいう「遺跡テリトリー」——それを「核領域」とよび換えたわけだが——のほかにはあまり及んではいない。ここでは何種類もの領域の重なり，その重なりかたを説明してみよう。
　じつは，核領域という言葉を使うのは都合がわるい点がある。というのは，この言葉を，私よりさきに，べつの意味で使った人がいるからだ。小林達雄は，「一定の製作の流儀によって醸し出された」「共通する雰囲気・効果」をそなえた複数の「型式」を「様式」とよび，「共通の雰囲気を見せる様式を支持する」のは地縁的集団であるという[31]。この小林の「様式」・「型式」の定義は小林行雄とまったくおなじ言葉に，違った意味あいをもたせている。この点については，すでに何人もの人々が批判している[32]。ここでは，小林達雄が「様式」とよんでいるのは，ウイリーとフィリプスが Tradition とよんだもの[33]，その土台となる「範型」は，mental template を換骨奪胎(よびかえ)したものだ，とだけいっておこう。それはともかくとして，小林達雄はこのような様式のひろがっている範囲が「核領域」なのだ，という[34]。
　小林は，さらに論をすすめて，〈核領域〉（しばらく小林のいう核領域をこのように，私のいうところを「核領域」と書きわけることにする）の中身を説明する。そのついでに，私の集団領域についての発言[35]をひき合いにだし，「林が区分する小地区が，核領域内に現実に存在した蓋然性はたしかに低くない」が，「日常性において自己完結することができないのであり，他との相補関係によってはじめて互いに存立が保証される」のだから，「領域としての機能を備えて独立あるいは主体性を維持できるものではなく」，〈核領域〉こそが基本的な単位なのだ，と主張する[36]。かりに小林がいうように，私がかつて集団領域とよび，

あらためて「核領域」と名づけた空間が日常生活の土台としての意味を持っていないならば、ことさらまぎらわしい言葉をつかう必要はない。しかし、小林の意見には、いくつか承服できない点がある。小林が「様式」を手掛かりとしてまとめあげた地域的な結びつき、それはたしかに「現実に存在」してはいる。ただし「日常性において」、つまりケの世界のなかでとらえられる性質のものではなく、非「日常性」つまりハレの世界のなかではじめてとらえることのできるものなのだ。私があえて「核領域」という言葉を持ちだしている理由はここにある。

小林は、「活動の舞台としての空間的なひろがりとそこに根拠する縄文人の集団との相互の関係は、恰も紙の裏表にあたるべき性質」(ママ)のもので、その関係を領域という概念でとらえることができるという。さらに、この領域は「おクニ自慢、おらがクニさ、おクニ言葉の、あのおクニで」、「縄文時代のクニこそ、縄文時代の歴史の基本的な単位となるものであり、地理的な一定の範囲およびそこを根拠とする縄文人集団のまとまりを意味するのである」[37]ともいう。

小林のいう「縄文時代のクニグニ」、それはいくつかの型式をこえて括ることのできる土器の分布圏にほかならない。われわれが土器から読みとることのできる特徴、それがなぜ土器の工人・使人の領域の旗印となるのだろうか。ひとつの様式は「実際上は型式の組み合わせとして、ある一定の地域的なひろがりを示し、ある一定期間維持される」という言葉、さらに「型式は、集団表象としての意味を持つ」という言葉[38]のなかに、その答えは用意されている。つまり、一人一人の土器の工人の意識のなかの「範型」は、実際にはそれらの人々の属している集団の全員が共有している。それだからひとつの型式の拡がりは数世代のあいだ、ひとつの様式の分布圏はいくつかの型式にわたる集団の領域と考えることができる。小林の説明は、このように組みたててある。

この説明は、小林があげる事例やたくみな比喩にしたがって読みすすむかぎり、まことにもっともである。そのかぎりでは、この説明には問題がない、そのように思いこんでしまう。しかし、小林の意見には、理屈の立てかたにも、データの解釈にも問題がある、と私は考えている。順をおって説明することにしよう。

小林も、領域は一枚板ではなく、大領域・中領域・核領域の三枚がさねにな

っている、という。ただし、大領域・中領域は観念的なもので、資源利用などの具体的な活動や、集団としての帰属意識を左右するようなものではない。集団のメンバーの具体的な活動の場としての意味をもっているのは〈核領域〉で、私のいう「核領域」は集団としての自立性を保証する経済的な基盤とはなりえないという[39]。

　ここで集団というものの性質が問題となる。小林が取りあげている集団は、土器の工人・使人である。土器を作るという活動・使わねばならぬ状況のなかで浮び上がってくる集団だ、といってもよい。その集団が、ほかのありとあらゆる活動のときに成立する集団と、一分の狂いもなく一致するならば、小林の意見はつねに成りたつ。かりにそうであれば、小難しいいい方をすれば、小林の提出した命題は法則的である、といえる。しかし小林は、その点の吟味はしていない。小林は土器の工人・使人として女性を考えているらしい[40]。通俗的な民族誌をひき合いにだせば、矢じりや丸木船を作り、住居を建てるのは男の仕事である。とすれば、土器の工人・使人と、矢じり・丸木船・住居の工人はたとえひとつの集団のなかにとけこんでいるとしても、それだけをひき出せば、べつの集団である、と考えるのが常識というものだろう。そのような集団が、違った意識・別々のシンボルをもち、独立して行動するとしても、不思議はない、というよりも自然なことだろう。とすれば、小林の意見は、いついかような場合にも成りたつわけではなく、場合によっては成りたち、場合によっては成りたたぬ、そのような性質のものなのだ。またもや小難しいいい方をすれば、法則的ではなく、総合的なのだ[41]。

　具体的なデータ、ただしほかの問題は後回しにして、ここでは土器のことを考えることにしよう。小林は亀ヶ岡土器様式が「大領域全体をも席捲する」ことを指摘している[42]。しかし、中領域や〈核領域〉が姿をとどめていないのか、それとも具体的な意味はないとしても、それにあたる区域を線引きすることはできると考えているのか、その点はよくわからない。

　晩期の中葉、東北地方には大洞 C_2 式という型式が分布している。佐藤広史は、この型式の器種の組合わせ・一つの器種のなかの器型をこまかく分類し、分布の濃淡を調べあげた[43]。この時期には、日常の煮炊きにつかう土器（＝ケの器)[44]、つまり粗製深鉢にも、こまかな地域差があらわれる。地紋を観察す

ると，無文と刷毛目，撚糸紋と刷毛目の組合わせが東北南部，短めの縄を横に転がした縄紋が東北中部，細い条痕と長い縄を斜めに転がした縄紋の組合わせが東北々部と渡島半島に，それぞれひろがっている。つまり，粗製深鉢の地紋を手掛かりとすれば，大洞 C_2 式の分布圏は，三つのブロックにわかれる（図38）。しかし，これに屈曲の有無・口端部の作りと装飾の有無と種類など，器型の特徴をつけくわえると，三つのブロックは消えてしまい，盆地・水系・湾岸など，おもだった地形単位ごとのまとまりが目立つようになる。

　マツリに使う土器（＝ハレの器），つまり精製土器はどうだろうか。いくつかの器型，たとえば注口・中形の浅鉢などは，渡島半島から那珂川水系まで，き

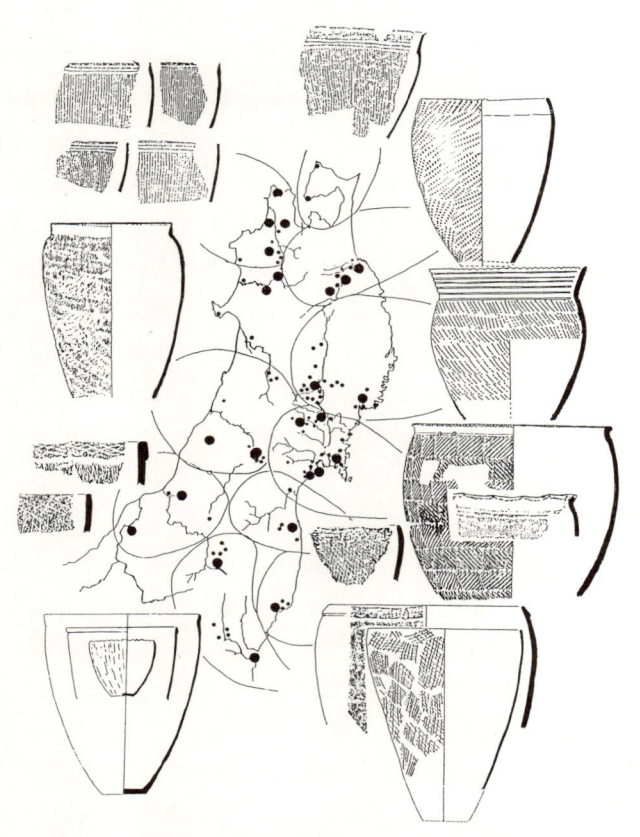

図38　大洞 C_2 式の粗製深鉢の地域差（註43第6図を改変）

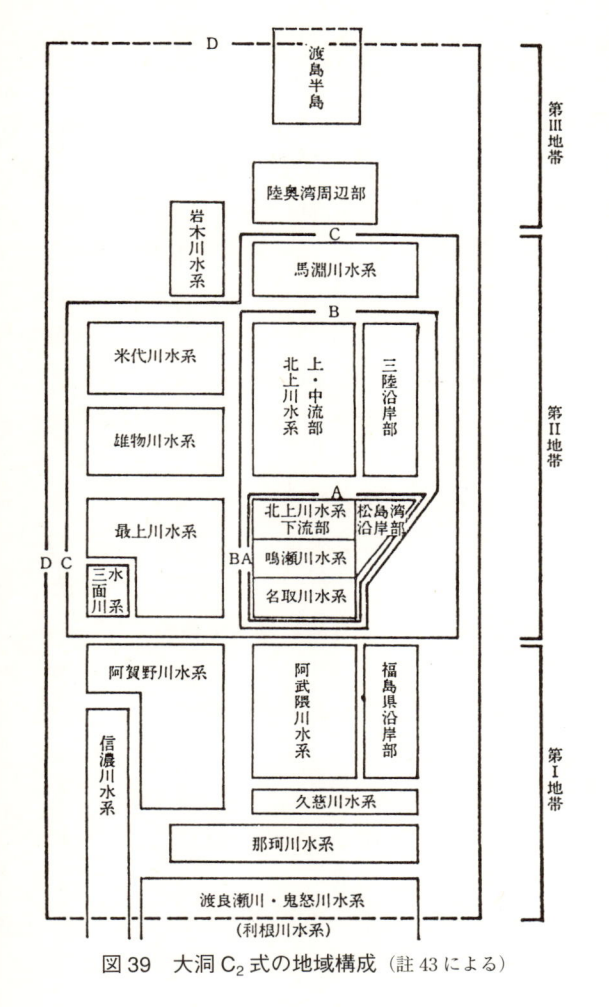

わめて広い範囲に分布している。これが佐藤のいう分布Dで，もっとも広い意味での大洞C_2式の分布圏にあたる。壺の器型からみると，

①口頸部が外に開き，最大径が胴部上半にあり，胴部に浮き彫り的な手法でC字文を描いた中形の壺の分布する地域（渡島半島—東北北端部）

②口頸部が直立または外傾し最大径が胴部の中央にあり，胴部に直線化した雲形文をすり消し手法で描く中—小形壺の分布する地域（東北北部—中部）

③口頸部下半が内傾・上半が外傾し，最大径は胴部上半，口頸

図39　大洞C_2式の地域構成（註43による）

部に雲形文を描いた小形壺（長頸広口壺）の分布する地域（東北南部—北関東）の三つのブロックを指摘できる。この傾向は，粗製深鉢の地紋の種類の地域差とほぼ一致している。

これらに，A字突起のつく鉢・大形浅鉢・香炉形土器などの要素をくわえた器種・器型の組合わせは，北上川上—中流域・三陸沿岸・仙台平野に分布している。この範囲（＝分布B）が，大洞C_2式の分布圏ではないか，というのが佐

藤の意見である[45]。この地域を，粗製土器の特徴によって，南半と北半に分けることもできる（＝分布A）。

なにを手掛かりとして地域差をとらえるか，その基準によって，さらに細かな違いも浮び上ってくる。北上川中流域の遺跡群の動きを観察してみよう。

おなじ北上川中流域（北上盆地・図41）も，和賀川流域と胆沢扇状地は，地形単位だけではなく，遺跡群の動きからも区別できる[46]。和賀川流域の晩期の遺跡は，北上川・和賀川の合流点に集中している[47]。これは晩期全体をとおして変化はない。ただし，前葉の遺跡はすべて中位段丘の上にあり，低位段丘・自然堤防にはのっていない。低位段丘・自然堤防の上に集落が成立するのは，大洞C_1からのちのことで，和田前・丸子館など，中位段丘の上に集落をつくっていた人々の子孫が，目の前の低位段丘や自然堤防におりていって新しい村をつくった。それが牡丹畑・九年橋などの後期中葉にはじまる遺跡だ。和賀川沿岸の晩期の遺跡群を観察していると，こんな推測ができる。胆沢扇状地でも，これと同じ動きを観察することができる。しかしこの地域では，晩期前葉の遺跡は扇頂に近いところにあり，数もごく少ない。晩期中葉を境として，遺跡の数は急にふえはじめ，大洞C_2期にはじまる遺跡がとくに多い[48]。しかし，ここではすぐ目の前の低地ではなく，北上川あるいは胆沢川に沿った地域まで移動している。あるいはほかの地域からの移住・入植もあるかもしれない。胆沢扇状地の遺跡群から，このような動きを読みとることができる。おなじ北上川中流域でも，和賀川の北をこれと平行に流れている豊沢川沿岸には，晩期の遺跡はほとんど分布していない。

ここで説明している晩期の遺跡群の動きは，領域と無関係ではないとしても，じかのかかわりは薄いように思われるかもしれない。たしかにその通り。遺跡群の動きを観察してみると，北上川中流域というまとまりが一つのものではなく，豊沢川沿岸・和賀川沿岸・胆沢扇状地という単位を，独立したものとして扱うことができる，それだけのことを説明したかったまでなのだ。ただし，その意味はけっして小さくはない。小林は，縄紋時代の歴史の説明の基礎になるのが領域であり，それは縄紋社会の基礎となる単位であることを力説する[49]。それは，遺跡群をとおして縄紋時代の社会・歴史をとらえようとする岡本勇の提案とおなじく，否定されるべき性質のものではない。しかし目のつけどころ

が正しくとも，目配りの範囲が間違っていれば，正しい結論にゆきつく確率は低くなる。まぐれ当たりをあてにして作業をはじめるわけにはいかない。小林の領域論のなかでは，ここで問題にしているような小地域のもつ意味・そのなかの動きを，無視あるいは見落としている。私があえて小林の意見に異をとなえる一つの理由はここにある。

　ところで，一つの孫型式の分布範囲が，いくつかの「核領域」を取りこんでいることは間違いない。いくつかの孫型式の分布範囲をくくったものが，一つの〈核領域〉になる。理屈のうえでは，さきに紹介した佐藤の作業の手順によって〈核領域〉のなかの土器に共通する特徴をとらえることもできるはずだ。しかし，いまのところ縄の撚りの強さ・施文のときの土器の乾き具合，素地のなかの混ぜもの・焼き上りの状態など，よほど土器を見慣れた人でなければ，「共通した雰囲気・ムード」[50]としか言い表わしようのない要素だけなのだ。だからといって〈核領域〉が実在していない，とか観念的な性質のものだ，といい切ることはできない。具体的な資料の分析をつづければ，線引きはできるにちがいない。この問題にいますぐ判断を下すのは，控えておくのが穏当だろう。しかし〈核領域〉・「核領域」の取りこんでいる範囲には大きな違いがあり，二桁ほどのズレがある。それでは中身はどうだろうか。材料を取り替えて吟味をつづけることにしよう。

3. 生業・石器原料と領域

　仙台湾沿岸では，春〜夏には沿岸から内陸に，秋〜冬には内陸から沿岸に，食料を供給しているのではないか，と推測した[51]。その説明のなかでは，理屈のうえでの話を表にだした。だが，具体的な裏付がまったくないわけでもない。宮城・中沢目（なかざわめ）では，アサリやハゼなど，内湾でなければ手に入らぬ食品が，ほぼ決まった間隔でくりかえしでてくる[52]。中沢目の住民が，春・秋に沿岸部にまで出かけていたのか，決まった季節に沿岸部からの客人をうけいれていたのか，いまのところわからない。いずれにせよ中沢目の住民は，春〜夏にはアサリ，秋口にはハゼを口にすることはできたのだ。内陸から沿岸部に食料を供給した，という証拠はいまのところ見つかっていない。狩猟採集民Xは，Aに資料を供給して，いつかはAはいうまでもなく，B・C・D……から供給を

うける権利を確保する。彼らは，いわば取引の範囲・決済の期間も無限といえるほど，スケールの大きな信用取引をやっている。狩猟採集民の社会の特徴の一つ，互酬 reciprocity の原理は，このようにして成り立っている。縄紋人の社会，とりわけ東日本の後・晩期には，この原理はよわくなっていたかもしれない。しかし，まったく跡形もなくなっていた，とは考えにくい。とすれば，内陸から沿岸にも食料の供給があった，と考えるのもまったく筋が通らぬ話ではない。古東京湾の奥，ヤマトシジミの貝層のある貝塚で，フグやクジラがでてくるのは珍しいことではない[53]。関東地方でも，沿岸から内陸へ食料を供給していた，おそらくその逆の流れもあったに違いない。ほかの地方でも，気をつければ資料は増えるに違いない。

内陸から出てくる海産の食品，それを手掛かりとすると，内陸と沿岸という一対の単位がうかんでくる。海産物とかかわりの深い漁具，これにも対になる特徴がある。仙台湾・三陸沿岸では，燕尾形銛・離頭銛などと呼ばれているハナレ（図40－1～3）・組合わせヤス（図40－4～6）・釣針（図40－7～9）が発達する。いずれもシカの角を材料にしている。内陸の遺跡からも，このような漁具がまったく出ないわけではない。しかしふだん魚捕りにつかっていた，とはいえない。内陸で目につくのは，シカの足先（中手・中足）の骨で作ったカエシもないヤス（図40－12・13）である。たまに釣針が出れば，やはり足の骨，さもなければイノシシの牙をつかっている。ハナレ・組合わせヤス・釣針がおおいかすくないか，材料が角か足の骨か，それを目安として沿岸・内陸という区別を立てることができる。

年代のズレが気にはなるが，浅部（あさべ）貝塚の住民が使っていた漁具は，中沢目・貝鳥の住民が使っていたものと区別がつかない。また，沼津・田柄（たがら）からでた漁具を，二月田（にがつで）・里浜のものと混ぜても，区別できないだろう。さきに，貝塚から出る動物の種類と比率にもとづいて，仙台湾沿岸の住民の生業を四種類に分類した[54]。しかし，漁具の種類を目安にすれば，この区別は消えてしまい，沿岸・内陸の区別がきわだつことになる。

このような考えも，小笠原好彦らの目からみれば「環境決定論的な弱さがある」[55]ということになるのかもしれない。たしかに仙台湾沿岸の「集団領域」について発言したとき，人間の資源利用・需給関係・それを基盤とする社会関

係，そういった問題のとらえ方に不十分な点のあったこと，それは否定できない。しかし，小笠原らの発言には，人間がそのなかで暮している環境，そのなかの物理的な側面に目をつけること，それ自体が環境決定論にひきこまれることになる，そういった偏見はないだろうか。それはともかく，小林は私の区別している地域は領域と呼べるものではなく，私が「生活圏」[56]とよんだものが，ようやく領域としての意味を持てるのだ，という[57]。核領域と生活圏，この二つの言葉は上下の関係にある。しかし，それだけではなく，線引きをする

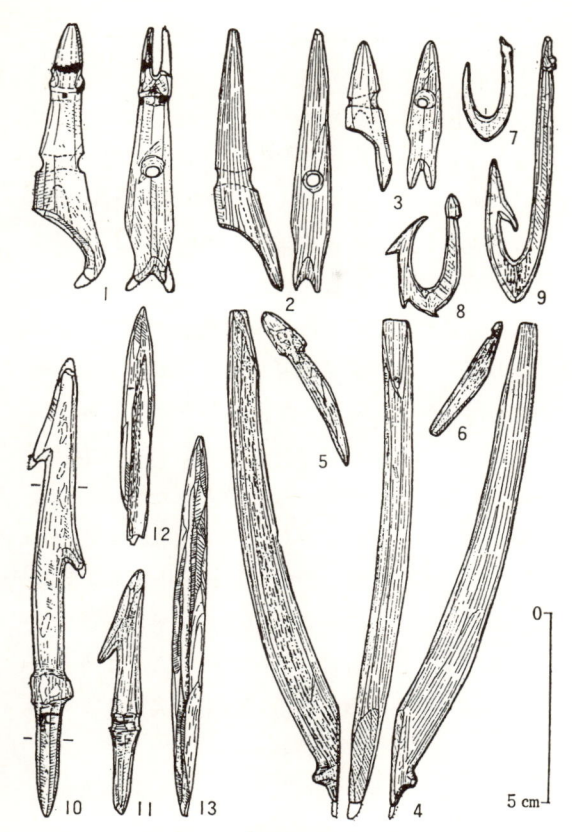

図40 仙台湾沿岸の漁具
1～3 ハナレ，4～6 組合わせヤス，7～9 釣針，10～13 ヤス
(1～11 宮城・田柄，12・13 同・中沢目出土)

理屈のうえでも，違いがある。どのような違いなのか，実際の材料をつかって説明しよう。

　仙台湾沿岸の内陸部・沿岸部の住民は，季節によって，かわるがわる食品を供給する立場・供給を受ける立場をとった。しかし，四季をとおしてみれば帳尻はあっており，一方だけが借り越しになるようなことはなかった。むずかしい言葉をつかえば，この二つの地域の住民たちのあいだには，互酬的な関係 reciprocal relation が成りたっていた，ということになる。しかし，この地域の住民全体が，一方的に受け手の立場になってしまう，そういった品物もある。

それは石器の原料である。脇道にそれるが，石器の素材とその分布について，説明しておこう。

縄紋人は，かなりさまざまな原料を使いこなしていた。用途によって「粗仕事（ヘビーデューティー）」と「細仕事（ライトデューティー）」，岩石の性質によって，花崗岩・凝灰岩・安山岩・溶岩のように肌目（きめ）の粗いもの（粗粒岩石），玄武岩・閃緑岩・輝緑凝灰岩などのように中くらいの肌目で重みのあるもの（中粒重岩石），黒曜石・頁岩・珪質安山岩（サヌカイト）のように肌目は細かいが重みはないもの（細粒軽岩石）にわかれる。たとえば石皿・磨石などは粗粒岩石をつかう粗仕事の道具，石斧は中粒重岩石を素材とした粗仕事の道具，小形磨製石斧は素材はおなじでも細仕事の道具，石鏃・石匙などは細粒軽岩石を素材とした細仕事の道具である。

日本列島の骨格を作っている脊梁山脈のまわりには，粗粒岩石や中粒中岩石はふんだんにある。しかし，石鏃・石匙などの原料となる粒の細かい岩石となると，黒曜石のほかには，きわめて乏しい。細粒岩石は，脊梁山脈から東西にはなれた地域に分布している。だから，脊梁山脈に水源のある河川の流域では，粗粒岩石・中粒中岩石を手に入れるには苦労しないが，狩猟具・解体処理の道具の素材となる細粒の岩石を手に入れようとすれば一苦労する。そのような原料にめぐまれているのは，ごく限られた地域だけになる。日本列島のなかの石器の原料の分布は，大まかに見れば，このように説明できる。

日本列島のなかで貝塚が密集している地域は，石材にとぼしい。北海道の有珠湾沿岸・北上川下流域（とくに松島湾），房総半島，有明海沿岸など，どれをとっても石器——とりわけ石鏃・石匙などの原料は皆無にちかい。三陸沿岸のように，石材が皆無とはいえぬところでも，種類は限られている。古東京湾沿岸のように，段丘の発達する地域では，礫層が露出しているところを原料の供給源に利用することもできる。しかしその場合でも，かつての川筋に分布していない岩石が手に入るわけはないし，露頭もどこにでもある訳ではない。

このあたりの事情を，仙台湾沿岸を例として，もうすこしくわしく説明しよう。かぎられた地域だけに分布している石鏃・石匙などの原料，それに話をしぼることにしよう。この地域では，これらの石器の原料は，頁岩がもっとも多い。頁岩がとれるのは，新庄盆地・横手盆地など，脊梁山脈の西側の地域だけ。このほか，北上山地の各地には珪質粘板岩が分布しており，その北半部にはチ

ャートもある。また脊梁山脈に水源のある河川の流域には，黒曜石をふくむ礫層もところどころにある。しかし，これらの岩石は，あまりひろい範囲では利用していない。

また，この地域の微地形も，石器の原料を手に入れるのにきわめてつごうが悪い。この地域は，迫川・江合川・鳴瀬川など，北上川の支流の河川の中—下流域にあたっている。しかも平坦な地域で勾配がゆるいから，河川敷の面積は広くとも，どこでも石拾いができるわけではない。しかも，この地域の現在の地形の基盤となっているのは，脊梁山脈ができあがる頃に噴きだした凝灰岩なのだ。たとえば松島湾沿岸のように，古い岩石を巻き込んだものが堆積しているところは別として，基盤のなかには，石鏃・石匙などの原料となる石はまったくみあたらない。基盤が軟らかい岩石だから，段丘は発達せず，やせ尾根ば

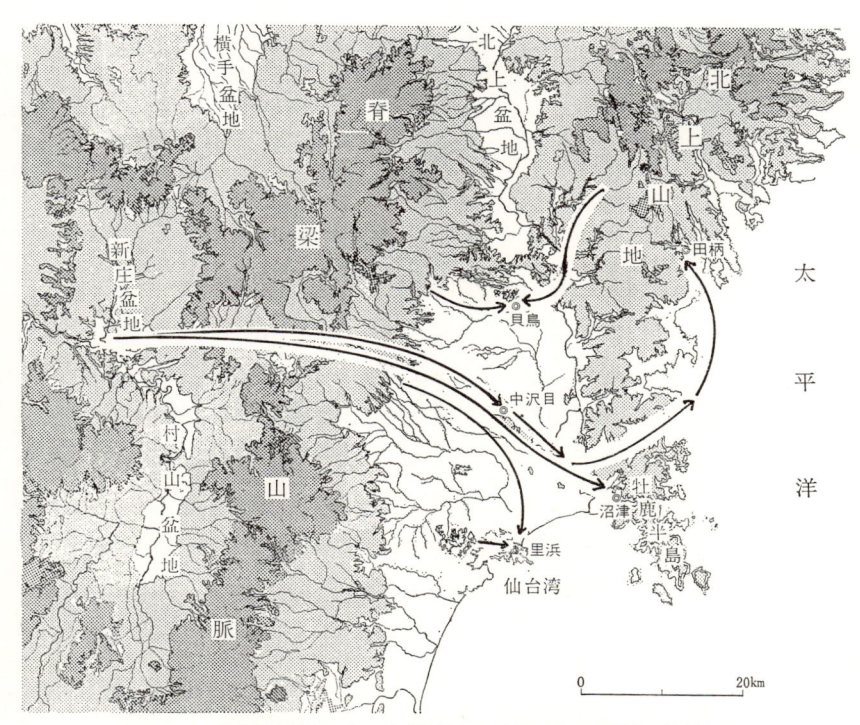

図41　仙台湾沿岸の後・晩期遺跡の剝片石器の原料の供給源

かりがつづいている。一言でいえば，この地域は，石器の原料がひどく貧しいところなのだ。

宮城・中沢目貝塚は，こんな地域にある。ところがここで出ている石器・剝片・チップを調べてみると，90％以上が頁岩である[58]。黒曜石やサヌカイトと違って，頁岩の原産地を推定する理化学的な方法は，まだ開発されていない。だからあまり確実とはいえないのだが，中沢目の頁岩は新庄盆地のものらしい。横手盆地など，秋田地方のものにくらべると，珪酸分が少なく色が白茶けている。はっきりした経路はわからないが，奥羽山脈を東西に横ぎる交流があったことは間違いない。沼津貝塚でも，石鏃・石匙には頁岩を使っている。蟹沢聡史によれば，田柄貝塚の石器・剝片・チップも，頁岩がめだつという[59]。脊梁山脈の西麓と東麓のあいだの交流の網の目は，三陸沿岸まで拡がっているのだ（図41）。だからといって，新庄盆地を起点として，中沢目・沼津を経由し，田柄を終点とする「頁岩ロード」があった，などと考えるのはバカげている。これらの遺跡から出ている頁岩が，すべておなじ産地のものかどうか，わからない。だから中沢目の住民と田柄の住民が，おなじところから頁岩の供給を受けていたのかどうか，いまのところ判断できない。彼らがべつべつの地域の住民と石器の原料を供給する契約を結んでいる，ということも考えられぬことではない。

それはともかく，後・晩期の北上川下流域では，石鏃・石匙の材料には，頁岩を使うというならわしが広まっていた。中沢目・沼津・田柄などの住民は，このならわしに従っていた。小林が「様式圏」の成立する事情として指摘する「社会的な合意」・「集団の伝統」・「伝統を共有する集団のまとまり」[60]が成立していたわけである。この地域は，小林によれば核領域Ⅱc-2の一部にあたる（図42）。小林が考えるように，ひとつの〈核領域〉が「社会的な合意」・「集団の伝統」を共有する人々の「クニ」ならば，〈核領域〉Ⅱc-2つまり南は茨城・千葉県境，北は青森・岩手県境，西は脊梁山脈の分水嶺の範囲の住民は，すべて頁岩製の石鏃・石匙を作り・使うという「社会的な合意」・「集団の伝統」に従っているはずである。

ところが，アマノジャクはいつでもいるらしい。頁岩の石鏃・石匙がまったく出ないか，出てもごくわずか，という遺跡がある。中沢目貝塚の東北東

第6章 縄紋人の領域　225

23kmのところにある貝鳥貝塚，ここでは石鏃はすべて珪質粘板岩で，頁岩製のものは一例もない。頁岩の石匙はあるにはあるが，比率は10％にみたず，やはり珪質粘板岩が多い[61]。貝鳥貝塚の住民は，北上川の対岸，北上山地の住民から石材の供給を受けていたか，あるいはみずから脚をはこんで石鏃・石匙の原料を手に入れていたのだろう。里浜の住民も，手近にある松島凝灰岩のなかの珪化凝灰岩・玉髄・碧玉などを苦労して集め，石器の原料にしている[62]。ただし，少量ではあるが，脊梁山脈の付近でとれる黒曜石もあることは無視できない（図41）。

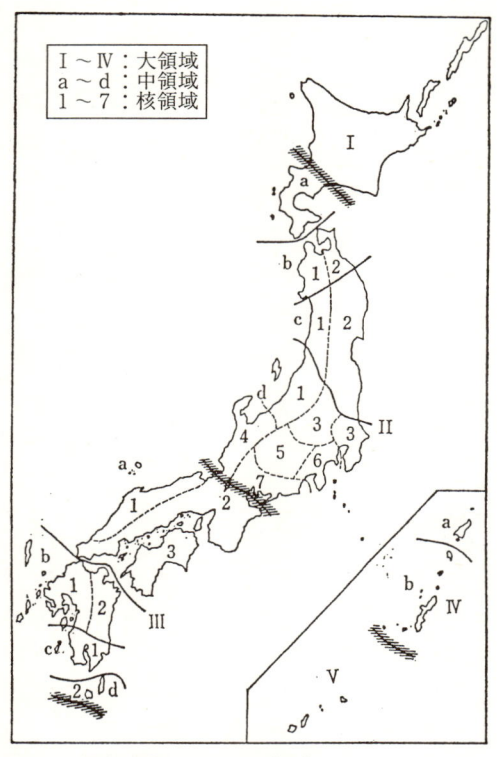

図42　縄文時代における〈領域〉（註31による）

　土器型式の場合とおなじく，ひとつの〈核領域〉のなかに，かなり強い個性を持った集団が取りこまれているのだ。これらの集団は，ただのツムジマガリ・分派集団なのだろうか。おそらく，これまで北上川中流域・下流域でやってきたような作業を，ほかの地域でも繰返してみれば，やはりおなじような結果になるに違いない。つまり，小林は「クニ」というコトバに引きずられて，〈核領域〉の範囲を広げすぎてしまったのだ。縄紋人のクニ，それはひとつの盆地・水系・内湾，あるいはそれらの一部——つまりいくつかの「核領域」をあわせたものなのだ。これまで説明してきた事実からは，それ以外の結論はでてこない。

4. 領域と分布圏

　小林達雄の領域についての発言をとりあげ，いくつかの問題を指摘した。そのなかでは触れなかったが，小林と私のあいだには，領域というものを設定する立場そのものの喰い違いもある。縄紋人の領域の説明からははなれるが，ここでは領域を設定する立場・枠組みについて，私の考えを述べることにしよう。

　小林の意見を簡単に要約すれば，ひとつの〈土器様式〉の分布圏が，ひとつの〈核領域〉にあたることになる，といっても差支えないだろう。小林の考えている領域は，土器の分布圏と切っても切れぬ関係にある。土器の分布圏を手掛かりとして領域を復元しようという試みは，縄紋文化の研究のなかで，かなりながい履歴をもっている。1991年の可児通宏の論文もそのひとつである[63]。

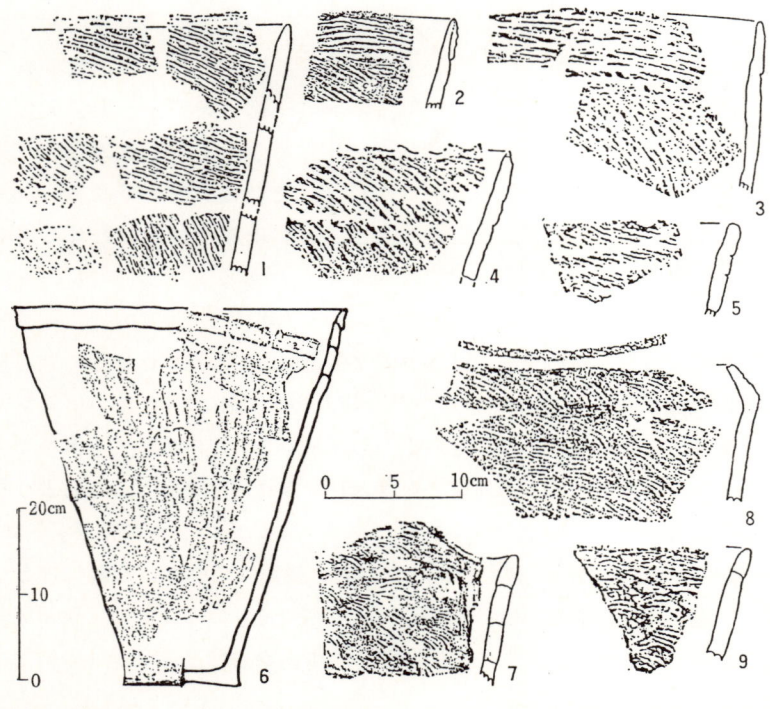

図43　撚糸紋（1〜5）・貝殻背圧痕紋（6〜9）タイプの粗製土器（註63による）

ここで可児がとりあげているのは，「諸磯様式」のなかの「撚糸文」（図43-1～5），「貝殻背圧痕文」（図43-6～9）というふたつの「タイプ」である。これらの土器は，いずれも口頸部に区画帯はあっても紋様は表現されておらず，体部と同じく絡条体・貝殻（腹縁・背面）をもちいた地紋だけが施紋されている。仕上げも粗雑で，器面の凹凸がはげしい。器種は深鉢のみ[64]。

多摩川・相模川にはさまれた地域の北部，つまり多摩丘陵一帯が，この二種類の土器の分布圏であるが，丹沢山地南麓の秦野盆地にも飛び地がある。また貝殻背圧痕紋タイプの分布圏は，撚糸紋タイプよりも南北にひろがり，北は関東山地南縁，南は横浜市北部（港北ニュータウン）が分布限界になる（図44上）。これらの土器の分布する範囲はせまく，しかもかざりが乏しいから，ほかの集団との交換の対象となったとは考えにくい。したがって，撚糸紋タイプ・貝殻背圧痕紋タイプの分布圏は，ひとつの集団の移動範囲——領域をしめしている，と考えてよい。とすれば，多摩丘陵を本拠とする集団の領域は，秦野盆地をのぞいたほぼ300km^{2}の範囲ということになる，というのが可児の見解である[65]。

おなじ論文集のなかで，小薬一夫は関山期の住居を分類し，その結果を手掛かりとして，関東地方の縄紋前期の領域の復元をこころみている[66]。小薬によれば，関山期の住居はA～Fの六型式に分類できる（表18，図45）。ただし，このうちD（図45-5）は榛名・赤城山麓に，E（図45-6）は千曲川流域に分布の中心があり，利根川・荒川・多摩川の流域にはおよんでいない。またF（図45-7）は多摩丘陵より南の地域を中心として分布するらしいが，確実な例はごくすくない[67]。したがって，東京湾沿岸の地域の関山期の住居は，A（図45-1）・B（図45-2）・C（図45-3・4）の三型式で代表されることになる。

多摩丘陵の関山期の住居はすべてAで，下総台地ではすべてCである。その中間にある武蔵野台地・大宮台地では，Aが主流になりながら，B・Cもいりまじっている（図46）[68]。分布のうえでは，Bがこの地域の固有の型式だということになるが，まだ発見例が少ない。東京湾をはさむ東西の地域に，それぞれC・Aの分布の中心があり，中間の地域では両者がいりまじっている，と見ることもできるかもしれない。それぞれの分布範囲の端と端を直線距離ではかってみると，Aが60km前後，Cが70km前後，Bは30kmでA・Cの1/2ほどになる。これはこの種の住居の発見例が少ないこととかかわりがあるのか

228

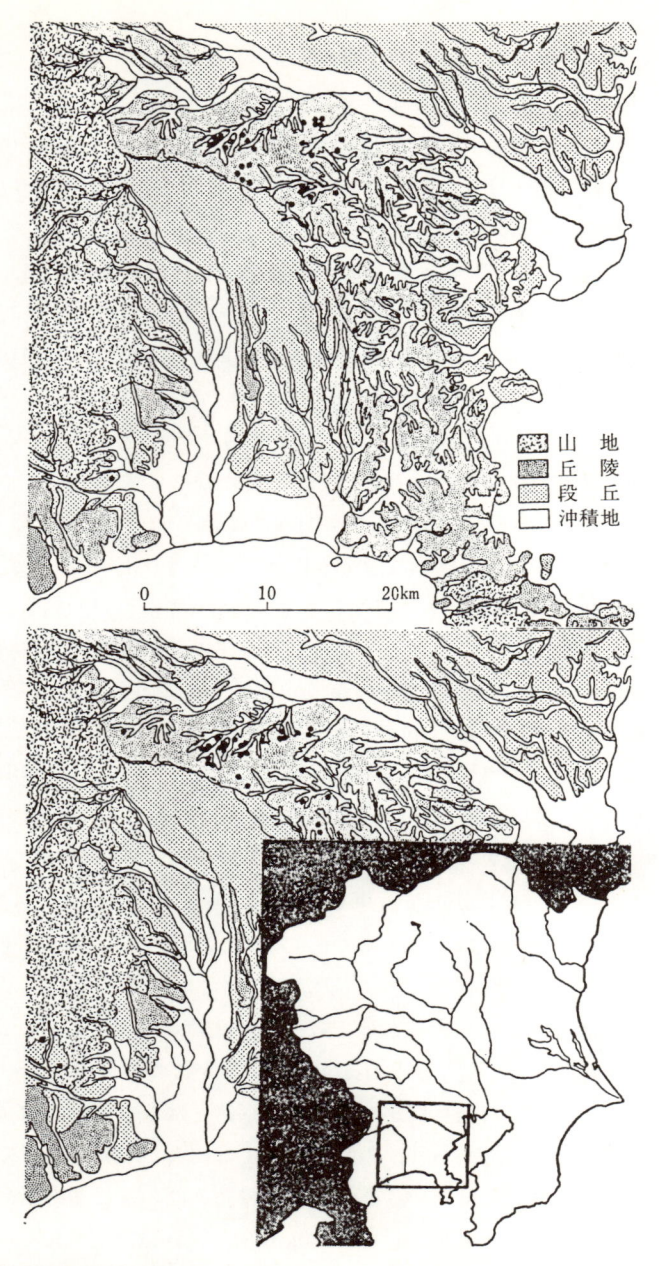

図44 貝殻背圧痕紋タイプ（上）・撚糸紋タイプ（下）の分布（註64の第2・3図を改変）

表18 関山期の住居の型式分類 (註66による)

型式	形態	種類	炉の位置	主柱の位置	数	備考
A	長方形・台形	地床炉	長軸一端より	短辺壁際・中央	6	a壁柱のみ→b壁柱+主柱(6)→c主柱(6)+壁溝の変遷
B	方形	地床炉	主柱傍	中央	2	壁柱／壁溝のあるもの・ないものがある
C	不定	地床炉	中央		ナシ	円形・方形の場合もある
D	長方形	石組炉	ほぼ中央	短辺壁際・中央	6	短辺上の柱はAより内側に入る。炉は三辺を囲うコ字形
E	方形・隅丸方形	地床炉	主柱対角線上	床面対角線上	4	
F	円形	地床炉	主柱対角線上	床面対角線上	4	

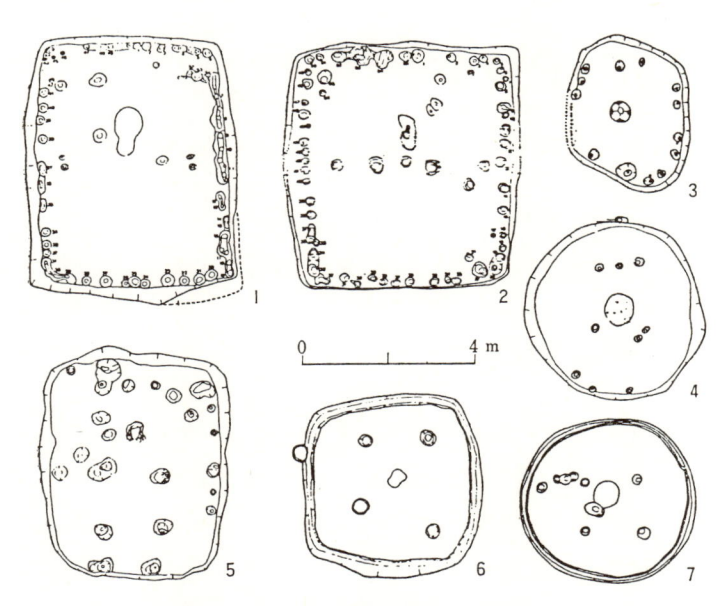

図45 関山期の住居型式 (註66による)
A：1 (埼玉・宮ヶ谷塔14号) B：2 (同左11号) C：3 (埼玉・風早15号)
4 (千葉・谷津台13号) D：5 (群馬・諏訪西8号) E：6 (長野・阿久25号)
F：7 (神奈川・能見堂1号)

もしれない。
　小薬は，住居は土器のように物自体が人手をつたってほかの地域に移動する，といった性質のものではない，ということを指摘する[69]。その事実を念頭に

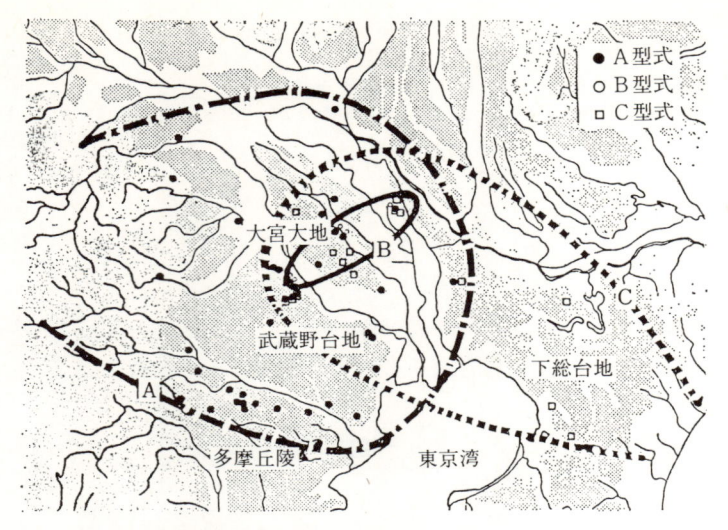

図46 関山期の住居型式の分布（註66の第2図を加筆・改変）

おけば，多摩丘陵，武蔵野・大宮台地，下総台地に分布している違った種類の住居，あるいは住居の組合わせは，「一定の規範あるいは共通認識をもった集団の移動行為をも含む直接的な広がり」をしめしており，「住居を共通規範とする集団の活動領域を指し示す一つのエリア」に置きかえることができる，という[70]。

埼玉・打越の関山期の集落では，A・C二型式の住居がいりまじっており，伴う土器型式のうえでも，住居の配置のうえでも区分できない[71]。小薬は，この事実は「住居型式を異にする少なくとも二つの集団が，土器型式では区別できない時間差をもって，あるいは同時期に，しかも特別住居構築域を異にすることもなく占地していたこと」をしめしている，と解釈する[72]。とすれば，住居の型式を手掛かりとしてとらえることのできる活動領域は，「目に見えるような明確な線引きを有する不可侵的なものでは決してなく，むしろ（中略）集団の差を超えて広く共通の選地として利用」できる性質のものであった，という[73]。

可児・小薬の意見は，それぞれ注目をひく内容をふくんでいる。さしあたり，中身の検討はさておいて，ここでは両氏が採用している手法を検討してみるこ

とにしよう。可児は，分布範囲がほぼかさなる二つの要素，小薬は分布の範囲にズレのある三つの要素を取りあげている。その点では，可児と小薬は違う手法をとっているようにみえる。しかし，二人の手法は，おなじ原理にもとづいている。

可児の場合には，東京湾沿岸の地域を撚糸紋・貝殻背圧痕紋土器が分布している地域，撚糸紋・貝殻背圧痕紋土器の分布していない地域，つまり性質の違うふたつの地域に分割しているわけである。小薬の多摩丘陵，武蔵野・大宮台地，下総台地という三つの地域の区分も，理屈のうえでは，おなじ手続きをくり返した結果だ，といえる。可児・小薬がここで採用している手法は，

1 かなり広い範囲を対象として，
2 いくつかの要素が分布しているか・いないかを基準として，
3 地域を区別し，線引きをする

という点でも，一つのものだといえる。

5. 等質モデル・機能（結節）モデル

いま，われわれになじみ深い考古学上の地域の区分——たとえば杉久保型ナイフと国府型ナイフ，亀ヶ岡式土器と滋賀里式土器，銅鐸と銅剣・銅鉾の分布圏——を思いだしてみよう。みな対照的な分布をしめす二組の要素を取りあげ，ある要素の分布している地域・べつの要素の分布している地域を区別している。縄紋時代にかぎらず，いまの日本の考古学では，分布の問題をあつかう場合には，ほとんど例外なく，これとおなじ方法を用いている。その点で，可児・小薬の地域の区分も例外ではなく，きわめてオーソドックスな手法だといえる。

この方法では，ある要素が分布しているか・いないか，そこから作業がはじまる。おなじ要素の分布している地域はおなじ性質（＝等質）の地域，その要素の分布していない地域・べつの要素の分布している地域はべつの性質（＝非等質）の地域とするわけである。考古学にかぎらず，地理学・言語学・人類学などさまざまな分野でも，このような区別を取り入れている。この方法は「地域的な不連続が存在し，同時に，そのことが地域のさまざまな性格（中略）と結びつく。換言すれば，地理的に意味のある境界線が存在する」[74] ことを前

提としている。地理学では，このような地域の区別のしかたを「等質モデル」，それにしたがって設定された地域を「等質地域」とよんでいる。これと対照的なのが結節（機能）モデルである。「機能的な中心地や，あるいは結節点を核にして，そこと結びついている地点の集合が，最もシンプルな形の機能地域である」[75]。等質モデル・結節モデルはどのような点に違いがあるのか，次の例で考えてみよう。

ある地域に，原産地Aの黒曜石のでている遺跡・でていない遺跡が分布しているとする。これを分布図で表現しようとすれば，われわれはまず黒曜石のでている遺跡（黒丸）・でていない遺跡（白丸）をわけ，図面のうえにそれぞれの位置を書きこむだろう。そして，黒丸のひろがりの縁に線引きをして，原産地Aの黒曜石の分布圏（黒曜石の供給圏）とするだろう（図47a）。これが等質モデルにもとづく分布図である。ここで，原産地Aの黒曜石があるか・ないか，それが遺跡をふりわける基準だ，ということに注意しよう。等質モデルの土台となるのは，あるか・ないかの区別だ，といっても差支えない。図47aにひいた線の内側には黒丸・外側には白丸だけが分布している。線の内側と外側は，まったくべつの世界で，共通する特徴はない。それをこの図面は伝えている。

ある遺跡から原産地Aの黒曜石がでているということは，その遺跡が，黒曜石の供給という機能をなかだちとして，原産地Aと結びついている，といいかえることもできる。このような立場から分布図をつくれば，図47bのようになる。ここで問題にしているのも，おなじあるか・ないかの区別である。ただし，原産地と遺跡の結びつきなのだ。その結果，いくつもの遺跡への黒曜石の供給源（＝結節点）としての原産地Aが，図面のなかで浮かびあがってくる。分布図そのものから読みとれる中身はaとおなじだが，きわめて単純なかたちではあるが，図47bは結節モデルにもとづいた分布図なのだ。

ところで，この地域の遺跡からは，原産地Aの黒曜石ばかりでなく，原産地Bのサヌカイト・原産地Cのチャートもでてくるとしよう。等質モデルにもとづいても，この状態を表現することはできぬわけではない。適当な数値（たとえば75％）をえらんで，黒曜石（黒丸）・サヌカイト（黒三角）・チャート（白丸）が中心になる遺跡，どれが中心ともいえぬ遺跡（白四角）にわければ，分布の傾向を読みとることはできる（図47c）。しかしたとえば黒曜石が75％を

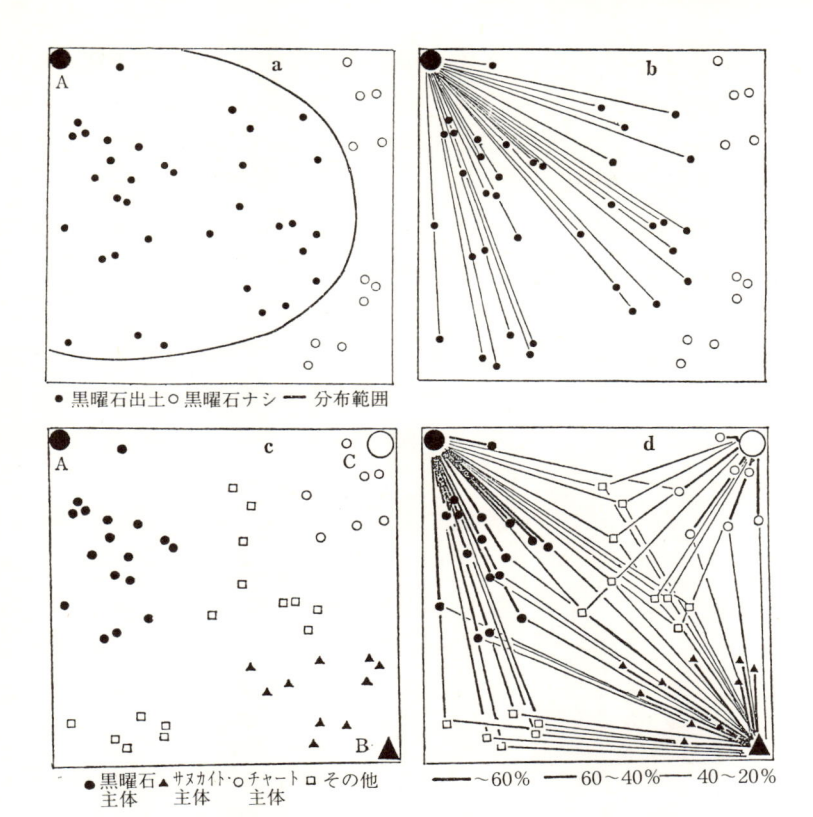

図47 等質モデル（a, c）・結節モデル（b, d）による分布図の例

しめる遺跡で、のこる25％の中身がどうなっているか、となるとこの図面から読みとることはできない。

さきに指摘したように、等質モデルの土台となるのは、あるか・ないかの区別である。だからいま問題としている地域のある遺跡で、サヌカイトが中心となっている（75％を超えている）ということを正確にいいあらわせば、この遺跡では、

 1 黒曜石の比率は75％にならない
 2 チャートの比率も75％にならない
 3 そのかわり、サヌカイトの比率は75％あるいはそれ以上である

ということで、黒曜石・チャートの比率がどれだけになるか、ということを組

みこむ余地はない。ひとつひとつの遺跡で，中心となる岩石以外の種類がどれだけの比率を占めているか，どれが中心となるともいえぬ遺跡では比率がどうなっているか，そういった問題は，結節モデルによる分布図（図47d）でなければ表現できない[76]。

　等質モデル・結節モデルには，いまひとつ見逃すことのできぬ違いがある。等質モデルは，観察の対象としている地域を，いくつかの不連続な面にわけることを目的としている。いくつもの地点のあいだの比較が成り立たなければ，等質モデルを適用することはできない。したがって，等質モデルをもちいて観察をすすめる場合には，可児・小薬のように，ある程度のひろがりのある空間を対象としてえらぶことになる。等質モデルにもとづく観察は，外から・上からの観察になる。

　それに対して，結節モデルで問題になるのは，ふたつの地点が結びつくか・つかぬか，ということである。したがって，等質モデルのように，いくつもの地点・地点の面としてのひろがりがなければ観察が成り立たぬわけではない。極端なばあい，ただふたつの地点の関係を，結節モデルをもちいて観察することもできる。したがって，結節モデルによる観察は，内から，下からの方向をとることになる，といえるだろう。ただし，図47の例の黒曜石・サヌカイト・チャートの原産地のように，人・もの・情報の流れが集中するところが，大まかではあっても，わからなければ，結節モデルを適用することはできない。

6.　面・線・点——領域の構成

　縄紋人の領域という問題を考えるうえで，等質・結節の二種類のモデルの違いは，どのような意味をもってくるだろうか。その問題は，われわれがどのような材料をもちいて領域を復元しようとするか，その点と切り離すことはできない。さきにとりあげた可児・小薬の復元している領域の場合はどうだろうか。可児のとりあげている土器の「タイプ」は，これよりもこまかく分布の中心を絞りこむことはできそうにもない。小薬がとりあげている住居の型式にしても，A・B・Cがそれぞれ多摩丘陵・武蔵野／大宮台地・下総台地で成立し，分布の中心となっているのかもしれない。しかしある型式の住居が，はじめて成立したのがこれらの地域のなかのどの地点なのか，そこまで絞りこんでいくこと

はできそうにもない。

　両氏の推測が、等質モデルというデータの扱いかたの制約を受けていることはいうまでもない。ただし、そこで扱っているデータが、結節モデルを適用できるような性質のものでないこと、いまのところ結節モデルで処理できそうなデータはほかにないことも事実である。とすれば、両氏の結論にみられる制約は、避けようのない性質のものだ、ということになる。

　土器や住居の型式だけが、このような事情のもとにあるわけではない。われわれが型式としてとらえている遺物・遺構・遺跡のなかで、弥生時代の銅鐸、古墳時代以降の鏡・須恵器・瓦などのように、ある工人と結びつけることができるものは皆無といってよい。少なくともいまのところ、われわれがとらえている縄紋時代の遺物・遺構・遺跡の型式をつくりだしたのは、とらえどころのない「集団」である。むしろ可児がとりあげている撚糸紋タイプ・貝殻背圧痕紋タイプなどは、ひとつの型式のなかで、もっとも分布範囲のせまい要素であることに注目すべきだろう。可児が「局地分布型」[77]とよんでいる土器の観察や分析は、領域について新しい解釈や見通しを提供する可能性がきわめてたかい。しかし、縄紋時代のばあいには、弥生よりのちの時代にくらべて、絞りこめる範囲は限られていることは予想できる。

　銅鐸・鏡・須恵器・瓦などの型式は、ある程度まで発達した社会的な分業のなかでできあがっている。だからこそ、一つの型式を、特定の工人あるいは工人集団と結びつけることができるのだ。その背景には、工人の集団を専門家として養っていくだけの余剰の蓄積が必要である。それとともに、生産のプロセスやシステムそのものが、素人では手が出ないほど特殊なものになっていなければならない。縄紋時代に専門家の知識・経験を必要とするような技術があっただろうか。ここではくわしく説明する余裕はないが、縄紋時代には、あたらしい技術や道具が発明されたとしても、かぎられた範囲の人々がそれをひとり占めにすることはまずなかった、といって差支えないだろう。そもそも、新しい技術そのものが、ひとつの地域の住民の創意・工夫の産物というよりは、いくつかの地域の伝統の交流や触れ合いのなかで生まれている、というのが実情のようである。

　一言でいえば、縄紋人のもっていた技術には、社会的な分業と結びつく要素

はほとんどない。縄紋時代の技術が、このような性格のものであるとすれば、遺物・遺構などの型式がどこではじめて成立するのか、ある程度まで絞りこむことはできるにしても、それには限度がある、ということになる。とすれば、遺物・遺構の型式を手掛かりとして領域を復元しようとする場合にも、結節モデルを適用できる場合よりは、等質モデルにしたがって分析・解釈をしなければならぬ場合のほうが多いということは、あらかじめ予想できる[78]。

　これは縄紋社会だけに特有な事情ではない。ヨーロッパでも、結節モデルを適用した領域や交易の分析は、青銅器時代よりのち、鉄器時代・歴史時代のデータを利用している場合が圧倒的に多い[79]。新石器時代より古い時期になると、石斧・黒曜石など、原産地のあきらかな資料だけをとりあげているのが実情のようである[80]。社会的な分業が発達していない社会では、原産地を絞りこむことのできるかぎられた資源をのぞけば、人・もの・情報の流れの方向や中心地をわりだすことは難しい。このような事情のもとでは、等質モデルにもとづく推測にたよることが多いのはやむをえない。しかし、等質モデルを適用した推測には、大まかさ・あいまいさがつきまとう。結節モデルを利用できるようなデータをつみかさねる努力を払うべきだろう。石器の原料と供給源、土器の胎土などの理化学的な分析ばかりでなく、土器をはじめとする各種の遺物・遺構の型式のこまかな分析も、重要な情報源になる。

　ところで、可児が撚糸紋タイプ・貝殻背圧痕紋タイプの土器の工人(つくりて)であり、使人(つかいて)である人々が、およそ300km²ほどの範囲を領域として移動していた、と推定していることはすでに紹介した。小薬も、「A型式の住居を構築した集団は、(中略) 離合集散を繰り返すことによって集団を維持」しており、「その移動は、住居型式圏で示された30～60kmほどの範囲で展開されていた」[81]と推定している。両氏は、ひとつの集団の領域はかなり広い面積になる、と考えている。可児の推定している面積を円におきかえてみると、半径10kmたらずになる。赤沢威が推定している遺跡テリトリーは、半径5km以下の範囲におさまる。可児の推定は、赤沢の推定する半径の二倍、面積にすれば四倍ちかくになる。どちらが正しいのか、その詮索はしばらく棚上げにして、さしあたり可児・小薬が推定している領域の性質を考えてみよう。

　両氏が指摘しているのは、ひとつの集団の周期的な運動の軌跡だ、といえる。

移動の周期がどのくらいの長さになるのか，そこはあきらかでない。しかし，たえず移動をつづけていたわけではなく，滞留・移動を繰り返しており，どちらかといえばひとつの根拠地（＝集落）に滞留している期間のほうが長かった，と推測することはできるだろう。食料や燃料の調達のように，毎日ではなくとも，きわめて短い周期で繰り返す活動のおよぶ範囲は，300km^2 あるいは 30～60km というひろい面積ではなく，集落を中心とするかなりせまい範囲のなかにおさまっていたのだろう。

　関山期の住居型式から推定できる直線距離にして 30～60km，諸磯期の局地分布型の土器から推定できる 300km^2 という「領域」は一枚板のようなものではない。土器・住居の型式を手掛かりとしてとらえた，目に見えている領域，そこにもぐりこんでいる，目に見えていない領域（下位領域）がいれこになっている。赤沢が遺跡テリトリーとなづけ，範囲を推定したのは，目に見えていない方の領域だ，と考えることができるだろう。その一方，土器や住居の型式にうつしだされている，目に見えている領域の中身は，私が核領域とよんだものとおなじである。ただし，領域というものの全体のすがたを，この二つの要素だけで説明しつくすことはできない。

　ここで立場をかえて，集団の拠点となる集落というものの性格と，その住民がどのようにして必要な物資を調達していたか考えてみよう。集落は，そこを拠点としている人間の，さまざまな活動の結節点である。食料の獲得をはじめとして，人間の利用する資源のながれを考えてみれば，とくに説明をかさねる必要もないだろう。しかし，人間が利用するために集落にもちこむ資源，その獲得のしかたは一つとは限らない。日々の食料や燃料，それは住民たちが自分の手でもちこんでくるに違いない。その場合，入り会制にしても，縄張り制にしても，人間と土地とのあいだに結びつきが生まれる。繰り返し資源を利用した結果，この結びつきが強くなれば，特定の人間による土地の占有という関係が成立する。利用頻度の高い，いいかえれば手に入れてから消費するまでの期間のみじかい物資は，土地の占有とふかく結びついている。食料・燃料・衣類の原料などを確保するには，土地の占有が必要になる。

　しかし一つの集落の住民が，必要とする物資をすべて自分たちの手で獲得できるとはかぎらない。必要とする物資を，すべてまかなうだけの土地を占有す

るようなことは，できるはずもない。消費（というよりは廃棄）までの期間のながい物資ならば，土地を占有しなくても，手に入れることができる。石器・装身具など，今日の言葉でいえば耐久消費財の原料の場合に，このような事情を考えることができる。仙台湾沿岸では，石鏃・石匙などの原料が，かなり遠くにある原産地から運ばれていることはさきに紹介した。黒曜石・サヌカイトが遠隔地に運ばれていることはあらためて説明するまでもないだろう。海産の貝の腕輪が，内陸の遺跡から出てくることも珍しくはない。

　縄紋人が，これらの地元では手に入らない物資（＝非現地性物資）を，どのようにして手に入れたのか，はっきりした結論は出ていない。贈物・交易品だったのかもしれないし，消費者が原産地まで出向いて手に入れたこともないとはいえない。いずれにしても，消費者が資源のある土地を占有していたのでないことは，たしかである。非現地性物資が，交易品・贈物として運ばれてきたとすれば，そこでじかに働いているのは土地と人間の結びつきではなく，人間と人間の結びつきである。消費者が原産地に出向いていたとしても，資源のある土地を占有している人々がいれば，その了解を取りつけなければ，物資を手に入れることはできない。ここでも，非現地性物資を手に入れる前提となるのは，人間と人間の結びつきである。分布が偏っていて，しかも広い範囲の需要がある資源のある土地は，入り会制がしかれていて，資源の利用はまったく制限がなかった，ということも考えられぬことはない。このような考えが成り立つとすれば，縄紋人はすべての物資を土地と人間の結びつきを仲立ちとして確保していたことになる。しかしこの考えを，考古資料だけによって，裏づけることはできそうにもない。

　ここで問題となるのは，領域という言葉の定義である。個人にせよ集団にせよ，人間が占有（あるいは所有）している土地を領域と呼ぶこともできる。その場合は，非現地性物資の産地は，消費者の立場にある人々の領域のなかには含まれないことになる。しかし，領域というものの働きが，人間の必要とする物資を確保することにあるとすれば，人間がその土地を占有（所有）しているかどうかは，動かすことのできない条件にはならない。非現地性物資の消費者も，供給者の立場にある人間を仲立ちとして，資源の分布している地域と結びついている。その結びつきをまったく無視してしまうことは納得できない。

もちろん，人間と土地がじかに結びついている範囲（＝せまい意味の領域）と，ほかの人間を仲立ちとして間接に結びついている範囲（＝ひろい意味の領域）は区別すべきだろう。ここで，核領域という言葉を定義しなおして，せまい意味の領域を核領域と呼ぶことにしよう。ある集団（あるいはそのメンバー）が，占有している土地，いいかえれば周期的に，繰り返して利用する土地が核領域である。ひろい意味の領域——ほかの集団（あるいはそのメンバー）を仲立ちとして結びついている土地は，交渉圏とよぶことにする[82]。

縄紋人の日常生活をささえる基盤が，核領域である。そのひろがりは，時期により地域によって差があるだろう。縄紋前期の南関東の核領域が，$300 km^2$ 前後ではないかという推測は，これからさらに検討してみる価値のある提案である。縄紋人の生活が，核領域のなかだけで完結するわけではない。核領域の外側には交渉圏がひろがっている。この二つの要素が対になったものが，縄紋人の領域である。赤沢の指摘している遺跡テリトリーは，あるかぎられた時間幅のなかでの核領域の断面である。現実に機能をはたしていた核領域の範囲は，赤沢の推定と大きなへだたりはないだろう。これをくわえれば，縄紋人の領域は，三種類の要素で成り立っていることになる。

領域を，面・線・点の組合わせとして説明することもできる。領域全体・交渉圏・核領域・遺跡テリトリーは，それぞれ規模の違ういく通りかの面である。そのなかには，何種類かの活動の拠点が，文字通り点として散らばっている。長い期間にわたって，ひきつづいて，しかも反復して，何種類もの活動の拠点として利用される場所（＝集落），みじかい期間だけ，しかし反復して，かぎられた種類の活動の拠点となる場所（＝作業地）にわけることができる。ひとつの遺跡テリトリーのなかの集落は一ヵ所というのが普通で，集落のまわりには違った目的をはたす，何種類かの作業地がいくつも散らばっているのだろう。

複数の遺跡テリトリーの集合が，ひとつの核領域になる。正確にいえば，いま活きている遺跡テリトリーがひとつ，いまは死んでしまった，あるいは眠っている遺跡テリトリーがいくつかあつまって，ひとつの核領域ができる。したがって，ひとつの核領域のなかで，中心となる活きている集落はひとつだろうが，集落のメンバーの主力が移住してしまったのちに，少数のメンバーがもとの集落に居残っている場合もあるだろう。反対に，主力メンバーにさきがけて，

少数のメンバーがつぎに集落となる場所に移住することもあるだろう。このように，形のうえでは小規模な集落で，中身は作業地という場合もある。

核領域の外には，交渉圏がひろがる。ただし，交渉圏がつねに核領域・遺跡テリトリーの外だけにあるとはいい切れない。交渉圏は，遺跡テリトリーや核領域とは違って，景観のうえでは自然地と区別できないだろう。そこは核領域・遺跡テリトリー，あるいは集落・作業地のように頻繁に人間の活動の場とはならない。いくつかの集団が，ごくみじかい期間，接触・交渉をたもつときだけ，人間の活動の場となる。

線が，点と点（集落—集落・作業地—集落・作業地—作業地），点と面（集落—核領域・作業地—核領域・集落—交渉圏），面と面（遺跡テリトリー—核領域，核領域—核領域，核領域—交渉圏）をつなぐ。景観のうえでは通路，内容のうえでは人・もの・情報の流れが，この線を作っている。

7. 遺跡群と領域

遺跡群の分析，これも縄紋人の領域のひろがりや構造を推定する有力な手がかりとなる。ここでは，遺跡群の分析にもとづく研究を紹介し，この方法であきらかにできること，そこに残される問題について，考えてみることにしよう。

遺跡群という言葉がさかんに用いられるようになったのは，1960年代のことである。1960年代にはじまる大規模開発にともなって，遺跡の保存と開発の問題は，全国で議論がたたかわされた。開発を進めようとする側は，貴重な遺跡・代表的な遺跡だけを保存すれば十分だ，という考え方（＝選択保存）をさかんに主張する。おなじような遺跡を，全部調査する必要はないだろうという意見も，めずらしくなかった。これに対して，保存の側は，つぎのような主張をする。ひとつの地域のなかの遺跡は，それぞれの個性があり，たがいに結びついている，一部の遺跡だけを残したのでは，この結びつきがうしなわれてしまう。一部の遺跡だけを調査して，ほかは調査もせずに壊してしまうなどというのは，問題にもならない。遺跡群というのは，このようなやり取りのなかで，遺跡の保存を主張する立場から，さかんに使われるようになった言葉である。

遺跡群というのは，ひとつの地域のなかの遺跡の集合，つまりバラバラの遺跡のよせ集め，ではない。遺跡Aは遺跡Bから移住してきた人々が住み着い

た集落かもしれない。遺跡C・D・E・Fは，集落Gの住民の狩場かもしれない。水田跡Hは，集落Iの住民が作ったものだろう。前方後円墳Jの築造に動員されたのは，集落K・L・M・Nの住民だろう……。ひとつの地域の遺跡のあいだには，さまざまな結びつき・関係があったはずなのだ。結びつき・関係の中身は，ただちにあきらかになるものではないとしても，いくつかの遺跡のあいだにそのような関係が成り立っていたこと，それは間違いない。遺跡群というのは，その事実を前提としており，ひとつの地域のなかのたがいに関係のある遺跡のまとまり（＝複合体）を指しているのだ。したがって，領域を復元する手がかりとして，遺跡群を分析するのは，ごく当然のことだといえる。

ただし，地域というものの中身は，ものさし次第でさまざまにかわる。普通は，都道府県ていどの範囲が，遺跡群というものを問題にするときのもっとも大きな単位だろう。しかし，この程度の範囲でとらえた遺跡群は，縄紋人の領域を推定する，という目的にはほとんど役にたたない。たとえば東北歴史資料館は，県下の貝塚の分布をしらべ，県内の貝塚を四つのグループにわけている[83]。このグループのひとつひとつを遺跡群と考えることもできないわけではない。しかしこの結果から，現在の宮城県にあたる地域に住んでいた縄紋人の領域について，なにか判断しようというのは無理な相談だ。領域の問題について考える材料として，遺跡群をとりあげる場合には，もっとせまい地域を取りあげるほうが適当だ。それも，広い平野の一部のようなところよりは，山脈・海・大きな河川などで，線引きができるところの方が都合がよい。まわりを海で囲まれている島などは，理想的だといえる。

8. 遺跡群分析の実例

(1) 里浜貝塚群──一地域一集団の事例

宮城・里浜貝塚群は，島のなかの遺跡群の一例である。松島湾の東側の入口に，宮戸島という島がある（図49）。里浜貝塚群は，この島にある。いまは陸続きになっているが，もとは幅2kmたらずの水道があった。島の東・南側の外洋に面したところにも遺跡は分布している。しかし規模の大きなものは，島の東側にある室浜貝塚（前期初頭・後期中葉）だけで，ほかはみな規模も小さく，年代も古代までさがるものが多い。島の北側の対岸，いまのJR仙石線野蒜駅

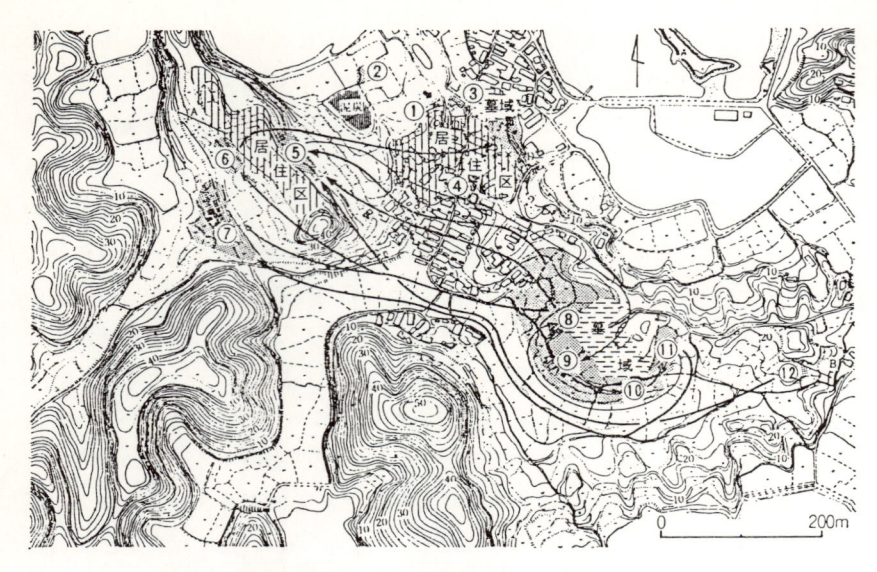

図48　里浜貝塚群各地点の位置と移動の順序（註85による）
①西畑北，②西畑，③寺下，④里浜，⑤〜⑦台，⑧・⑨袖窪，⑩・⑪梨ノ木

のあたりにも，きわめて規模の小さい貝塚が散在している。ここから里浜地区までのあいだ，波打ちぎわにできた崖（＝波蝕崖）の岩蔭には，たき火の痕跡がのき並に残っている。ごくまれに土器・獣骨・貝殻などのかけらが見つかることがある。里浜の住民がごく短期間・かぎられた種類の活動の足がかりとして利用した場所もあるのだろう。

　里浜貝塚群は，島のほぼ中央から東にむかって突き出す岬にあり，北から，西畑北（図48－①）・西畑（同②）・寺下（同③）・里浜（同④）・台（同⑤〜⑦）・袖窪（同⑧・⑨）・梨ノ木（同⑩・⑪）の7地区・11地点にわかれる[84]。地点によって時期のズレがあるので，集落の移動のありさまをたやすく推定できる。

　里浜貝塚群の地区ごとの時期を整理してみると，表19のようになる。袖窪→台→梨ノ木→袖窪・台→台→里浜／寺下→西畑という順で，集落が移動しているのだろう[85]。前期中葉をのぞけば，この流れには切れめがない。西畑北は，集落が西畑にあったときの，製塩の作業場である。台と里浜／寺下それに西畑では，時期がかさなっており，二〜三ヵ所に集落がわかれていた可能性も

第6章　縄紋人の領域　243

表19　里浜貝塚群の各地区の時期

	袖窪	台	梨ノ木	里浜	西畑	西畑北	寺下
前期 前葉	○						
前期 中葉	○						
前期 後葉		○					
中期 前葉		○					
中期 中葉			○				
中期 後葉			○				
後期 前葉	○		○				
後期 中葉			○				
後期 後葉			○	○	○	○	○
晩期 前葉			○	○	○	○	○
晩期 中葉				○	○	○	○
晩期 後葉				○	○	○	○
弥生 中期							○
弥生 後期							○
古墳							○

ある[86]。しかし、人骨の出土は中期中葉から後期前葉にかけては袖窪に、後期中葉から晩期中葉にかけては里浜／寺下に集中している。墓域が一ヵ所に固定していたらしいから、集落がいくつかに別れていたとしても、その住民はひとつの集団にまとまっていた、と考えてよい。

すでに説明したように、宮戸島には、ほかの集団が住んでいた形跡はない。ひとつの集団がつぎつぎに集落の場所を移していたことになる。念のために、島の外のようすを確かめてみよう。話を簡単にするつごうで、後・晩期の遺跡だけを取りあげることにする（図49）。

松島湾内で、後・晩期の規模の大きな遺跡は、里浜貝塚群のほか、宮戸島の東側の対岸・七ヶ浜半島の二月田貝塚、湾奥の西ノ浜貝塚、あわせて三ヵ所である。ほかに宮戸島の北東にある鳴瀬川の川口から4km、里浜／寺下から8.5kmほどのところに川下り響貝塚がある。しかし、いまはかろうじて場所がわかるだけで、詳しいことはまったくわからない。さしあたり、考えに入れぬことにする。

里浜・二月田・西ノ浜、松島湾の後・晩期の住民は、この三つの集落のうち、どれかひとつのメンバーだった、そう考えてよいだろう。いいかえれば、松島湾は、この三つの集落の住民の領域だったことになる。それぞれの領域を線引きすることはできるだろうか。かりに、三つの集落の人口密度に大きな差がないもの、と仮定してみよう。人口がおなじなら、必要とする資源の量も、大まかにみればそれほどの違いはない、ということになる。湾内の資源の分布に大きなかたよりもないとしよう。このような仮定のもとに、

(1) ふたつの遺跡の直線距離をはかり、

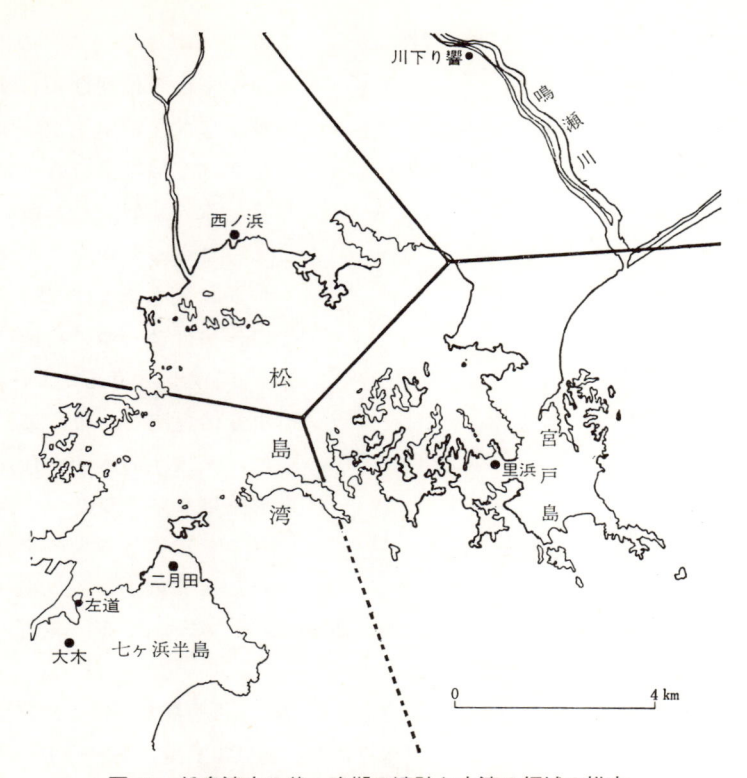

図49 松島湾内の後・晩期の遺跡と内湾の領域の推定

(2) その距離を半径とする円を，ふたつの遺跡を基点として描く。
(3) この二つの円の交点をむすぶ直線を引き，
(4) この操作を，すべての遺跡のあいだの距離を二等分するまでくり返す。

この操作の結果，閉じた多角形ができれば，その範囲がひとつの領域になる。これがティーセンの多角形 Thiessen Polygon で，地理学で地域分析のてはじめにもちいている方法である[87]。里浜・二月田の場合には，領域が外洋にどれだけひろがるのか見当がつかず，閉じた多角形はできないから，領域の面積の見当はつかない。西ノ浜の水上の領域は，閉じた多角形の面積——およそ $27km^2$ となる。

この面積は，ひどく乱暴な試算にすぎない。松島湾内の島・最近の埋立地の面積も無視しているし，いくつかの仮定も乱暴すぎる。しかし，時期ごとの集

落の規模・松島湾内の資源の分布のありさまがわからなければ，この数字を土台から修正するのは無理だ。ただし，このような線引きがなりたっていたとすれば，西ノ浜の住民は，マグロ・カツオなど，外洋から入ってくる資源をほとんど利用できないことになってしまう。これはなんといっても理屈にあわないし，西ノ浜でもマグロの骨は少なくない。だからこの数字は，海草・貝・内湾性の魚などを利用する場合の，領域のひとつの目安と考えておくべきだろう。里浜・二月田・西ノ浜の住民は，外洋からはいってくる資源には入会制をとっていた可能性が高いことになる。その範囲は，二月田・里浜から丸木船をだし，操業して陽のあるうちに帰ってこられるところだろうが[88]，今のところ，数字ではしめせない。

　陸上の領域はどうだろうか。里浜西畑地点の報告書では，ここの住民はほぼすべての資源を島のなかで調達していた，と解釈している[89]。この解釈がただしければ，宮戸島の面積 $7km^2$ 強[90]があれば，陸上の資源を利用するには不自由はなかった，ということになる。

　大泰司紀之によれば，ニホンジカの適正な——つまりひとつのムレが出産率がたかく体格もよい状態をたもつことのできる密度は，$1km^2$ あたり10頭前後であるという[91]。この数字を機械的にあてはめれば，宮戸島には70頭前後はシカが棲めるわけである。島のなかのすべての地域が，シカが棲みやすい環境ではなかっただろうから，実際の数はこれをしたまわるにしても，50〜60頭は棲んでいただろう。一年に10％前後を捕獲しても，ムレの品質は維持できるとすれば[92]，5〜6頭は捕獲できることになる。里浜西畑地点の調査ででているシカの量は，その程度のものである。シカの資源量から判断するかぎり，宮戸島のなかには，島の住民の必要をみたすだけの資源はあった，と考えてよいだろう。

　ただしその規模は，マツリのときの共同狩猟などを島のなかでやれば，たちまち枯渇してしまう程度のものである。マツリなど，特別な必要がおこることを考えにいれれば，島のそとに必要な資源を確保するための基地が必要になる。さきに触れた川下り響貝塚は，そのような性格の遺跡だった，と解釈することもできるだろう。また，二月田貝塚も，西ノ浜の住民が，外洋性の資源を利用するために設置した分村あるいは前進基地が定着したもの，と解釈することも

できよう。ただしいまのところ，このような解釈を裏づけるたしかな証拠はなにもない。

里浜貝塚群の場合，ひとつの集団が，ひきつづきひとつの地域を領域としていたと推定できる。仙台湾から南三陸にかけて，東北地方の太平洋沿岸では，ひとつの地域のなかに，同時に併存する遺跡の数はかぎられているようである。大船渡・広田湾沿岸では，後・晩期の拠点集落と考えてもよい遺跡は，広田湾の中沢浜・大船渡湾東岸の大洞・西岸の下船渡・湾奥の長谷堂の四ヵ所。中期以前になると，さらに少なくなる。古稲井湾沿岸でも，後・晩期に併存していた可能性があるのは，沼津・南境・尾田峯の三ヵ所[93]，後期前葉以前になれば沼津・南境の二ヵ所になる。

この分布密度は，おなじ貝塚が多い地域でも，東京湾沿岸などにくらべると，いちじるしく低い。この地域では，東京湾沿岸のように海岸段丘が発達しておらず，侵蝕をうけたやせ尾根がつづいており，規模の大きな集落をつくれる場所はかぎられている。したがって，この地域の住民は，おなじ場所に長い期間住みつづけることになる。一度できた集落が，跡形もなくなってしまうことは，まずなかっただろう。このような集落のありかたは，住民の資源利用の方針，領域の構成や規模も左右する。

大船渡湾沿岸に，いくつかの集落が併存するようになるのは，後期中葉からのち。中期前葉までは，ひとつの台地にひろがるような規模の遺跡は，東岸の蛸ノ浦貝塚一ヵ所だけである。松島湾でも事情はおなじで，早期後葉あるいは前期前葉から中期後葉まで切れめなくつづく集落は，宮戸島（袖窪→台→梨ノ木）と七ヶ浜半島（左道→大木）にそれぞれ一ヵ所しかない（図49）。大船渡湾では沿岸の全域がひとつの集団の領域，松島湾では東半分と西半分を宮戸島・七ヶ浜半島を本拠とする集団が分割していたのだろう。この領域が三分・四分されるのは，後期中葉から後のことで，そのあいだ千年を単位とする時間が経過している。

これらの地域では，魚類が住民のおもな食料資源のひとつになっていた[94]。広い範囲を回遊するもの（ニシン・マイワシ・サンマ・ブリ・マグロ・カツオなど）はいうまでもなく，季節あるいは成長の程度によって，内湾と沖合いのあいだを移動するもの（スズキ・タイ・アジ・メバル・アイナメなど）[95]は，たとえおな

じ場所で漁をつづけていたとしても，取りつくしの危険は小さい。ひとつの集落が，おなじ場所にながい時期にわたってつづいているのは，この地域の住民がこのような移動性の高い資源を利用していたのもひとつの理由になっているだろう。

しかしおなじ魚でもハゼ・ボラなど移動性の低いもの，海草や貝のようにまったく移動しない資源の場合には，無制限に捕獲をつづければ，取りつくしてしまう。捕獲する量や期間を制限する，捕獲のできる場所のうちいくつかは捕獲を止める，そのような措置が必要になるだろう。燃料・食料などに利用する植物についても，おなじような配慮が必要であったに違いない。

松島湾・大船渡湾などの地域，その領域の特徴は，つぎのように要約できる。
1) 領域の範囲の変動が起こるのは，数千年に一度のことで，範囲はきわめて長い期間安定している。
2) 領域の範囲はかなり広く，ひとつの集団が共同して利用する傾向をうかがうことができる。
3) ただし，資源の種類によっては，ひとつの領域を分割し，交互に利用していた可能性が高い。

このような特徴をもつ領域を，「南三陸型」とよぶことにする。

(2) 八ヶ岳西南麓――一地域複集団の場合

宮戸島の住民はかなり広い地域を領域として利用していたことが比較的たやすく推測できる。しかし日本列島全体でみれば，このような地域はむしろ例外である。とくに，東日本のように，遺跡の総数が多いところでは，ひとつの集団の領域を推定することは容易ではない。八ヶ岳西南麓の中期の遺跡群は，このような一例である。

この遺跡群については，すでにいくつかの考察が発表されている[96]。ここでは，勅使河原彰が発表した分析結果を紹介することにしよう[97]。

八ヶ岳西南麓の遺跡群は，標高 800～1,200m という亜高山帯にある。勅使河原のしめした分布図によれば，およそ 220km² の範囲に 186 ヵ所の遺跡が分布している（図51）。400m四方の範囲に二ヵ所は遺跡がある勘定になる。

早期の遺跡はきわめて少なく，一時的な宿営地（テンポラリー=キャンプ）ばかり。前期になると環状集

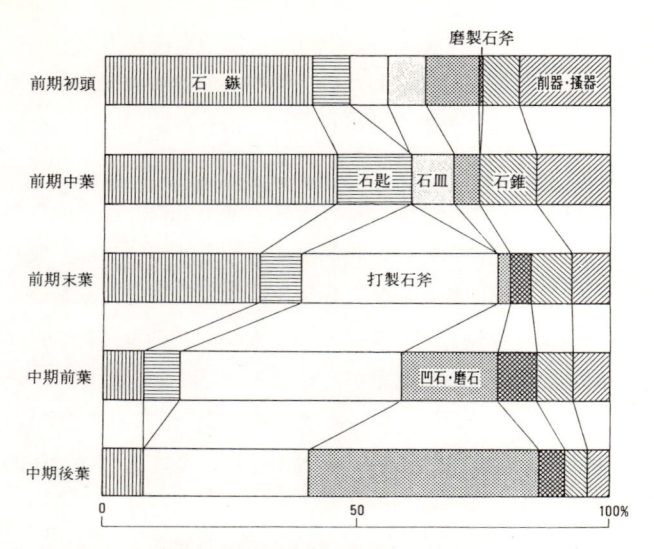

図 50　高風呂遺跡での石器組成の変遷 (註 97 による)

　落もあらわれるが，立地も標高 900m 前後の尾根の先端にかぎられ，阿久などのわずかな例をのぞけば，ほとんどの集落が土器一型式のうちに廃絶している。ただし，後期後葉になると，遺跡数も多くなり，それまで尾根の先端だけにあった集落は，山麓斜面にひろく分布するようになる。中期になって，この傾向はさらに顕著になり，九兵衛尾根期には，「いっせいに集落の分布が拡大する」[98]。

　すでに多くの人が指摘しているように，中期の集落が多くなるのは，堅果類(ナッツ)を中心とする植物性食料を利用する技術の発達とむすびついている。勅使河原は，阿久(前期)・大石(中期前葉)・居沢尾根(中期後葉)の石器の顔ぶれをくらべ，中期前葉を境として，打製石斧が増加することを指摘している。さらに，高風呂遺跡では，前期末葉に打製石斧，中期前葉には凹石・磨石が多くなり，いれかわりに石鏃がきわめて少なくなるという(図50)。「植物採取・加工具の発達(打製石斧・磨石・凹石の増加—林)とあわせて，食用植物を高度に利用する生業形態」が，遺跡の爆発的な増加の原因となる[99]。さきに，南川・赤沢らがコラーゲン分析にもとづいて，長野・北村の住民の食品は，植物性食料にきわめて大きな比重がかかっていたと推定していることを紹介した[100]。八ヶ岳

第6章 縄紋人の領域　249

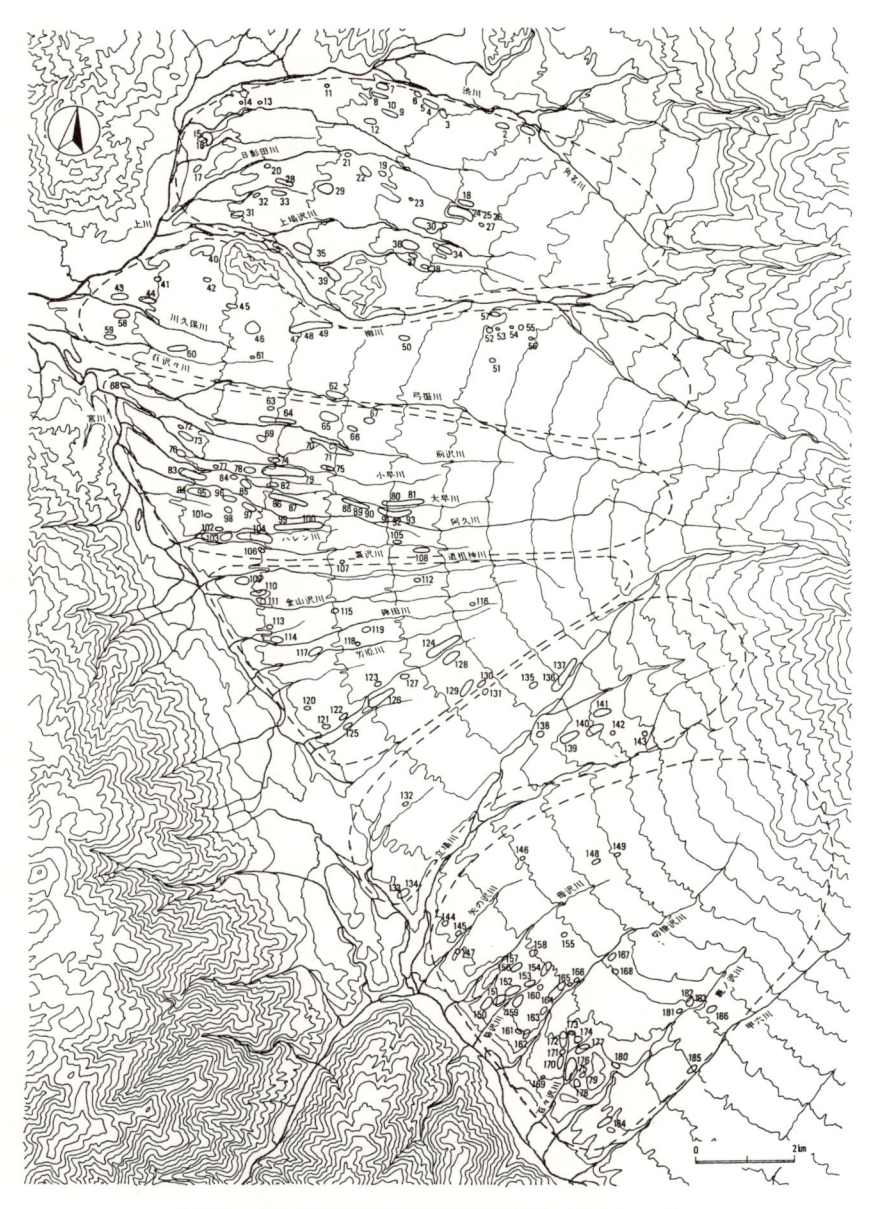

図51　八ケ岳西南麓の中期の集団領域（註97による）

西南麓の中期の石器の組みあわせの特徴も，これと矛盾しない。この地域でも植物性食料の比重は大きかったのだろう。

このような生業のシステムは，かぎられた種類の資源の比重が大きくなりすぎ，中期後葉になって気温が低下すると，たちまち遺跡数が落ち込む結果となることは，多くの人が指摘している。それはともかく，このような生業システムは，領域の構成や分割のしかたにも，影響をおよぼしていたのではなかろうか。

勅使河原は，この地域では，ひとつの尾根の上におなじ時期のふたつの集落が，2km前後の距離をへだてて併存している場合が多いことを指摘している[101]。ただし，この傾向は八ヶ岳西南麓全域に共通するわけではなく，立場川南岸から甲六川北岸のあいだの地域では，ひとつの尾根にある集落はひとつにかぎられている。勅使河原は，この理由を，勾配が急なために集落をつくるのにむいた土地がせまいからだ，と説明している[102]。この区域では，前期とおなじように，尾根の先端に集落があつまるわけで[103]，八ヶ岳西南麓の集落の占地の古い伝統が活きている，と解釈できよう。言葉をかえれば，勅使河原が指摘している2km前後の間隔をおいて併存している集落というのは，中期になってからの新しいかたちの土地利用の産物だ，と考えてもよかろう。

勅使河原のしめした遺跡の地図とリストから，遺構があることが確実な遺跡（遺跡 a），遺構がないか・有無が確認できない遺跡

表20　八ヶ岳西南麓主要地域の遺跡数の変化（註97による）

I：渋川南岸－弓張川北岸，II：弓張川南岸－宮川水源，
III：矢ノ沢川南岸－甲六川北岸
a：遺構あり，b：遺構なし／不明

	I a	I b	II a	II b	III a	III b	I~III a	I~III b
九兵衛尾根 I	4	9	3	13	4	6	11	28
九兵衛尾根 II	5	8	4	11	3	6	17	25
狢沢・新道	5	8	8	7	4	4	17	19
藤内 I	6	14	8	12	4	7	18	33
藤内 II	6	13	5	14	3	6	14	33
井戸尻 I	4	12	5	11	4	3	13	26
井戸尻 II	3	13	4	11	4	1	15	25
井戸尻 III	4	11	6	7	4	2	14	20
曽利 I	6	22	6	18	4		16	40
曽利 II	8	24	12	19	7	3	27	46
曽利 III	9	26	5	24	4	9	18	59
曽利 IV	8	21	6	14	5	3	19	38
曽利 V	1	19	4	15	6	3	11	37
称名寺	1	13	5	6	1	2	7	21
堀之内	6	9	8	14		6	14	23
加曽利B	1	1	1	2	2	1	4	4

（遺跡 b）を集計してみた（表20）。この表のⅠ〜Ⅲの区分は，勅使河原論文の第6〜10図の上段〜下段の区画とほぼおなじで（ただしⅠ・Ⅱの範囲はやや広くなっている），Ⅲは立場川南岸から甲六川北岸までの区域にあたる。あきらかにこの地域では，遺跡の数にめだった動きはみられない。

　立場川以南（区域Ⅲ）では，遺跡 a・遺跡 b の数の変化にも，あまりはっきりした傾向は読みとれない。ところが立場川以北（区域Ⅰ・Ⅱ）では，遺跡 b は遺跡 a より増加率がたかい。この傾向はとくに区域Ⅰでめだつ。曽利Ⅲ期の遺跡 a の数は，九兵衛尾根Ⅰ期のほぼ二倍。これに対して遺跡 b は，ほぼ三倍になっている。八ヶ岳西南麓の中期の遺跡の「爆発的な増加」の中身は，遺跡 b の増加にほかならない。

　遺跡 a がすべて与助尾根・尖石などのような拠点集落とはいえない。しかし数は少ないにしても遺構が出ているのだから，遺跡 b にくらべれば長い期間つづいているか，密度が高い遺跡だといえるだろう。遺跡 b のなかにも，調査をしてみれば遺跡 a になるものがふくまれていることは間違いない。しかし勅使河原が説明しているように，遺物は出てきても，遺構はみあたらぬ遺跡があることも確かだ。区別の仕方はあいまいだが，遺跡 b をみじかい期間しか利用されていないか，密度の低い遺跡としよう。

　遺跡 b は，一年のうちかぎられた期間だけ，特定の活動のために利用された土地だろう。そのなかでも，生業にかかわる活動の頻度が高くなるだろう。勅使河原は，区域Ⅰの稗田頭(ひえだがしら) b を稗田頭 a を拠点としている人々の生業活動の場と推定している[104]。その距離は数百 m。おなじ区域では，渋川の南岸の中ツ原のまわりに，遺跡 b がいくつか分布している。中ツ原からの距離は，1km を超えない。区域Ⅱ・Ⅲでも，二種類の遺跡がおなじように分布している。さきに，ひとつの核領域のなかには，おもに生理的な分業にもとづく何種類かの亜系があると推定した[105]。八ヶ岳西南麓の遺跡 a・遺跡 b の関係は，その一例といえる。

　ここで，この地域の住民の生業が，植物性食料の利用に比重がかかっていたことを思いだしていただきたい。女性の仕事が大きな役割をはたすことになる。遺跡 a と遺跡 b が 1km を超えぬ範囲にまとまっている理由は，遺跡 b の中身が女性の植物食料の採集や一次処理の場所だったからだろう。拠点となる集落

(遺跡a)が,ひとつの尾根の上に2km前後の間隔をおいて併存しているのも,おなじ理由だろう。生活の拠点が,これだけ近い位置にあり,しかもその周囲に資源利用のスポットが散在しているとすれば,資源の消耗する速度はかなり早かっただろう。生活の拠点(＝集落)を移動して資源の回復をまつ必要が生まれる。この地域の集落は,かなり頻繁に移動していたのだろう。このようなシステムが維持できなくなった結果,遺跡の数が急激に減るのだろう。

この地域では,中期の遺跡はきわめて高い密度で分布している。しかし「調査がかなりおこなわれ,集落が存在してもよさそうな尾根にもかかわらず」,「集落の存在しない空白の尾根地帯」が長い期間維持されている。この空白は,個々の集団の生活領域のうえで「集団全体を包括する領域」があったことをしめしており,「集団全体を包括する領域」が「集団領域」にほかならない,というのが勅使河原の解釈である(図51)[106]。

八ヶ岳西南麓の「集団領域」のなかには,いくつかの集落群が同時に併存している。さきに説明した領域の構成をあてはめれば[107],ひとつの核領域が,いくつかの遺跡テリトリーに分割されていることになる。千葉・新田野にしても,松島湾や大船渡湾の場合にしても,ひとつの核領域は目的や機能の違う作業スポット・間隔をおいて利用する遺跡テリトリーをふくんでいる。しかし,そこを利用する集団はひとつで,核領域は分割されてはいない。しかも八ヶ岳西南麓では,ひとつの集落の継続期間が,松島湾・大船渡湾などとくらべて短い。おそらく集落は頻繁に移動しているのだろう。松島湾の場合のような,いくつかの集団が共同で利用する領域ははっきりしたかたちでは指摘できない。このような領域の構成を「八ヶ岳型」とよぶことにしよう。

(3) 核領域の類型

南三陸・八ヶ岳,この二つの類型は,定着性の強弱・核領域の分割のあるなしなどの点で,対照的である。南三陸では漁撈・狩猟の比重が大きく,八ヶ岳西南麓では植物採集の比重が大きい。この違いが,領域の構成に映しだされている。しかし,かぎられた期間に多量に手にはいる資源を集中的に利用する生業システムのもとで成り立っているという点では,両者は共通する。寡種・多量の資源利用のシステムが,この二種類の領域の類型の土台となっているのだ。

両者をあわせて東日本型という上位の類型を設定できよう。

　泉拓良が分析した京都盆地の領域は，これと対照的な，多種・寡量の資源利用のシステムのもとで成り立っている[108]。ここでは規模の小さい遺跡が，まばらに分布している。これは西日本型の類型とすべきだろう。清水芳裕は，胎土分析の結果にもとづいて，備讃瀬戸の住民の領域が，中国山地の山間部までひろがっていた可能性を指摘している[109]。南川・赤沢らのコラーゲン分析の結果では，広島・寄倉洞穴の住民は，大型魚類あるいは海獣も利用している[110]。これは，清水の推定と矛盾しない。西日本では，ひとつの集団が沿岸と内陸を往復するような領域のあり方も推定できる。ただしいまのところ，この二つが独立した類型になるのかどうか，判断はつかない。

註
(1) 立教大学考古学研究会『新田野貝塚―千葉県夷隅郡大原町所在の縄文時代貝塚』(1975)
(2) 赤沢　威『採集狩猟民の考古学』p. 48（モナド・ブックス20，海鳴社，1983）
(3) 立教大学考古学研究会『新田野貝塚』p. 47
(4) 立教大学考古学研究会『新田野貝塚』p. 46
(5) 赤沢　威『採集狩猟民の考古学』p. 10
(6) Barker, G. W. W., Prehistoric Territories and Economies in Central Italy. pp. 119-31. Higgs. E. S. ed. *Palaeoeconomy*. 111-175. Cambridge Univ. Press, 1975.
　　Bailey. G. N., Shell Middens as Indicators of Postglacial Economies : A Territorial Approach. pp. 42-45. Mellars (ed) *The Early Postglacial Settlement of Northern Europe*. 37-63. Duckworth, 1978
(7) 赤沢　威『採集狩猟民の考古学』p. 64
(8) 赤沢　威『採集狩猟民の考古学』p. 65
(9) 立教大学考古学研究会『新田野貝塚』pp. 35-36
(10) 本書第5章第4節「3. 食品の選択（2）」「4.『縄紋農耕』」「5. 縄紋人の生業の性格」参照
(11) 立教大学考古学研究会『新田野貝塚』pp. 50-52
(12) 赤沢　威『採集狩猟民の考古学』pp. 72-73
(13) 泉　拓良「日本の先原始集落―近畿地方の事例研究」pp. 49-50, 54-55（藤岡謙二郎編『講座考古地理学』5：45-64，学生社，1985）
(14) 赤沢　威『採集狩猟民の考古学』pp. 56-64
(15) 近藤義郎が提唱した「集団領域」とおなじ内容である。赤沢の「遺跡テリトリー」は，ある遺跡の背後に想定できるテリトリーというふくみがあり，混乱をまねくお

それがあるので用いない。
(16) 本書第5章第4節「3. 食品の選択（2）」参照
(17) 小池裕子「宮崎博論文『土地と縄文人』に関する先史生態学からの一コメント」（『貝塚』39：10-11，1987）
(18) E. R. ピアンカ，伊藤嘉昭・久場洋之・中筋房夫・平野耕治訳『進化生態学』p. 167（蒼樹書房，1978）
　　　Clarke, G. L. Elements of Ecology. pp. 350-357, Wiley, 1954
(19) 伊藤らは，home range を行動圏と訳している。ここでは，行動のおよぶ範囲という意味で，行動圏という言葉をつかう場合があるので，あえて入会とした。ただし，伝統的な入会地では，所有者である共同体の成員以外のメンバーの利用は認めないから，厳密にいえば，この訳は不正確である。
(20) Gould, R. A. To Have and Have Not : The Ecology of Sharing Among Hunter-Gatherers. pp. 75-76, 88, *Resource Managers*. 69-91
(21) Binford. L. R., Willow Smoke and Dogs' Tails : Hunter-Gatherer Settlement Systems and Archaeological Site Formation. *American Antiquity*. 45 : 4-20, 1980
(22) Dyson-Hudson, R., Smith, E. A. Human Territoriality : An Ecological Reassessment. pp. 25-31, *American Anthropologist*. 80 : 21-41, 1978
(23) Richardson, A., The Control of Productive Resources on the Northwest Coast of North America. pp. 106-108. *Resource Managers*. 93-112.
(24) ダイソン＝ハドソンらは，このような例として，毛皮交易が北オジブワ族の「領域」に影響をおよぼした例をあげている。Human Territoriality. pp.32-33
(25) Dyson-Hudson, R., Smith, E. A. Human Territoriality. pp. 34-36
(26) 飯村　武『丹沢山塊のシカ個体群と森林被害ならびに防除に関する研究』p. 28（大日本山林会，1980）
(27) 沼田　真・岩瀬　徹『図説・日本の植生』p. 138（朝倉書店，1975）
(28) 泉　拓良「日本の先原始集落」pp. 60-63
(29) 本書第5章第2節「2. バラツキの原因」「3. トリ・ケモノの組合わせの類型」参照
(30) 本書第6章「1. 新田野貝塚の事例」参照
(31) 小林達雄「縄文時代領域論」p. 12（国学院大学文学部史学科編『坂本太郎博士頌寿記念　日本史学論集』1-29，吉川弘文館，1982）
(32) たとえば横山浩一「様式論」p. 56（横山浩一・近藤義郎編『岩波講座　日本考古学』1：43-78，岩波書店，1985），佐原　眞「総論」p. 9（金関　恕・佐原　眞編『弥生文化の研究』3：5-10，雄山閣出版，1986）
(33) Willey, G. R., Rhillips, P. *Method and Cheory in American Archaeology*. p. 37, Univ. of Chicago Press, Chicago and London, 1965
(34) 小林達雄「縄文時代領域論」pp. 21-22
(35) 林　謙作「縄文期の集団領域」（『考古学研究』20—4：12-19，1974）

(36) 小林達雄「縄文時代領域論」pp. 4-5
(37) 小林達雄「縄文時代領域論」pp. 11-12
(38) 小林達雄「縄文時代領域論」pp. 25-26
(39) 小林達雄「縄文時代領域論」pp. 22-26
(40) 小林達雄「総論」p. 5（加藤晋平・小林達雄・藤本　強編『縄文文化の研究』3：3-15，雄山閣出版，1982）
(41) 法則的・総合的区別については論理哲学の入門書（たとえばH.ライヘンバッハ，石本　新訳『記号論理学の基礎』pp. 29-35，大修館書店，1982）を参照されたい。
(42) 小林達雄「縄文時代領域論」p. 25
(43) 佐藤広史「型式の空間分布から観た土器型式」（『片倉信光氏追悼論文集』4-22，赤い本同人会，1985）
(44) 一個の粗製深鉢がハレの器なのか，ケの器なのか，よほど特別な条件にめぐまれぬかぎり，判断しにくい。ここでは大多数はケの器だろうという程度の意味である。
(45) 佐藤広史「型式の空間分布から観た土器型式」p. 18
(46) 草間俊一『水沢市の原始・古代遺跡』（水沢市教育委員会，1969）
(47) 司東真雄・菊池啓治郎・沼山源喜治『北上市史』原始・古代（北上市，1968）
(48) 草間俊一『水沢市の原始・古代遺跡』
(49) 小林達雄「縄文時代領域論」pp. 4-5
(50) 小林達雄「縄文時代領域論」pp. 21-22
(51) 本書第5章第3節「2. 季節の推定」参照
(52) 須藤　隆編『中沢目貝塚』pp. 101-102, p. 126, 129（東北大学考古学研究会，1984）
　　須藤　隆・富岡直人「縄文時代生業の論点と課題」pp. 136-139（鈴木公雄編『争点 日本の歴史』124-140，新人物往来社，1990）
(53) 酒詰仲男『日本縄文石器時代資料総説』p. 213, pp. 226-228（土曜会，1960）
(54) 本書第5章第2節「3. トリ・ケモノの組合わせの類型」参照
(55) 小笠原好彦ほか「林報告に対するコメント」p. 23（『考古学研究』21—1：15-23，1974）
(56) 林　謙作「縄文期の集落と領域」p. 117（横山浩一・佐原　眞・戸沢充則編『日本考古学を学ぶ』3：102-119，有斐閣，1979）
(57) 小林達雄「縄文時代領域論」pp. 22-26
(58) 須藤　隆編『中沢目貝塚』p. 80, pp. 199-218
(59) 蟹沢聡史「田柄貝塚から出土した石器類の材質について」p. 319（茂木好光編『田柄貝塚』2：309-320，宮城県教育委員会，1986）
(60) 小林達雄「縄文時代領域論」
(61) 草間俊一・金子浩昌編『貝鳥貝塚』pp. 315-321（花泉町教育委員会，1975）
(62) 岡村道雄・笠原信男編『里浜貝塚Ⅳ』p. 61（宮城県教育委員会，1984）

(63) 可児通宏「縄文人の生活領域を探る―土器による領域論へのアプローチは可能か」(『研究論集』10〈創立10周年記念論文集〉: 138-148, 東京都埋蔵文化財センター, 1991)
(64) 可児通宏「縄文人の生活領域を探る」pp. 135-136, p. 141
(65) 可児通宏「縄文人の生活領域を探る」
(66) 小薬一夫「『住居型式論』からの視点―縄文時代前期の集団領域解明に向けて」(『研究論集』10:171-189, 東京都埋蔵文化財センター, 1991)
(67) 小薬一夫「『住居型式論』からの視点」p. 175, pp. 177-178
(68) 小薬一夫「『住居型式論』からの視点」pp. 178-179
(69) 小薬一夫「『住居型式論』からの視点」
(70) 小薬一夫「『住居型式論』からの視点」p. 180
(71) 荒井幹夫・小出輝雄「打越遺跡」(『富士見市文化財報告』14, 26, 富士見市教育委員会, 1978, 1983)
(72) 小薬一夫「『住居型式論』からの視点」p. 180
(73) 小薬一夫「『住居型式論』からの視点」pp. 181-182
(74) 手塚 章「地域的観点と地域構造」p. 132（中村和郎・手塚 章・石井英也『地理学講座』4―地域と景観: 107-184, 古今書院, 1991）
(75) 手塚 章「地域的観点と地域構造」p. 142
(76) 分類という作業の論理にまで触れなければ, この問題の十分な説明はできない。あまり長くなるので, ここでは説明をはぶき, 結論だけ述べている。
(77) 可児通宏「縄文人の生活領域を探る」pp. 134-153, p. 144, 145
(78) ただし, 現在の縄紋研究では, 結節モデルを適用できるような形でのデータの提出がほとんどおこなわれていないことも事実である。
(79) Hodder, Ian and Orton, Clive, *Spatial Analysis in Archaeology*. pp. 54-97, Cambridge Univ. Press, 1976
　　Grant, Eric (ed.) *Central Places, Archaeology and History*. Sheffield University Press, 1986
(80) Hodder, Ian, A Regression Analysis of some Trade and Marketting Patterns. *World Archaeology*. 6 : 172-189, 1974
　　Renfrew, C., Dixon, J. E and Cann, J. R., Further Analysis of Near Eastern Obisdians. *Proceedings of the Prehistoric Society*. 34 : 319-331, 1968
　　Ammerman, A. J., Matessi, C. and Cavalli-Sforza, L. L., Some New Approaches to the Study of the Obisdian Trade in the Mediterranian and adjacent Areas.
　　Hodder, Ian (ed.) *The Spatial Organization of Culture*. pp. 179-196. Duckworth. 1978
(81) 小薬一夫「『住居型式論』からの視点」p. 185
(82) 結節モデルを機械的にあてはめれば, 交渉圏のなかには非現地性物資の原産地も含まれることになる。しかしそうすると, ある集団の領域は, その集団の固有の領

域と，ほかの集団の領域をあわせたものとなってしまい，矛盾が生まれる．おそらく，ふたつの核領域のあいだの無主地(ノーマンズランド)が交渉圏になるのだろう．この点は，もうすこし詰めが必要である．
(83) 藤沼邦彦・小井川和夫・加藤道夫・山田晃弘・茂木好光『宮城県の貝塚』(『東北歴史資料館資料集』25, 1989)
(84) 藤沼邦彦ほか『宮城県の貝塚』pp. 130-136
  以下，宮城県内の貝塚の名称・時期は，本書の記載によることにする．
(85) 林　謙作「縄文時代」pp. 96-97（林　謙作編『発掘に見る日本歴史』1：69-112, 新人物往来社, 1986)
  なお，後期後葉〜晩期中葉までは，里浜・寺下は分離できない．
(86) 後期前葉にも，集落が袖窪と台に分かれている可能性がある．
(87) Hagett, P., Cliff, A. D., Frey, A., *Locational Analysis in Human Geography*. pp. 436-439, Arnold, 1970
(88) 実際には，沿岸に近づいたムレを適当な入江に追い込んでしとめていたのだろうから，かなり沖合いまで出ていたかもしれない．
(89) 笠原信男・岡村道雄編『里浜貝塚Ⅴ』pp. 74-75
(90) 行政単位としての宮戸地区の総面積は7.9km^2．岩礁や小島も含んでおり，島本体の正確な面積はわからない．会田容弘の教示による．
(91) 大泰司紀之「シカ」pp. 127-128（加藤晋平・小林達雄・藤本　強編『縄文文化の研究』2：122-135, 雄山閣出版, 1983)
(92) 大泰司紀之「シカ」
(93) 林　謙作「亀ヶ岡と遠賀川」pp. 106-107（戸沢充則編『岩波講座　日本考古学』5：93-124, 岩波書店, 1985)
(94) 本書第5章第3節「2. 季節の推定」参照
(95) 落合　明・田中　克『魚類学』下（恒星社厚生閣, 1986) による．
(96) 水野正好「縄文時代集落研究への基礎的操作」(『古代文化』21—3・4：47-69, 1969), 桐原　健「八ヶ岳の縄文集落—高原の先史時代集落」(『えとのす』8：122-128, 1977), 長崎元広「補論　中部地方の縄文時代集落」(『考古学研究』24—1：27-31, 1977), 宮坂光昭「八ヶ岳山麓に見られる集落の移動と領域」(『国分直一博士古稀記念論文集—考古編』117-160, 同論文集刊行会, 1980) など．
(97) 勅使河原彰「縄文時代の社会構成（上）—八ヶ岳西南麓の縄文時代中期遺跡群の分析から」(『考古学雑誌』78—1：1-44, 1992)
(98) 勅使河原彰「縄文時代の社会構成（上）」p. 8
(99) 勅使河原彰「縄文時代の社会構成（上）」p. 10
(100) 本書第5章第4節「2. 食品の選択 (1)」参照
(101) 勅使河原彰「縄文時代の社会構成（上）」pp. 19-20, p. 27
(102) 勅使河原彰「縄文時代の社会構成（上）」pp. 27-28
(103) 勅使河原彰「縄文時代の社会構成（上）」第6〜10図下段

(104) 勅使河原彰「縄文時代の社会構成（上）」p. 30
(105) 本書第6章「6. 面・線・点―領域の構成」参照
(106) 勅使河原彰「縄文時代の社会構成（上）」p. 36
(107) 本書第6章「1. 新田野貝塚の事例」参照
(108) 泉　拓良「日本の先原始集落」
(109) 清水芳裕「縄文時代の集団領域について」（『考古学研究』19―4：90-102, 1973)
(110) 本書第5章第4節「2. 食品の選択（1）」参照

第7章 縄紋人の〈交易〉

　縄紋人の領域のなかには，日常の生業活動の舞台とはちがって，かならずしも土地の占有を前提としない，「交渉圏」というカテゴリーもふくまれている[1]。ここでは交渉圏の広がり・縄紋人の生活のなかでもつ意味について，具体的に説明しよう。

　これまで，非現地性物資の問題は，〈交易〉という視点からとり上げられる場合が多かった。今世紀はじめの坪井正五郎の伊豆大島出土の神津島産の黒曜石をめぐる発言をはじめ，鳥居龍蔵・八幡一郎など1940年代までの非現地性物資についての発言[2]は，ほとんどすべて〈交易論〉の枠におさまるといってさしつかえない。

1. 〈交易〉・物資・原産地

　1960年代から1970年代にかけて，黒曜石・サヌカイトなどの理化学的分析が普及するとともに，それまでとは比較にならぬほど高い精度で原産地を推定することができるようになった。われわれの手もとには，金山産のサヌカイト・白滝産の黒曜石がどこまで運ばれているか，ひとつの遺跡ででている黒曜石・サヌカイトの原産地のリスト，そういったデータは確実に蓄積されている。しかしそこから一歩進んで，ひとつの遺跡からでているサヌカイト・黒曜石の原産地ごとの比率を調べようとすれば，たちまち行きづまってしまう。その意味では，縄紋時代の非現地性物資をめぐる議論には，1940年代とくらべてみても，本質的な変化は起きていない，といってさしつかえない。

　理化学的な手法による原産地推定が無意味だというのではない。中途半端なのだ。たとえば，遺跡Aで原産地Bの石材が出土しているとしよう。その石材は，原産地から遺跡までどのようにして運ばれてきたのだろうか。それは想像するしかない，というのがこの国の学界の現状だろう。

産地と消費地（＝遺跡）のあいだのいくつかの地点（＝遺跡）である産地の物資（ひとつでも複数でもかまわない）がどれだけでているか，そのデータを解析すれば，交易のしくみを復元できる。もし，いくつかの遺跡で，物資の量が産地からの距離に反比例して少なくなっており，分布頻度の曲線が下がり放しになるなら，集落から集落へリレー式にはこばれている，と判断できる。もし，下り坂の曲線の途中に，いくつかの山がでてくるなら，いくつかの中継地点があり，それぞれの中継地点からその周辺の消費地に分配された，と推定できる[3]。イギリスでは，新石器時代の磨製石斧の原料の供給地をしらべあげたうえで，このような議論がたたかわされている[4]。

日本列島でも，このようなモデルにしたがってデータを分析し，結論を引きだせる見込みがないわけではない。旧石器時代・縄紋時代の関東平野や備讃瀬戸・中国山地・北九州の住民が，いくつかの産地の石材を利用していたことはすでにわかっている[5]。考古学の研究者が，この数値を解析して交易のしくみを復元する，という発想をもって，資料の分析の依頼をすればよいのだ。つまり発想と資金（いまの緊急調査の経費からみれば大したものではない）の問題にすぎない。

なぜこれまで，交易の具体的なすがたを復元できるようなデータが蓄積できなかったのか。ひとことでいえば，これまで物資の交換・流通の問題が，〈交易論〉の立場でしかとり上げられなかったところに原因がある。第6章で領域というものをとらえるモデルに，等質・結節の二種類があることを説明した。そのなかで，等質モデルにはひとつの地域のなかの何種類かの物資の関係や比率をとらえるうえで，決定的な弱点があることを指摘した[6]。これまでの〈交易論〉は，等質モデルにもとづく特定の物資の分布論にほかならない。原産地A，B，Cの黒曜石，P，Q，Rのサヌカイト，U，V，Wの貝は，それぞれ独立した分布圏にまとめられてしまい，分布圏のなかの分布の濃淡・ほかの物資との関係には目をつぶり，〈××文化圏〉を設定し，ひたすらその〈文化的な意義〉をめぐって思いのたけを開陳する。〈交易論〉の筋道を整理するとこうなる。これでは，交易の具体的なすがたなどとらえることができるほうが不思議だ，といえば言い過ぎだろうか。

交易のすがたを具体的にとらえようとすれば，等質モデルから結節モデルへ

の組み替えが必要になる。しかし結節モデルで必要になる数量の裏づけのあるデータを整備しようとすれば、けた違いの時間と経費が必要なことも目にみえている。それでは、そのようなデータが整備されるまで、われわれは何をすればよいのか。ここで非現地性物資の問題をとり上げている理由はそこにある。

手あかだらけの〈交易論〉は棚上げしよう。そもそも、ある非現地性物資が、交易によってある集落に持ちこまれているのか、贈与の結果持ちこまれているのか、それさえもあきらかではないのだから。ひとつひとつの遺跡ででている物資を現地性・非現地性にふりわけ、それぞれが遺跡からでた遺物のなかで、どれだけの比率をしめているのか、その遺跡のなかでどれだけの役割をはたし、どの程度の意味を持っているのか、洗いだしをしよう。それは今からでも手をつけることができる作業である。その遺跡の住民にとって、非現地性物資がなくてはならぬものだったのか、なければないで済むものだったのか、その点をまず見きわめねばならない。原産地の詮索はその後の問題である。

このような作業は、石器の原料というかぎられた範囲ではあるが、すでにはじまっている。赤堀英三の石鏃原料の分析は、交易論とは違った視点にたっているし、藤森栄一・中村龍雄の長野・星ヶ塔の黒曜石採掘地の調査も、原産地・供給地の関係を具体的にとらえようとしている[7]。1980年代になって、関東平野の縄紋時代の石器原料の分布について、いくつかの業績が発表されており、その後、東北日本の縄紋中期の石器の原料の概観も発表されている[8]。

2. 貝鳥・中沢目の非現地性物資

縄紋人が利用していた遠隔地産の物資には、どのようなものがあり、どのくらいの距離をはこばれているのだろうか。一例として北上川下流域にある岩手・貝鳥[9]と、宮城・中沢目[10]の非現地性物資の顔ぶれと用途、原産地との距離を調べてみよう（表21）。おなじ仙台湾沿岸の、里浜や田柄のデータも盛りこんでみようとした。しかし、表の中身そのものはほとんど変わらず、ただ煩雑になるだけなので、さきに発表したもの[11]を補足したうえで利用する。

中身にはいる前に、この表を作るときの考え方の筋道を説明しておくことにしよう。

はじめに、現地性・非現地性を区別するときの基準をあきらかにしなければ

表21 貝鳥・中沢目出土の非現地性物資 (△貝鳥, ▽中沢目, ◇両方から出土)

原産地 距離	気仙沼湾 貝鳥⇒35km 中沢目⇒50km	松島湾 55km 30km	北上山地 10〜30km 45km	奥羽山地東麓 10〜25km	新庄盆地 70km	庄内平野 100km	房総以南 350〜550km
猟具・漁具など		エイ[1]	珪質粘板岩△ チャート △	黒曜石 △	硬質頁岩 ▽		
厨房用具など 木工具	← クジラ[2,4] ◇		→ 砂岩 △ 輝緑凝灰岩△ 閃緑岩 △ 斑珂岩 △	花崗岩 △ 石英安山岩◇ 玢岩 △			
接着剤						アスファルト◇	
食料品	クロアワビ△ 塩[3] ▽ サザエ △ ツメタガイ △ ヒメエゾボラ△ アカニシ △ ← アサリ[4] ◇ → オニアサリ △ マガキ △ ミルクイ △ フグ △ イガイ ▽ ← マグロ[4] △ → ← カジキ[4] △ → ← ニシン亜目[4] △ → ハ ゼ △ ウミガメ[4] △						
儀器・呪物	サカマタ[4] △ オオミズナギドリ[4]△ アホウドリ[4] △ ウミウ[4] △		← ツキノワグマ[4] △ → ← ワシ・タカ科[4] △ → ← カモシカ[4] △ → 粘板岩 ◇				
装身具など	ユキノカサ[4] △ ← サメ目[4] △ → マダイ △	ハマグリ ◇ チョウセンハマグリ◇ サルボウ ◇ アカガイ ◇ イタボガキ◇					ベンケイガイ◇ ツタノハガイ△ ツノガイ[5] ◇ イモガイ △ タカラガイ △

(1 尾棘をヤスに利用, 2 椎体を工作台に使用, 3 製塩土器出土, 4 いずれとも判断できない, 5 加工の痕跡なし)

ならない。黒曜石やサヌカイト，あるいはのちに触れるヒスイ（硬玉）などのように，原産地がかぎられており，しかも理化学的な分析結果の蓄積がある場合，もっとも正確な判断を期待できる。いくつかの候補地のなかからひとつだけを選ぶとしても，判断が間違っている可能性はきわめて低いといえる。

硬質頁岩やアスファルト，それに暖流性の貝などは原産地の分析データがまったくない。分析の手法さえ見当がつかない，というのが実情なのだ。アスファルトや暖流性の貝の分布の大筋は，いわば常識的なものにしてもわかっているから，推測ができないわけではない。しかし，いくつかの候補地をひとつに絞りこんだとしても，その判断が間違っている可能性はかなり高いことは覚悟しておく必要がある。

表21でとりあげた物資のうち，輝緑凝灰岩(きりょくぎょうかいがん)などのような場合，判断の信

頻度はもっと低くなる。この場合には，岩脈のありかは正確にわかるのだが，段丘礫層や川原の転礫などを利用することも考えにいれねばならないから，原料の供給地の範囲はきわて広くなり，ひとつの地点に絞り込むことはむずかしくなる。貝鳥・中沢目では，磨製石斧の未製品はでていないから，原料が手近にある地域から，製品として供給されている可能性がたかい，と判断している。しかし，この判断の根拠は，常識の線をほとんどでていないし，未製品の有無といういわば状況証拠にたよっていることがもっとも大きな弱点である。

つぎに，表21にしめした地域を原産地と判断する理由を，補足しておくことにしよう。

1. クロアワビ・サザエ・ミルクイ・イガイなどの岩礁性，外洋に面した砂浜に棲むオニアサリなどの産地は，松島湾よりは気仙沼湾のほうが可能性が高い。しかし，ツタノハガイの腕輪は，里浜では7点出土しているが，宮城・田柄では，はるかに広い面積を調査しているのに，1点にとどまる[12]。のちに触れるマダイの前額骨をもちいた装飾品も里浜・貝鳥に共通し，田柄では見られない。貝鳥・里浜の住民が交渉をたもっていたことは確かだろう。

2. 蟹沢聡史の教示によれば，チャートの原産地は北上山地北部の可能性が高い。貝鳥で出土しているチャートの原産地は，早池峰山以北，50～100kmの距離にあるものと推定すべきだろう。

3. 『北上川流域地質図』[13]によれば，貝鳥・中沢目からもっとも近い輝緑凝灰岩・閃緑岩・斑珂岩の産地は，気仙沼湾沿岸から牡鹿半島付近にある。貝鳥・中沢目の住民が，みずから足を運ぶか，その地域の住民から提供をうけぬかぎり利用できぬことはあきらかである。貝鳥・中沢目では磨製石斧の未製品は出土していない。半製品あるいは製品のかたちで，これらの地域の住民から提供をうけたのだろう。

4. 石英安山岩・玢岩など奥羽山地に分布する岩石は，北上川右岸に分布する段丘礫層に含まれているものと仮定し，もよりの中位・低位段丘までの距離をはかった[14]。

5. 中沢目の硬質頁岩を新庄盆地産と推定する理由はさきに説明した[15]。江合川・小国川の川筋を利用したルートを推定できる。

6. アスファルトは安孫子昭二の指摘にしたがい，鳥海山東南麓の湯ノ台を原産地と仮定する[16]。
7. ベンケイガイは，黒潮の影響のおよんでいる海域には分布している。ベンケイガイ製の腕輪の原料は，北海道南部・東北の沿岸部からも供給されているかもしれないという意見もある[17]。しかし，犬吠埼から北の海域では，黒潮は沖合いに方向を変えるから[18]，採取は困難になる。しかも黒潮前線のなかの暖水塊はたえず位置を変えている[18]。このような環境が貝輪に利用できるほど成長した個体の安定した供給源とは考えにくいという意見もある[19]。秋田・柏子所で出土したベンケイガイの腕輪は，1,153点を超えるという[20]。不安定な環境でこれだけのまとまった量を供給することはできそうにもない。暖水塊の分布する海域からの供給もあるにしても，黒潮本流の影響が沿岸にじかにおよんでいる房総半島より南の地域が，太平洋沿岸でのおもな供給源に違いない。
8. 橋口尚武の教示にしたがい，貝輪に利用できる大形のツタノハガイ（＝オオツタノハ）の産地は，伊豆諸島・三宅島以南の海域とする。

3. 非現地性物資の顔ぶれ

貝鳥からは，表21にしめしたほかにも海産の貝は出土しているが，他地域との結びつきを考えるうえであまり意味はないのではぶいた。またここからは，沿岸部に分布しているハナレ（図52―1・2）がでているし，両側に複数のカエシのついたヤス（図52―3・4）も，内陸部よりは沿岸部でめだつ。宮城・山王囲や岩手・東裏[21]の組合せ式のヤス，岩手・中神や中沢目，宮城・摺萩（図53）の製塩土器[22]も，いわば場違いなところに紛れ込んだ迷子である。これらの迷子の履歴を洗い出せればおもしろいのだが，いまのところむずかしい。ただ，沿岸部から内陸部へ入りこんだ迷子はあっても，内陸から沿岸部への迷子はない，ということは指摘できそうだ。

表21にあげた物資の用途をみると，食料品や道具・什器などの実用品から，儀器・呪物・装身具などの非実用品の原料（製品）まで，縄紋人の生活のほぼ全面にわたっている。もちろん，ここで食料品としたもの，たとえば中沢目のアサリやハゼ，貝鳥のマグロなどは量としてはきわめてかぎられたもので，メ

第7章 縄紋人の〈交易〉　265

ニューを豊かにするという以上の意味はないかもしれない。しかし地域のあいだのさまざまな物資，そしてそれにともなう情報や人の交流のうえに，縄紋人の生活のゆたかさが築かれていたということは読みとれるだろう。

　ここで，貝鳥・中沢目ででている非現地性物資が，どの程度の距離を運ばれているのか，まとめてみよう。噴出岩・貫入岩のように石斧の原料として利用された岩石，あるいは食料品，こういった実用品の供給地は，かりに産地からじかに運ばれてきたとしても，直線距離にして30〜50kmを超えない範囲におさまる。頁岩とアスファルトの原産地までの距離はこれよりも大きく，直線距離にして70〜100kmになる。これよりも遠距離から運ばれているのは，ツタノハガイ・ベンケイガイなど暖流性の貝で，原産地との距離は350〜550kmになる。これを目安として，直線にして50km以下の距離・地域を近距離・隣接地，50〜100kmを中距離・中隔地，100km以上を遠距離・遠隔地とよぶことにしよう。

　隣接地から運ばれている物資は，種類は多くとも量はわずかなものである。そのなかに磨製石斧（あるいはその原料）のような生活必需品もふくまれてはいる。しかし，貝鳥・中沢目の住民が江合川・北上川の水路を利用すれば，牡鹿半島周辺に分布している輝緑凝灰岩・閃緑岩・斑碯岩などを調達するのは，それほど困難なことではなかったろう。近距離で調達できる物資が，食料品から呪物・装飾品までをふくむ雑多な顔ぶれになっているのは，これらの物資が，いわば日常的ともいえるほどの，頻繁な接触の結果，消費地に持ち込まれたからではないだろうか。

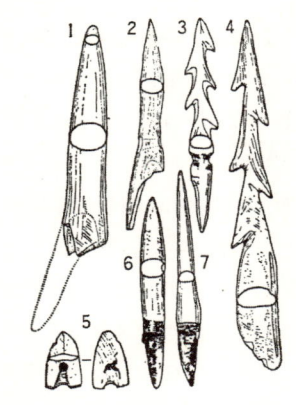

図52　岩手・貝鳥出土の漁具
1・2 ハナレ，3・4 組合せヤス，5 牙鏃，6・7 単式ヤス
（註9による）

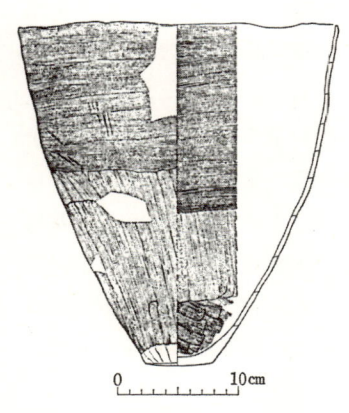

図53　内陸部（宮城・摺萩）から出土した製塩土器
（註22による）

近距離で調達された物資のなかには，貝鳥からでているマダイの前額骨・海鳥の肢骨などのように，装飾品あるいは呪物の原料として利用されているものもある[23]。海鳥はともかく，マダイなどは食料として運ばれたものの一部が，呪物・装飾品に転用されたと考えるべきだろう。一方海鳥の骨は，加工の途中で捨てられている。縄紋人が近距離で調達する物資は，顔ぶれが雑多なばかりでなく，消費地での加工・転用がかなり頻繁におこなわれている。

　これと対照的なのは，遠隔地から調達された物資で，その用途は実用をはなれた，装飾品・装身具にかぎられる。ベンケイガイはともかく，ツノガイなどを食料品に利用するとは考えにくい。食料品として持ち込まれたものを，装飾品に転用したわけではない。この事情をもっともよくしめしているのは，ツタノハガイの腕輪である。仙台湾沿岸で出土しているツタノハガイの腕輪は，里浜の7例をはじめとして，館・富崎などの未報告例もあわせると，十数点になるが，私の見たかぎりでは完成品ばかりで，未製品は一例もない。ツタノハガイは，仙台湾沿岸より南の地域で製品化されたうえで，消費地に持ち込まれたのだろう。

　遠隔地産の物資が半製品・未製品の状態で，消費地まで運ばれている場合がある。たとえば，柏子所の1,100点を超える貝輪。そのうち，すぐ身につけられるものは，たった1点。だから遠隔地産の物資は，すべて製品として消費地に持ち込まれている，といい切ることはできない。しかし，貝鳥のマダイのような転用が起きることはなく，用途ははじめから決まっている。呪物・装身具・装飾品などの実用をはなれた分野，それが遠隔地産の物資の用途で，硬玉もその一例になる。

　貝鳥・中沢目ででている非現地性物資は，一方に実用性がつよく消費地で転用・加工もする隣接地産の物資，他方に実用をはなれた目的だけに利用される遠隔地産の物資がある。そして，アスファルトと頁岩は，原産地との距離・用途の面で，両者の中間の性質をもっている。これらの物資は，隣接地産の物資とおなじく，実用品——というよりは生活必需品である。しかし原産地との距離は，隣接地の二倍あるいは三倍になる。この二種類の物資について，もうすこしくわしく説明する必要があるだろう。

4. アスファルトと頁岩

(1) アスファルト

アスファルトの原産地は理化学的な手段で推定されたわけではない。しかしアスファルトの産地は油田の周辺だけで，油田の分布は日本海沿岸に集中している。したがって，太平洋沿岸ででているアスファルトの原産地が日本海沿岸にあることは間違いない（図54）[24]。

安孫子昭二によれば，アスファルトにかかわりのある遺跡は，147カ所にのぼる。新例をくわえれば，200カ所前後になるかもしれない。ただし秋田・大畑台(おおはただい)や新潟・三仏生(さぶしょう)[25]のように，塊がでているところはきわめてまれで，石鏃，石匙，石斧（磨製・打製），ハナレ，ヤス・角（牙）鏃（図52-3・5～7）・釣針・土器・土偶などにこびりついている場合が圧倒的に多い。

アスファルト関係の遺物の出土地は，青森・岩手・秋田・山形・宮城・新潟に集中し，おなじ東北地方でも福島ではいちじるしく少なくなり，新潟ととなりあう富山・長野にもほとんどない（図54）。青森・岩手・宮城で出土しているアスフ

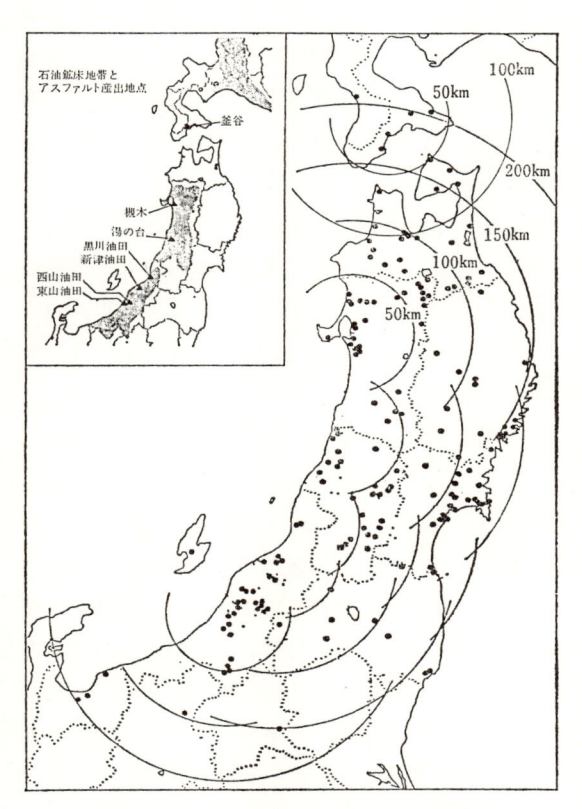

図54 アスファルト産地（左上）と消費地
（註25 安孫子図に加筆）

ァルトの原産地が，秋田・山形にあることは間違いないだろう。青森・岩手・宮城のほとんどの消費地は，秋田・山形の原産地から 100～150km の範囲におさまる。この程度の距離が，消費地・原産地の住民がじかにかかわりをもつ限度で，福島でアスファルトの出土例が少ないのは，消費地と原産地の距離がこの限度を超えているからだ，と説明できるかもしれない。

ただし，新潟産のアスファルトの消費地は，ほとんどが原産地から 50km 以内の範囲におさまっており，中部・北陸各地のアスファルト関係の遺跡はきわめて少ない。交通のルートや手段の問題も無視はできない。新潟平野から中部高地・北陸へのルートには，難所が多い。アスファルトの利用が普及しなかった理由のひとつになっているに違いない。しかしおなじ新潟に原産地のある硬玉は，アスファルトよりはるかに広い範囲に運ばれ，利用されている。非現地性の物資がどれだけの距離の範囲で，どれだけ消費されるか，原産地と消費地の距離の問題だけでなく，需要や物資そのものの性質も考えに入れねばならない。

ところで，アスファルトの利用は，硬玉の利用の開始・普及とほぼ平行している。アスファルトの利用が青森～山形の日本海沿岸ではじまるのは，前期後葉～中期前葉。中期後葉には陸奥湾沿岸や宮城・岩手にひろがる。姫川流域で硬玉製大珠の製作がはじまり，周辺に普及していくのは，このころである。岩手・宮城でアスファルトの利用がいきわたり，生活に欠かせぬものになるのは，後期中葉以後のことであるが，これも硬玉製小玉・臼玉・勾玉の普及する時期と一致する[25]。

アスファルトの利用と硬玉製品の着用が，じかに結びついているわけではない。一方はおもに狩猟・漁撈などのときにもちいる実用的な消費物資。他方は儀礼・祭儀のときに身につけるかざりで耐久消費材である。硬玉製大珠の分布は中期中葉には青森までひろがるが[25]，新潟では後期前葉より前にはアスファルトの利用は確認できないという[25]。非現地性物資の流通のかげには地域社会の交流・接触があり，それが物資の動きとなってあらわれているのだ。中期中葉という時期は，地域社会の結びつきに大きな変化がおきたと考えることができるだろう。

(2) 頁　岩

　仙台湾沿岸の遺跡から出土する頁岩[26]は，すべて新庄盆地に原産地がある[27]，と仮定したうえで話をすすめる。私自身，この仮定が正しいと信じているわけではない。北上川流域にも頁岩の転礫は分布しており，この地域の早期後葉〜前期前葉の土器の胎土には頁岩質の砂礫がめだつ。しかし，すべての頁岩が石器の原料として利用できるわけではない。かぎられた数の研究者が，どの地域のどの地点に石器の原料として利用できる頁岩があるのか，手探りをつづけている，というのが実情なのだ。新庄盆地を原産地としたのでは説明の

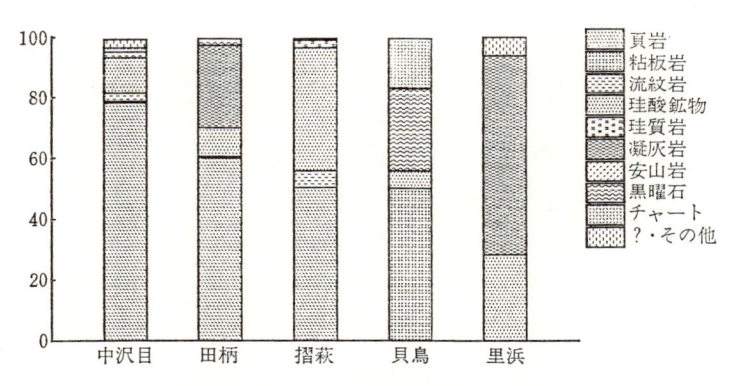

図55　仙台湾沿岸の後・晩期遺跡の剥片石器の原料の比率

表22　仙台湾沿岸の後・晩期遺跡の剥片石器の原料

	摺　萩		中沢目		田　柄		貝　鳥		里　浜	
頁　　　岩[1]	996	50.1	111	78.2	1,277	60.1				
粘　板　岩[2]			1	0.7			172	50.0		
流　紋　岩	116	5.8	4	2.8	16	0.8				
珪酸鉱物[3]	810	40.8	17	12.0	203	9.6	21	6.1	376	28.4
珪　質　岩	51	2.6								
凝　灰　岩[4]	6	0.3			578	27.2			870	65.7
安　山　岩	2	0.1			3	0.1				
黒　曜　石	7	0.4	3	2.1	48	2.3	94	27.3		
チャート			2	1.4			57	16.6		
その他・不明			4	2.8					79	6.0
	1,988	100.1	142	100.0	2,125	100.1	344	100.0	1,325	100.1

(1 黒色頁岩・珪質頁岩・凝灰質頁岩などを含む，2 珪質粘板岩・砂質粘板岩を含む，3 碧玉・玉髄・鉄石英・蛋白石・ジャスパー・珪化木・玉髄化した頁岩／凝灰岩などを含む，4 珪質凝灰岩，珪化凝灰岩などを含む)

つかぬような問題が見つかるかどうか，仮定にもとづく作業を進めてみるのもひとつの方向ではないだろうか。

さしあたり貝鳥・中沢目・田柄[28]・摺萩（第一包含層）・里浜[29]の剝片石器[30]の原料を比較してみよう。このような比較をすることに問題がないわけではない。回収（＝調査）のしかたによって，資料の性質におきるひずみを考慮すれば，

　a　水洗選別を実施した資料（中沢目・田柄・里浜）と，していない資料（貝鳥・摺萩）

　b　広い範囲を対象とした調査による資料（貝鳥・田柄・摺萩）と狭い範囲を対象とした調査による資料（中沢目・里浜）

を比較しても意味がない，という意見もあるだろう。ここでは遺物の点数にもとづいて原料の比率を割り出しているが，これがかならずしも理想的だとは思えない。このような問題があることは承知のうえで，ともかく比較をして，どのような問題が浮かんでくるのか考えてみよう。

これら遺跡の住民は二種類以上の石材を利用している。かりにもっとも利用率の高いものを主材，それにつぐものを副材とよぶ。主材・副材の比率はほぼ一定しており，主材を1とすると，副材は1/2になる，と解釈できぬこともない。貝鳥・田柄・里浜の主材・副材の比率には，ほとんど差がなく，主材が65～50％・副材が28～27％になる（表22）。摺萩では，主材・副材の比率の差が10％にすぎず，中沢目では主材・副材の差が60％を超える。しかし主材・副材の比率を平均すると，64.15％と26.4％で，ほかの遺跡の主材・副材の比率ときわめて近い数値になる。この二つの遺跡のデータは，副材の比率の高低両極をしめしているのではなかろうか。

ここで，主材・副材の比率が，0.6667：0.3333となるという仮説をたて，カイ自乗分布への適合度の検定をした。いずれも，自由度1・有意水準95％のλ^2値（0.3842）を下まわる結果となり，仮説は棄却できない（表23）。いいかえれば，貝鳥・田柄・里浜，摺萩と中沢目を平均した主材・副材の比率はいずれも2：1の範囲におさまる。

縄紋人は，頁岩・凝灰岩類・珪酸鉱物などという区別はしなかったにちがいない。とすれば，ここで問題にしている主材・副材の比率は，コトバと数字の

表23 主材・副材の比率の適合度の検定結果

	観測値		期待値		
	主材	副材	主材	副材	λ^2値
貝 鳥	50.0	27.3	51.5	25.8	0.1373
田 柄	60.1	27.2	58.2	29.1	0.1855
里 浜	65.7	28.4	62.7	31.4	0.4200
摺萩・中沢目	62.2	26.4	59.0	29.5	0.4927

あそびにすぎないのかもしれない。ここで,「主材・副材」の中身を,石材の種類ではなく,「主要な産地・副次的な産地から供給されたもの」と置き換えてみよう。ひとつの産地から供給される石材は,供給をうける側はひとつの種類のもの,と見ていたと考えても問題はないだろう。さらに言葉をかえれば,貝鳥・田柄・里浜の住民は,甲・乙ふたつの石材の産地を利用していた,ということになる。

ここで,また副材の中身に目をむけよう。田柄では,珪質凝灰岩・珪化凝灰岩などが副材になるが,いずれも現地性の石材である[31]。貝鳥で副材になっている黒曜石も,花泉町内・直線距離にして35kmほど北の前沢町折居にも産地がある[32]。摺萩では珪酸鉱物が副材になるが,とくに玉髄が圧倒的に多く,遺跡の対岸にある露頭を利用したものと推定されている[33]。とすると,貝鳥・田柄・摺萩の主材・副材には,非現地性・現地性（または隣接地性）という区別があることになる。里浜の場合は,いずれも現地性であるとしても,主・副二種類の供給源を確保していたことには変わりがない。いまここでは,仙台湾沿岸の後・晩期の住民は,主・副二種類の石器原料の供給源を確保していた,という仮説を提出しておきたい。かりにこの仮説が裏づけられれば,縄紋人の交渉圏というものの構造の理解は一歩前進するだろう。

5. 石器の原料——種別と分業

第6章で仙台湾沿岸の後・晩期の住民が利用した剝片石器の原料に,非現地性の主材・現地性の副材という選択がはたらいていることを指摘した。ここでは,ほかの種類の石器では,現地性・非現地性の原料をどのように使い分けているのか,検討してみることにしよう。

さきに縄紋人が,石器の機能によって,原料を使い分けていることを指摘した[34]。新井重三[35]・柴田徹[36]・山本薫[37]などもおなじ主旨の指摘をしている。

新井は，安山岩・流紋岩などのような火山岩が石皿・凹石・磨石などに利用されていること，粘板岩は石鏃・磨製石斧・打製石斧などに利用されていることを指摘し，前者の場合には，熱につよく表面が適当にザラザラしていること，後者の場合には，珪質・変質・緑色など，きわめて硬度がたかく強靱なものをふくんでいることをその理由としている[38]。これは，柴田や山本の指摘とも共通する。しかし残念ながら，石器の種別に生産用・生活用などという無意味な区別をとり入れたために，石材の使い分けの傾向がはっきりと浮かび上がってこない結果になっている。

柴田は，はじめ子和清水・下水・加曽利・多摩ニュータウン No.3 の 4 遺跡から出土した打製石斧・磨製石斧・磨石・叩石・凹石・石皿などの原料を検討し，打製石斧の原料には砂岩とホルンフェルスまたは頁岩，磨製石斧には輝緑岩などの超塩基性岩，磨石・叩石・凹石・石皿などには砂岩・安山岩・玄武岩などを利用していることを指摘し，縄紋人が，硬さ・緻密さ・均質さ・粘りなどの物理的な性質（物性）をみわけたうえで，石材を選択していることを指摘した[39]。つづいて，千葉・埼玉・東京の遺跡に対象をひろげ，「各器種に使用されている石材の岩石種は，地域間でかなりの違いが見られるが，岩石の持つ物性に目を向けたとき，地域間の違いはほとんどなくなり，共通性が目についてくる」[40] ことを指摘した。たとえば，磨製石斧の材料となる超塩基性岩・結晶片岩・斑糲岩・閃緑岩などは，丈夫でかなり硬く，均質でしかも粘りがあることが共通し，石皿や磨石に利用している石英班岩・安山岩などは，ある程度表面が丈夫で均質な，しかも表面のザラザラしていることが共通の特徴となる[41]。

山本は，本州東北部の縄紋中期の 32 遺跡の石器の器種ごとの石材組成，重量と厚さによる石材の使い分け（表 24～26）を検討し，

 a 石鏃・石錐・尖頭器など，小形（重さ 20g・厚さ 1.0cm 未満）の，山本が第一類型とよぶ石器の原料の種類はきわめてかぎられており，黒曜石と頁岩に集中するが，珪酸鉱物もかなり利用されている。

 b 叩石・磨石／凹石・石皿など大形（重さ 400g・厚さ 3.0cm 以上）の石器（第二類型）の原料も種類はかぎられる。ただし安山岩・砂岩の比率が高く，第一類型とおなじ黒曜石・頁岩・珪酸鉱物などの石材は利用しない。

c 打製石斧・磨製石斧などの中形（厚さ1.0cm以上3.0cm未満）の石器（第三類型）には，砂岩・頁岩・粘板岩・片岩などを利用しており，さきの二種類の石器よりも選択の幅が広い。

ことをあきらかにした[42]。

山本は，小形石器の素材（珪質頁岩・硬質頁岩・黒曜石・珪酸鉱物）は，緻密・硬質・ガラス質・均質で，縁のするどい剥片をとりやすいという性質が共通しており，大形石器の素材（砂岩・安山岩・花崗岩）は，いずれも加工がしやすく，砂岩・安山岩などは表面が粗いという特徴が共通し[43]，砂岩・安山岩は本州の東北部でとれる火山岩・堆積岩のうちでもっとも広い範囲に分布している[44]ことを指摘している。

新井や柴田，そして山本の意見をつぎのようにまとめることもできよう。石鏃をはじめとする剥片石器では，非現地性の石材が主流となる。一方，石皿・磨石をはじめとする大形の礫を素材とする石器（＝大形礫石器）では，現地性の石材が主流となる。

ところで剥片石器のなかには，石錐や石匙のように女性もつかった可能性のある器種もふくまれているが，石鏃・石槍（尖頭器）などの狩猟用具のおもな使人は，男性にちがいない。一方，磨石（凹石）と石皿は，いわばすり臼の上石と下石で，植物性食料の処理がおもな用途だろう。とすれば，大形礫石器のおもな使人は女性だ，と推測することができよう。

このような推測が成り立つとすると，剥片石器の主な石材が非現地性のもので，大形礫石器の石材が現地性のものだ，ということも特別な意味をもってくる。女性が育児や日常の家事労働をうけもっているかぎり，彼女たちは集落から離れることはまれで，その住みかから日帰りのできる範囲で行動していた可能性が高い。とすれば，非現地性物資を手に入れるのは，男性の受け持つ仕事になる。このような仕事の分担（生理的分業）は，理屈のうえで考えられるだけでなく，民族例をあげればキリがないほど目につく。

現地性・非現地性という区別，そしてそれらの物資を手に入れるうえでの男女の役割分担。このような問題を考えにいれてみると，どのような石材を，どこから・どのようにして手に入れるか，そこにも男女の役割の違いを読みとることができるのではなかろうか。

6. 石材の選択と採取・流通の範囲

さきに，仙台湾沿岸の後・晩期の遺跡では，剝片石器（山本の第一類型）の原料には，非現地性のものの比率がきわめて高いことを指摘した[45]。柴田の調査結果でも，黒曜石・チャートの石鏃は全体の八～九割を占めている（図56）[46]。すくなくとも千葉・埼玉・東京の遺跡から出土している石鏃には，非現地性の石材の比率がきわめて高い，と解釈してよいだろう。山本が本州東北部の中期の資料を調査した結果でも，剝片石器の石材は頁岩・黒曜石が圧倒的に多いことはここで紹介した（表24～26）。これらの結果から見れば，本州東北部では，剝片石器の石材を遠隔地から供給をうけている地域がかなり多かったにちがいない。したがって，剝片石器の原料を確保するのは，男性の役割だった，と推定できよう。

ところが大形礫石器では，剝片石器類とは対照的に，現地性の石材が主流となっている。また，磨製石斧と打製石斧は，利用する石材の性質は似てはいるが，製品または原料の供給・流通の仕方がおなじとは考えられない。ここで，これらの石器――またはその石材の供給・流通の範囲をあらためて検討してみることにしよう。

(1) 大形礫石器の石材――生理的分業

山本が本州東北部の縄紋中期の資料を検討したところでは，大形礫石器に安山岩・砂岩を利用する場合がきわめて多い。私が検討した仙台湾沿岸の後・晩期の遺跡でも，おなじ傾向を指摘できる。宮城・田柄もその一例で，磨石・凹石では，砂岩・凝灰質砂岩（40％強）と安山岩～玢岩（19％強），石皿・砥石では砂岩・凝灰質砂岩・砂質凝灰岩（64％弱）と安山岩～玢岩（14％弱）が代表的な石材である[47]。

蟹沢聡史によれば，砂岩類は古生代（ペルム紀）～中生代（三畳紀・ジュラ紀）の地層，安山岩～玢岩は中生代白亜紀に噴出した新月（鼎ヶ浦）層が給源となっている[48]。田柄貝塚の前を流れている大川の水源は，これらの地層が形成した山地にあり，おなじような岩質の丘陵地のあいだを流れている。したがって，大川の川床をふくめて，遺跡のまわりの更新世・完新世の堆積物は，これ

第7章 縄紋人の〈交易〉　275

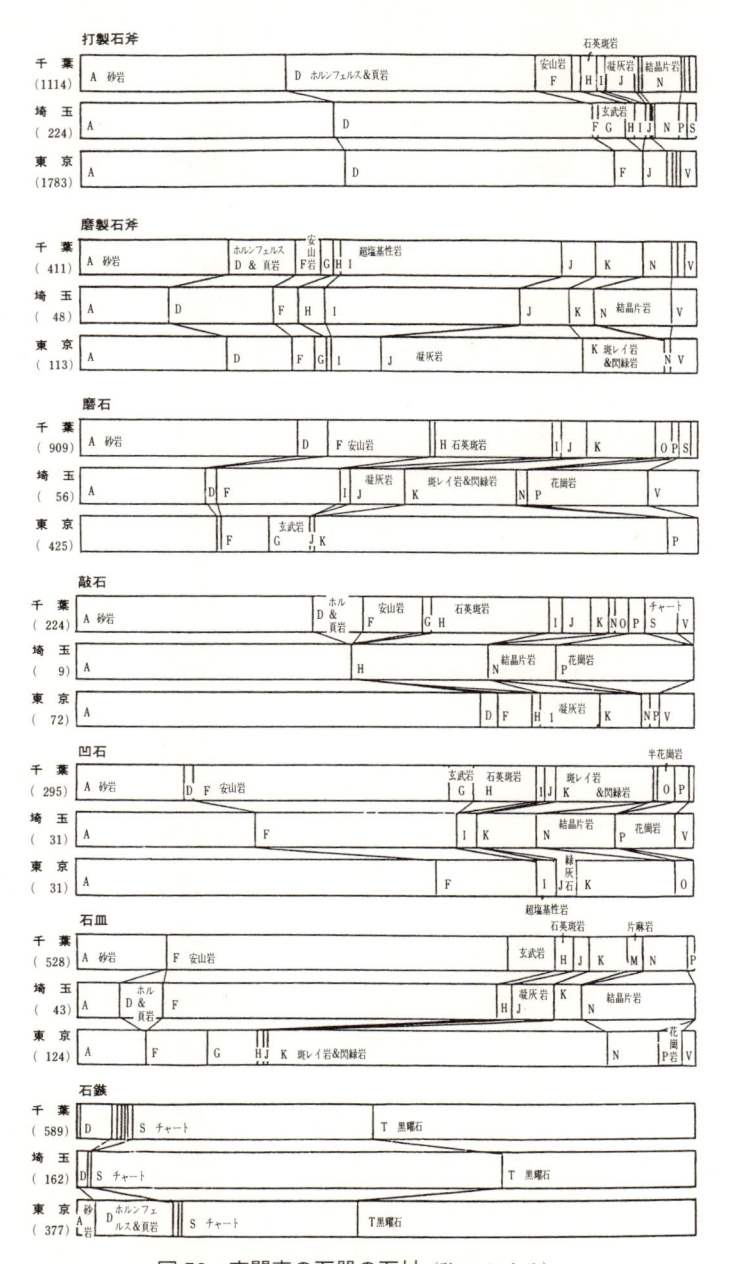

図56　南関東の石器の石材（註37による）

らの岩石を含んでいる（図57）。つまり田柄では，大形礫石器の石材の供給源は至近距離にあり，すくなくとも女性が石材の採集をすることは困難ではない。田柄では，男性が剝片石器の原料を，女性が大形礫石器の原料を確保する，という役割分担が成り立っていた，と推定することができるだろう。

本州の東北部には安山岩が広く分布している。砂岩は大形礫石器のいま一つの主要な原料だが，これもいたるところに分布している。したがって，本州東北部の各地では，女性たちが自分でつかう磨石・凹石などの原料を，手近なところで採集することはできたわけで，田柄で推測したような，石器原料を確保するうえでの男女の分業が，各地でなりたっていた可能性がある。

関東・中部地方の遺跡で多量に出土する打製石斧も，このような目で見直しをしてみる必要があるだろう。打製石斧の原料も，砂岩・安山岩など，現地性の石材の比率がたかい。確実な根拠のない想像にすぎないが，打製石斧が鱗茎・根茎など植物性食料の採集に利用されていた可能性はきわめて高い。ということを考えにいれれば，原料の採集は女性の分担で，製作にも女性がかかわっていたかも知れない。

ただし，本州東北部のすべての地域で，このような条件が成り立っていた，というわけにはいかないだろう。千葉・加曽利貝塚から出土している大形礫石器の石材は，そのひとつの証拠となる。加曽利貝塚から出土している大形礫石器の石材は，安山岩・硬砂岩・砂岩・石英斑岩などの比率がたかく，アプライト・石英閃緑岩・閃緑岩・流紋岩なども比較的おおい。また石皿には，緑泥片

表24　器種別の石材の利用頻度（註38　表4を一部改変）

石器種（資料数）	花崗岩	閃緑岩	斑珪岩	輝緑岩	玄武岩	流紋岩	斑岩	安山岩	角閃岩	黒曜石	珪酸鉱物	礫岩	砂岩	泥板岩	頁岩	粘灰岩	凝灰岩	珪質岩	石灰岩	片麻岩	片岩	ホルンフェルス	蛇紋岩
石鏃　（917）	−				−	+		+		●	○		−	+	○	+	+	+				−	
石錐　（132）					+		+	+		●	+		+	●	+	+	+		+				
尖頭器　（30）					+		○		+	−	+	●		+			○						
打製石斧（2554）	−	−	−	−	−	○					◎										−	+	
磨製石斧（463）	+	+	−		+						○		●		○					+	+	+	
叩石　（396）	○	−		−	+	◎				−	○												
磨石　（1912）	+	+		−	+	+		●		−	+	○			○					+	−		
石皿　（364）	+	+	−		+	+		●			+	○				+			+	−			

表25 重量別の石材の利用頻度 (註38 表5を一部改変)

石材 重さ（資料数）	花崗岩	閃緑岩	斑珀岩	輝緑岩	玄武岩	流紋岩	斑岩	安山岩	黒曜石	珪酸鉱物	礫岩	砂岩	泥岩	頁岩	粘板岩	凝灰岩	珪質岩	石灰岩	片麻岩	片岩	ホルンフェルス	蛇紋岩
～10g (473)					+		+	●	○		−	+	◎	+	+	+			−	−		
10～20g (14)							+		○			+		●	+				+			
20～30g (23)											+	+	●	◎	+				○			
30～40g (37)				+					+		○	○	◎						○			
40～50g (57)					+						○	○	◎	○					○	+		
50～60g (66)								+			○	○	+	◎	○				◎	+		
60～70g (102)	+		+	+				+			○	○	◎	○					+	+	+	
70～80g (89)	+							+	+		○	○	◎			+			◎	+		
80～90g (78)			+	+				+			○	○	◎						●	+		
90～100g (77)	+							+			○	○	◎	+					○			
100～200g (422)	−	−		+	−		○			−	◎	+	○	+	+	+	−		◎			+
200～300g (177)	+	+	−	+	+			●	−	+	○	+	+	+	+	−			◎			+
300～400g (165)	+	+	−	+	+	−		●			○		◎			+	+		+			
400～500g (177)	+	+	−	+	+	+		●			○		◎				+		○			+
500～600g (155)	+	+		+	+			●			○		○				+		+			
600～700g (127)	○	+		−	−	−		●			−	+	○			+			+			+
700～800g (86)	○	+		+	−		+	●			+		○			+	+		○			+
800～900g (59)	○	+						●			+		○			+			+			
900～1000g (43)	◎	+		+	+			●			○					+						
1000～2000g (94)	○	+			+			●			+		○						+			
2000～ g (37)	+	+	+		+			●			+		○						+			

表26 厚さ別の石材の利用頻度 (註38 表6を一部改変)

石材 厚さ（資料数）	花崗岩	閃緑岩	斑珀岩	輝緑岩	玄武岩	流紋岩	斑岩	安山岩	黒曜石	珪酸鉱物	礫岩	砂岩	泥岩	頁岩	粘板岩	凝灰岩	珪質岩	石灰岩	片麻岩	片岩	ホルンフェルス	蛇紋岩
～0.5cm (321)				−	+		+	●	○		−	−		◎	+	−	+		−			
0.5～1.0cm (438)	−			−	+		+	◎	○		+	+	◎	+	+	+	+		+	−	−	
1.0～1.5cm (453)			+	−			+	+	+		○	+	+	◎	−	−			◎	+	−	
1.5～2.0cm (538)	−	−	−	−	−		+		−		◎	+	+	◎	−	−			○		+	+
2.0～2.5cm (351)			−		−	+		+			●	+	+	◎		−			+	+	+	
2.5～3.0cm (217)	−	−		+		+		○			+		+	○		−				+		
3.0～3.5cm (165)	+	+		−	+			◎			+		+	○		−	−		+	+	−	
3.5～4.0cm (185)	+	+		+	+	−		●	−	−	◎			+		−			+			
4.0～4.5cm (184)	+	+	−	+	+			●			−	+	+	○		−			+			+
4.5～5.0cm (182)	+	+		−	+	+	−	●	−	+	○	−							+			
5.5～ cm (515)	○	+	−		+	+		●	−	−	+	−	−	○		−	−		+			

(−～1%, +1～10%, ○10～20%, ◎20～30%, ●30%～)

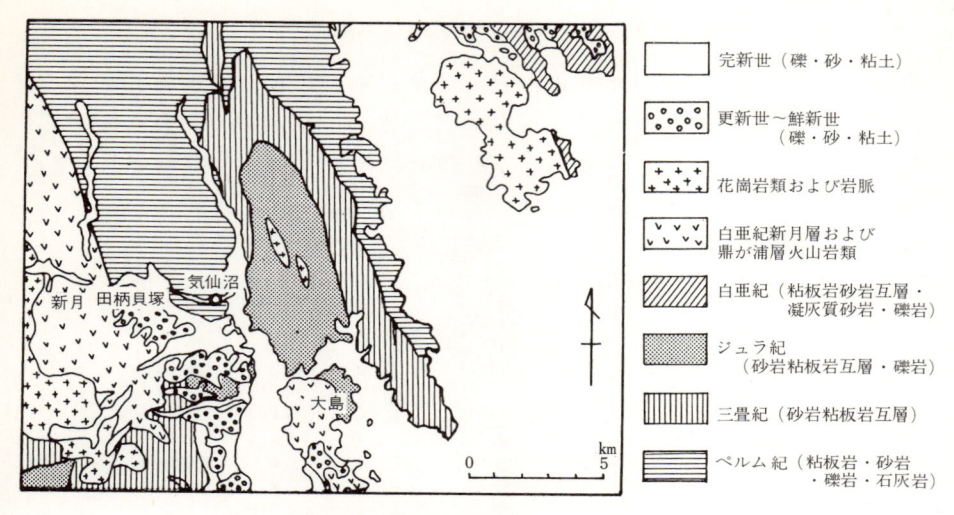

図57　田柄貝塚周辺の地質のあらまし（註47による）

岩製のものも目立つ[49]。

　このうち，千葉県内に分布しているものは砂岩だけで，安山・石英斑岩・石英閃緑岩・閃緑岩・流紋岩などは群馬・栃木にまたがる足尾山塊，硬砂岩・緑泥片岩は埼玉・東京・神奈川にまたがる関東山地，アプライトは筑波山の北斜面が原産地と推定されている[50]。加曽利貝塚の住民は，砂岩は加曽利貝塚の南を流れている養老川流域で入手できたが，足尾山塊や関東山地に原産地のある石材は，本荒川あるいは古利根川の河口に集積した礫を利用していたのだろう，というのが新井重三の意見である[51]。

　とすれば，加曽利貝塚の住民は，日常生活に必要な大形礫石器の素材を確保するにも，すくなくとも20kmはなれた荒川・利根川の河口まで足をはこぶか，その地域の住民と贈与・交換をおこなえる関係をむすんでおく必要があったことになる。女性が大形礫石器の原料のうち，砂岩などを調達していたとしても，ほかの地域にくらべればかぎられたもので，剝片石器ばかりでなく，大形礫石器の原料を確保するうえでも，男性のはたす役割が大きかったにちがいない。これは，加曽利貝塚にかぎらず，常総台地の集落に共通しているはずである。

　磨石・石皿など，大形礫石器の素材とその原産地をてみじかに検討してみた。

その結果，本州東北部の多くの地域では，手近なところで手に入れることができる可能性が高いと判断できる。そのような地域では，女性が日常の家事のあいま，あるいは家事のひとつとして，適当な素材を採集することもできたはずである。そこでは，遠征隊を派遣したり，贈与／交易によって確保しなければならぬ非現地性のもの（＝剝片石器の素材）は男性が，集落で日常生活を送りながら確保できる現地性のもの（＝大形礫石器の素材）は，女性が受け持つという分業が成り立っていた可能性が高い。いうまでもなく，このような分業が本州東北部の隅々まで，くまなくおこなわれていたわけではない。加曽利貝塚をはじめとする常総台地のような例は，ほかの地域でも見られるはずである。

　消費量からみれば，非現地性のものよりは現地性のものがはるかに多かったに違いない。したがって，一年のうちのかぎられた期間に交流の機会があれば，必要な石器素材をすべて確保することができただろう。ただし加曽利貝塚のように，手近なところで確保できる原料がとぼしく，遠征・贈与・交換などの手段によらねば，必要な石器の素材を確保できなかった地域もあったことも無視できない。このような地域では，頻繁に交流をおこなうか，規模を拡大する必要があっただろう。

(2) 磨製石斧の石材と流通——社会的分業

　磨製石斧の石材にも，剝片石器とおなじく，非現地性の物資がめだつ。たとえば，新井重三によれば，加曽利貝塚出土の磨製石斧121点のうち，千葉県内に原産地のある砂岩製のものは12点だけで，輝緑岩（21点）・硬砂岩（19点）・粘板岩（16点）など，「千葉県外に原産地および採取地を求めざるを得ない石材が多い」[52]。この指摘にしたがえば，磨製石斧は，剝片石器とおなじく，非現地性の原料をもちいており，原料の確保・製品の利用に男性がかかわっていた，と考えることもできよう。ただし，両者のあいだには，無視できない違いがある。

　剝片石器の場合には，石材は素材のかたちで原産地から消費地に運ばれているらしい。土坑や住居址の床面から非現地性の大形剝片がまとまって出ることがある。同じ母材から剝ぎ取ったものが多い。田柄貝塚では剝片・砕片が多量に出ているが，石核は1点にすぎない。笠原信男・茂木好光は，原産地から運

ばれた大形剥片を素材に利用していたものと推測している[53]。中期後葉から後期前葉には，脊梁山脈の西側の最上川中流域のいくつかの遺跡では，珪質頁岩，硬質頁岩の縦長剥片とともに，それを剥ぎ取った石核も分布している。ところが，宮城県内には，縦長剥片は分布しているが，石核はみあたらない。佐藤広史・赤澤靖章は，縦長剥片は原産地から消費地に供給された石器素材だと考えている[54]。

このような例を考えに入れれば，仙台湾沿岸の住民は，硬質頁岩・珪質頁岩など，非現地性の剥片石器の素材を，原産地から供給されていたことはほぼ確実だろう。しかし，田柄・中沢目・里浜などで剥片や砕片が多量に出ていることからもわかるように，素材から製品への加工は消費地でおこなわれている。剥片石器の場合には，石材の原産地から消費地へ製品が供給されることは，皆無とはいえないにしても，目につかぬ程度だったのだろう。

ところが，宮城県内では磨製石斧の未製品・半製品はきわめてすくない。宮城県にかぎらず，日本列島全体をみわたしても，磨製石斧の未製品・半製品がでている遺跡はかぎられるだろう。すくなくとも，完成品・破損品しかでていない遺跡が，未製品・半製品のでている遺跡よりも多いことは間違いない。

富山や新潟などでは磨製石斧の未製品・半製品のでる遺跡が目立つ。この地域は，磨製石斧の主要な素材となる蛇紋岩・硬砂岩・安山岩の分布範囲にある。宮城県内の数少ない未製品・半製品は白石盆地に集中している。この地域にも，東北・北海道で磨製石斧の素材として利用されている緑色凝灰岩が分布している。田柄の磨製石斧のなかにも，製作途中の破損品がある[55]。ここでは磨製石斧にも現地性の原料をもちいており，頁岩ないし粘板岩が50％，砂質凝灰岩が31％強をしめている[56]。

田柄から出土した磨製石斧は121点。仙台湾沿岸としては，きわめて多い量である。しかし，これをはるかに上回る量の磨製石斧がでている遺跡もある。たとえば富山・境A。ここででている磨製石斧は，完成品157点，破損品874点，未製品は35,182点にのぼる。石材は，圧倒的に蛇紋岩が多く，93％強をしめ，このほかには砂岩・安山岩・粘板岩などがわずかに見られる。いずれも現地性の石材である[57]。

磨製石斧の半製品・未製品がでている遺跡，完成品・破損品しかでていない

遺跡の分布は，まだ正確にはわからない。しかし蛇紋岩・斑糲岩・閃緑岩・硬砂岩・粘板岩など，緻密で重量のある岩石の分布する地域はかぎられている。磨製石斧はこのような地域のうちの限られた場所で生産され[58]，製品として流通していたと推測できるのではなかろうか。磨製石斧は縄紋時代の社会的分業のシンボルだ，と考えるのは無謀だろうか。

　この推測の裏付けとなる事実がまったくないわけではない。堀株1・堀株2は，積丹半島の南端にあり，泊原子力発電所の建設にともなって調査された。時期は後期前葉〜中葉。合地信生は，磨製石斧16点の材質を分析した[59]。そのうち7点が青色片岩と判定された。これらは，色調が青黒く石英をあまり含んでいない。また，ナトリウム角閃石とともに薄緑色で岩石の基質となっているパンペリー石をふくんでおり，つよい変成作用をうけていて変成をうけずに残った鉱物は少なく，大部分が方解石に変質している。

　合地は，これらの特徴は飛騨外縁帯の変成岩に特有のものであり，堀株の青色片岩製の石斧の原産地は，福井県東南部・九頭竜川上流にあると推定している。これより先に，渡辺暉雄も，積丹半島東南部のフゴッペ貝塚（前期中葉）の磨製石斧のなかには，旭川市近郊の神居古潭変成帯の片岩をもちいたものがあることを指摘している[60]。非現地性の原料をもちいた磨製石斧が，かなり広い範囲に流通していたことは否定できないだろう。堀株やフゴッペから出土している剝片のなかに，飛騨外縁帯や神居古潭変成帯に特有な岩石に由来するものがないのかどうか，あきらかではない。この点が確認できれば，いま私が指摘している仮説は，さらに現実的なものになるだろう。

　石器原料の供給圏の問題は，これまでの「交易論」のなかでも取り上げられてきた。しかし，主な議論は原産地のありかに集中し，消費地での状態はほとんど問題にされなかった。この点に注目してみれば，剝片石器と磨製石斧について指摘したような問題も浮び上がってくるし，そこから縄紋時代の社会的分業を実証的に検討する途もひらけてくるだろう。

7. 境Aの石器製作と流通

　富山・境A遺跡からは，磨製石斧ばかりでなく，各種の石器や硬玉製品も

多量に出土している。ひきつづいて、境Aから出土した石器を紹介しながら、縄紋時代の石器の生産と流通の問題について考えることにしよう。

(1) 境A遺跡出土の石器

境Aから出土している石器は「中部地方の縄文時代中期以降の拠点的な集落跡で出土する、ほとんどすべての石器を網羅している」[61]といっても過言ではない。ここでは御物石器・石棒・石冠・硬玉製品などの石製品、三脚形・円盤形・楔形など、用途のあきらかでないもの、あるいは出土量の少ない石器はとり上げないことにする。

表27にしめしたように、石鏃をはじめとする各種の石器は、現地で加工がおこなわれている。ただし、打製石斧とスクレイパー[62]の場合には、現地とはいっても、集落のなかではなく、原料をあつめた場所の近くで加工したものと推測されている。これらは、玉石からはぎ取った剝片を素材としており、風化した表面を残す場合がきわめて多いから、一個の玉石からはぎ取れる剝片は1～2枚で、芯の部分は残核となって、そのまま残されているはずである。し

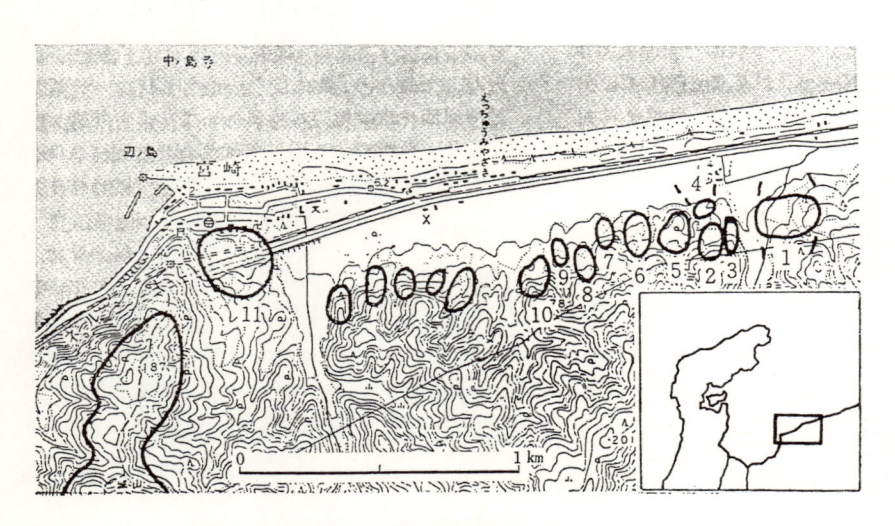

図58 境A遺跡と馬場山遺跡群（註61に加筆・改変）
1 境A 2 馬場山D 3 馬場山E 4 馬場山F 5 馬場山G 6 馬場山H 7 馬場山C 8 馬場山B
9 馬場山A 10 浜山 11 上ノ山

第7章　縄紋人の〈交易〉

表27　境Aから出土した石器のおもな石材と搬出品・搬入品の有無（註61による）
（◎きわめて可能性が高い，○可能性が高い，？可能性はある）

	出土量	主要な石材（比率）	未成品	搬出品	搬入品
石　　　鏃	737	玉髄(21.2),チャート(20.2),黒曜石(16.6),珪化凝灰岩(8.6)	やや少ない		○
石匙・石錐	119	玉髄(33.6),鉄石英(14.3),チャート(11.8),珪化凝灰岩(9.2)	？		
打 製 石 斧	428	砂岩(44.9),蛇紋岩(15.9)	少ない		
礫　　　器	231	砂岩(40.3),泥岩(18.6),砂質泥岩(14.3)	やや少ない		
石　　　皿	22	砂岩(50.0),安山岩(31.8)	多い		
磨　　　石	39	安山岩(46.2),砂岩(35.9)	多い		
凹　　　石	953	安山岩(41.1),砂岩(27.5)	多い		
石　　　錘	339	安山岩(48.4),砂岩(25.1)	多い	？	
磨 製 石 斧	36,188	蛇紋岩(>91.1)	きわめて多い	◎	？
砥　　　石	4,225	砂岩(99.9)	多い		
叩　　　石	4,550	硬玉(47.6),蛇紋岩(28.0)	多い		
台　　　石	729	砂岩(59.0),安山岩(25.9)	多い		
スクレイパー	636	砂岩(53.9),泥岩(12.9)	多い		

　かし，このような残核の出土量は多くはない，ということを石器の分析を担当した山本正敏は指摘している。山本は，おなじ現地性の生産でも，原料を集落のなかにもちこんで加工をおこなう場合（モデルA）と，集落の外の原料をあつめた場所の近くで仕上げたり，素材だけを集落に持ちこみ，成品に仕上げる場合（モデルB）を区別すべきだ，という[63]。

　ここで，境Aから出土している石器のなかの搬入品・搬出品の問題をとり上げてみよう。表27にしめしたように，境Aにほかの地域から持ちこまれた，あるいはほかの地域に持ちだされている，と推定される石器は多くはない。搬入品と考えられるものをふくむ器種は，石鏃と磨製石斧，石製品をふくめても，安山岩製の御物石器だけにすぎない。ほかの地域に搬出している可能性のある器種は，実用品では石錘（糸かけの溝を切ったもの）と磨製石斧，非実用品では石棒・石刀（剣）・石冠・御物石器（砂岩製のもの），それに硬玉製品などが，ほかの地域に運びだされている可能性がある。山本も指摘しているように[64]，搬出品のなかには，マツリの用具や装飾品，所持する人物の特別な役割や立場をしめすもの（＝威信財）が目立つ。ここに，縄紋時代の流通の性格のひとつの側面を読みとることができる。

　それはともかくとして，これだけさまざまな種類の石器が沢山でているところから，ほかの集落やよその地域に製品を運びだしているとしても，べつに不思議ではない。むしろ，このようなところに，ほかの地域から製品が運ばれて

いるとすれば，そのほうが異常で注目すべきことだろう。境 A によそから持ちこまれている石器——磨製石斧の問題はのちに改めてとり上げることにして，ここでは石鏃について紹介することにしよう。

境 A では，石鏃の「出土総数に対する未成品の量が少ない印象をうける」。ことに青灰色のチャートをもちいた石鏃には「石核・剝片がやや少ない上に，未成品がほとんどない」し，ハリ質安山岩・輝石安山岩の石核はほとんどなく，剝片も少ない[65]。山本は岐阜・北裏など，これらの石材を利用した石鏃を大量に生産している遺跡から，成品を持ちこんでいるのではないか，という[66]。青灰色のチャートがどのくらいの比率になるのかわからないが，ハリ質安山岩・輝石安山岩製の石鏃は，全体の 14.5 ％になるから，20 〜 30 ％前後の石鏃が，成品のかたちで遠隔地から持ち込まれていることになる[67]。これが事実とすれば，遠隔地産の石材を剝片のかたちで手に入れている仙台湾沿岸[68]とは，事情がかなり違っている。

(2) 蛇紋岩の石斧・砂岩の石斧

境 A は，この地域の石器・石製品生産のセンターであった。とりわけ，ここで生産された蛇紋岩製の磨製石斧，それに硬玉製品の量は膨大なものである。磨製石斧は成品 1,031 点，未成品 35,157 点（表 27）で，このほかに原石がある[69]。硬玉製品は，大珠 9，管玉 11，丸玉 281，その他玉類 118。原石をふくむ素材は集計の済んだものだけで 8,898 点，654kg にのぼる[70]。

当然，これらの膨大な量の製品は，地元の住民の必要をまかなうだけではなく，ほかの地域にも運ばれているだろう。山本は富山東部で生産された蛇紋岩製の磨製石斧は，「北陸地域にはかなり濃密に」，中部・関東地方一円にも「普遍的に」分布しており，「量は少ないかもしれないが近畿地方以西や東北地方にも広がっている可能性」があることを指摘する[71]。本章「5. 石器の原料」で紹介した堀株の例を考えにいれれば，山本の意見がうらづけられるのは，時間の問題だろう。

たしかに，縄紋時代に非現地性の原料・素材・製品が 100km を単位とする範囲で流通していることは驚くべきことに違いない。しかし，富山県下の磨製石斧の分布には，広範囲の流通というとらえ方では説明しきれない問題がふく

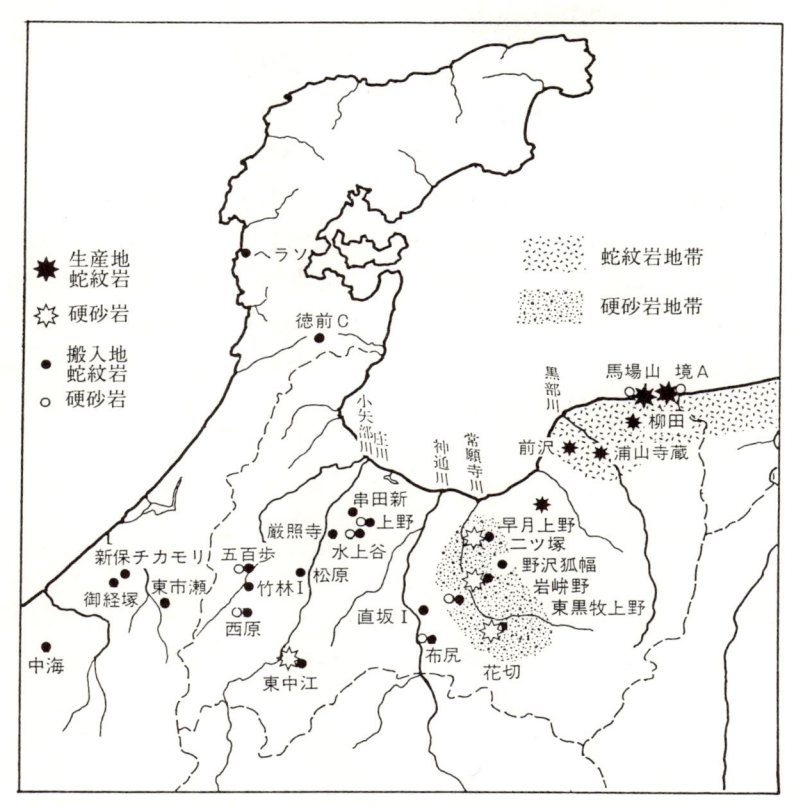

図59 北陸地方の蛇紋岩・砂岩製の磨製石斧と製作地の分布 (註72を改変)

まれている。

　中期前葉から中葉にかけて，境Aやその対岸にある馬場山遺跡群のある新潟県境よりの地域（これを黒部川下流—境川流域とよぶ），それより30kmほど西よりの常願寺川流域（花切・岩峅野など）のふたつの地域で，磨製石斧の生産が活発になる。黒部川下流—境川流域では蛇紋岩，常願寺川流域では硬質砂岩を利用する（図59）[72]。ただし，早月上野のように蛇紋岩地帯の周辺にあたる地域では，安山岩・凝灰岩などを利用したものの比率が高くなる傾向があるし[73]，常願寺川の西20km，庄川流域の東中江でも，硬質砂岩を利用して磨製石斧を生産している（図59）[74]。しかし大まかに見れば，富山県内の磨製石斧

の生産地には西寄り・東寄りの二つの中心地があり，それぞれ蛇紋岩・硬砂岩という固有の石材を利用しているといえよう。

　蛇紋岩製の磨製石斧がきわめて広い範囲に流通していたことは，すでに紹介した。硬質砂岩製の磨製石斧は，それほど広い範囲に流通してはいなかったらしい。石材の見分けやすさという条件も考えにいれる必要はあるだろうが，野沢狐幅のような常願寺川流域の遺跡でも，蛇紋岩製の磨製石斧ばかり出土している遺跡もある(75)。蛇紋岩製の磨製石斧が，硬質砂岩製のものよりも高い評価を受けており，需要も多かったのだろう。すくなくともいまのところ，常願寺川流域では，境Aと肩をならべる規模の生産地は見つかっていない。蛇紋岩製の石斧の生産は全国市場向け，硬質砂岩製のものは地域市場向けとでもいえようか。

　蛇紋岩製の石斧は，硬砂岩製のものよりも，広い範囲にわたって高い評価をうけていた。それならば，なぜ常願寺川や庄川流域の住民は，硬砂岩の石斧を作りつづけたのだろうか。評価の高い製品の需要は大きくなる。しかし，生産量はかぎられているから，全体にはいき渡らない。一流品を手にいれる機会にめぐまれぬ場合には，二流品で満足するほかない。蛇紋岩製の石斧の不足をおぎなうために，硬質砂岩製の石斧が必要だった。このような説明が常識というものだろう。あるいは，砂岩製・蛇紋岩製の石斧を用途によって使い分けているのかもしれない。

　しかし，黒部川下流—境川流域の遺跡では，この理屈では説明のつかぬ事実が報告されている。たとえば，馬場山Dでは緑色の砂岩製の石斧が1点だけ出土しており，山本は常願寺川流域の成品に違いない，という(76)。境Aでは，成品のなかの砂岩製のものの比率が，未成品よりもわずかながら高くなっている。常願寺川流域とは特定できないにしても，よそから砂岩製の成品が持ち込まれている可能性もある，という(77)。馬場山Gでは，成品45点のうち硬砂岩製が1点，未成品のなかにも砂岩製のものが1点ある(78)。

　境Aと馬場山D，そして馬場山G。いずれも，いわば蛇紋岩製石斧の本場である。住民が上質の石斧に不自由していたはずはない。にもかかわらず，砂岩製の石斧がわずかながら持ち込まれている。この事実は，さきにあげた需要と供給のひらきという常識，縄紋人はまず自分たちの必要なだけ財貨を生産し，

余分ができたときはじめてそれを交易にまわすという「交易論」の通説では説明がつかない。もし，このような考えが成りたつのなら，境Aや馬場山Dの石斧は，馬場山F・馬場山Hとおなじように蛇紋岩製だけで[79]，砂岩製のものが紛れこむはずがない。

ここで，境A・馬場山D・前沢・岩峅野・花切・東中江の6遺跡から出土した蛇紋岩製・砂岩製の磨製石斧の総数・成品の比率・破損品の再加工の有無をくらべてみよう（表28）。前沢は，境Aなどとおなじく黒部川下流—境川流域にあり，石材は流紋岩が主流となる[80]。岩峅野・花切は，常願寺川流域にあり，在地の硬質砂岩を利用した石斧が主流となる[81]。

正確な比率をしめすことはできないが，蛇紋岩製の石斧の場合には，境Aのような膨大な量が出土している遺跡でも，破損品の再加工がおこなわれている。ところが，砂岩製の斧の場合には，確実な再加工の例は指摘できない。蛇紋岩の斧の場合には，刃先が部分的にかけることが多いので，研ぎなおしがきく。砂岩の斧の場合には，折れてしまうことが多く，再加工はむずかしい（山本正敏の教示による）。このような違いが，蛇紋岩の斧が砂岩の斧よりも高い評価をうける理由のひとつとなっているのだろう。

出土総数のなかの成品の比率から，その遺跡が石斧の生産地だったかどうか，推測することができる。岩峅野では蛇紋岩・砂岩ともに成品の比率が高い。総数もあわせて24点[82]。表28にしめした遺跡のなかではもっとも少ない。岩峅野で石斧生産がおこなわれているとしても，その規模はごく小さい。花切では，硬質砂岩の石斧は未成品の比率が高いというが，蛇紋岩の石斧のなかにも未成品があるという[83]。蛇紋岩製の未成品を手にいれ，現地で仕上げだけをしたのだろう。このほか

表28　蛇紋岩・砂岩製の磨製石斧の比較
（＊破損した未成品は含まれない，＊＊硬質砂岩製）

	蛇紋岩製			砂岩製		
	総数	成品	破損品再加工	総数	成品	破損品再加工
境　　A	13,808*	7.2%	あり	303*	17.6%	なし
馬場山D	579	10.0	?	1**	100.0	なし
前　沢	40	30.0	あり？	?	?	?
岩峅野	10	100.0	?	14**	85.7	なし？
花　切	28	?	あり	64**	?	なし？
東中江	35	100.0	あり	80**	13.8?	なし？

の遺跡は，すべて生産地と見てよかろう。とすると，富山県東部の蛇紋岩地帯では，ほとんどすべての集落で石斧の生産がおこなわれているが，その西側の硬砂岩地帯や硬砂岩も分布していない地域には，石斧を生産していない集落もある。蛇紋岩の斧（素材あるいは成品）の供給をうけて，その不足を砂岩の斧でおぎなっていた，と推測できよう。

　黒部川下流—境川流域の遺跡では，砂岩製の石斧の比率はきわめて低い。そのうち境Aでは，成品・未成品をふくめた蛇紋岩・砂岩製石斧の比率は50：1前後になる（ただし，すべてが常願寺川流域の砂岩ではなく，在地のものも利用しているのだろう）。ほかの遺跡では，100：1以下になる。ところが東中江をふくむ硬砂岩地帯の遺跡では，この比率は1：2あるいはそれ以上になる。ただしこの数字は，未成品の有無によって左右される。未成品をふくまぬ岩峅野の比率は5：7で，蛇紋岩製のものは小形のものが多いという[84]。東中江の成品では蛇紋岩製のものが砂岩製よりも多く，やはり小形のものが多いらしい[85]。石斧のサイズ，ひいては用途によって，砂岩製・蛇紋岩製を使い分けているのかもしれない。しかし，山本正敏の教示によれば，蛇紋岩の斧は小形で砂岩の斧は大形だ，とはいい切れないという。使い分けをする場合もある，と考えるべきだろう。

　このように考えてくると，黒部川下流—境川流域産の蛇紋岩の斧が，常願寺川・庄川流域産の砂岩の斧よりも高い評価をうけ，ひろい範囲に供給されていたことは間違いないだろう。この評価は，漠然としたネーム・ヴァリューではなく，再加工のしやすさ——耐久性の高さという具体的な根拠にもとづいている。岩峅野・東中江などのように，蛇紋岩・砂岩の斧を使い分けることがあったとしても，蛇紋岩の斧の不足をおぎなう措置だった，と考えるべきだろう。とすると，馬場山D・Gあるいは境Aのように，蛇紋岩製の磨製石斧の本場に，あきらかに低い評価をうけている砂岩製の斧がまぎれ込んでいる理由は説明がつかない。われわれの目からみれば，馬場山F・Hのように，蛇紋岩製の斧ばかりが出土する方があたり前のことなのだ。評価の高い蛇紋岩製の石斧の本場に，評価の低い砂岩製の石斧を運びこむのは，経済的には意味のない行為だ。

　じつは，このような経済的に無意味な行為は，ここではじめて紹介するわけ

ではない。仙台湾沿岸の後・晩期の遺跡の剝片石器の原料のなかには，黒曜石がふくまれている[86]。しかし，その比率はきわめて低く，岩手・貝鳥で27％を超すだけで，いずれも3％以下である。たとえ黒曜石の供給がとだえたとしても，これらの遺跡の住民の生活には，まったく支障はなかったはずだ。新井重三は，加曽利貝塚から緑色凝灰岩（大谷石）の磨石が2点（！）でているが，軟らかな岩石なので栃木の原産地からじかに持ち込まれたものと考えるべきだ，という[87]。100kmを超える距離を，わずかな量の磨石を運んでくる——これも経済的に無意味な行為の一例だろう。このような例は，われわれが見過ごしているだけで，その気になって捜せば，まだまだみつかるはずだ。われわれの目からみれば経済的に無意味な交換や流通。そこに縄紋人のおこなっている交換・縄紋の社会のなかでの流通の特質があるのではなかろうか。

8. 太型蛤刃石斧と石庖丁

ここで，弥生時代の石器の流通の問題に話を切り替えることにしよう。下條信行の太形蛤刃石斧を中心とする北九州の弥生時代前期から中期の石器生産[88]，酒井龍一の弥生中期の畿内・北九州の石庖丁の流通[89]，このふたつの研究によって，弥生時代の石器の生産と流通をうかがってみよう。

(1) 北九州・今山の石斧

北九州の前期～中期初頭の遺跡では，石庖丁・磨製石斧・石剣・石戈など各種の石器の成品ばかりでなく，未成品も出土する。この事実は，集落ごとの自給自足が，この時期の石器生産の原則となっていたことをしめしている。中期には立岩産の石庖丁がひろい範囲に流通するようになる（図60）。しかしひとつの遺跡の出土量の半数を超えることはなく，自給自足の原則は維持されている[90]。

ところが，太形蛤刃石斧だけはこの例外で，成品が出土することはめずらしくないが，未成品が出土する集落は皆無である[91]。前期末前後になると，博多湾西岸では，今山・今津・呑山の三カ所で玄武岩を利用した蛤刃石斧の生産がはじまる（図60）。今津・呑山の製品は，もっぱら地元で消費されているが，今山の製品だけは，ほかの地域に搬出されている[92]。中期になると，今山産

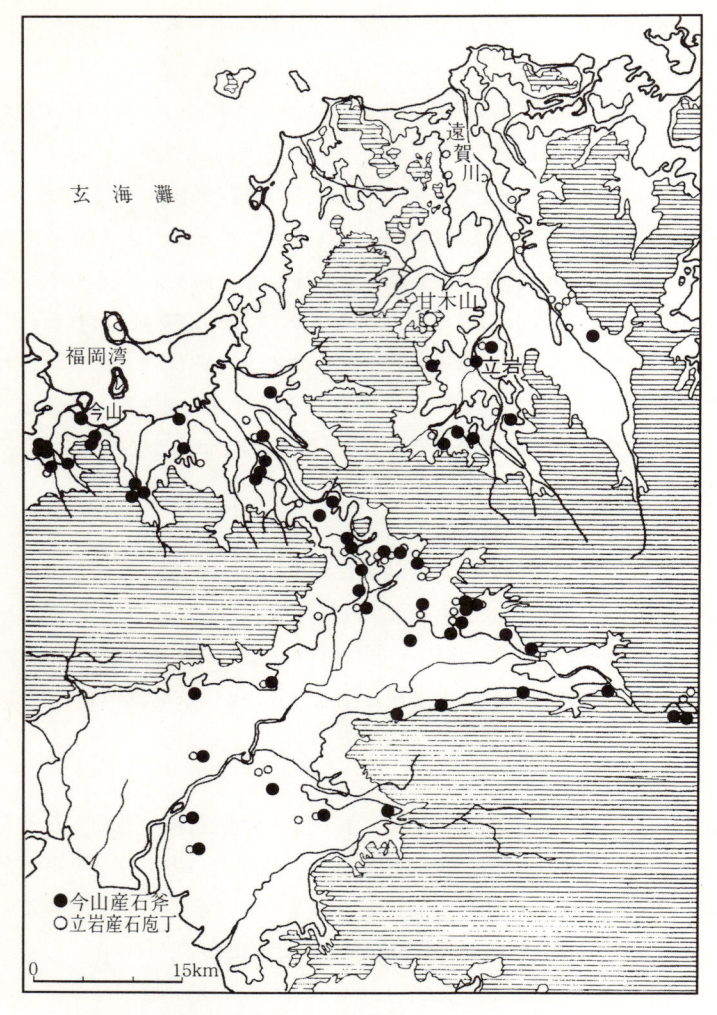

図60　今山産太形蛤刃石斧と立岩産石包丁の分布（註88を改変）

の石斧の分布範囲は，北部九州はいうまでもなく，大分・佐賀・熊本にまでひろがる。とくに福岡県内各地では今山産のものは圧倒的な比率をしめ，在地産のものの比率は10％を超えない[93]。

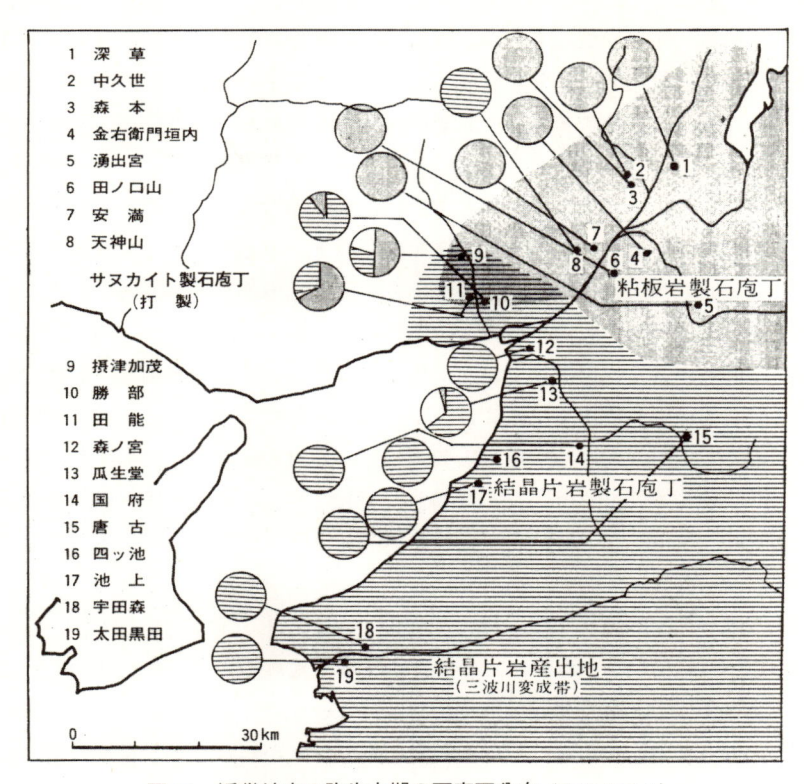

図61 近畿地方の弥生中期の石庖丁分布（註89による）

（2）近畿地方の石庖丁

　奈良盆地の石庖丁の石材が，前期には安山岩系の石材をもちい，中期になると緑色輝岩・緑泥片岩などをもちいるようになることは，1940年代から指摘されていた[94]。大阪・池上でも，安山岩製石庖丁は前期から中期にかけてもちいられているという。石材の供給源は二上山と推定されるが，いまのところ製作地や流通経路はあきらかでない。中期初頭をすぎると，石庖丁に利用する石材・あるいは製品そのものの供給経路におおきな変化が起きるらしい。安山岩とはべつの産地の石材——粘板岩・結晶片岩などを利用したものが急に増加する[95]。酒井によれば，大阪湾沿岸・淀川流域の弥生中期の石庖丁の主要な石材は，サヌカイト・粘板岩・結晶片岩で，サヌカイト製石庖丁は神戸市以西の

瀬戸内海沿岸，粘板岩製のものは京都盆地，結晶片岩製のものは奈良盆地・大阪平野東南部・紀川(きのかわ)流域に分布する。そして，大阪平野東北部から京都盆地西南部にかけて，粘板岩製・結晶片岩製の石庖丁がいりまじって分布する地域がある[96]（図61）。

酒井は，これらの石庖丁は，素材あるいは半成品の状態で，消費先に供給されたものと考えており，この点が立岩産の石庖丁が成品のかたちで各地に供給されている北九州との決定的な違いだ，という。近畿地方の諸遺跡——とりわけ和歌山・太田黒田(おおたくろだ)や大阪・池上（結晶片岩），大阪・安満(あま)（粘板岩）などでは，素材・半成品が多量に出土しており，仕上げに必要な砥石や石錐も，各地の集落で「普遍的かつ多数出土すること」がその理由となる。素材・半成品の供給はきわめて安定しており，結晶片岩製の場合，石材の産地（紀川流域を中心とする三波川(みなみがわ)変成帯）から40km以内の場合にはほぼすべて，60km以内の場合には40〜80％を供給しているという[97]。

(3) 縄紋・弥生の流通

これまでの説明を手短かにまとめよう。特定の地域のかぎられた種類の製品が高い評価をうけ，広い範囲に供給される，という点では，富山の蛇紋岩の斧は，北九州の今山産の蛤刃石斧や立岩産の石庖丁とかわらない。在地の原料を利用した石器生産が主流となり，一部の製品だけを遠隔地から供給をうけているという点でも，北九州の弥生中期と，北陸を中心とする地域の縄紋中期〜晩期の事情はにかよっている。

一方，近畿地方の弥生人は，もよりの地域でまかなえる石庖丁の素材・半製品を利用している。結晶片岩・粘板岩の石庖丁には，蛇紋岩・砂岩の斧ほど大きな違いはないだろう。おなじ稲刈りにつかえるなら，手近なところで手に入る製品を選んでいるわけである。作業の能率が高ければ，産地が遠くても，質の良いものを手に入れようとしたのかもしれない。近畿地方の石庖丁の生産と流通を支配しているのは，市場原理とまではいわぬとしても，われわれが経済的とよんでいる原理である。このようなシステムのなかでは，富山の砂岩の斧・仙台湾沿岸の黒曜石・加曽利の磨石のような，経済的に無意味な行為がおこなわれるとは考えにくい。

これらの，経済的に無意味な行為によってほかの地域に運ばれている物資が，道具やその素材（＝生産財）であることは間違いない。しかし，これらの物資が生産財以外の価値を持っていないとしたら，その生産と流通は，経済的な原理それだけにしたがっているはずである。生産財の使用価値・交換価値とはべつの——象徴的な価値をもっていたから，経済的に無意味な流通が起きているのだ。それでは，これらの物資は，なにを象徴しているのか。物資を供給するものと供給をうけるものの結びつき。経済的に無意味な物資の流通は，そのシンボルなのだ。

　縄紋時代の斧には，とても実用にはならぬ超大形のもの（秋田・上掬^{うわばば}など）⁽⁹⁸⁾がある。生産財そのものもシンボル（＝威信財）となり，その流通・交換にも集団や地域の結びつきのシンボルとしての意味がこめられる。それが縄紋人の世界なのだ。近畿地方の弥生中期の石庖丁の生産と流通。そこには，象徴的な意味はまったく読みとれない。地域や集団の結びつきを象徴する手段がなくなったわけではない。銅鐸をはじめとする青銅製のマツリの道具（儀器・祭器）があたらしく登場し，昔ながらの材料の生産財は，威信財としての側面をうしなっているのだろう。

9. 物資の流通と領域

　富山地方の砂岩製の磨製石斧の動きを手がかりとして，縄紋時代の物資の流通や「交易」の意味をとらえなおしてみた。硬玉製品・良質の磨製石斧・アスファルトなどに代表される非現地性物資は，それ自身が貴重な威信財・生産財で，縄紋人がこれらの財貨・物資を手に入れるために精力をそそいだことは間違いない。と同時に，それらの物資・財貨は，地域社会のあいだの結びつきのシンボルでもある。とすれば，これらの非現地性の物資・財貨のひろがりは，佐藤宏之のいう「社会的な領域」⁽⁹⁹⁾をしめていることになる。私が「交渉圏」⁽¹⁰⁰⁾とよんだものも，おなじ内容である。

　縄紋人の「社会的領域」あるいは「交渉圏」は，どの程度のひろがりをしめしていたのだろうか。中沢目・貝鳥で出土している非現地性物資から推測すれば⁽¹⁰¹⁾，その範囲は直線距離にして30km前後から300〜550km前後にもおよぶことになる。ただし，アスファルト・珪質頁岩など，消費量の大きな生産財

の産地は，ほぼ100km以内の範囲におさまる。一方，貝輪をはじめとする装飾品の原料など，耐久消費財・威信財は，300kmを超える距離を運ばれている。北海道・青森にはこばれている硬玉製品や，近畿地方で出土する亀ケ岡系の精製土器なども，この例にくわえることができよう。

いうまでもなく，この違いは，おなじ非現地性物資ではあっても，生産財の場合には定期的に接触をたもつ必要があり，威信財の場合には断続的あるいは不定期な接触でもさしつかえない，という事情から生まれている。したがって，縄紋人の交渉圏は，定期的でおそらく頻繁な接触をたもつ範囲・不定期で断続的な接触をたもつ範囲の二つの部分に分かれよう。仙台湾沿岸の例から推測すれば，威信財の交換・流通をなかだちとする結びつきは，300kmあるいは500kmを超える場合もあり，生産財や食料をふくむ消費財の交換・流通をなかだちとする結びつきは，おおむね100～150km以内の範囲に収まるのだろう。これを遠距離交渉圏・中距離交渉圏とよび分けることにしよう。

縄紋時代の流通といえば，隣接する集落から集落，地域から地域へというイメージがいまだに支配的なようだ。しかし，たとえば硬玉製品の分布は，この常識への反証となる。福田友之によれば，北海道・青森で出土している姫川産の硬玉製品は，遺跡数・出土量ともに，秋田・山形をうわ回っている[102]。バケツ・リレー式に運ばれていたならば，出土する遺跡の数・製品の量ともに，原産地からの距離に反比例して落ちこむはずである。主要な拠点と拠点をむすぶ流通のシステムを考えねばならない。とくに遠隔地産の非現地性物資の場合は，流通・交換の拠点にまとまった量がはこばれ，さらに拠点をとりまく地域・集落に分配されたのだろう。

遅くとも中期中葉には，北陸から北海道にかけて，このようなシステムが成立していたのだろう。ただし，遠隔地産の非現地性物資の流通そのものは，この時期にはじめて成立するわけではない。その痕跡そのものは，草創期あるいはそれ以前にもさかのぼる。しかし，流通の拠点——集落の性格は大きく変化している。

註
(1) 本書第6章「6. 面・線・点——領域の構成」参照

(2) 坪井正五郎「石器時代人民の交通交易」(『東洋学芸雑誌』240：243-246, 1901)

   鳥居龍蔵「諏訪史」pp. 74-77 (『鳥居龍蔵全集』3：1-426, 朝日新聞社, 1976)

   八幡一郎「先史時代の交易」(『人類学先史学講座』2：1-28, 雄山閣, 1938)

(3) Renfrew, C., Alternative Models for Exchange and Spatial Distribution. Earle, T. K. and Ericson J. E.(eds), *Exchange Systems in Prehistory*. 71-90, Academic Press, London, 1977

   Hodder, I., Some Effects of Distance on Patterns of Human Interaction. Hodder (ed) *Spatial Organization of Culture Change*. 155-178, Duckworth, London, 1978

   Hodder, I. and Orton, C., The Association between Distributions. *Spatial Analysis in Archaeology*. 198-223, Cambridge Univ. Press, London, 1976

(4) Cummins, W. A., The Neolithic Stone Axe Trade in Britain. *Antiquity*. 48：201-205, 1974

   Clough, T. H. Mck. & Cummins, W. A.(eds), Stone Axe Studies. *CBA Research Report*. 23, Council for British Archaeology, London, 1979

   Chappell, S., Alternative Sources in Regional Exchange Systems：A Gravity Model Approach. *P. P. S.*, 52：131-142, 1986

(5) Suzuki, M., Chronology of Human Activity in Kanto, Japan. Pt. 1., *Journal of the Faculty of Science, University of Tokyo*. Sec. V Ser. 4 Pt. 3, 241-318, 1973, Pt. 2. *Ibd*. Pt. 4, 395-469, 1974

   藁科哲夫「サヌカイトの蛍光X線分析」(『考古学と自然科学』5：69-75, 1973)

   鎌木義昌・東村武信・藁科哲男・三宅 寛「黒曜石・サヌカイト製石器の産地推定による古文化交流の研究」(特定研究「古文化財の自然科学的研究」総括班編『古文化財の自然科学的研究』333-359, 同朋舎出版, 1984)

(6) 第6章「5. 等質モデル・機能(結節)モデル」参照

(7) 赤堀英三「打製石鏃の地域的差異」(『人類学雑誌』46：166-180, 1931)

   藤森栄一・中村龍雄「星ヶ塔黒曜石採掘址」(『古代学』11：58-62, 1962)

(8) 柴田 徹「No.3遺跡・石材の鑑定と産地推定」(小薬一夫編『多摩ニュータウン遺跡—昭和56年度』5：194-202, 東京都埋蔵文化財センター, 1982)

   新井重三・外山和夫・阿久津久・飯島義雄・小川良祐・庄司 克・福間 元「遺跡出土品からみた交易圏の研究—縄文時代の石材について」(『利根川流域の自然と文化』関東地区博物館協会, 1983)

   後藤和民・庄司 克・新井重三「縄文時代の石器—その石材の交流に関する研究」(『貝塚博物館研究資料』4, 1983)

   山本 薫「縄文時代の石器に使われた岩石および鉱物について」(『地学雑誌』98：911-933, 1989)

(9) 金子浩昌・草間俊一編『貝鳥貝塚—第四次調査報告』(花泉町教育委員会・岩手県文化財愛護協会, 1971)

(10) 須藤 隆編『中沢目貝塚—縄文時代晩期貝塚の研究』(東北大学文学部考古学研

究会，1984)
(11)　林　謙作「亀ヶ岡と遠賀川」表1 (『岩波講座 日本考古学』5：93-124，1985)
(12)　小井川和夫・岡村道雄「里浜貝塚Ⅳ—宮城県鳴瀬町宮戸島里浜貝塚西畑地点の調査・研究Ⅳ」p. 29, pp. 58-59, p. 74 (『東北歴史資料館資料集』13，東北歴史資料館，1985)
　　　新庄屋元晴・阿倍　恵編『田柄貝塚Ⅲ—骨角牙製品・貝製品・自然遺物・総括編』pp. 159-71, 179-180 (『宮城県文化財調査報告書』113, 宮城県教育委員会・建設省東北地方建設局, 1986)
(13)　小貫義雄・北村　信・中川久夫・長谷弘太郎『北上川流域地質図（二十万分之一）・同説明書』(長谷地質調査事務所，1981)
(14)　高位段丘にともなう礫層のなかの礫は，石器の原料に利用できる状態ではないので，ここでは除外した。
(15)　第6章「3. 生業・石器原料と領域」参照
(16)　安孫子昭二「アスファルト」p. 213 (加藤晋平・小林達雄・藤本　強編『縄文文化の研究』8：205-222, 雄山閣出版, 1982)
(17)　西本豊弘の教示による。
(18)　永田　豊「日本近海の海流」pp. 93-95 (堀越増興・永田　豊・佐藤任弘『日本の自然』7：85-126, 岩波書店, 1986)
(19)　大島直行の教示による。
(20)　大和久震平「秋田県能代市所在・柏子所貝塚—第2次・第3次発掘調査報告書」pp. 48-49 (『秋田県文化財調査報告書』8, 1966)
(21)　相原康二「東裏遺跡」(『岩手県文化財調査報告』58, 1981)
(22)　須藤　隆編『中沢目貝塚』p. 59
　　　阿部博志・柳沢和明・須田良平・古川一明ほか「摺萩遺跡」p. 126, 299, pp. 776-777 (『宮城県文化財調査報告書』132, 宮城県教育委員会・宮城県土木部水資源開発課, 1990)
(23)　マダイの前額骨は左右両端に孔をあけ，ペンダント（?）に加工している。海鳥の骨は切り目が入っている。管玉（?）に加工しようとしたのかもしれない。金子浩昌・草間俊一編『貝鳥貝塚』pp. 145-147, p. 179
(24)　木古内町釜谷でも，アスファルトの産地が確認されている。鈴木省吾「添山」p. 53 (『木古内町文化財調査報告書』1983)
(25)　安藤文一「翡翠」pp. 183-185 (『縄文文化の研究』8：180-192)
　　　安孫子昭二「アスファルトの流通と東北の地域圏」p. 45 (『季刊考古学』12：43-46, 1985)
(26)　蟹沢聡史の同定した宮城・田柄の石材のリストには珪質頁岩・黒色頁岩のほかに珪質凝灰質頁岩・凝灰質頁岩・珪質頁岩（玉髄化）・砂質頁岩・頁岩，それにシルト岩などが登場する。これらの区別が，産出地域（＝岩体）の違いにあたる場合もあるだろう。『北上川流域地質図説明書』によれば，黒色頁岩は北上山地にも分布

している。その一方，珪質凝灰質頁岩と凝灰質頁岩の差は，おなじ地域のなかの地点（＝露頭）の違い，あるいはひとつの露頭のなかの部分的な違いかもしれない。ここではすべて「頁岩」とよぶことにする。
(27) 新庄盆地のほか，村山盆地・置賜盆地からも供給されているかもしれない。
(28) 茂木好光編『田柄貝塚Ⅱ―石器・土製品・石製品編』（『宮城県文化財調査報告書』112，宮城県教育委員会・建設省東北地方建設局，1986）
(29) 小井川和夫・岡村道雄編「里浜貝塚Ⅲ」（『東北歴史資料館資料集』9，東北歴史資料館，1984）
　　なおここでは，長さ・幅が1cm以上の剥片だけを集計した。したがって，このデータは里浜の住民が現地で加工した石器の原料の比率をしめしていることになる。
(30) 石鏃・石匙・石錐・「尖頭器」・不定形石器・石核である。剥片・チップは里浜以外では除いたので，中沢目の頁岩の比率が註（11）とちがっている。
(31) 蟹沢聡史「田柄貝塚から出土した石器類の材質について」（『田柄貝塚Ⅱ―石器・土製品・石製品編』309-320，1986）
(32) 藁科哲夫・東村武信「礫山城遺跡出土のサヌカイトおよび黒曜石遺物の石材産地分析」p. 206（中井　均『礫山城遺跡』205-213，米原町教育委員会，1986）
(33) 須田良平・古川一昭「第一遺物包含層出土の石器」p. 799（『摺萩遺跡』799-866，宮城県文化財調査報告書 132，1990）
(34) 本書第6章「3. 生業・石器原料と領域」参照
(35) 新井重三・庄司　克・後藤和民『縄文時代の石器―その石材の交流に関する研究』pp. 68-75，92-95（加曽利貝塚博物館，1983）
(36) 柴田　徹「縄紋時代中〜後期における石器の器種と石材の岩石種の間にみられる関係について」（『東京都立上野高等学校紀要』13：40-48，1984），「縄文時代における石器の器種と岩石種の間にみられる関係（Ⅱ）」（『東京都立上野高等学校紀要』14：29-35，1985），「関東南部における縄文時代の石材圏についての考察」（『東京都立上野高等学校紀要』16：76-88，1987）
(37) 山本　薫「縄文時代の石器に使われた岩石および鉱物について―石器製作における石材の選択とその背景」（『地学雑誌』98：911-933，1989）
(38) 新井重三「加曽利貝塚より出土した石器用石材について」p. 65（『地学雑誌』98：43-67，1989）
(39) 柴田　徹「縄紋時代中〜後期における石器の器種と石材の岩石種の間にみられる関係について」pp. 40-44，45-48
(40) 柴田　徹「縄文時代における石器の器種と岩石種の間にみられる関係（Ⅱ）」p. 32
(41) 柴田　徹「縄文時代における石器の器種と岩石種の間にみられる関係（Ⅱ）」pp. 30-31
(42) 山本　薫「縄文時代の石器に使われた岩石および鉱物について」pp. 917-920

(43) 山本　薫「縄文時代の石器に使われた岩石および鉱物について」pp. 920-922
(44) 山本　薫「縄文時代の石器に使われた岩石および鉱物について」p. 929
(45) 本書第7章「4. アスファルトと頁岩」参照
(46) 柴田　徹「縄文時代における石器の器種と岩石種の間にみられる関係（Ⅱ）」pp. 31-32
(47) 蟹沢聡史「田柄貝塚から出土した石器類の材質について」p. 318（『田柄貝塚』Ⅱ：309-320, 1986）
(48) 蟹沢聡史「田柄貝塚から出土した石器類の材質について」p. 317
(49) 新井重三・後藤和民・庄司　克『縄文時代の石器』pp. 102-113
(50) 新井重三「加曽利貝塚より出土した石器用石材について」（『縄文時代の石器』43-62），「加曽利貝塚出土石器用石材の原産地」（『縄文時代の石器』96-98）
(51) 新井重三「石器の採取と流入経路」（『縄文時代の石器』99-102）
(52) 新井重三「加曽利貝塚より出土した磨製石斧の岩質的特徴」（『縄文時代の石器』94-95）
(53) 笠原信男・茂木好光「石器」p. 304（『田柄貝塚』Ⅱ：37-306）
(54) 佐藤広史・赤澤靖章「大梁川遺跡を指標とする石器群の分布圏について」pp. 491-492（『宮城県文化財調査報告書』126：490-496, 1988）
(55) 『田柄貝塚』Ⅱ：第187図7，第189図5，10，14など。なお，打製石斧とされているもののなかにも，磨製石斧の未製品らしいものがある（第169図2，第176図3，第180図3など）
(56) 蟹沢聡史「田柄貝塚から出土した石器類の材質について」p. 318
(57) 山本正敏「境A遺跡—石器編1」pp. 25-31（『北陸自動車道遺跡調査報告　朝日町編5』富山県埋蔵文化財センター, 1990）
(58) 珪質頁岩・硬質頁岩の縦長剥片を剥ぎとる石核は，最上川中流域のすべての遺跡で多量に出土するわけではなく，二〜三カ所の限られた遺跡に集中しているという事実（註55）を考えに入れるべきだろう。
(59) 合地信生「堀株1・2遺跡出土の石斧の岩石学的分析と産地について」（『堀株1・2遺跡』698-704, 北海道文化財研究所, 1992）
(60) 渡辺暉夫「フゴッペ貝塚出土石器石材の岩石鑑定」（千葉英一・長沼　孝『余市町フゴッペ貝塚』563-68, 北海道埋蔵文化財センター, 1991）
(61) 山本正敏「境A遺跡・石器編（本文）」p. 8（『北陸自動車道遺跡調査報告—朝日町編』5, 富山県教育委員会, 1990）
(62) 報告書の「削器」（「境A遺跡・石器編（本文）」pp. 38-40）である。
(63) 山本正敏「境A遺跡・石器編（本文）」p. 38, pp. 68-69, p. 71
(64) 山本正敏「境A遺跡・石器編（本文）」p. 72
(65) 山本正敏「境A遺跡・石器編（本文）」p. 69
(66) 山本正敏「境A遺跡・石器編（本文）」
(67) ハリ質安山岩は石錐にも利用されている。石錐にも搬入品があるのかもしれない。

(68) 本書第7章「4. アスファルトと頁岩」参照
(69) 山本正敏「境A遺跡・石器編（本文）」pp. 25-31, 63-64
(70) 山本正敏「境A遺跡・石器編（本文）」pp. 53-63
(71) 山本正敏「境A遺跡・石器編（本文）」p. 70
(72) 豊田善樹（編）『平成4年度特別企画展図録・斧の文化』p. 38（富山県埋蔵文化財センター, 1990）
(73) 山本正敏「魚津市早月上野遺跡における磨製石斧の製作」pp. 29-30（『大境』12：29-40, 1988）
(74) 岸本雅敏・酒井重洋・宮田進一・久々忠義『東中江遺跡—富山県平村東中江所在の縄文遺跡発掘調査報告』（平村教育委員会, 1982）
(75) 狩野　睦・森　秀典『富山県立山町総合公園内野沢狐幅遺跡発掘調査概報』p. 24（立山町教育委員会, 1985）
(76) 未成品521点のなかには砂岩製のものはない。山本正敏・岡本淳一郎「馬場山D遺跡」p. 46, 50（『北陸自動車道遺跡調査報告—朝日町編』3：7-66, 富山県教育委員会, 1987）
　　山本正敏「境A遺跡・石器編（本文）」p. 71
(77) 砂岩製の比率は, 成品では4.6％（47点）・未成品では1.9％（267点）
　　山本正敏「境A遺跡・石器編（本文）」p. 26, 29, 71
(78) 岡本淳一郎・酒井重洋・狩野　睦・橋本正春「馬場山G遺跡」p. 97（『北陸自動車道遺跡調査報告—朝日町編』5：67-106）
(79) 山本正敏・橋本正春・松島吉信「馬場山F遺跡」p. 11（『北陸自動車道遺跡調査報告—朝日町編』2：8-16, 富山県教育委員会, 1985）
　　松島吉信・橋本正春「馬場山H遺跡」（『北陸自動車道遺跡調査報告—朝日町編』3：107, 23, 1987）
(80) 山本正敏「黒部市前沢における磨製石斧製作の再検討」（『大境』11：17-27, 1987）
(81) 池野正男・柳井　睦『富山県立山町岩峅野遺跡緊急発掘調査概要』（富山県教育委員会, 1976）
　　狩野　睦・島田修一・高井　誠『富山県大山町花切遺跡発掘調査概要』（大山町教育委員会, 1988）
(82) 池野正男・柳井　睦『富山県立山町岩峅野遺跡緊急発掘調査概要』p. 16
(83) 狩野　睦・島田修一・高井　誠『富山県大山町花切遺跡発掘調査概要』p. 17
(84) 池野正男・柳井　睦『富山県立山町岩峅野遺跡緊急発掘調査概要』
(85) 狩野　睦・島田修一・高井　誠『富山県大山町花切遺跡発掘調査概要』
(86) 本書第7章「4. アスファルトと頁岩」参照
(87) 新井重三・庄司　克・後藤和民『縄文時代の石器』p. 54, 79
(88) 下條信行「北九州における弥生時代の石器生産・考古学研究会第21回総会研究報告要旨」（『考古学研究』21—4：1-2, 1975）,「北九州における弥生時代の石器

生産・考古学研究会第21回総会研究報告」(『考古学研究』22—1： 7-14，1975)
なお，論文のタイトルでは区別できないので，前者を「下條・要旨」，後者を「下條・報告」とする。
(89)　酒井龍一「石庖丁の生産と消費をめぐる二つのモデル」(『考古学研究』21—2： 23-36，1974)
(90)　下條信行「北九州における弥生時代の石器生産」
(91)　下條信行「北九州における弥生時代の石器生産」p. 8
(92)　下條信行「北九州における弥生時代の石器生産」pp. 9-10
(93)　下條信行「北九州における弥生時代の石器生産」p. 11
(94)　藤岡謙二郎・小林行雄「石器類」pp. 191-192, 206（末永雅雄・小林行雄・藤岡謙二郎『大和唐古弥生式遺跡の研究』京都帝国大学文学部考古学研究報告16，京都大学，1943)
(95)　酒井龍一「石庖丁の生産と消費をめぐる二つのモデル」p. 26
(96)　酒井龍一「石庖丁の生産と消費をめぐる二つのモデル」pp. 27-29
(97)　酒井龍一「石庖丁の生産と消費をめぐる二つのモデル」p. 30，35
酒井は，原料・素材は遠隔地から供給をうけ，仕上げに必要な工具だけを保有する近畿と，特定の地域の製品が流通してはいても，各地の集落が在地の原料を利用し，仕上げまでおこなう北九州とを対照して，「生産諸手段の一部共有」と「生産諸手段の個別的所有」のふたつのモデルを設定する。
(98)　東北・北海道に多いが，沖縄本島にも分布している（沖縄県立博物館蔵）。時期は草創期〜中期。後・晩期は未確認。
庄内昭男「秋田県東成瀬村上掵遺跡出土の大型磨製石斧」(『考古学雑誌』73— 1： 64-71，1987)
岩手県立博物館（編）『じょうもん発信』p. 98（1993)
(99)　佐藤宏之「1992年の縄文時代学界動向—生業論」p. 180（『縄文時代』4： 178-181，1993)
(100)　本書第6章「6. 面・線・点」参照
(101)　本書第7章「3. 非現地性物資の顔ぶれ」参照
(102)　福田友之「亀ヶ岡文化圏の物の動き—東北地方北部の黒曜石・ヒスイ製品を中心として」pp. 15-16（『考古学ジャーナル』368： 12-17，1993)

あとがき

　本書は,『季刊考古学』第 27 号（1989 年 5 月）～第 73 号（2000 年 11 月）に連載され, まだ完結していない林謙作「縄紋時代史」（第 1 回～第 41 回）の前半 20 回分を一書にまとめたものである。しかし, 2001 年に著者が病に倒れたために連載はいま中断している。全体の構成からすると, 現在おそらく 2/3 を終わったところであって, このあと, 生活技術, 社会組織, 縄紋文化の終末を予定しているのであろう。

　著者は, 連載終了後, 単行書に仕立てる気持ちであったと思われるが, 執筆は 10 年をこえその分量は 1 冊分をはるかにこえていたので, 2, 3 冊に分けて刊行することを連載当時から私は勧めていた。連載は未完結ながら, このたび前著『縄文社会の考古学』（同成社, 2001 年）にひきつづいて編集・刊行を著者から私は託されたので, その希望にこたえることにしたのが本書である。

　本書を編集するにあたって, 私がおこなった措置について記しておきたい。「縄紋時代史」1～41 回の分量は 2 冊分と考え, 連載はちょうど 20 回で生業, 領域, 交易を扱って集団間関係まで及んでいるので, そこまでを 1 冊目に収録し, 21 回からの集落, 住居, そして「定住集落の成立と定着」を 2 冊目にあてることにした。『季刊考古学』に発表したときは, その号の刊行日にあわせて執筆するするという厳しい状況であったので, 連続的に読むと体裁の不統一が目につく個所が少しあった。そこで, ごく一部の文章を移動して, あるいは重複しているところを削り, 論の流れをスムーズにすることにした。そして, 明らかな誤記・誤植を訂正した。

　本書の特徴について若干記しておきたい。

　本書は「連載講座」の条件を与えられて執筆したものであった。そのために, 特に, 江戸・明治時代以来の研究史を丹念に追いながら現在の課題を明らかにすること, 欧米の古い文献から最新の論文まで目を通すこと, 人類学・地形学・地質学など関連諸学の文献にも目を通して検討することを求められた（少なくとも著者はそのようにうけとめた）。

　その結果, 縄文時代の社会・時代像を追究するうえで重要な項目を選び, 正

面から取り組むことになった。本書は，「講座」風に「定説」をまとめたものではなく，諸氏の論文から発掘報告書にいたるまで厳しくテキストクリティークをおこない，縄紋時代研究の確かな基礎を固め，今後の方向を探ろうとしたきわめてアグレッシブな問題提起の書である。その内容は広く深く，まことにスケールの大きい縄文考古学の最先端を示すもっとも詳細な書である。学問の細分化が進んだ今日，これだけの内容をもつ書を著す研究者は他には見いだせない。著者は本書を将来「縄紋時代史」を叙述するための準備作業と位置づけていると推察するが，こうして単行書の形で刊行されると，21世紀の縄文考古学にとってきわめて有効な指針を示されたことになるだろう。

　校正にあたっては，著者の北海道大学時代の教え子である高瀬克範さん（東京都立大学人文学部）の助力を得た。

　本書の刊行が，著者林謙作さんの健康の快復と「縄紋時代史」の連載の再開に役立つことを願ってやまない。

　　　2004年4月5日　佐倉にて

　　　　　　　　　　　　　　　　　　　　　　　　　　　　春成秀爾

縄紋時代史 I
● 考古学選書 ●
ISBN4-639-00055-3〈全〉

■著者紹介■

林 謙作（はやし けんさく）

1937年	東京生まれ
1964年	東北大学文学部助手
1966年	ウィスコンシン大学留学
1971年	東北大学大学院文学研究科（考古学専攻）博士課程単位取得退学
1971年	岩手県教育委員会文化課主査
1974年	北海道大学文学部附属北方文化研究施設助教授
1986〜1994年	国立歴史民俗博物館客員教官
1995年	北海道大学文学部北方文化論講座教授
2001年	同上 定年退職

■主要著作■

『旧石器時代』（F.ボルド著，共訳），平凡社，1971年
『縄文土器大成 4』（共編），講談社，1981年
『発掘が語る日本史 1』（編著），新人物往来社，1986年
『縄文社会の考古学』同成社，2001年

検印省略
Printed in Japan

2004年5月20日 初版発行

著　者	林　謙作
発行者	宮田哲男
印　刷	壮光舎印刷株式会社
製　本	協栄製本株式会社
発行所	株式会社 雄山閣

〒102-0071 東京都千代田区富士見2-6-9
振替 00130-5-1685・電話 03(3262)3231
Fax. 03(3262)6938

ISBN4-639-01842-8　C3321